MIMOS

23

MIMOS

Schweizer Jahrbuch Darstellende Künste 85–2023
Annuaire suisse des arts de la scène 85–2023
Annuario svizzero delle arti sceniche 85–2023
Annuari svizer dals arts represchentativs 85–2023

Herausgegeben von
Édité sous la direction de
A cura di
Edì da

Schweizerische Gesellschaft für Theaterkultur
Société suisse du théâtre
Società Svizzera di Studi Teatrali
Societad svizra per cultura da teater

Mit Unterstützung von
Avec le soutien de
Con il sostegno di
Cun il sustegn da

Schweizerische Eidgenossenschaft
Confédération suisse
Confederazione Svizzera
Confederaziun svizra

Eidgenössisches Departement des Innern EDI
Département fédéral de l'intérieur DFI
Dipartimento federale dell'interno DFI
Departament federal da l'intern DFI
Bundesamt für Kultur BAK
Office fédéral de la culture OFC
Ufficio federale della cultura UFC
Uffizi federal da cultura UFC

In der gleichen Reihe, beim gleichen Verlag
Dans la même collection, chez le même éditeur
Nella stessa collana, presso lo stesso editore
En la medema collecziun, dal medem editur

MIMOS 2011: Christoph Marthaler
MIMOS 2012: Daniele Finzi Pasca
MIMOS 2013: Yvette Théraulaz (avec DVD)
MIMOS 2014: Omar Porras
MIMOS 2015: Rimini Protokoll
MIMOS 2016: Theater HORA
MIMOS 2017: Ursina Lardi
MIMOS 2018: Theater Sgaramusch
MIMOS 2019: Cie Yan Duyvendak
MIMOS 2020: Jossi Wieler
MIMOS 2021: Martin Zimmermann
MIMOS 2022: Barbara Frey
MIMOS 2023: Cindy Van Acker

Die Schweizerische Gesellschaft für Theaterkultur
ist Mitglied der SAGW, die ihre Tätigkeit unterstützt.

La Société suisse du théâtre
est membre de l'ASSH, qui soutient ses activités

La Società Svizzera di Studi Teatrali
è membro dell'ASSU, che sostiene le sue attività

La Societad svizra dal teater
è commembra da l'ASSUS, che sustegna sias activitads

MIMOS 23

Cindy Van Acker

Édité sous la direction de
Herausgegeben von
A cura di
Edì da

Paola Gilardi
Cécile Dalla Torre
Anne Fournier

PETER LANG

Lausanne · Berlin · Bruxelles
Chennai · New York · Oxford

Die Deutsche Nationalbibliothek
verzeichnet diese Publikation in der
Deutschen Nationalbibliographie.
Detaillierte bibliographische
Daten sind im Internet abrufbar
unter: https://portal.dnb.de/opac.htm.

Couverture / Cover
Corps 00:00
ADC – Théâtre du Grütli, Genève, 2002
Chorégraphe et interprète :
Cindy Van Acker
Photo : © Isabelle Meister

Für eine ausgewählte Zielgruppe
wurde eine limitierte Hardcover
Version produziert.

Print-Version: Softcover Print-on-Demand
ISBN: 978-3-0343-4955-0

E-book version
ISBN: 978-3-0343-4956-7

DOI: 10.3726/b21844

Verlegt durch:
Peter Lang Group AG
Internationaler Verlag
der Wissenschaften, 2024

Peter Lang Group AG
Avenue du Théâtre 7
1005 Lausanne
Schweiz

info@peterlang.com
peterlang.com

Adresse de la rédaction /
Redaction adress
Schweizerische Gesellschaft
für Theaterkultur
Geschäftsstelle
4000 Basel
Schweiz

info@mimos.ch
mimos.ch

Mise en page / Layout
Adeline Mollard, Zurich

Assistant
Antonin Ricou, Lausanne

Polices de caractères / Typefaces
Chroma, Selina Bernet (Source Type)
Bradford, Laurenz Brunner (Lineto)

MIMOS 2023

Anne Davier

Stéphanie Bayle

Souvenirs des interprètes

Thierry Sartoretti

Vorwort
Feinsinnige Tanzwelten

Claudia Rosiny
Verantwortliche Darstellende Künste,
Bundesamt für Kultur

Die Choreografin und Tänzerin Cindy Van Acker ist die Trägerin des Schweizer Grand Prix Darstellende Künste / Hans-Reinhart-Ring 2023. Seit der Zusammenführung der Schweizer Tanz- und Theaterpreise im Jahr 2021 geht diese wichtigste Auszeichnung des Landes auf dem Gebiet der Darstellenden Künste erstmals in den Tanzbereich. Das Bundesamt für Kultur (BAK), in Kooperation mit der Schweizerischen Gesellschaft für Theaterkultur (SGTK), würdigt mit diesem Preis herausragendes Schaffen von hoher Qualität und Relevanz. Bis zur Zusammenarbeit im Rahmen der neuen Kulturpreise des Bundes hatte die SGTK im Tanz Heinz Spoerli (1982), Anna Huber (2002) und Brigitta Luisa Merki (2006) mit dem Hans-Reinhart-Ring geehrt.

Cindy Van Ackers Schaffen als Choreografin überschreitet Spartengrenzen. Seit ihren Anfängen in der experimentellen freien Szene in Genf bis heute verbindet sie in ihren Kreationen verschiedene Künste. Oft stehen nicht Bewegung und Tanz im Zentrum, sondern alle Elemente, also auch Musik und Sound, Bühnenbild und Lichtdesign, verschmelzen zu einer eigenen Tanzwelt. Ich erinnere mich noch sehr gut an den Sog, den Cindy Van Ackers Produktion *Diffraction* (2011) auf mich und die damalige Eidgenössische Jury für Tanz an den Swiss Dance Days 2013 im Theater Roxy in Birsfelden auslöste. Dieses Stück für sechs Tänzerinnen und Tänzer und eine Lichtmaschine, in dem das Licht durch bewegliche Neonröhren wie ein zusätzlicher Mitspieler wirkt, wurde denn auch an der ersten Verleihung der Schweizer Tanzpreise 2013 mit einem Preis zum aktuellen Tanzschaffen ausgezeichnet.

Im Rahmen der Schweizer Tanzpreise 2019 gewann Cindy Van Acker mit ihrer 2002 gegründeten Compagnie Greffe erneut einen Preis aus dem Wettbewerb zum aktuellen Tanzschaffen: *Speechless Voices* (2018) ist inspiriert von Bildern des zeitgenössischen belgischen Malers Michaël Borremans. Auch hier ist ihr Interesse an anderen Kunstsparten ersichtlich. Cindy Van Acker setzt die sechs Tänzerinnen und Tänzer wie Figuren in diese Bildwelten. Die elektronische Musikkomposition ist zudem eine Hommage an den 2017 verstorbenen finnischen Musiker Mika Vainio, mit dem sie ähnlich wie mit dem Lichtdesigner Victor Roy eine langjährige Zusammenarbeit verband.

Auch der italienische Regisseur Romeo Castellucci zählt zu den künstlerischen Komplizen von Cindy Van Acker. Für viele seiner Inszenierungen gestaltet sie bis heute die Choreografien: von *Inferno* zur Eröffnung des Festivals d'Avignon im Sommer 2008 über Mozarts *Don Giovanni* bei den Salzburger Festspielen 2021 bis hin zu Wagners *Rheingold* im Oktober 2023 für die Oper La Monnaie in Brüssel. Ihren Feinsinn wie auch ihren Eigensinn bringt Cindy Van Acker in ihren Werken an grossen Häusern genauso wie bei ihrem Engagement in der freien Szene oder in ihren Kooperationen mit Weggefährten ein. Wichtig sind für

sie beständige Beziehungen: So ist Cindy Van Acker seit 2017 assoziierte Künstlerin der Association pour la danse contemporaine (ADC) in Genf.

Cindy Van Acker habe ich immer wieder als sensible, bescheidene, gleichzeitig sehr gewissenhafte und auch radikal denkende Künstlerin erlebt. Sie hinterfragt und nimmt sich die Zeit, die sie braucht, um etwas zu erarbeiten. Die Bühne ist ihr Zufluchtsort, und in der Bewegung bringt sie – durch eine minutiöse, fast wissenschaftliche Gestaltung der choreografischen Kreationen – ihre ganz eigene Handschrift zum Ausdruck. Oder wie Jurymitglied Simone Toendury es in ihrer Laudatio formuliert: «Rhythmen, Tempi, Intensitäten und Drehungen schreibt sie in äusserst komplexen, aber auch sehr schönen Partituren nieder, die schon für sich alleine Kunstwerke sind.»[1]

1 Aus der Laudatio von Simone Toendury, bis 2023 Mitglied der Eidgenössischen Jury für Tanz und ab 2024 Präsidentin der neuen Eidgenössischen Jury für Darstellende Künste, in diesem *MIMOS*-Band, S. 22.

Claudia Rosiny

Cindy Van Acker eröffnet Vorstellungswelten und Denkräume; in ihren Werken dehnt sie auch die Zeit, um die Aufmerksamkeit des Publikums herauszufordern. An der Preisverleihung am 6. Oktober 2023 im LAC in Lugano sprach sie ausführlich, um allen ihren Dank auszusprechen und insbesondere auch jungen Kulturschaffenden Mut zu machen, sich nicht vom eigenen Weg ablenken zu lassen.[2] Ihr Weg als feinsinnige und widerständige Choreografin hat sich gelohnt – Cindy Van Acker erhält für ihre internationale Ausstrahlung, ihre spartenübergreifende Arbeit und ihr vielfältiges Engagement in der Schweizer Kulturszene verdientermassen diesen Schweizer Grand Prix Darstellende Künste / Hans-Reinhart-Ring 2023.

2 Die vollständige Aufzeichnung der Preisverleihung findet sich auf dem YouTube-Kanal der Schweizer Preise Darstellende Künste (Awards Ceremony of the Swiss Performing Arts Awards 2023 – YouTube).

Préface
Un langage chorégraphique tout en subtilité

Claudia Rosiny
Responsable des Arts de la scène,
Office fédéral de la culture

La chorégraphe et danseuse Cindy Van Acker s'est vue remettre le Grand Prix suisse des arts de la scène / Anneau Hans Reinhart 2023. C'est la première fois que cette distinction, la plus importante du pays dans le domaine des arts de la scène, récompense une personnalité de la danse depuis la fusion des Prix suisses de la danse et du théâtre en 2021. Décerné par l'Office fédéral de la culture (OFC), en coopération avec la Société suisse du théâtre (SST), ce prix met à l'honneur une personnalité ou une institution culturelle d'exception issue des arts de la scène. Avant de collaborer avec la Confédération dans le cadre des nouveaux Prix suisses de la culture, la SST avait attribué l'Anneau Hans Reinhart dans le domaine de la danse à Heinz Spoerli (1982), Anna Huber (2002) et Brigitta Luisa Merki (2006).

Depuis ses débuts sur la scène expérimentale indépendante genevoise, Cindy Van Acker produit une danse qui transcende les frontières entre les disciplines artistiques. Ses créations ne sont généralement pas centrées sur le mouvement et la danse, mais résultent d'une alchimie entre différents éléments, dont la musique, le son, le décor et les lumières. Je me souviens très bien de la fascination que *Diffraction* (2011) a exercée sur moi et sur le jury fédéral de la danse lors des Swiss Dance Days 2013 au Théâtre Roxy de Birsfelden. Cette pièce pour six danseur·euses et une machine à lumière, dans laquelle la lumière produite par des tubes de néon mobiles agit comme un protagoniste supplémentaire, avait d'ailleurs reçu cette année-là un Prix suisse de la danse dans la catégorie «Création actuelle».

En 2019, Cindy Van Acker et sa Compagnie Greffe, fondée en 2002, ont à nouveau été récompensées par un Prix suisse de la danse dans la catégorie «Création actuelle» pour *Speechless Voices* (2018). L'intérêt de la chorégraphe pour d'autres disciplines artistiques se reflète aussi dans cette production inspirée des tableaux du peintre belge contemporain Michaël Borremans. Cindy Van Acker y met en scène six danseuses et danseurs comme des personnages de tableau. La composition électronique est un hommage au musicien finlandais Mika Vainio, décédé en 2017, avec lequel elle entretenait une collaboration de longue date, comme avec le scénographe et concepteur lumière Victor Roy.

Parmi les complices artistiques de Cindy Van Acker, on trouve aussi le metteur en scène italien Romeo Castellucci, pour lequel elle a créé de nombreuses chorégraphies, d'*Inferno* pour l'ouverture du Festival d'Avignon en été 2008 à *L'Or du Rhin* de Wagner pour la Monnaie à Bruxelles en octobre 2023, en passant par *Don Giovanni* de Mozart au festival de Salzbourg en 2021. L'écriture subtile et la détermination de Cindy Van Acker s'expriment dans ses œuvres pour des théâtres de renom, mais aussi dans son engagement sur la scène indépendante et dans les coopérations avec d'autres artistes. Cindy Van Acker aime les relations inscrites dans la durée : depuis novembre 2017, elle est artiste associée de l'ADC (Association pour la danse contemporaine) à Genève, sous la direction d'Anne Davier.

Cindy Van Acker est une artiste sensible et modeste, à la pensée radicale, qui est aussi animée d'un souci de précision. Elle prend le temps qu'il lui faut pour élaborer ses pièces, qui abordent des questions fondamentales. La scène est son refuge, sa signature se révèle dans le mouvement, dans la forme minutieuse, quasi scientifique, de ses créations chorégraphiques – ou comme l'a formulé dans son éloge Simone Toendury, membre du jury, dans «des rythmes, des tempi, des intensités, des girations, traduits dans des partitions très belles, sans doute ultra complexes, qui sont déjà des œuvres en soi.»[1]

1 Extrait du laudatio de Simone Toendury, membre du jury fédéral de la danse jusqu'en 2023 et présidente du nouveau jury fédéral des arts de la scène à partir de 2024, dans *MIMOS*, p. 21.

F Cindy Van Acker ouvre des mondes imaginaires et des espaces de réflexion; le temps s'étire dans ses œuvres, éprouvant l'attention du public. Lors de la remise des Prix suisses des arts de la scène le 6 octobre 2023 au LAC à Lugano, elle a longuement exprimé ses remerciements à l'adresse de toutes les personnes qui ont de près ou de loin fait partie de sa vie, et encouragé les jeunes artistes à ne pas dévier de leur chemin[2]. Son cheminement chorégraphique empreint de subtilité et de force résistante a porté ses fruit: ce Grand Prix suisse des arts de la scène / Anneau Hans Reinhart 2023 est une récompense bien méritée qui honore son travail pluridisciplinaire, son rayonnement international et ses multiples engagements sur la scène culturelle suisse.

2 L'enregistrement complet de la remise des prix peut être visionné sur la chaîne YouTube des Prix suisses des arts de la scène (Cérémonie de remise des Prix suisses des arts de la scène 2023 – YouTube).

Prefazione
Universi danzanti finemente cesellati

Claudia Rosiny
Responsabile Arti sceniche,
Ufficio federale della cultura

La coreografa e danzatrice Cindy Van Acker si è aggiudicata il Gran Premio svizzero delle arti sceniche / Anello Hans Reinhart 2023. Da quando, nel 2021, i Premi svizzeri di danza e di teatro sono stati riuniti nei Premi svizzeri delle arti sceniche, per la prima volta il riconoscimento più importante viene conferito nel settore della danza. Con questa distinzione l'Ufficio federale della cultura (UFC) e la Società Svizzera di Studi Teatrali (SSST) rendono omaggio a un lavoro di eccezionale qualità e rilevanza. Prima di cooperare con la Confederazione nell'ambito dei Premi culturali svizzeri, la SSST aveva attribuito l'Anello Hans Reinhart in campo coreico ad Heinz Spoerli (1982), Anna Huber (2002) e Brigitta Luisa Merki (2006).

Il lavoro coreografico di Cindy Van Acker trascende i confini fra le discipline artistiche. Fin dai suoi esordi nella scena sperimentale indipendente di Ginevra, la coreografa combina diverse arti per dar vita a creazioni in cui tutti gli elementi – non solo il movimento e la danza, bensì anche la musica, i suoni, la scenografia e le luci – si fondono in un universo danzante a sé stante. Ricordo ancora come, in occasione delle Giornate svizzere della danza al Theater Roxy di Birsfelden nel 2013, la sua produzione *Diffraction* (2011) ha ammaliato sia me che l'allora giuria federale della danza. Nello stesso anno, questa pièce per sei danzatrici e danzatori e una macchina che emette luce tramite dei tubi al neon mobili – anch'essa protagonista sul palcoscenico – ha ottenuto uno dei premi del concorso Creazione attuale di danza.

Anche nel 2019 Cindy Van Acker e la sua Compagnie Greffe, fondata nel 2002, hanno vinto un premio del concorso Creazione attuale di danza, con lo spettacolo *Speechless Voices* (2018) ispirato ai dipinti dell'artista contemporaneo belga Michaël Borremans. Anche questa pièce rivela lo spiccato interesse della coreografa per altre discipline: i sei danzatori e danzatrici sono collocati sulla scena come figure dell'universo pittorico di Borremans. La composizione musicale elettronica è inoltre un omaggio a Mika Vainio, il musicista finlandese, scomparso nel 2017, con cui Cindy Van Acker aveva collaborato per molti anni, come ad esempio anche con lo scenografo e designer delle luci Victor Roy.

Cindy Van Acker intrattiene un sodalizio artistico anche con il regista italiano Romeo Castellucci, per il quale ha curato la dimensione coreografica di numerose opere: da *Inferno*, spettacolo d'apertura del Festival d'Avignone nell'estate del 2008, al *Don Giovanni* di Mozart presentato ai Salzburger Festspiele nel 2021, fino all'*Oro del Reno* di Wagner messo in scena nell'ottobre 2023 al teatro dell'Opera La Monnaie di Bruxelles. Cindy Van Acker mette in campo la sua grande sensibilità e la sua caparbietà sia nelle creazioni per i grandi teatri o per la scena indipendente che nelle collaborazioni con altri artisti e artiste. Per lei i rapporti durevoli sono fondamentali: ad esempio, dal 2017 è artista associata dell'Association pour la danse contemporaine (ADC) di Ginevra.

Ho sempre percepito Cindy Van Acker come un'artista sensibile, modesta, ma allo stesso tempo molto consapevole e anche radicale nel suo modo di pensare. Attenta ai minimi dettagli, si prende tutto il tempo necessario per il processo creativo. Il palcoscenico è il suo rifugio, in cui i movimenti portano la sua firma personale attraverso coreografie sviluppate in maniera meticolosa, quasi scientifica. O come afferma Simone Toendury, membro della giuria federale della danza, nella sua laudatio: «i ritmi, i tempi, l'intensità e le piroette vengono tradotti in spartiti molto belli e senza dubbio estremamente complessi che sono già di per sé delle opere d'arte.»[1]

1 La citazione è tratta dalla laudatio di Simone Toendury – fino al 2023 membro della giuria federale della danza e dal 2024 presidente della nuova giuria federale delle arti sceniche – riportata in questo volume di *MIMOS*, p. 23.

Cindy Van Acker apre mondi immaginari e spazi di riflessione; nelle sue opere il tempo si espande, mettendo alla prova l'attenzione del pubblico. In occasione della cerimonia di premiazione il 6 ottobre 2023 al LAC di Lugano, ha parlato a lungo per ringraziare tutte e tutti, ma in modo particolare per incoraggiare le nuove leve a non deviare dal proprio percorso[2]. Sensibile e caparbia, la coreografa Cindy Van Acker ha decisamente meritato questo Gran Premio svizzero delle arti sceniche / Anello Hans Reinhart 2023: per la sua risonanza a livello internazionale, il suo lavoro interdisciplinare e il suo impegno multiforme nella scena culturale svizzera.

2 La videoregistrazione integrale della cerimonia di premiazione è disponibile sul canale YouTube dei Premi svizzeri delle arti sceniche (Awards Ceremony of the Swiss Performing Arts Awards 2023 – YouTube).

Preface
A Finely Honed Dance Sensibility

Claudia Rosiny
Head of Performing Arts,
Federal Office of Culture

The choreographer and dancer Cindy Van Acker is the winner of the Swiss Grand Award for the Performing Arts / Hans Reinhart Ring 2023. This is the first time the nation's top performing arts accolade has gone to the world of dance since the Swiss Dance Awards and Swiss Theatre Awards were merged in 2021. The Federal Office of Culture (FOC), in cooperation with the Swiss Association for Theatre Studies (SATS), reserves this award for bodies of work that stand out through high quality and relevance. Prior to collaborating on the new national culture awards, the SATS awarded the Hans Reinhart Ring to dance practitioners on three occasions: Heinz Spoerli in 1982, Anna Huber in 2002 and Brigitta Luisa Merki in 2006.

Cindy Van Acker's choreography transcends genre boundaries. Ever since she started out on the experimental independent scene in Geneva, her creative output has combined multiple arts. The focus is often not on movement and dance in themselves but on all elements, including music and sound, scenography and light design, all melding into a distinctive dance phenomenon. I can vividly remember how the Federal Dance Jury and I were entranced by Van Acker's production *Diffraction* (2011) at the Swiss Dance Days 2013 in the Theater Roxy in Birsfelden. This piece for six dancers and a lighting rig made up of movable fluorescent tubes, which played an active role in the performance, won in the category Current Dance Works at that year's inaugural Swiss Dance Awards.

Cindy Van Acker and Compagnie Greffe, which she founded in 2002, won again in the same category at the Swiss Dance Awards 2019 with *Speechless Voices* (2018), inspired by the paintings of the contemporary Belgian artist Michaël Borremans. Her interest in other arts was also evident in this piece, which placed six dancers like figures in the painter's scenes. In addition, the electronic music composition was an homage to Finnish musician Mika Vainio, who died in 2017 and, like the set and lighting designer Victor Roy, had worked closely with Cindy Van Acker for many years.

Another of her artistic collaborators is the Italian director Romeo Castellucci, for whom she has choreographed a number of productions from *Inferno*, which opened the Avignon Festival in summer 2008, to Mozart's *Don Giovanni* at the Salzburg Festival in 2021 and Wagner's *Das Rheingold* in October 2023 at the La Monnaie opera house in Brussels. Cindy Van Acker brings her artistic sensibility and tenacity to bear just as much in her work at major venues as on the independent scene and in her collaborations. Long-standing relationships are important to her. Since 2017, for example, she is "associate artist" of the contemporary dance association ADC in Geneva.

I have always found Cindy Van Acker to be a sensitive, modest and at the same time highly conscientious and even radical artist. She questions things and takes her time. For her, the stage is a place of refuge, and her unique approach to movement shines through in her painstaking, almost scientific choreography. As jury member Simone Toendury put it in her encomium: "Different rhythms, tempos, intensities and turns, translated into very beautiful and more often than not extremely complex sequences, each of which is a work of art in its own right."[1]

1 Quote from the Jury's Statement by Simone Toendury, until 2023 member of the Federal Dance Jury and from 2024 Chair of the new Federal Performing Arts Jury, in this *MIMOS* edition, p. 24.

E Cindy Van Acker creates space for imagination and reflection. Her works dilate time to challenge the audience's attention. At the awards ceremony on 6 October 2023 at the LAC in Lugano, she spoke at length to thank everyone and in particular to encourage young creatives to stay true to themselves.[2] Staying the course as a sensitive and yet resilient choreographer has certainly paid off for Cindy Van Acker, who thoroughly deserves the Swiss Grand Award for the Performing Arts / Hans Reinhart Ring 2023 for her international reach, genre-defying work and multifaceted commitment to Swiss culture.

2 The full recording of the awards ceremony can be found on the YouTube channel of the Swiss Performing Arts Awards (Awards Ceremony of the Swiss Performing Arts Awards 2023 – YouTube).

Laudatio du Jury

Écrite, précise, la danse de Cindy Van Acker semble poser des principes de compositions formels : des rythmes, des tempi, des intensités, des girations, traduits dans des partitions très belles, sans doute ultra complexes, qui sont déjà des œuvres en soi. Quand on voit un spectacle de Cindy Van Acker, on réalise bien tout cela : le travail, la rigueur, la recherche de la forme qui amplifie le son, qui résonne avec la lumière, qui fait plier le coude, tourner la tête, poser la hanche sur le sol… le bras gauche qui monte sur trois temps, le droit qui descend sur deux pendant que le bassin oscille sur sept temps, tout en suivant une harmonie musicale, un contrepoint et une mélodie… Pourtant, l'expérience ultime, c'est lorsque cette forme semble céder à une tout autre force, venue d'une profondeur intime, traversant les personnes qui dansent et celles qui regardent. Cette puissance créatrice ouvre l'espace, dilate le temps, élargit l'imaginaire, tout en affûtant notre concentration sur ce coude qui plie, cette jambe qui monte, ce son qui vibre et cette lumière qui diffracte.

Simone Toendury

Laudatio der Jury

Cindy Van Ackers Tanz ist präzise notiert und scheint Grundsätze der formalen Komposition festzulegen: Rhythmen, Tempi, Intensitäten und Drehungen schreibt sie in äusserst komplexen, aber auch sehr schönen Partituren nieder, die schon für sich alleine Kunstwerke sind. Wenn wir ein Stück von Cindy Van Acker sehen, erkennen wir die Arbeit, die Strenge und die Suche nach einer Form, die den Klang unterstreicht und das Licht widerspiegelt, den Arm beugen und den Kopf drehen oder die Hüfte auf den Boden setzen lässt. Ein linker Arm hebt sich im Dreiertakt, während sich der rechte im Zweiertakt senkt und das Becken im Siebnertakt pendelt, so dass gleichzeitig Harmonie, Kontrapunkt und Melodie verfolgt werden. Wir nehmen aber vor allem eine ganz andere Kraft wahr, die aus intimer Tiefe auf die Formen einwirkt und Tanzende und Publikum gleichermassen durchdringt. Diese kreative Wirkung öffnet Räume, dehnt die Zeit und erweitert die Vorstellungswelten, während unsere Aufmerksamkeit für den gebogenen Arm, das gehobene Bein, den vibrierenden Klang und das brechende Licht geschärft wird.

Simone Toendury

Laudatio della giuria

Annotata con precisione, la danza di Cindy Van Acker sembra definire dei principi di composizione formale: i ritmi, i tempi, l'intensità e le piroette vengono tradotti in spartiti molto belli e senza dubbio estremamente complessi che sono già di per sé delle opere d'arte. Quando si assiste a un suo spettacolo ci si rende conto del lavoro, del rigore e della ricerca di una forma che amplifica il suono, è in risonanza con la luce, fa piegare il gomito, voltare la testa, posare a terra il fianco... Il braccio sinistro che si solleva su tre tempi, il destro che si abbassa su due e il bacino che oscilla su sette, mentre il tutto segue un'armonia musicale, un contrappunto e una melodia. Eppure, l'esperienza ultima si rivela quando questa forma sembra cedere a un'altra forza, scaturita dalle profondità più intime, che attraversa contemporaneamente chi danza e chi osserva. Una potenza creatrice che apre lo spazio, dilata il tempo ed estende l'immaginario mentre acuisce la nostra attenzione su un gomito che si piega, una gamba che si solleva, un suono che vibra o una luce rifratta.

The Jury's Statement

Cindy Van Acker's meticulously thought-out choreography seems to establish principles of formal composition: different rhythms, tempos, intensities and turns, translated into very beautiful and more often than not extremely complex sequences, each of which is a work of art in its own right. Anyone watching one of her shows becomes aware of the effort, the rigour, the research into forms that amplify sound, resonate with light, cause an elbow to bend, a head to turn, a hip to touch the ground...a left arm to move up in three beats as the right descends in two and the hips gyrate in seven, all of them following a musical harmony complete with counterpoint and melody... And yet the ultimate experience is when this form appears to give way to a totally different force that emanates from deep within and courses through both dancer and audience. This creative power opens up spaces, dilates time and expands the imaginary but nevertheless manages to draw our attention to such details as a bending elbow, a lifting leg, an oscillating sound or a diffracting light.

Einleitung
Alchemie des Tanzes

Paola Gilardi
Kopräsidentin der SGTK und verantwortliche Herausgeberin von *MIMOS*

Cindy Van Acker erkundet die Welt mit ihren hochsensiblen Sinnen. In ihren Tanzstücken wie in den persönlichen Begegnungen erweckt sie den Eindruck, jede auch noch so minime Schwingung von Stimmungen, Regungen, Klängen, Räumen und sogar des Lichts wahrzunehmen. Wie auch ihre Tochter Elia in ihrer *Lettre à Cindy* hervorhebt, besitzt sie ohne Zweifel die seltene Gabe des aufmerksamen Zuhörens.

Im Videoporträt zur Verleihung des Schweizer Grand Prix Darstellende Künste / Hans-Reinhart-Ring 2023 erläutert die Choreografin, wie sie szenische Bilder «aus akustischen, visuellen, energetischen und architektonischen Elementen»[1] erarbeitet. Alle diese Elemente sieht sie «als eine Partitur, als kommunizierende Gefässe, als Alchemie».[2] In ihren Kreationen geht es also nicht darum, durch Bewegungsabläufe eine Geschichte zu erzählen. Mit genauester Dosierung, wie eine Alchemistin, möchte sie vielmehr alle Bühnenelemente in Einklang bringen und miteinander verschmelzen, damit etwas Neues entsteht.

1 Das Videoporträt von Cindy Van Acker, realisiert von Take Off Productions im Auftrag des Bundesamts für Kultur, ist auf der Webseite der Schweizer Preise Darstellende Künste 2023 verfügbar.

2 Ebd.

Der vorliegende *MIMOS*-Band beleuchtet die Ergebnisse ihrer alchemistisch-schöpferischen Experimente aus verschiedenen Blickwinkeln. So zeichnet Cindy Van Acker selbst im Dialog mit ihrer langjährigen Dramaturgin Michèle Pralong die wichtigsten Etappen ihres künstlerischen Werdegangs nach und reflektiert über die eigene Schaffensweise. Tanz zu kreieren bedeutet für sie, «sich von einer Form, der Zeitlichkeit einer Geste, einem Atemzug, einer Hand, einer Resonanz berühren [zu] lassen. [...] Träumen, was nicht möglich ist, und darüber hinausgehen.»[3]

Mit ihren komplexen Kompositionsprozessen, bei denen nicht nur alle Bühnenelemente interagieren, sondern die Darsteller:innen auch mehrere (oft kaum wahrnehmbare) Bewegungen gleichzeitig und auf unterschiedlichen Ebenen ausführen, befassen sich Enrico Pitozzi, assoziierter Professor für Darstellende Künste an der Universität Bologna, und Stéphanie Bayle, langjährige Tänzerin in Cindy Van Ackers Choreografien und Tanzforscherin an der Universität Paris 8. Während Bayle ihr Augenmerk auf Entstehungsprozesse und insbesondere auf die Strategie der sogenannten «kontinuierlichen Bewegung» legt, beobachtet Pitozzi, dass in Cindy Van Ackers Arbeiten nicht die Körper Bewegung erzeugen, sondern die Bewegung die Körper durchdringt.

Vitale Komplizenschaften

Für Cindy Van Acker spielen reger Austausch und lang andauernde Komplizenschaften eine zentrale Rolle. Anne Davier – Leiterin der Genfer Association pour la danse contemporaine (ADC), bei der Van Acker seit 2017 assoziierte Künstlerin ist – spricht mit Recht von einer «schöpferischen Vitalität»[4]. Sechzehn Tänzer:innen aus Cindy Van Ackers Compagnie Cie Greffe bezeugen in ihrer Hommage die grosse Vertrautheit untereinander, bei der die Grenzen zwischen der gemeinsamen künstlerischen Arbeit und geselligen Momenten fliessend sind. Die Choreografin und

3 Zitiert aus dem Gespräch zwischen Cindy Van Acker und Michèle Pralong in diesem *MIMOS*-Band, S. 72.

4 So betitelt Anne Davier ihren Beitrag für *MIMOS*, S. 109.

Tänzerin Myriam Gourfink erinnert an die intensive Zusammenarbeit seit dem Solo *Marine*, das sie 2001 für Cindy Van Acker gestaltete. Dabei vergleicht Gourfink ihre Kollegin mit «einem ozeanischen Wesen», das sie «in unergründliche Tiefen»[5] führt. Im Interview mit Thierry Sartoretti verschaffen die beiden Musiker und Komponisten Denis Rollet und Samuel Pajand zusammen mit dem Bühnenbildner Victor Roy und dem Lichtdesigner Luc Gendroz einen Einblick in Entstehungsprozesse und erläutern, inwiefern Cindy Van Ackers kollektive und spartenübergreifende Arbeitsweise ihre Wurzeln in der alternativen Genfer Kunstszene der 1990er Jahre hat. Eine besondere Beziehung verband Cindy Van Acker mit dem finnischen Komponisten Mika Vainio. Dessen Lebenspartnerin, die norwegische Künstlerin Rikke Lundgreen, erinnert an seine Seelenverwandschaft mit Cindy Van Acker als «eine reine Osmose von Klängen und Bewegungen»[6]. Ihre Zusammenarbeit endete 2017 abrupt mit Vainios Tod.

Cindy Van Acker strebt danach, Klang, Licht und Zeit sichtbar zu machen. Oder, wie es die Autorin und Choreografin Claudia Castellucci in ihrem Beitrag für *MIMOS* schildert, sie vermag durch ihre Tanzkunst eine neue Dimension von Zeit und Raum zu offenbaren. Dieses Phänomen lässt sich auf unterschiedliche Weise in allen ihren Kreationen beobachten, von ihrem Solo *Corps 00:00* aus dem Jahr 2002 bis hin zu *Without References*, das 2021 entstand. Ihr jüngstes Stück bezeichnen die Dramaturg:innen Roberta Alberico und Léo Chavaz in ihrer Analyse als einen «choreografischen Thriller»[7], der durch das Vorführen von stets unvollständigen Bildern und Bewegungen eine ungeheuerliche Spannung und «die Erwartung einer Katastrophe, die nie eintritt»[8], erzeugt.

Auch der italienische Regisseur Romeo Castellucci ist ein Gleichgesinnter und wichtiger Weggefährte von Cindy Van Acker. Seit fast 20 Jahren arbeiten die beiden regelmässig zusammen. Im Interview für *MIMOS*

5 Zitiert aus dem Text von Myriam Gourfink für *MIMOS*, S. 94.

6 Vgl. Rikke Lundgreens Text in diesem *MIMOS*-Band, S. 218.

7 Zitiert aus dem Beitrag von Roberta Alberico und Léo Chavaz in diesem *MIMOS*-Band, S. 292.

8 Ebd.

D betont er die Bedeutung ihrer Choreografien, insbesondere für seine Operninszenierungen, die er als Gesamtkunstwerke, als komplexe und visionäre Universen gestaltet. Er spricht über Cindy Van Ackers Tanzkunst mit Bewunderung und bringt dabei wohl auch deren Essenz auf den Punkt: «In Cindys Arbeit bemerke ich eine unerschöpfliche Suche nach dem Ursprung der Form. [...] Es gibt keinen Gegenstand, denn die Form, über die wir sprechen, ist eine ‹Schwelle›. Eine schmale Pforte, die den Betrachter einlädt, seinen Blick neu auszurichten.»[9]

9 Zitiert aus dem Gespräch von Paola Gilardi mit Romeo Castellucci für *MIMOS*, S. 273–274.

Introduction
Alchimie de la danse

Paola Gilardi
coprésidente de la SST et éditrice responsable
de *MIMOS*

Cindy Van Acker explore le monde avec ses sens très réceptifs. Dans ses pièces de danse comme lors de rencontres personnelles, elle semble percevoir chaque vibration, même minime, au niveau des émotions, des mouvements, des sons, de l'espace et même de la lumière. Comme le souligne sa fille Elia dans sa *Lettre à Cindy*, elle possède sans aucun doute le don rare de l'écoute attentive.

Dans le portrait vidéo réalisé à l'occasion de la remise du Grand Prix suisse des arts de la scène / Anneau Hans Reinhart 2023, la chorégraphe explique comment elle travaille des images scéniques composées «d'éléments sonores, visuels, énergétiques, architecturaux»[1]. Elle pense

1 Le portrait vidéo de Cindy Van Acker, réalisé par Take Off Productions sur mandat de l'Office fédéral de la culture, est disponible sur le site des Prix suisses des arts de la scène 2023.

tous ces éléments «en partition, en vases communicants, en alchimie»[2]. Ses créations n'aspirent donc pas à raconter une histoire par le biais de séquences de mouvements. Cindy Van Acker souhaite plutôt, avec une précision d'alchimiste, harmoniser et fusionner tous les éléments de la scène, afin de donner vie à quelque chose de nouveau.

Le présent ouvrage de la collection *MIMOS* se propose de mettre en lumière, sous différents angles, les résultats de ses expérimentations alchimiques dans le domaine de la danse. Ainsi, Cindy Van Acker elle-même, en dialogue avec sa dramaturge de longue date Michèle Pralong, retrace les principales étapes de son parcours artistique et réfléchit à ses propres modalités de création. L'acte de créer signifie pour elle «se laisser émouvoir par une forme, la temporalité d'un geste, une respiration, une main, une résonance. [...] Rêver ce qui n'est pas possible et passer outre.»[3]

Enrico Pitozzi, professeur associé en Arts du spectacle à l'Université de Bologne, ainsi que Stéphanie Bayle, depuis plusieurs années interprète au sein de la Compagnie Greffe de Cindy Van Acker et chercheuse en Danse à l'Université Paris 8, se penchent pour leur part sur la complexité des compositions de la chorégraphe, dans lesquelles, d'un côté, tous les éléments scéniques interagissent entre eux et, de l'autre, chaque danseur·euse exécute plusieurs mouvements (souvent à peine perceptibles) en même temps et à différents niveaux.

Complicités vitales

Pour Cindy Van Acker, les échanges d'idées et les complicités de longue durée jouent un rôle central. Dans son article pour *MIMOS*, Anne Davier – directrice de l'Association pour la danse contemporaine (ADC) à Genève dont Cindy Van Acker est artiste associée depuis 2017 – parle à juste titre de «vitalités créatives»[4]. Dans leur hommage, seize

2 *Ibidem.*

3 La citation est tirée du dialogue entre Cindy Van Acker et Michèle Pralong dans le présent ouvrage, p. 62.

4 C'est ainsi qu'Anne Davier intitule sa contribution pour *MIMOS*, p. 101.

danseur·euses de la Compagnie Greffe témoignent de la confiance profonde qui les unit à la chorégraphe et soulignent comment les frontières entre le travail artistique conjoint et les moments de convivialité s'estompent. La chorégraphe et danseuse Myriam Gourfink revient, de son côté, sur la collaboration intense née avec le solo *Marine*, qu'elle avait créé en 2001 pour Cindy Van Acker. Aux yeux de Myriam Gourfink, cette artiste «ressemble à une créature océanique», qui la fait «toucher des fosses insondables»[5]. Dans l'entretien qu'ils ont accordé à Thierry Sartoretti pour *MIMOS*, les deux musiciens et compositeurs Denis Rollet et Samuel Pajand, le scénographe Victor Roy et l'éclairagiste Luc Gendroz livrent quant à eux un aperçu des processus de création et expliquent dans quelle mesure les méthodes de travail collectives et pluridisciplinaires de Cindy Van Acker trouvent leurs racines dans la scène artistique alternative genevoise des années 1990.

Une relation très particulière lie Cindy Van Acker au compositeur finlandais Mika Vainio. L'artiste norvégienne Rikke Lundgreen, compagne du musicien, se souvient de cette affinité élective, qu'elle décrit comme «une pure osmose entre sons et mouvements»[6]. La mort de Mika Vainio a brusquement interrompu cette collaboration en 2017.

Cindy Van Acker aspire à rendre visibles le son, la lumière et le temps. Ou, pour le dire autrement, comme le propose dans son intervention pour *MIMOS* l'auteure et chorégraphe Claudia Castellucci, à travers sa danse, elle révèle une nouvelle dimension du temps et de l'espace. Ce phénomène s'observe de différentes manières dans toutes les créations de Cindy Van Acker, depuis son solo-manifeste *Corps 00:00*, qui date de 2002, jusqu'à *Without References*, créé en 2021. Dans leur analyse, les dramaturges Roberta Alberico et Léo Chavaz décrivent cette dernière pièce comme un «thriller chorégraphique»[7], qui, en proposant un tableau d'images et de mouvements toujours incomplet, engendre une forte tension et «l'attente d'une catastrophe qui n'arrivera jamais»[8].

5 Citation tirée du témoignage de Myriam Gourfink pour le présent ouvrage, p. 95.

6 Cf. le texte de Rikke Lundgreen pour le présent ouvrage, p. 218.

7 La citation est tirée de l'article de Roberta Alberico et Léo Chavaz dans cet ouvrage, p. 294.

8 *Ibidem*.

F Depuis presque vingt ans, Cindy Van Acker collabore régulièrement aussi avec l'artiste et metteur en scène italien Romeo Castellucci, avec lequel elle partage une même sensibilité. Dans l'entretien que j'ai eu le plaisir de mener avec lui pour *MIMOS*, Romeo Castellucci éclaire l'importance des chorégraphies de la Genevoise notamment dans ses mises en scène d'opéra, conçues comme des œuvres d'art totales, des univers complexes et visionnaires. L'admiration pour Cindy Van Acker résonne dans ses mots. Et il résume ainsi l'essence de son art: «Dans le travail de Cindy, je remarque une recherche, jamais assouvie, d'une source de la forme. [...] Il n'y a pas d'objet, car la forme dont on parle ici est un seuil, une porte étroite qui invite le spectateur à reconfigurer son regard.»[9]

9 La citation est tirée de l'interview que Romeo Castellucci a accordée à Paola Gilardi pour le présent ouvrage, pp. 249–250.

Introduzione
Alchimia della danza

Paola Gilardi
copresidente della SSST e responsabile
di *MIMOS*

Cindy Van Acker esplora il mondo con i suoi sensi altamente ricettivi. Sia nelle sue pièce di danza che nelle interazioni personali sembra percepire ogni minima vibrazione delle emozioni, dei movimenti, dei suoni, dello spazio e persino della luce. Come sottolinea la figlia Elia nella sua *Lettre à Cindy*, possiede indubbiamente il raro dono dell'ascolto attento.

Nel videoritratto realizzato in occasione del conferimento del Grand Premio svizzero delle arti sceniche / Anello Hans Reinhart 2023, la coreografa descrive il proprio modo di elaborare immagini sceniche composte «da elementi sonori, visivi, energetici, architettonici»[1], pensando la relazione che si intesse fra questi elementi come «uno spartito, vasi comunicanti, un'alchimia»[2]. Nelle sue creazioni non intende dunque narrare una storia attraverso i movimenti. Con la precisione di un'alchimista, cerca piuttosto di amalgamare e mettere in sintonia tutte le componenti sceniche per dare vita a qualcosa di nuovo.

1 Il videoritratto di Cindy Van Acker, realizzato da Take Off Productions su incarico dell'Ufficio federale della cultura, è disponibile sul sito web dei Premi svizzeri delle arti sceniche 2023.

2 *Ibidem*.

Il presente volume della collana *MIMOS* mette in luce i risultati delle sue sperimentazioni alchemico-artistiche da diversi punti di vista. Cindy Van Acker stessa, in dialogo con la sua drammaturga di lunga data Michèle Pralong, ripercorre le tappe salienti del proprio percorso artistico, riflettendo anche sui processi creativi. Creare danza significa per lei «lasciarsi emozionare da una forma, dalla fugacità di un gesto, da un respiro, una mano, una risonanza. [...] Sognare ciò che non è possibile e andare oltre.»[3]

Enrico Pitozzi, professore associato presso il DAMS (Discipline delle Arti, della Musica e dello Spettacolo) dell'Università di Bologna, e Stéphanie Bayle, da molti anni danzatrice nelle produzioni di Cindy Van Acker e ricercatrice in Danza presso l'Università di Parigi 8, prendono in esame i complessi processi compositivi della coreografa, in cui non solo tutti gli elementi scenici interagiscono fra di loro, ma i singoli performer eseguono simultaneamente movimenti diversi (spesso impercettibili) e su vari livelli. Stéphanie Bayle pone l'accento sulla fase di elaborazione delle pièce di danza e in particolare sulla strategia del

«movimento continuo», Enrico Pitozzi osserva invece come nei lavori di Cindy Van Acker non siano i corpi a generare il movimento, bensì il movimento a fluire attraverso i corpi.

Complicità vitali

Per Cindy Van Acker le collaborazioni di lungo corso e lo scambio d'idee hanno un ruolo essenziale. Nel suo contributo per *MIMOS* Anne Davier – direttrice dell'Association pour la danse contemporaine (ADC) di Ginevra, alla quale la coreografa è associata dal 2017 – parla a giusta ragione di «vitalità creative»[4]. Dal canto loro, sedici danzatrici e danzatori della Cie Greffe di Cindy Van Acker testimoniano nel loro omaggio la grande complicità che regna all'interno della

3 La citazione è tratta dal dialogo fra Cindy Van Acker e Michèle Pralong nel presente volume di *MIMOS*, p. 82.

4 Questo è il titolo del contributo di Anne Davier per il presente volume di *MIMOS*, p. 117.

compagnia e come spesso i confini tra il lavoro artistico comune e momenti conviviali siano fluidi. Nel suo testo, la coreografa e danzatrice Myriam Gourfink rievoca l'intensa collaborazione, nata con l'assolo *Marine* che aveva creato nel 2001 appositamente per Cindy Van Acker. Gourfink paragona la collega a «una creatura oceanica», che la porta «a toccare profondità insondabili»[5]. Intervistati da Thierry Sartoretti, i due musicisti e compositori Denis Rollet e Samuel Pajand, lo scenografo Victor Roy e il designer delle luci Luc Gendroz illustrano come i processi creativi collettivi e transdisciplinari di Cindy Van Acker affondino le proprie radici nella scena artistica alternativa ginevrina degli anni Novanta. Un legame speciale univa Cindy Van Acker al compositore finlandese Mika Vainio. L'artista norvegese Rikke Lundgreen, compagna di Vainio, definisce questa pluriennale affinità elettiva, terminata in modo brusco con la morte di Vainio nel 2017, come «una vera e propria osmosi fra suono e movimento»[6].

Cindy Van Acker ambisce a rendere visibili il suono, la luce e il tempo. In altri termini, come evidenzia l'autrice e coreografa Claudia Castellucci nel proprio contributo per *MIMOS*, la sua danza ci immerge in una nuova dimensione del tempo e dello spazio. Questo fenomeno si rileva su diversi piani in tutte le sue creazioni, dall'assolo-manifesto *Corps 00:00* del 2002 fino a *Without References* del 2021. Nella loro analisi, i drammaturghi Roberta Alberico e Léo Chavaz definiscono quest'ultima pièce «un *thriller* coreografico»[7] che, presentando un quadro sempre incompleto di immagini e movimenti, genera un'inquietante tensione e «l'attesa di una catastrofe che non avverrà mai»[8].

Anche il regista italiano Romeo Castellucci, con cui Cindy Van Acker collabora regolarmente da quasi vent'anni, figura tra i suoi principali compagni di viaggio. Nell'intervista concessami per *MIMOS*, Romeo Castellucci sottolinea

5 La citazione è tratta dal testo di Myriam Gourfink per *MIMOS*, p. 94.

6 Si veda la testimonianza di Rikke Lundgreen nel presente volume di *MIMOS*, p. 218.

7 La citazione è tratta dal contributo di Roberta Alberico e Léo Chavaz in questo volume di *MIMOS*, p. 292.

8 *Ibidem*.

l'importanza delle coreografie di Cindy Van Acker in particolare per le sue messinscene in campo operistico, concepite come opere d'arte totali, universi complessi e visionari. L'artista esprime la sua grande ammirazione per le creazioni coreiche di Cindy Van Acker, mettendone in luce l'essenza con queste parole: «Nel lavoro di Cindy noto una ricerca inesausta della sorgente della forma. [...] Non c'è oggetto perché la forma di cui stiamo parlando è "soglia". Una porta stretta che invita lo spettatore a riconfigurare lo sguardo.»[9]

9 La citazione è tratta dall'intervista concessa da Romeo Castellucci a Paola Gilardi per *MIMOS*, p. 237.

Introduction
The Alchemy of Dance

Paola Gilardi
Co-President of SATS and
Lead Editor of *MIMOS*

Choreographer Cindy Van Acker explores the world around her with a heightened sense of perception. In her dance pieces and personal encounters alike, she seems to feel every vibration, however slight, of mood, movement, sound and space – and even of light. And, as her daughter Elia is keen to point out in her *Lettre à Cindy*, she possesses the rare gift of being able to listen closely.

In a video portrait filmed for the presentation of the 2023 Swiss Grand Award for the Performing Arts / Hans Reinhart Ring, Cindy Van Acker explains how she creates images on the stage "from acoustic, visual, energetic and architectural elements".[1] She sees all these components "as part of a score, as communicating vessels, as alchemy".[2] The idea behind her creations is less to tell a story through a sequence of movements, but rather – with the precision of an alchemist – to bring all the stage elements into harmony, fusing them together to generate something new.

1 Cindy Van Acker's video portrait, created by Take Off Productions on behalf of the Federal Office of Culture, is available on the Swiss Performing Arts Awards 2023 website.

2 *Ibid.*

E The results of her alchemic experiments are explored from different angles in this *MIMOS* edition. In discussion with her long-standing dramaturg Michèle Pralong, Cindy Van Acker traces the key stages of her artistic career and reflects on her own creative process. As she sees it, creating dance means "letting yourself be moved by a form, the temporality of a gesture, a breath, a hand, a resonance. [...] It means dreaming the impossible and carrying on regardless."[3] Another perspective is given by Enrico Pitozzi, Associate Professor of Performing Arts at the University of Bologna, and Stéphanie Bayle, long-serving dancer in Cindy Van Acker's choreographies and dance researcher at the University of Paris 8. In their article, they address the complexity of Van Acker's compositional processes – not only do all the stage elements interact, but the performers also execute several (often barely perceptible) movements simultaneously and on different levels. While Bayle's attention is drawn to the choreographer's creative processes and the "continuous movement" strategy she adopts, Pitozzi observes that it's not the bodies that create movement in her works, but instead the movement that penetrates the bodies.

Vital alliances

A working culture based on a lively exchange of ideas and long-lasting alliances is of key importance to Cindy Van Acker. For this reason, Anne Davier – director of the Geneva Association pour la danse contemporaine (ADC), where the choreographer has been an associated artist since 2017 – rightly speaks of a "creative vitality"[4] in their collaborations. Likewise, in their statements, sixteen dancers from Cindy Van Acker's company Cie Greffe emphasise the great familiarity they share, and how working together on artistic projects and moments of conviviality often

3 Quote from the conversation between Cindy Van Acker and Michèle Pralong in this *MIMOS* edition, p. 92.

4 The title of Anne Davier's article in this *MIMOS* edition, p. 125.

merge. Choreographer and dancer Myriam Gourfink reflects on the close collaboration that came about with *Marine*, a solo dance piece she created for Cindy Van Acker in 2001, ultimately comparing her colleague to "an oceanic creature" that invites her to plumb "unfathomable depths".[5] And, in an interview conducted by Thierry Sartoretti, musicians and composers Denis Rollet and Samuel Pajand together with set designer Victor Roy and lighting designer Luc Gendroz offer insights into Cindy Van Acker's creative process and explain how far the roots of her collective and multidisciplinary approach originated in the alternative arts scene of 1990s Geneva. Of particular importance is the intense relationship Cindy Van Acker enjoyed with Finnish composer Mika Vainio. In the words of Vainio's life partner, Norwegian artist Rikke Lundgreen, the two were soulmates whose bond resembled a pure osmosis of sound and movement.[6] Their artistic partnership ended abruptly with the composer's death in 2017.

In her work, Cindy Van Acker strives to render sound, light and time visible. Indeed, as author and choreographer Claudia Castellucci argues in her article for *MIMOS*, the artist's dance pieces succeed in uncovering a new dimension of time and space. This phenomenon can be observed in all the choreographer's creations in different ways, from her solo *Corps 00:00* dating back to 2002 through to *Without References* from 2021. In their analysis, dramaturgs Roberta Alberico and Léo Chavaz portray her most recent piece as a "choreographic thriller"[7] which, by presenting images and movements that are never quite complete, engenders tremendous suspense and "the rising expectation of a disaster that never happens".[8]

Having worked with Cindy Van Acker regularly for almost twenty years, Italian director Romeo Castellucci is also a kindred spirit and one of her leading artistic partners.

5 Quote from Myriam Gourfink's article in this *MIMOS* edition, p. 94.

6 See Rikke Lundgreen's text in this *MIMOS* edition, pp. 219–220.

7 Quote from Roberta Alberico's and Léo Chavaz's article in this *MIMOS* edition, p. 292.

8 *Ibid.*

E In the exclusive interview for *MIMOS*, he points to the significance of her choreographies, especially those she created for his own opera productions, which he designs as total works of art, as complex and visionary universes. He speaks of Cindy Van Acker's dance art with great admiration, encapsulating its essence with the following words: "In Cindy's work, I note an unending search for the source of form. [...] There is no object, because the form of which we are speaking is a 'threshold'. A narrow door that invites the spectator to reconfigure the gaze."[9]

9 Quote from Paola Gilardi's interview with Romeo Castellucci in this *MIMOS* edition, p. 284.

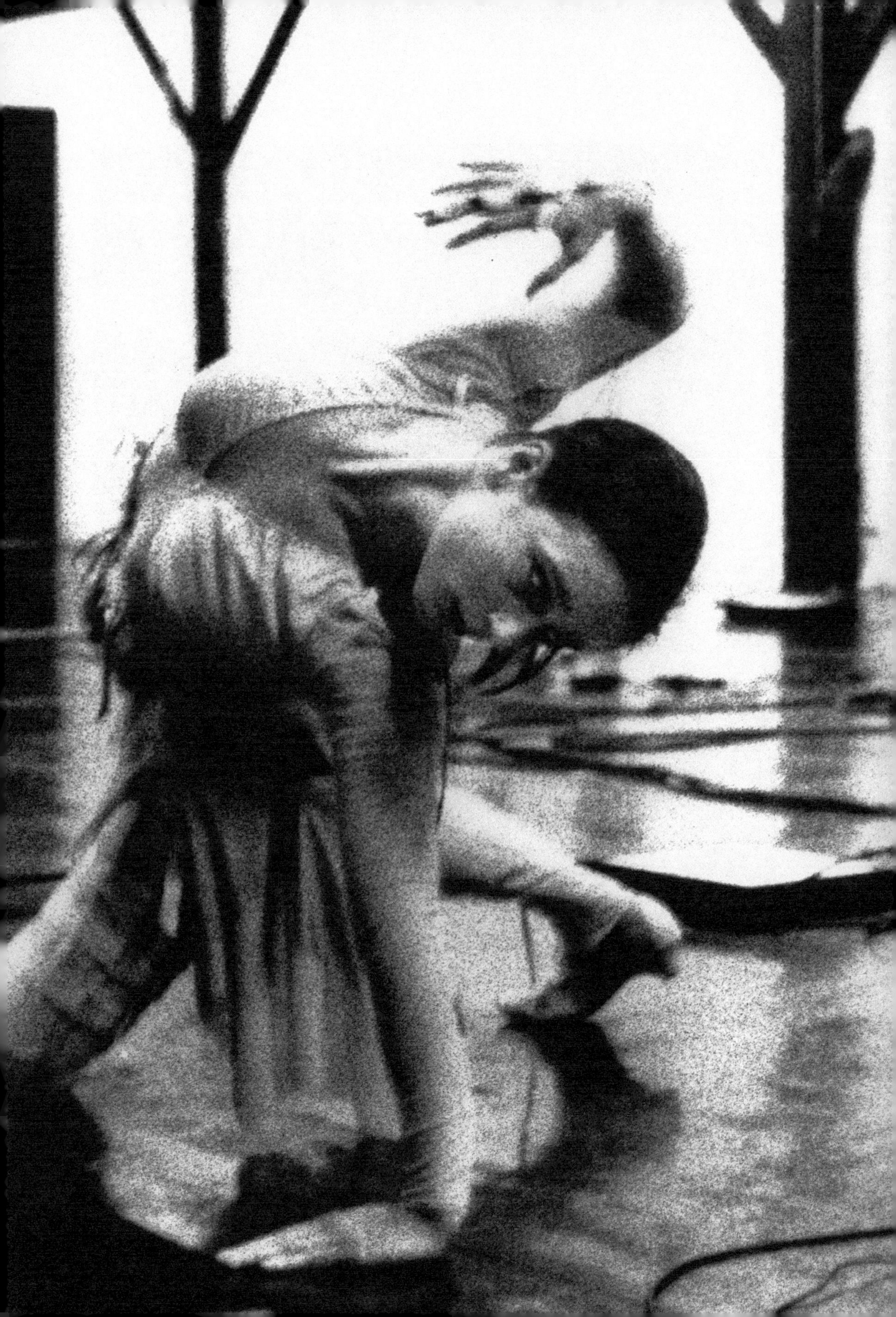

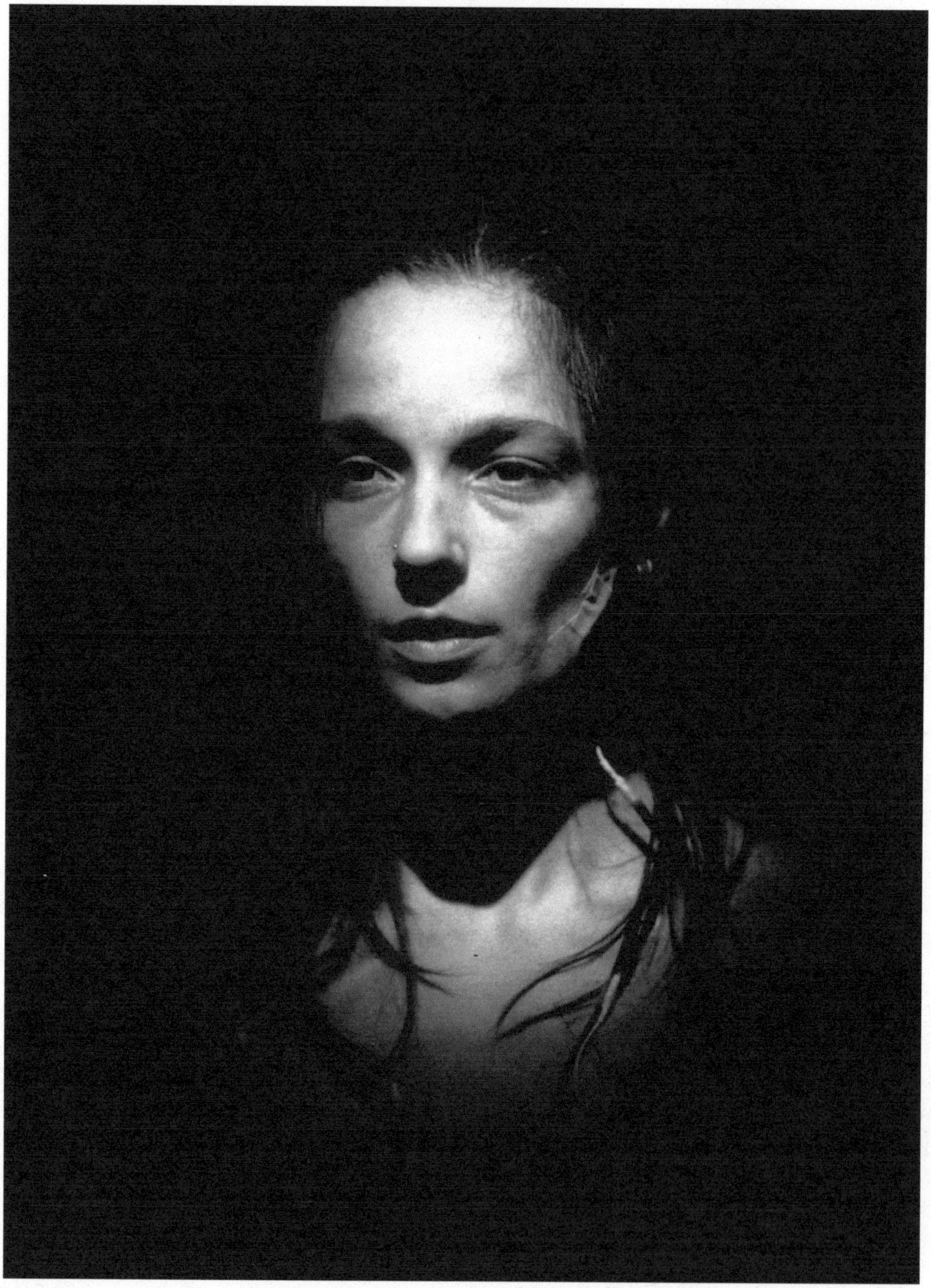

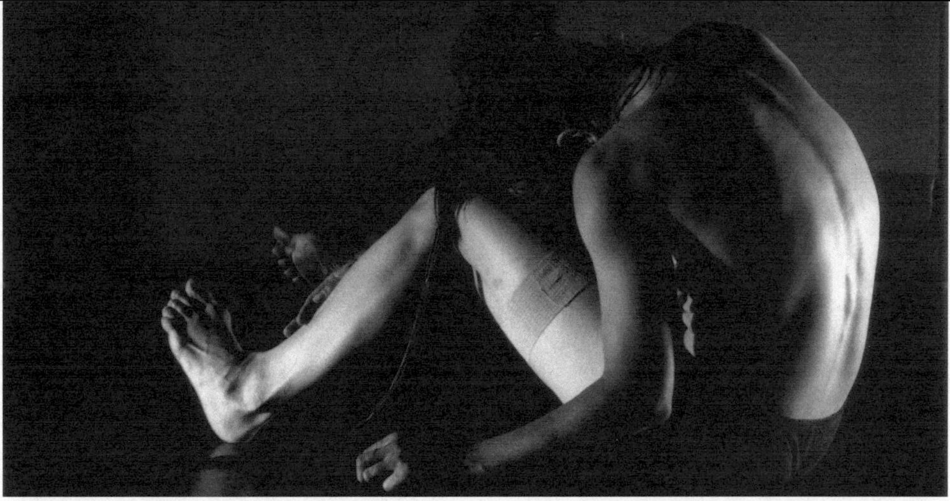

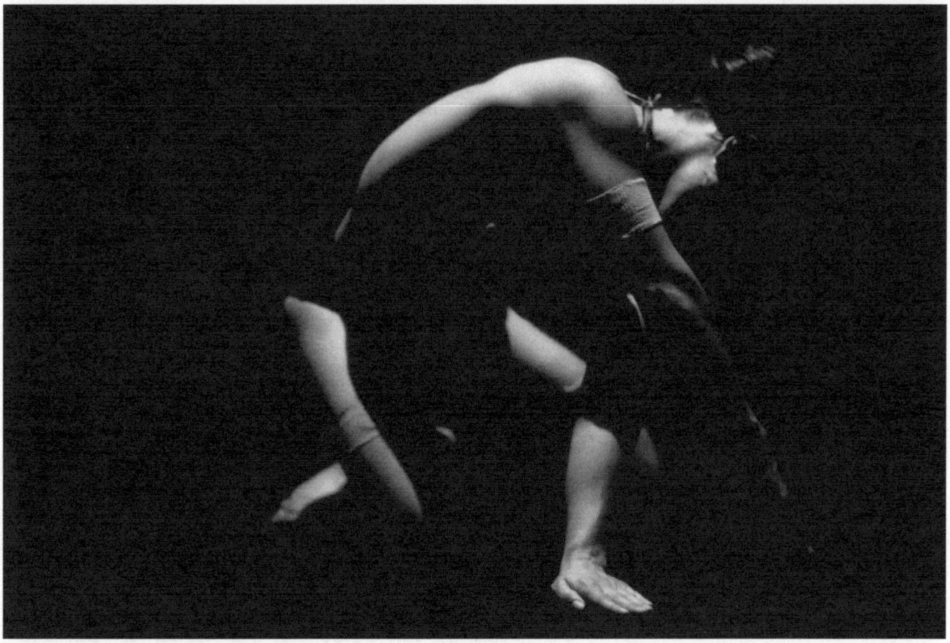

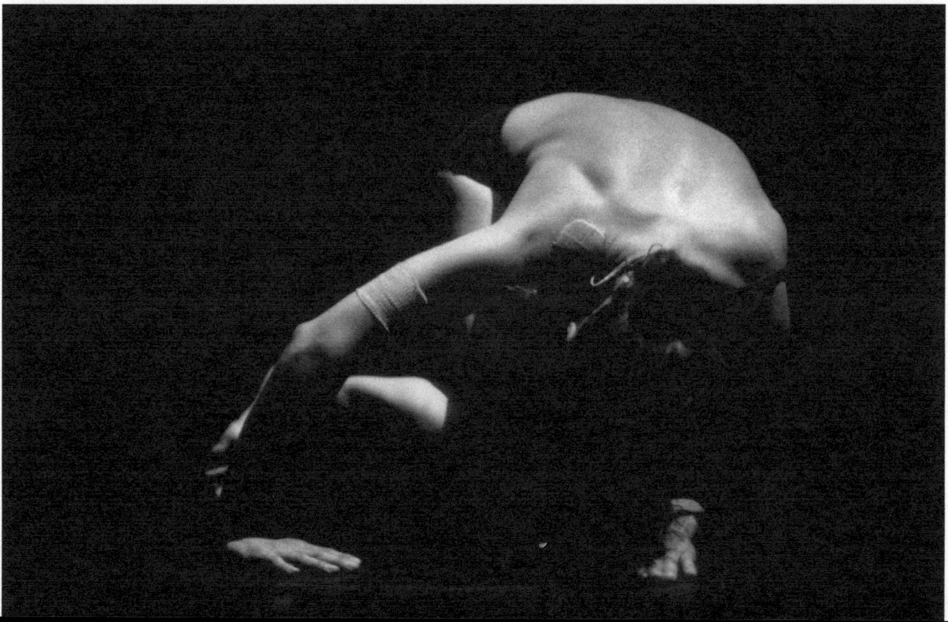

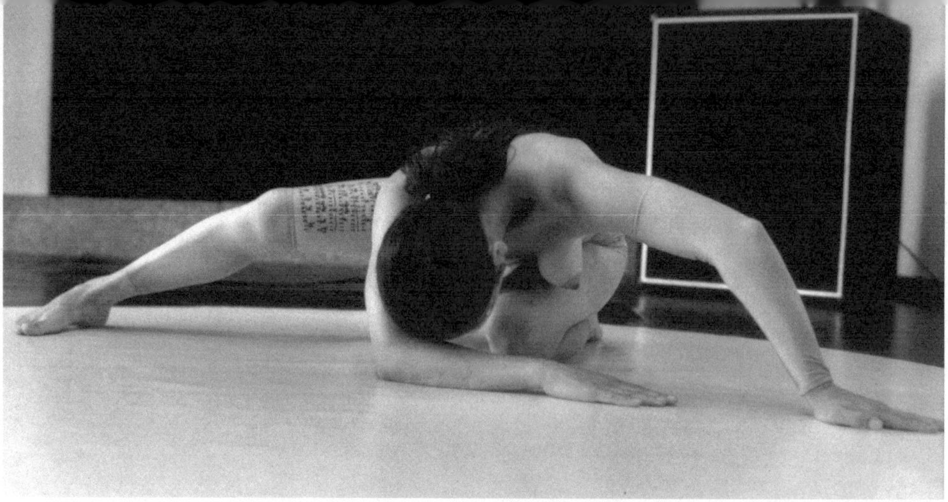

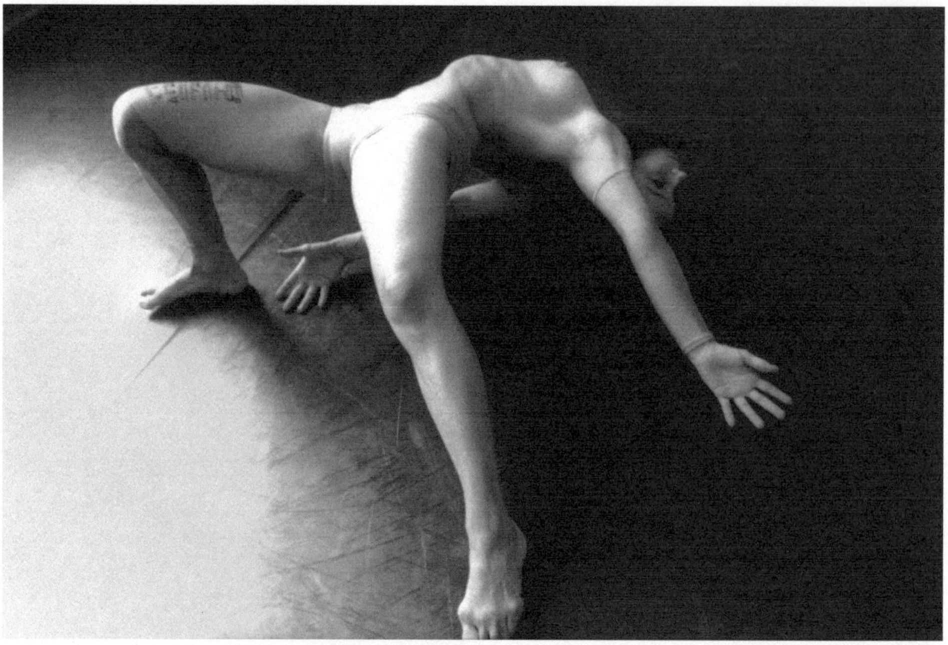

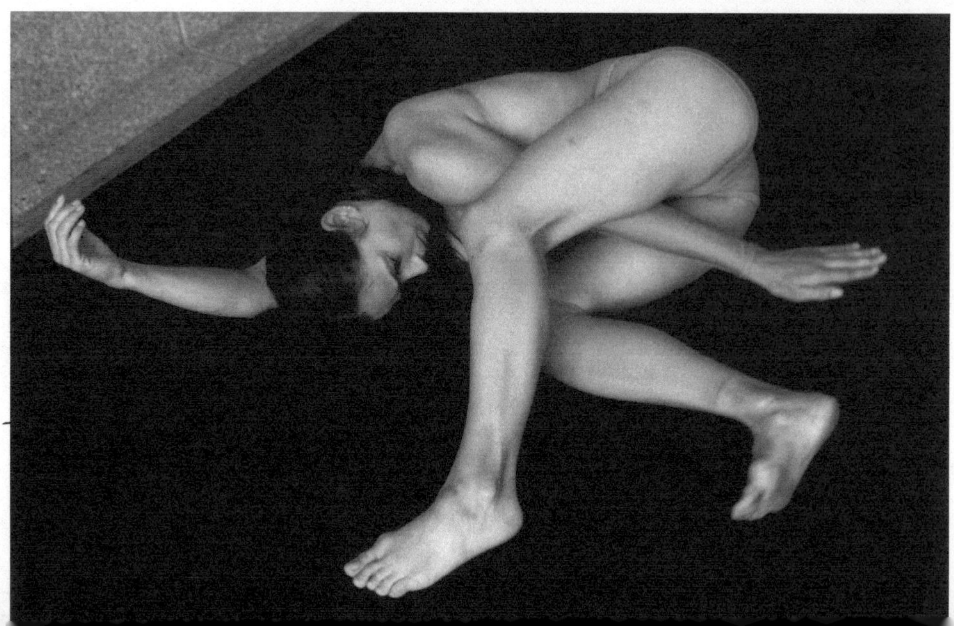

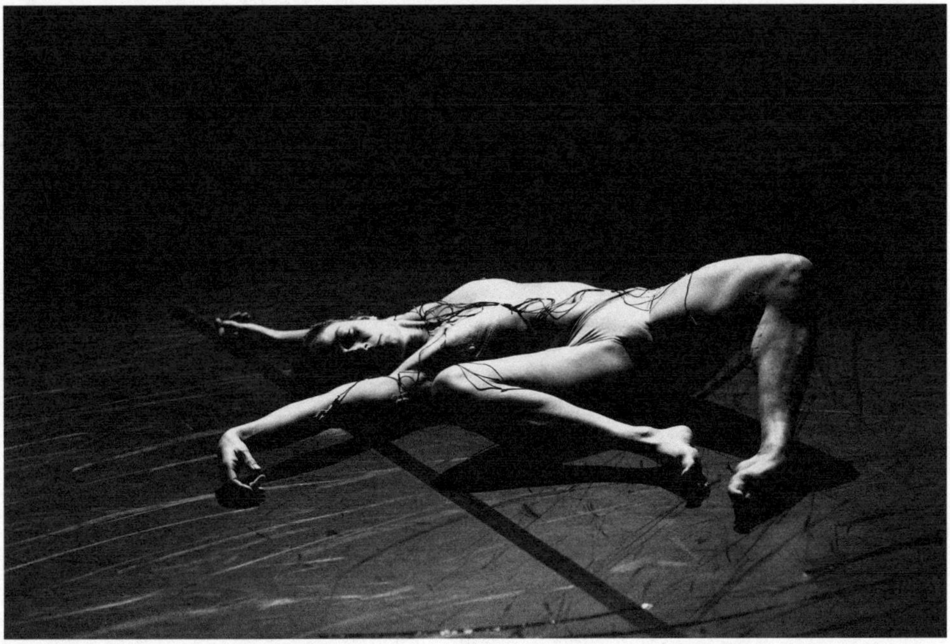

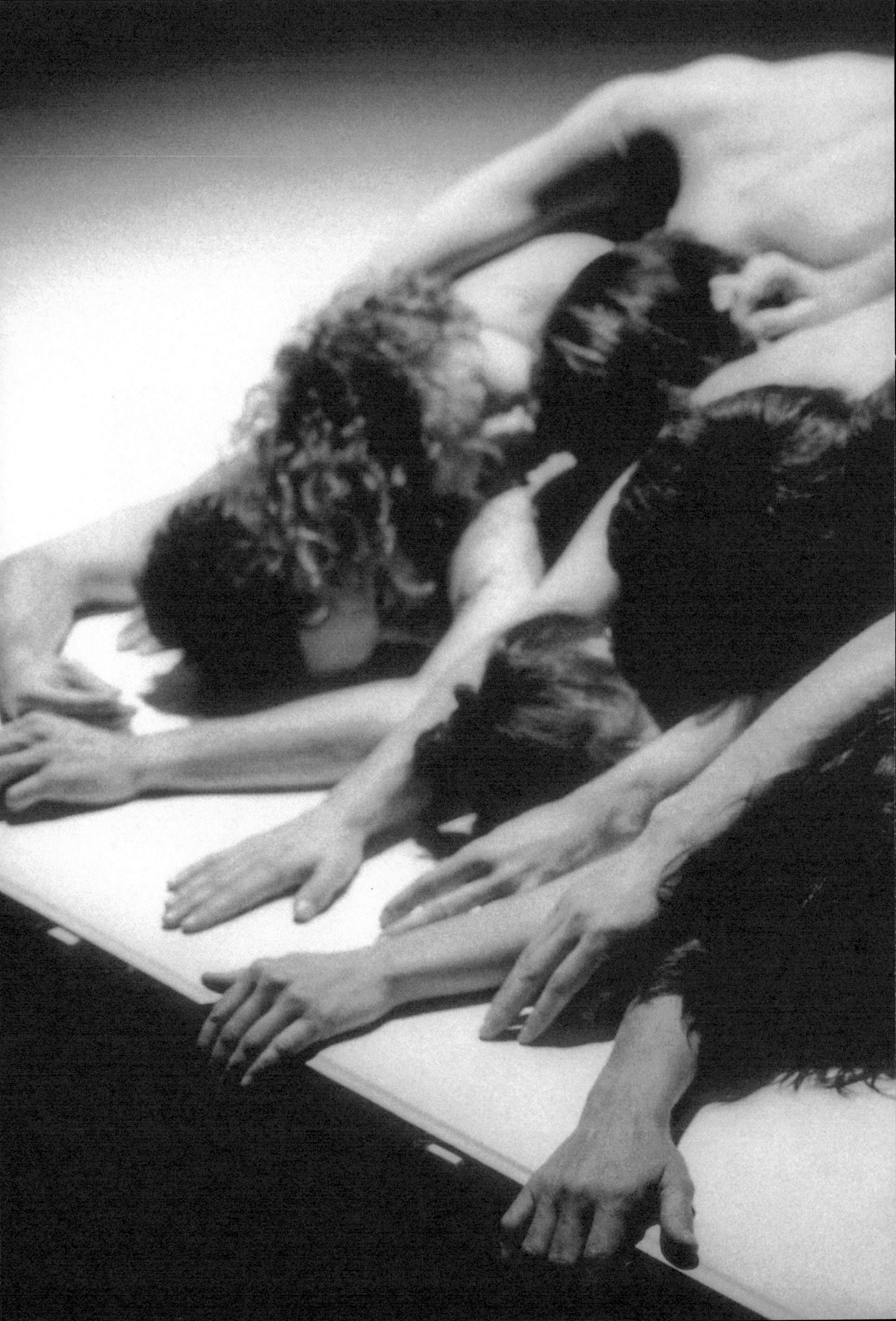

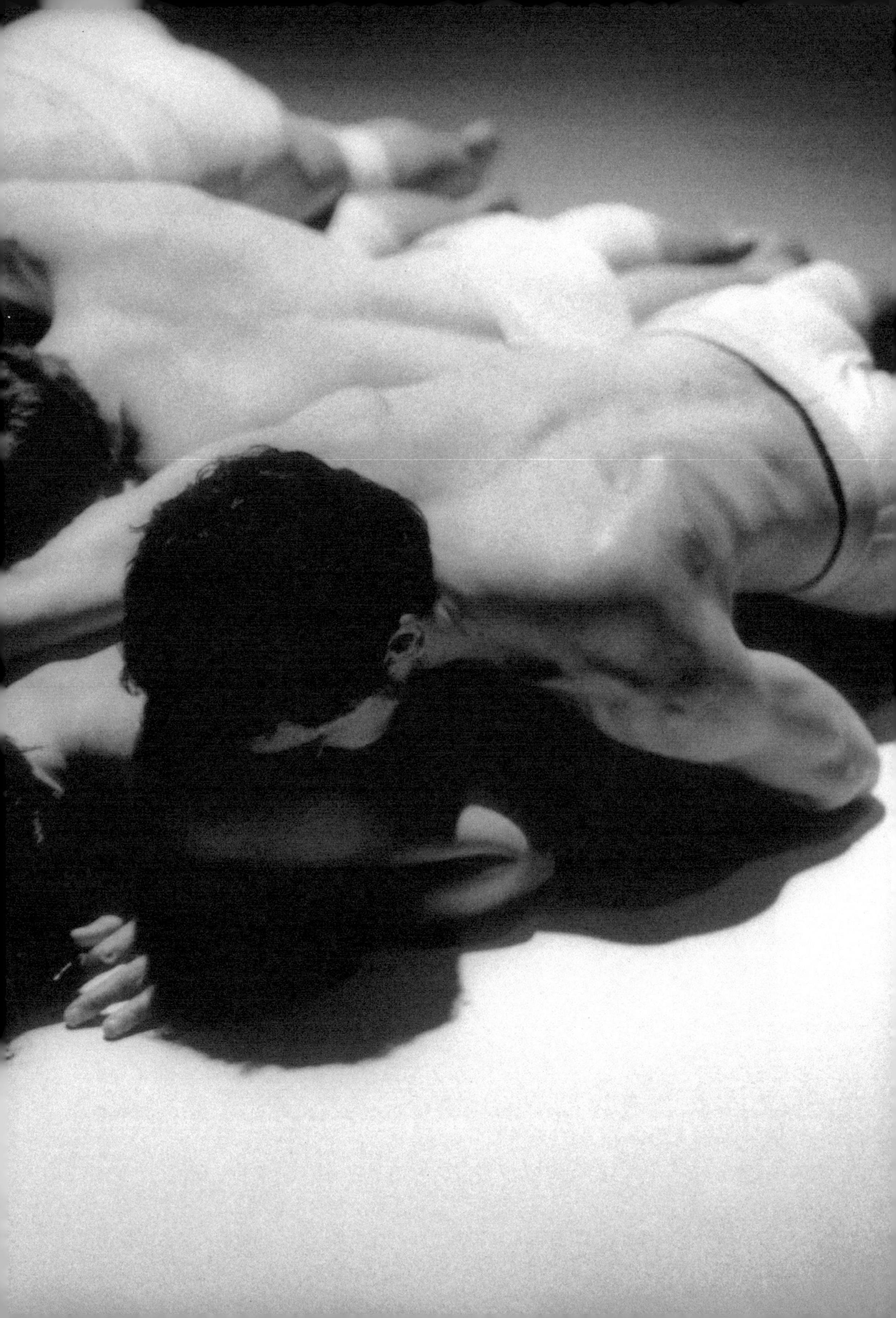

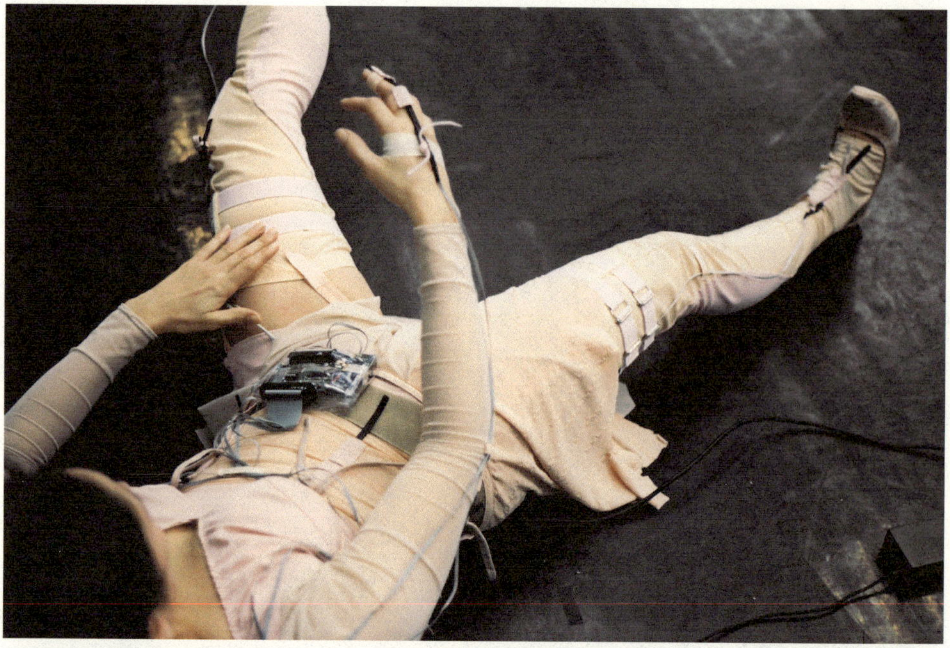

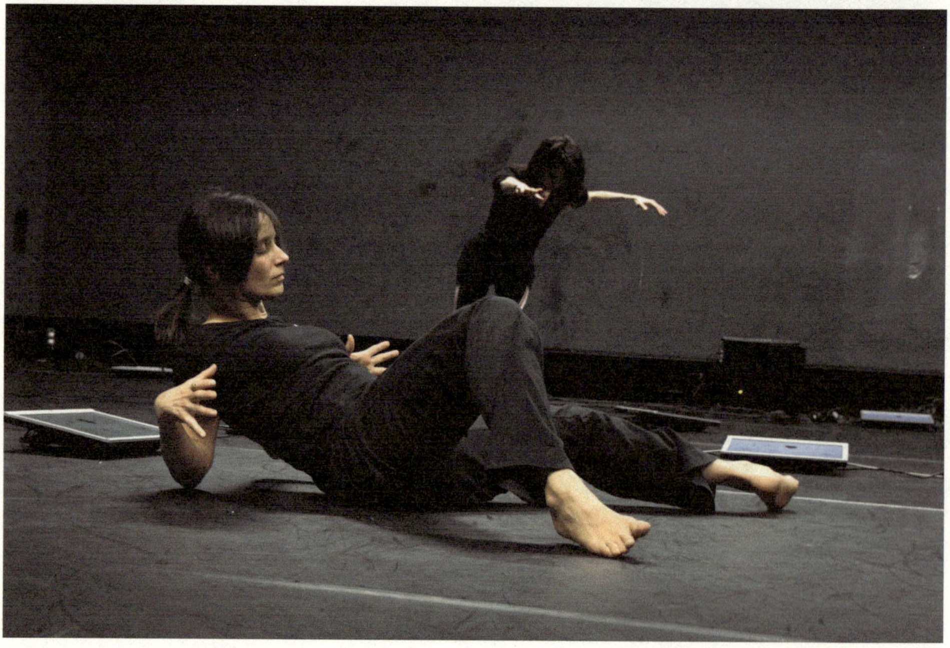

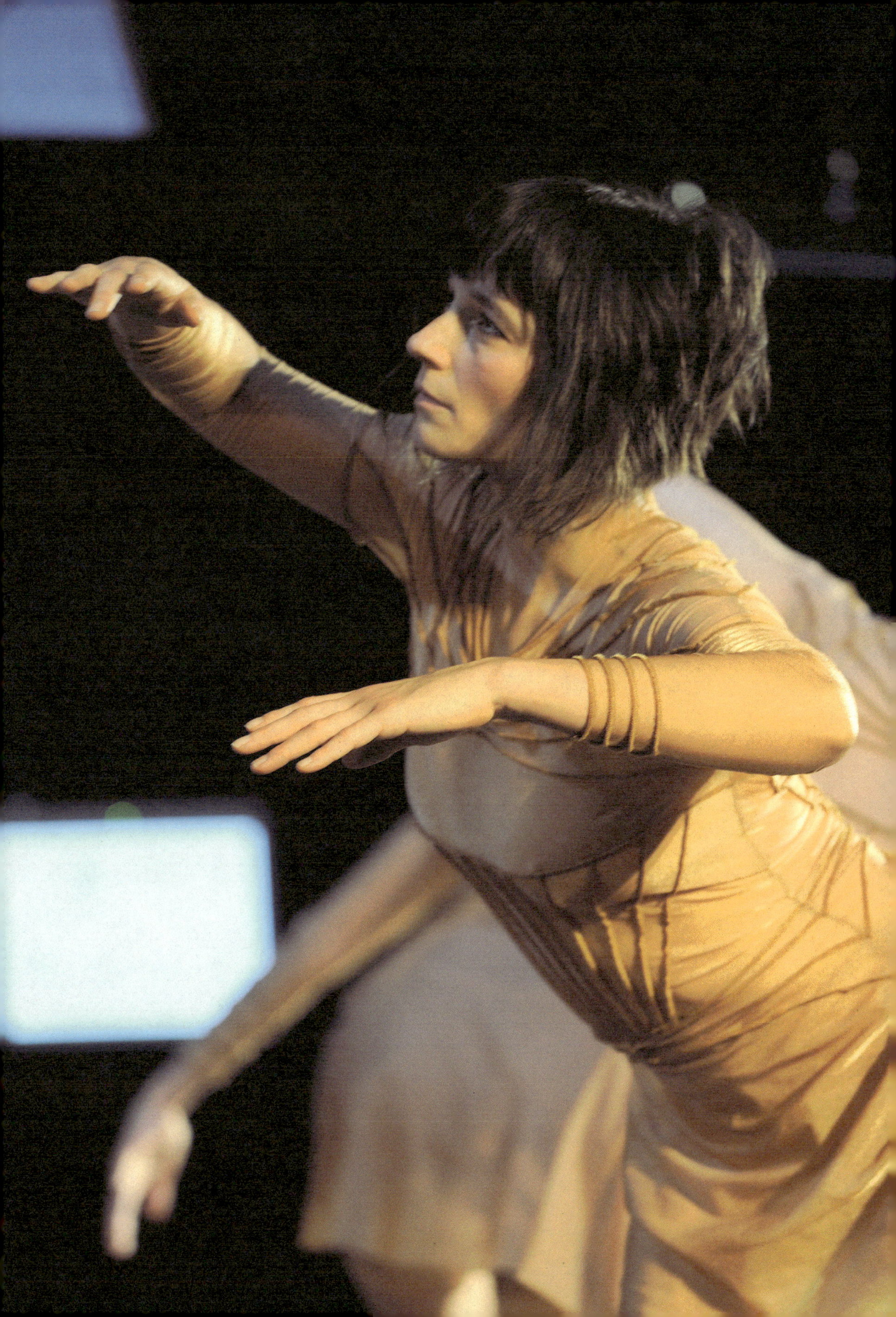

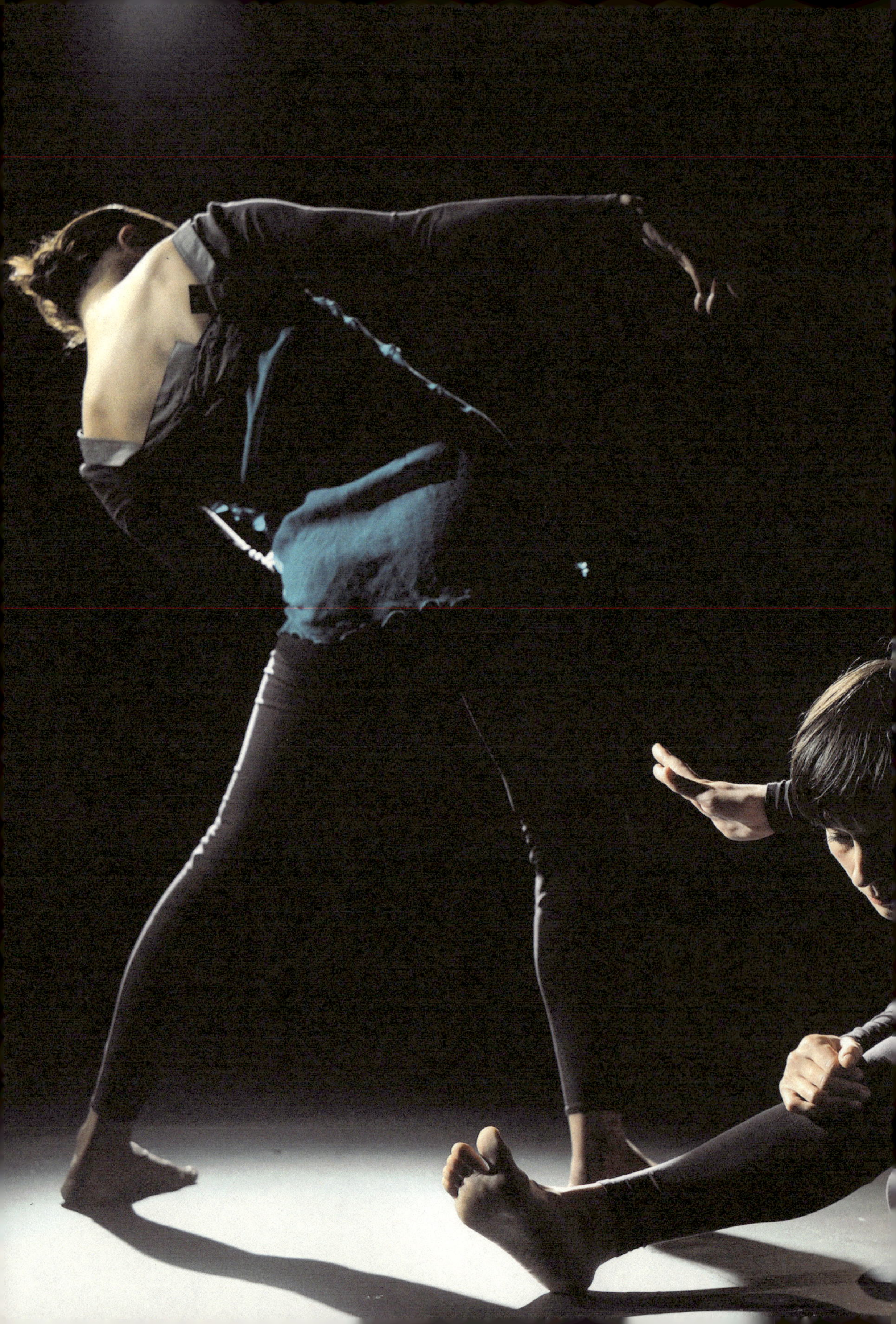

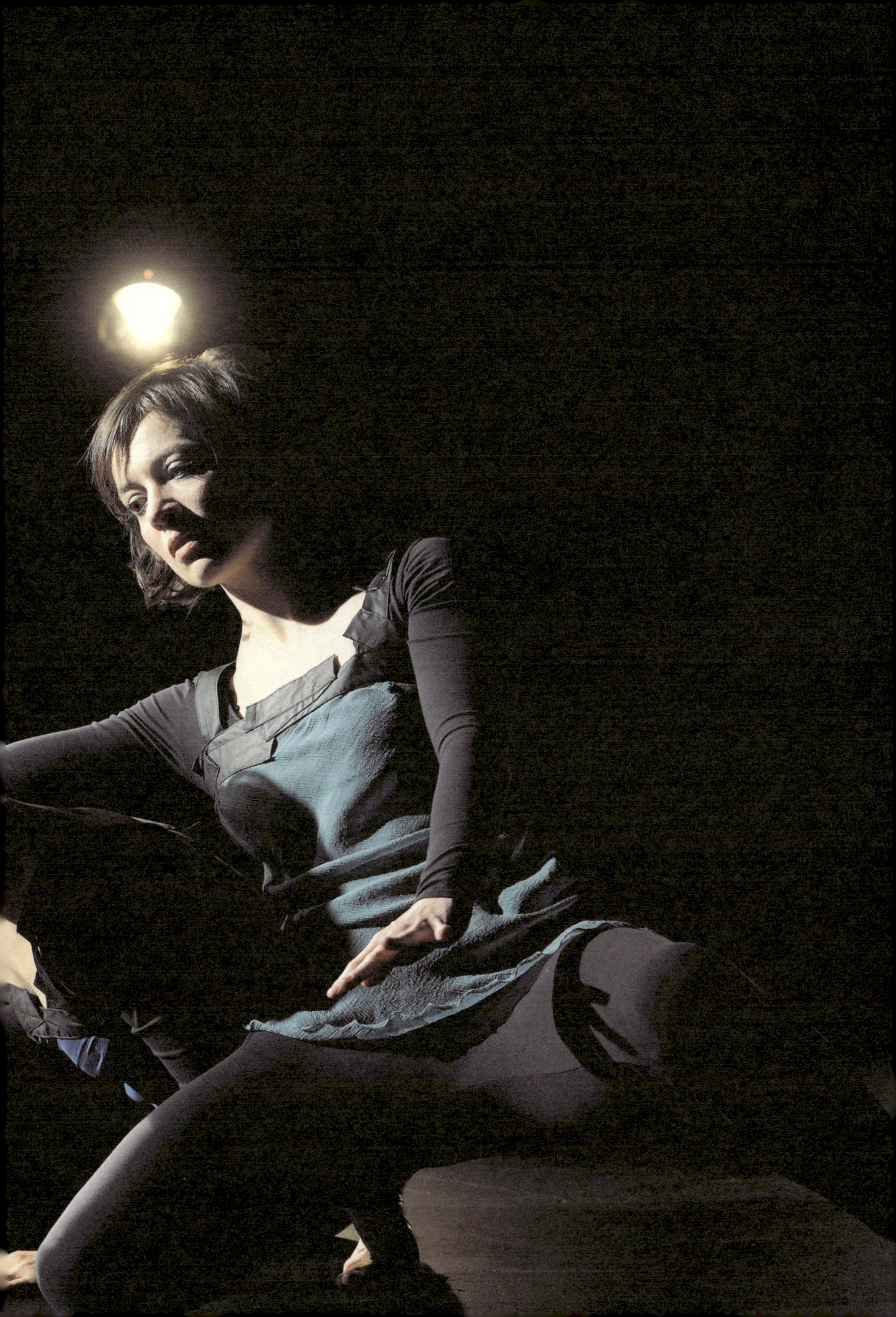

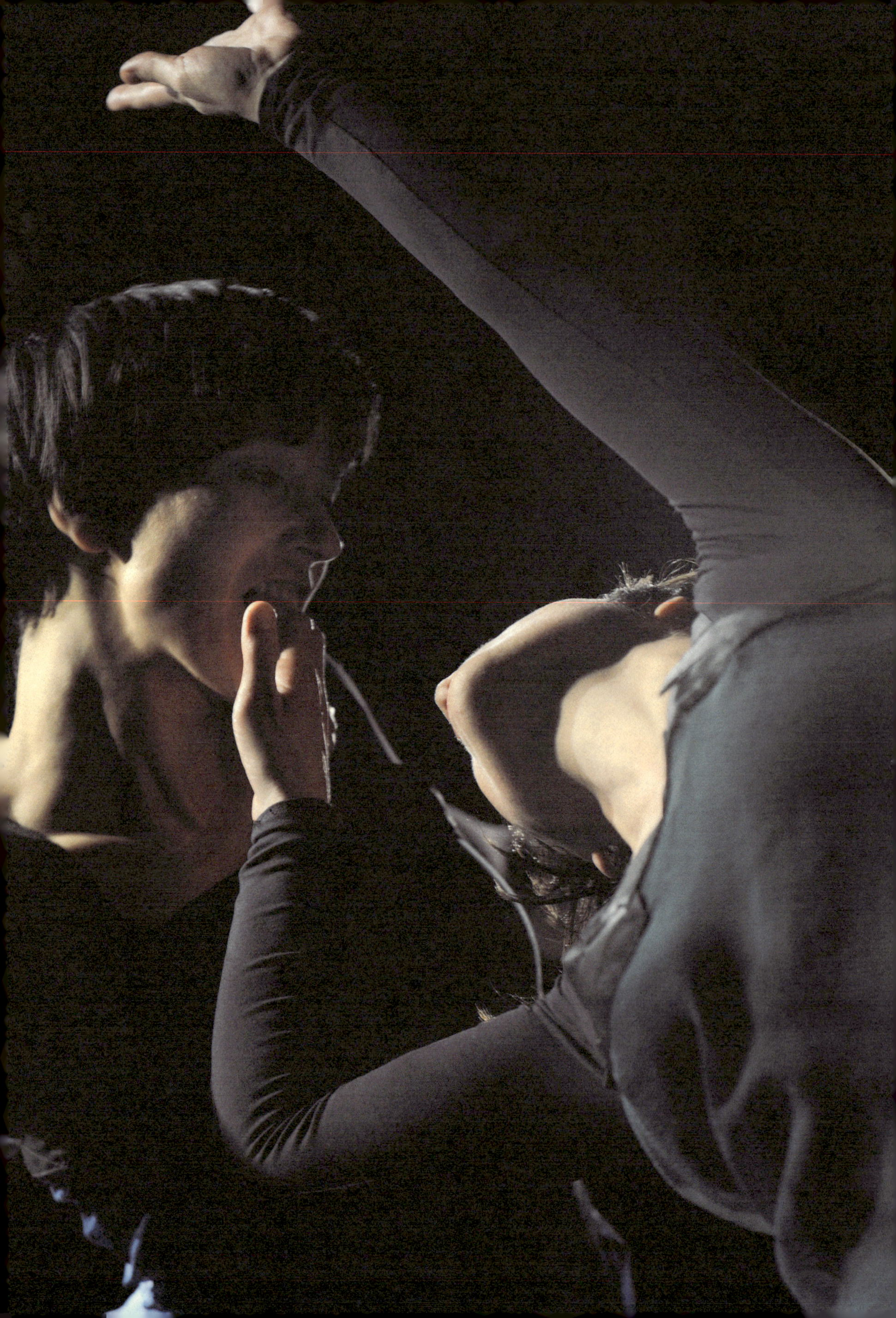

Poétiques des présences

Cindy Van Acker et Michèle Pralong en dialogue

F

Michèle Pralong et Cindy Van Acker se sont rencontrées dans le travail en 2007, au moment où la chorégraphe était invitée au GRÜ/transthéâtre de Genève (structure expérimentale codirigée par Maya Bösch et Michèle Pralong) pour la création de *Kernel*[1]. La dramaturge a ensuite accompagné de nombreux projets de la Cie Greffe. L'entretien s'est déroulé en juin 2023, au Pavillon ADC[2] de Genève : il suit chronologiquement le parcours artistique de la chorégraphe, tout en essayant d'ouvrir des transversales à la fois sur l'esthétique et sur le politique.

1 Création le 4 juin 2007, GRÜ/transthéâtre, Théâtre du Grütli, Genève. Pour plus d'informations et images voir le site de la Cie Greffe : https://www.ciegreffe.org/kernel (consulté le 2 novembre 2023).

2 L'ADC est l'Association pour la danse contemporaine Genève, dont Cindy Van Acker est artiste associée depuis 2017 : https://pavillon-adc.ch/ (consulté le 2 novembre 2023). À ce sujet, nous renvoyons aussi à l'article de la directrice de l'ADC, Anne Davier, dans le présent ouvrage, pp. 101–108.

Michèle Pralong (MP) J'ai envie de commencer avec un commentaire que tu as fait sur ta formation au Stedelijk Instituut voor Ballet à Anvers, et qui m'a frappée. Tu as dit : « [...] Plus on dansait et plus on s'éloignait du monde. »[3]

Cindy Van Acker (CVA) Dans une école de danse professionnelle comme celle-là, on reçoit une formation poussée, ça ressemble à un sport d'élite. C'est très exigeant, ça ne laisse que peu d'ouverture sur autre chose. On vit dans un espace protégé certes, mais hermétique aussi. Aujourd'hui, je vois que mes deux filles ont passé cette période de leur vie très différemment, avec plus de liberté, plus de temps pour expérimenter, pour être au monde. Plus d'ouverture d'esprit surtout.

Et au fond, cette bulle fait toujours partie de ma vie. Quand je travaille sur un projet, pendant la période de création, ça me prend entièrement et je m'extrais du quotidien. À peine le temps de se nourrir, de dormir. Le paradoxe, c'est que cette bulle qui nous absente du monde nous offre aussi un espace protégé où l'hypersensibilité peut enfin trouver son expression, sans quoi elle peut se retourner contre nous et devenir destructrice. Après cette absorption totale, une fois la première représentation passée, on peut se sentir comme abandonné·e, perdu·e, avec un besoin criant de retour à la réalité quotidienne. Cette question d'équilibre est toujours irrésolue : excessivement absente, excessivement présente. Difficile de composer avec ça, et cela vaut aussi pour les proches.

MP Qu'est-ce que tu as reçu de précieux pendant cette formation classique ?

CVA Le classique est une technique très pointue, qui travaille tout le corps, qui pose des repères précis. Il y a quelque chose de rassurant à travailler dans la répétition du geste, en allant de plus en plus en profondeur dans la matière. On entre dans la subtilité des couches. Le zoom devient macro. Plus tard, cette approche a résonné dans ma pratique, modeste, des arts martiaux et lorsque j'étais interprète chez Myriam Gourfink[4]. Elle m'a introduite au yoga de l'énergie, à travers lequel j'ai pu explorer, développer la modulation des circulations de l'énergie et de l'attention, le potentiel du sensoriel. C'est dans ses créations, dès le début des années 2000, que j'ai pu vivre le plus intensément cet aspect. J'ai continué ensuite à développer ce travail très

3 Citation tirée de Yvane Chapuis, Myriam Gourfink, Julie Perrin (dir.), *Composer en danse*, Lausanne : Les Presses du Réel, collection « Nouvelles scènes / La Manufacture », 2020, p. 557.

4 À cet égard, nous renvoyons aussi au témoignage de la chorégraphe Myriam Gourfink dans le présent ouvrage, pp. 93–99.

F sensible dans ma pratique quotidienne. Je crois que cette exploration n'a pas de limites, on plonge toujours plus profond et ça résonne toujours plus loin. Aujourd'hui, ces expérimentations me servent aussi dans la formation de Shiatsu que j'ai commencée en 2022.

MP Pourquoi avoir quitté le Ballet de Flandre, qui était ta première expérience professionnelle après l'école ?

CVA Je n'ai jamais rêvé de devenir danseuse étoile, ni de hanter la scène en tutu ; les ballets classiques m'ennuyaient en tant que spectatrice. Depuis mes 15 ans, je savais que ce qui m'intéressait, c'était d'inventer des mouvements, de trouver de nouvelles formes. En dernière année de formation, j'ai reçu une offre du Ballet de Flandre et je l'ai acceptée. J'y ai fait mes expériences. J'ai par exemple adoré danser *Les Quatre tempéraments* de George Balanchine, sur pointes, en 1990. J'aimais aussi beaucoup observer les autres danseurs et danseuses au travail. Mais au bout d'une saison et demie, j'ai compris qu'il était temps de passer à autre chose. C'était clair que, pour continuer à évoluer, je devais changer de situation, déconstruire, questionner le geste. J'ai pris une voie pour m'échapper.

MP Après une deuxième expérience professionnelle durant deux ans au Grand Théâtre de Genève vient une période d'expérimentation personnelle. Peux-tu en parler ?

CVA Je suis sortie du tunnel de l'institution en 1992. J'ai découvert la vie alternative à Genève – le squat de Rhino, la Cave 12 – et j'ai commencé à m'épanouir. J'avais les studios de l'ADC à disposition pour prendre le temps de faire des recherches, il y avait les *Scènes libres* organisées par Yann Marussich[5] et je dansais dans les pièces de Laura Tanner[6], avec qui j'avais une connivence artistique. Dans ses processus de création, j'ai pu développer et mieux comprendre mes tendances personnelles d'interprète, par exemple, une certaine lenteur, l'immobilité. À côté, je gagnais de l'argent avec des boulots alimentaires. Cette époque représente pour moi le début de la période la plus intense, la plus heureuse de ma vie. Jusqu'en 2008. Habiter en communauté, partager la vie des autres, être engagée politiquement, tout cela donnait un contrepoids à ce milieu de la danse dans lequel je ne me suis jamais totalement reconnue, au sein duquel je n'avais pas trouvé la joie. Tout s'alignait d'un coup.

5 Plus d'informations sont disponibles sur le site web de l'artiste : https://yannmarussich.ch/home.php (consulté le 2 novembre 2023).

6 Voir le site web de Laura Tanner : http://www.cieltanner.ch/ (consulté le 2 novembre 2023).

MP Lorsqu'il y a quatre ans, pour les 30 ans de l'Usine de Genève[7], tu as repris un extrait des soli de *Subver-cité* (1998), qu'est-ce que ce retour a provoqué en toi ?

CVA Ça m'a rendue très joyeuse et un peu nostalgique de revenir à ces débuts. J'ai eu le goût de la clandestinité en bouche. Le soir où j'allais au Théâtre de l'Usine pour la première représentation, toute la circulation était bloquée sur la route des Acacias, à cause de la Critical Mass[8]. Ça m'a mise en état pour cette perfo, dans laquelle je joue un peu la carte de la provocation. Je suis assise sous une banderole portant l'inscription « Hommage au Capital ». Je mange des poires en m'amusant du public car, une fois la troisième poire avalée, je vomis dans un seau de champagne. Puis je recommence à manger des poires, je vomis, et ainsi de suite, sur du Chostakovitch. C'était une pièce où l'autodérision et le goût de la revendication étaient très présents.

MP Un des autres hommages de *Subver-cité* marque la première rencontre avec les sons de Mika Vainio, qui deviendra un partenaire de création essentiel, dont la musique et l'amitié ont accompagné ton travail jusqu'à sa mort en 2017[9].

CVA C'est sa musique qui m'a remise en mouvement après une période de rébellion face à ma formation, face à ce langage corporel codé, normé. Je produisais alors des performances pour attaquer la séduction, détruire le spectaculaire. Je ne voyais plus, ou pas encore, ce que pouvait le mouvement.

À travers la musique de Mika, soudain, j'ai trouvé une induction. Je me souviens de petits mouvements de tête, et c'était une vraie proposition de composition. Je le comprends seulement maintenant : je vivais encore dans une certaine négation de la danse, mais c'était déjà poétique.

MP Peux-tu préciser comment tu as trouvé ton chemin, après cette période de révolte par rapport à la danse ? Il y a cette espèce

7 Pour fêter ses 30 ans, le Centre autogéré de l'Usine à Genève avait organisé un marathon de 30 heures de performances, dont celle mentionnée par Cindy Van Acker: https://www.theatredelusine.ch/spectacle/30-ans-30-heures/ (consulté le 6 octobre 2023).

8 Manifestation à vélo organisée tous les derniers vendredis du mois dans de nombreuses villes du monde.

9 À ce sujet, nous renvoyons au témoignage de l'artiste norvegienne Rikke Lundgreen, compagne de Mika Vainio, dans le présent ouvrage, pp. 217–220.

F de pré-histoire, de 1994 à 2002, et puis les premiers soli *Corps 00:00*[10] en 2002, *Balk 00:49*[11] et *Fractie*[12] en 2003…

CVA Jusqu'en 1998, en effet, je me définissais en creux. Puis j'ai vécu un tournant dans mon rapport à la scène avec la musique de Mika Vainio, avec le film *Les Carabiniers*[13] de Jean-Luc Godard et les photos de tranchées de Sophie Ristelhueber. Inspirée par ces œuvres et leur poésie de guerre, j'ai pu déplacer ma résistance. Dans le film de Godard, lors de l'exécution d'une résistante, tout en tirant sur elle à répétition, un soldat répète : « Elle bouge encore, encore, …encore ». Je me suis mise au sol comme l'exécutée, et le mouvement est venu de là. De cet *encore.*

Ma fille Asta est née cette année-là, et j'ai ralenti considérablement mes activités pendant deux ans. Il m'est apparu ensuite que, si je retournais à la danse, il fallait creuser la piste amorcée en 1998 et me concentrer sur le mouvement. Je suis donc restée couchée en studio pendant des journées entières, immobile, avec la question : qu'est-ce qui pourrait faire bouger ce corps ? C'est alors que j'ai repensé aux stimuli électriques envoyés sur les muscles pendant des séances de physio que j'avais eues à 19 ans. Je me suis branchée à une de ces machines et les pulsions, comme un battement de cœur, m'ont mise en mouvement.

Ensuite, j'ai travaillé la relation de ce corps attaché à la machine avec les autres éléments : le son, la lumière, l'espace. Et ça s'est renforcé avec les soli en 2002–2003. C'est la relation entre les choses, peu importe à quelle échelle, qui a construit ma danse. Transformer la lumière, le son, l'espace, le langage en matières que le geste vient travailler ensemble.

MP Cette description me rappelle une citation qu'on trouve dans le projet sonore que tu as réalisé avec Rudy Decelière, *Outre, toujours*

10 Création : 1er octobre 2002, ADC, Genève. Plus d'informations et images : https://www.ciegreffe.org/corps-0000 (consulté le 6 octobre 2023).

11 Création : 16 décembre 2003, Théâtre Arsenic, Lausanne. Plus d'informations et images : https://www.ciegreffe.org/balk-0049 (consulté le 6 octobre 2023).

12 Création : 21 août 2003, Festival far°, Nyon. Plus d'informations et images : https://www.ciegreffe.org/fractie (consulté le 6 octobre 2023).

13 France / Italie 1962. Réalisateur : Jean-Luc Godard ; scénario : Jean-Luc Godard, Jean Gruault, Roberto Rossellini d'après une pièce de Beniamino Joppolo. Avec, entre autres : Marino Masé (Ulysse), Albert Juross (Michel-Ange), Geneviève Galéa (Vénus), Catherine Ribeiro (Cléopâtre), Barbet Schroeder (Le vendeur de voitures), Jean-Louis Comolli (Le carabinier à l'anguille).

plus outre : « Vivre, c'est être à la recherche d'une forme. »[14] Comment cette phrase de l'écrivaine Madeleine Santschi te parle-t-elle ?

CVA J'y trouve de la consolation par rapport à la vie. J'ai l'impression que chercher à donner forme – à quoi que ce soit, d'ailleurs, et aussi aux petites choses du quotidien – c'est déjà créer un espace, déposer une attention, mettre en relation.

MP Qu'est-ce qui motive plus précisément le recours à la partition écrite pour certaines pièces ou certaines parties de pièces ?

CVA La partition est appelée par la nature du mouvement recherché, la combinaison des gestes, ce qui est étudié. Ou alors par le fait qu'il y a une multitude de corps, comme pour *Anechoic*[15], en 2014, avec 53 danseurs et danseuses sur la plage d'Ostende. C'est un impératif d'écriture. La partition parle aussi d'une caractéristique importante de mon travail : la multi-activité. Dans mes pièces, les interprètes font toujours plusieurs choses à la fois, souvent à différents niveaux. Par exemple, si un bras bat un tempo, le deuxième en bat un autre. On peut aussi parler de *Without References*[16] : les interprètes sont occupé·es à une présence concrète, en relation les un·es avec les autres sur scène, mais ils et elles déroulent simultanément un autre espace-temps dans leur tête. On peut retrouver souvent cette idée de multipistes, qui produit une poésie que je chéris. C'est un état qui dépasse forcément la personne et alimente les non-dits entre éléments scéniques.

MP Le *multipistes* rejoint ton désir de rendre l'impossible possible. Tu te donnes souvent des buts qui paraissent inatteignables : des discoordinations gestuelles extrêmes ou des illusions sensorielles, comme faire décoller la scène avec des corps qui tournent, produire de la vitesse avec de la lenteur…

CVA En effet, j'aime chercher ce que je ne suis pas encore capable de faire. Ça peut être autant physique que mental. On peut dépasser sa propre

14 *Outre, toujours plus outre*, projet sonore de Rudy Decelière et Cindy van Acker sur un volet posthume du poème *Pas de deux* de Madeleine Santschi (Genève : Héros-Limite, 2017), présenté dans le cadre du festival Fureur de lire, Genève, 25–28 novembre 2021. On peut l'écouter ici : https://heros-limite.com/son/outre-toujours-plus-outre/ (consulté le 29 septembre 2023).

15 Création le 4 juillet 2014, P.A.R.T.S / Festival Expeditie Dansand, Ostende, Belgique. *Anechoic* a été repris en ouverture de la saison de l'ADC à Genève sur les Berges de Vessy en 2015, puis trois fois dans le cadre de la Fête de la danse en 2017, à Genève, à Lausanne et à Zurich. Plus d'informations, images et vidéo : https://www.ciegreffe.org/anechoic (consulté le 6 octobre 2023).

16 Création le 23 mars 2021, Comédie de Genève (jauge limitée Covid). Plus d'informations, images et vidéo : https://www.ciegreffe.org/without-references (consulté le 6 octobre 2023).

organicité par la pensée, sortir des habitudes corporelles, induire une dramaturgie inédite du mouvement. Je cherche des contextes dans lesquels le corps doit s'organiser de manière non naturelle. Mais je les travaille tellement qu'ils deviennent naturels. Ces disponibilités et ces organicités nouvelles sont plus intéressantes à vivre. Et plus intéressantes à voir, je crois. Quand on laisse faire et qu'on suit un mouvement organique, même s'il est très beau, cela ne raconte souvent que le plaisir de celui qui exécute le mouvement.

MP Mais y a-t-il une butée à l'impossible défié ? Est-ce que les danseurs et danseuses te disent parfois que leur tête explose ?

CVA Je pense que la force du mental est immense. Et que la contrainte finit par se donner comme un accès à une liberté d'interprétation. C'est intéressant d'aller dans ces endroits-là, pour apprendre et grandir, rencontrer un état de grâce. Quand on arrive à lâcher et à trouver ces moments extatiques, c'est extraordinaire. Sur scène, on vit des sensations, au niveau cellulaire, nerveux, sensoriel, hormonal, mental, qui peuvent être très puissantes.

MP Depuis la pandémie, on a beaucoup parlé de créations intermédias. Lorsque tu as créé *Score Conductor*[17], en 2012, tu étais déjà dans cette idée de jeux et de transferts entre les disciplines…

CVA Le mouvement peut être partout, dans la lumière, dans du métal, dans un tricot, dans une vibration sonore. C'est ce que nous avons exploré avec Victor Roy pour *Score Conductor*, cette exposition qui s'est transformée en un grand délire. L'idée est venue de ton intérêt pour les partitions de *Kernel* en 2007, à partir duquel tu as initié le projet du livre *Partituurstructuur*[18]. Nous avons poursuivi avec la matérialisation de ces partitions de danse pour le public, et toutes sortes de traductions sont apparues : numériques, artisanales, robotiques, installatives. J'ai adoré cette exposition.

Mais la première fusion de deux médias hors de la scène c'était la réalisation de *6/6*[19], six films d'après six soli, par Orsola Valenti. Il s'agissait d'une interprétation cinématographique très libre de ces pièces. Nous les avons

17 Installation, 19 janvier – 5 février 2012, Espace Le Commun du Fonds municipal d'art contemporain, Genève; dernière dans le cadre du festival TR4NS/GRÜ, Genève. Plus d'informations et images: https://www.ciegreffe.org/score-conductor (consulté le 6 octobre 2023).

18 Michèle Pralong, *Partituurstructuur. Les partitions chorégraphiques de Cindy Van Acker*, Genève: Héros-Limite, 2007. Plus d'informations: https://heros-limite.com /livres/partituurstructuur-les-partitions-choregraphiques-de-cindy-van-acker/ (consulté le 6 octobre 2023).

19 Il s'agit d'un coffret comprenant six films réalisés par Orsola Valenti d'après six soli de Cindy Van Acker et un poème écrit par Peter Verhelst, auteur et dramaturge flamand; avec traduction en français et au recto une image. Le coffret a été conçu par le collectif de graphistes Akatre, le tout orchestré par Michèle Pralong. *6/6* a été inauguré le 28 novembre 2014 à la Cinémathèque suisse à Lausanne. Plus d'informations: https://www.ciegreffe.org/le-coffret-66 (consulté le 6 octobre 2023).

sorties de scène, afin de les confronter à des espaces extérieurs. L'aventure a été extraordinaire, parce que la danse s'est transformée en matière première pour un autre médium. Parce que le regard d'Orsola est venu la nourrir et l'extrapoler. Parce que le frottement avec les éléments naturels a transformé le mouvement. Le travail d'équipe lors des tournages a été intense, autant au niveau du contenu artistique qu'au niveau des solutions à trouver pour se confronter à des contraintes comme la neige, le froid, l'eau, les raccords lumière, etc. Cette expérience est venue sensiblement marquer les soli dansés à nouveau sur scène par la suite. Nous avons revu les films lors d'une soirée cinéma / frites à l'occasion d'*Occupation – Frayage Topologique* au Pavillon ADC en 2022. C'était beau de constater à quel point nous avons osé être radical·es, sans concession, à la fois dans la conception du projet et dans sa réalisation formelle.

MP Cette année, tu reçois le Grand Prix suisse des arts de la scène / Anneau Hans Reinhart. Comment te sens-tu ?

CVA C'est un honneur, d'autant plus grand que j'ai toujours eu dans le milieu de la danse la réputation d'être radicale, rebelle, résistante. De refuser qu'on parle de moi, de m'exprimer sur certains sujets, de prendre une place dans les médias. Mais il ne s'agit nullement d'une posture calculée, j'ai simplement cheminé comme ça. Fidèle à mon instinct, à mon intuition, à mes défauts, à ma force. Sans compromis. Pour moi, la scène est un refuge. C'est pour ça que je continue à l'investir. Pas pour la notoriété ou le prestige. Et c'est bien cela qui me vaut aujourd'hui ce prix. Et c'est ça qui me trouble et me touche profondément. De constater que, malgré tout, ce parcours tel que je l'ai mené trouve une reconnaissance. C'est important de le dire. Entre autres pour les jeunes artistes qui cherchent à se frayer un chemin. Je ne peux que les encourager à ne pas dévier, à forger leur geste artistique et à le développer à outrance. Malgré les exigences du marché, car aujourd'hui on n'est plus à la marge, on est dedans. On fait partie de l'économie et donc de la croissance, de la production à grande vitesse. Je ne prône pas le ralentissement, mais je pense qu'il est important, voire absolument nécessaire, de trouver une façon de respecter son propre rythme et de le maintenir.

MP Où en es-tu aujourd'hui sur cette question des cadences de production et des contraintes de création ?

CVA Mon travail a toujours été ponctué de grandes remises en question, de crises personnelles, me demandant si ce métier était vraiment compatible avec le fait d'avoir des enfants. L'équilibre est difficile à tenir. Il faut sans cesse recalibrer et ajuster. Aujourd'hui, j'ai besoin d'un retour à une certaine

F liberté d'invention au niveau de la production et de la création, hors des chemins battus. Je laisse aussi monter en moi le plaisir de produire des objets atypiques, j'écoute mon désir d'emprunter des chemins buissonniers. Je pense par exemple aux salons d'écoute *Espèces Sonores*[20], que j'ai mis en place au Pavillon ADC, ou aux performances *Stilleven*[21] que j'ai récemment proposées à la Fondation de l'Hermitage de Lausanne dans le cadre de l'exposition de Léon Spilliaert. Je salue à cet égard ma chance d'être artiste associée du Pavillon ADC depuis 2017 : ma grande complicité avec sa directrice Anne Davier et avec toute l'équipe, nos échanges, les projets hors-normes et singuliers qui trouvent leur place dans cette programmation me portent de manière constante, et surtout inspirante[22].

MP Finalement, comment définirais-tu l'acte de créer ?

CVA C'est se mettre complètement à disposition de l'œuvre à venir, accepter et accueillir les dangers, les vertiges qui en découlent. Être dans cet état qui résiste à la volonté, qui s'ouvre à l'inconnu et aux rencontres, pour composer avec ce qui arrive. Se laisser émouvoir par une forme, la temporalité d'un geste, une respiration, une main, une résonance. Naviguer entre le formel, l'intuitif, le ressenti, les idées et poser un cadre d'où surgit une liberté nouvelle. Rêver ce qui n'est pas possible et passer outre.

20 *Espèces sonores*, création le 25 novembre 2022, Pavillon ADC, Genève. Plus d'informations : https://pavillon-adc.ch/spectacle/salon-decoute/. Et voir aussi *Espèces sonores II*, création le 26 avril 2023, Pavillon ADC, Genève : https://pavillon-adc.ch/spectacle/salon-decoute-ii/ (sites consultés le 6 octobre 2023).

21 *Stilleven 01*, création le 30 mars 2023 ; *Stilleven 02*, création le 6 avril 2023 ; *Stilleven 03*, création le 18 mai 2023, Fondation de l'Hermitage, Lausanne. Plus d'informations : https://fondation-hermitage.ch/home/expositions/en-cours/leon-spilliaert/ (consulté le 6 octobre 2023).

22 À ce propos, nous renvoyons aussi à la contribution d'Anne Davier dans le présent ouvrage, pp. 101–108.

Poetiken der Präsenz

Cindy Van Acker und Michèle Pralong im Gespräch

63

D Michèle Pralong und Cindy Van Acker begegneten sich 2007, als die Choreografin im GRÜ/transthéâtre de Genève, einem experimentellen Theater unter der Leitung von Maya Bösch und Michèle Pralong, *Kernel*[1] produzierte. Pralong begleitete anschliessend zahlreiche Projekte von Cindy Van Ackers Compagnie Greffe als Dramaturgin. Das Gespräch fand im Juni 2023 im Pavillon ADC[2] in Genf statt: Es folgt chronologisch dem künstlerischen Werdegang von Cindy Van Acker und versucht gleichzeitig, Querverbindungen zur Ästhetik und zum Politischen zu schaffen.

1 Uraufführung am 4. Juni 2007, GRÜ/transthéâtre, Théâtre du Grütli, Genf. Weitere Informationen und Fotos finden sich auf der Webseite der Cie Greffe: https://www.ciegreffe.org/kernel (letzter Zugriff am 2. November 2023).

2 ADC, Association pour la danse contemporaine, ist der Verein für zeitgenössischen Tanz in Genf. Seit 2017 ist Cindy Van Acker assoziierte Künstlerin von ADC. Mehr dazu auf der ADC-Webseite: https://pavillon-adc.ch/ (letzter Zugriff am 2. November 2023); und wir verweisen auch auf den Beitrag der ADC-Leiterin Anne Davier im vorliegenden *MIMOS*-Band, S.109–116.

Michèle Pralong Ich möchte mit einer Bemerkung beginnen, die du über deine Ausbildung am Stedelijk Instituut voor Ballet in Antwerpen gemacht hast und die mich beeindruckt hat. Du hast gesagt: «Je mehr wir tanzten, desto weiter entfernten wir uns von der Welt.»[3]

Cindy Van Acker In einer Tanzschule wie dieser erhält man eine hochprofessionelle Ausbildung, das ist wie Spitzensport. Es ist sehr anspruchsvoll und lässt kaum Platz für etwas anderes. Man lebt in einem geschützten Raum, gewiss, der aber auch hermetisch ist. Heute sehe ich, dass meine beiden Töchter ihre Ausbildungszeit ganz anders erlebt haben, mit mehr Freiheit, mehr Zeit für Experimente, um in der Welt zu sein. Mit mehr geistiger Öffnung.

Im Grunde ist diese Blase immer noch Teil meines Lebens. In der kreativen Phase, wenn ich an einem Projekt arbeite, nimmt es mich vollständig in Anspruch, und ich entziehe mich dem Alltag. Ich finde kaum noch Zeit, um zu essen und zu schlafen. Paradox ist, dass diese Blase, die uns von der Welt abschirmt, zugleich einen geschützten Raum bietet, in dem die Hypersensibilität sich entfalten kann, statt sich eventuell zerstörerisch gegen uns zu wenden. Oft fühlt man sich nach so einem Tauchgang, sobald die Premiere vorüber ist, leer und verloren und hat das dringende Bedürfnis, in den Alltag zurückzukehren. Die Frage des Gleichgewichts zwischen einer exzessiven Präsenz und einer exzessiven Abwesenheit bleibt ungelöst. Es ist schwierig, damit umzugehen, auch für die Angehörigen.

MP Inwiefern war die Tanzausbildung für dich wertvoll?

CVA Die Technik im klassischen Ballett ist höchst anspruchsvoll, sie bezieht sich auf den gesamten Körper und setzt präzise Massstäbe. Es hat etwas Beruhigendes, Bewegungen zu repetieren und dabei immer weiter in die Tiefe zu dringen. Die Schichten werden subtiler, das Hineinzoomen wird zum Weitwinkel. Dieser Ansatz war für mich auch bei meiner (bescheidenen) Erfahrung mit Kampfsportarten und als Tänzerin bei Myriam Gourfink[4] sehr nützlich. Gourfink führte mich in das Yoga der Energie ein, durch das ich das Fliessen von Energie und Aufmerksamkeit abzustimmen, zu erforschen und zu entwickeln lernte – das ganze Potenzial der Sinneswahrnehmung. In Gourfinks Choreografien ab Anfang der 2000er Jahre konnte ich dies am intensivsten erleben. Ich habe das fortan täglich beim Üben weiterentwickelt. Ich glaube, es ist ein Forschen ohne Ende, man taucht immer tiefer

3 Zitiert aus Yvane Chapuis, Myriam Gourfink, Julie Perrin (Hrsg.), *Composer en danse.* Lausanne: Les Presses du Réel 2020, S.557 (Reihe «Nouvelles scènes / La Manufacture»).

4 Wir verweisen dazu auch auf den Beitrag der Choreografin Myriam Gourfink in diesem *MIMOS*-Band, S. 93–99.

ein, und es hallt von weiter zurück. Heute helfen mir diese Erfahrungen auch beim Shiatsu, in dem ich mich seit 2022 ausbilde.

MP Deine erste Station nach der Ausbildung war das Ballett van Vlaanderen. Warum hast du es wieder verlassen?

CVA Es war nie mein Traum, Ballettstar zu werden und im Tutu aufzutreten; die klassischen Ballette haben mich auch als Zuschauerin gelangweilt. Schon mit 15 wusste ich, dass es mich weit mehr interessiert, Bewegungen zu erfinden und neue Formen zu schaffen. Im letzten Jahr meiner Ausbildung hat mir die Flämische Oper eine Zusammenarbeit angeboten, und ich nahm sie an. Ich konnte dort Erfahrungen sammeln. So habe ich sehr gern in George Balanchines *Four Temperaments* getanzt, 1990, auf Spitze. Ich habe auch sehr gern die anderen Tänzerinnen und Tänzer bei der Arbeit beobachtet. Aber nach anderthalb Spielzeiten habe ich begriffen, dass es an der Zeit war, etwas anderes zu tun. Es war mir klar, dass ich meine Situation verändern musste, wenn ich mich weiterentwickeln wollte. Ich musste dem gewohnten Rahmen entkommen, die Bewegung dekonstruieren und in Frage stellen.

MP Auf eine zweite Etappe während zweier Jahre am Genfer Grand Théâtre folgte eine Zeit des persönlichen Experimentierens. Kannst du darüber sprechen?

CVA 1992 kam ich aus dem institutionellen Tunnel ans Licht. Ich entdeckte das alternative Leben in Genf – das besetzte Haus Rhino und dessen Kulturzentrum, die Cave 12 – und begann mich zu entfalten. In den Räumen der ADC konnte ich mir Zeit für Recherchen nehmen, es gab daneben die *Scènes libres* von Yann Marussich[5], und ich tanzte in den Stücken von Laura Tanner[6], mit der mich eine künstlerische Komplizenschaft verband. In ihren Schaffensprozessen konnte ich meine persönlichen Neigungen als Tänzerin entwickeln und besser verstehen lernen, zum Beispiel eine gewisse Langsamkeit und die Unbeweglichkeit. Daneben verdiente ich Geld mit Brotjobs. Für mich war diese Zeit der Anfang der intensivsten und glücklichsten Phase in meinem Leben. Bis 2008. In Gemeinschaft wohnen, das Leben anderer teilen, sich politisch engagieren – all das war ein Gegenmodell zu diesem Tanzmilieu, in dem ich mich nie ganz wiedererkannt und das mir nie wirklich Freude bereitet hatte. Alles passte auf einmal.

5 Für mehr Informationen siehe die Webseite des Künstlers: https://yannmarussich.ch/home.php (letzter Zugriff am 2. November 2023).

6 Siehe dazu die Webseite von Laura Tanner: http://www.cieltanner.ch/ (letzter Zugriff am 2. November 2023).

MP Vor vier Jahren, anlässlich des Fests zum 30-jährigen Bestehen der Usine in Genf[7], nahmst du einen Teil der Soli aus *Subver-cité* von 1998 wieder auf. Was hast du dabei empfunden?

CVA Es hat mich glücklich und ein wenig wehmütig gestimmt, zu diesen Anfängen zurückzukehren. Ich spürte wieder das Untergrund-Flair. Am Abend der Premiere, als ich zum Théâtre de l'Usine ging, staute sich der Verkehr auf der Route des Acacias wegen einer Demonstration der Critical Mass[8]. Das war eine gute Einstimmung für diese provokante Performance, bei der ich unter einem Transparent mit der Aufschrift «Hommage au Capital» sitze. Ich esse Birnen und mache mich über das Publikum lustig, denn sobald ich die dritte Birne gegessen habe, erbreche ich mich in einen Champagnerkübel. Dann beginne ich von vorn, esse Birnen, übergebe mich, und so weiter. Dazu Musik von Schostakowitsch. Das war ein Stück, in dem Selbstironie und Protest sehr nahe beieinanderlagen.

MP Für *Subver-cité* hast du auch zum ersten Mal mit dem Sound von Mika Vainio gearbeitet, der zu einem deiner wichtigsten künstlerischen Partner geworden ist. Seine Musik und seine Freundschaft haben deinen Weg begleitet, bis er 2017 starb.[9]

CVA Seine Musik hat mich nach einer Phase der Rebellion gegen meine Ausbildung, gegen diese kodierte und normierte Körpersprache, wieder in Bewegung versetzt. Ich wollte damals mit meinen Performances die Verführung angreifen, das Theatralische zerstören. Ich wusste nicht mehr, oder noch nicht, was Bewegung vermag. Durch Mikas Musik habe ich plötzlich einen Zugang gefunden. Ich erinnere mich an kleine Kopfbewegungen – und es war ein echter choreographischer Ansatz. Ich verstehe das erst jetzt; ich lebte noch in einer gewissen Negation des Tanzes, aber es war bereits poetisch.

MP Kannst du näher erläutern, wie du nach dieser Phase der Revolte deinen Weg zum Tanz gefunden hast? Es gibt diese Art Vorgeschichte, 1994 bis 2002, und dann die ersten Soli, *Corps 00:00*[10] im Jahr 2002, *Balk 00:49*[11] und *Fractie*[12] im Jahr 2003...

7 Zum Feiern seines 30-jährigen Bestehens veranstaltete das selbstverwaltete Zentrum L'Usine in Genf einen 30-stündigen Performance-Marathon, darunter die von Cindy Van Acker erwähnten Soli: https://www.theatredelusine.ch/spectacle/30-ans-30-heures/ (letzter Zugriff am 2. November 2023).

8 Es handelt sich um einen Umzug umweltfreundlicher Zweiräder, die an jedem letzten Freitag im Monat in vielen Städten der Welt stattfindet.

9 Zu diesem Thema verweisen wir auf den Beitrag der norwegischen Künstlerin Rikke Lundgreen, Lebensgefährtin von Mika Vainio, in diesem *MIMOS*-Band, S. 217–220.

10 Uraufführung am 1. Oktober 2002, ADC, Genf. Weitere Informationen und Fotos finden sich auf der Webseite von Cindy Van Acker: https://www.ciegreffe.org/corps-0000 (letzter Zugriff am 2. November 2023).

11 Uraufführung am 16. Dezember 2003, Théâtre Arsenic, Lausanne. Mehr dazu und Fotos siehe: https://www.ciegreffe.org/balk-0049 (letzter Zugriff am 2. November 2023).

12 Uraufführung am 21. August 2003, Festival far°, Nyon. Mehr dazu und Fotos siehe: https://www.ciegreffe.org/fractie (letzter Zugriff am 2. November 2023).

CVA Bis 1998 habe ich mich in der Tat wie ein Hohlkörper definiert. Dann erlebte ich mit der Musik von Mika Vainio, mit dem Film *Les Carabiniers*[13] von Jean-Luc Godard und den Schützengraben-Fotos von Sophie Ristelhueber einen Wendepunkt in meiner Beziehung zur Bühne. Inspiriert von diesen Werken und ihrer «Kriegspoesie» konnte ich meinen Widerstand verlagern. In Godards Film sagt ein Soldat bei der Hinrichtung einer Widerstandskämpferin, während er immer wieder auf sie schiesst: «Elle bouge encore, encore, …encore. » («Sie bewegt sich immer noch, und noch… und noch.»). Ich habe mich wie die Hingerichtete auf den Boden gelegt, und von daher kam die Bewegung. Aus diesem «Noch».

Im gleichen Jahr kam meine Tochter Asta zur Welt, und ich schaltete zwei Jahre lang beträchtlich zurück. Dann wurde mir klar, dass ich die 1998 eingeschlagene Spur verfolgen und mich auf die Bewegung konzentrieren musste, wenn ich zum Tanz zurückkehren wollte. Ich lag also tagelang regungslos im Studio und fragte mich: «Was könnte diesen Körper bewegen?» Da kamen mir die elektrischen Muskel-Stimulationen in den Sinn, die ich mit 19 während einer Physiotherapie bekommen hatte. Ich habe mich an einen dieser Apparate angeschlossen, und die Stromstösse haben mich wie ein schlagendes Herz in Bewegung versetzt.

Daraufhin arbeitete ich an der Beziehung dieses an den Apparat angeschlossenen Körpers zu weiteren Elementen: Klang, Licht, Raum. Diese Dimension hat sich mit den Soli, zwischen 2002 und 2003, verstärkt. Die Beziehung der Dinge zueinander, egal auf welcher Ebene, hat meinen Tanz geformt. Das Licht, den Klang, den Raum, die Sprache in Materialien umzuwandeln, welche die Bewegungsarbeit zusammenführt.

MP Diese Beschreibung erinnert mich an ein Zitat aus deinem Klangprojekt mit Rudy Decelière, *Outre, toujours plus outre:* «Vivre, c'est être à la recherche d'une forme» («Leben bedeutet, auf der Suche nach einer Form zu sein»).[14] Was sagt dir dieser Satz der Schriftstellerin Madeleine Santschi?

13 Frankreich / Italien 1962. Regie: Jean-Luc Godard; Drehbuch: Jean-Luc Godard, Jean Gruault, Roberto Rossellini nach dem gleichnamigen Theaterstück von Beniamino Joppolo. Mit u.a.: Marino Masé (Ulysses), Albert Juross (Michelangelo), Geneviève Galéa (Venus), Catherine Ribeiro (Cleopatra), Barbet Schroeder (Autoverkäufer), Jean-Louis Comolli (Karabiniere mit dem Fisch).

14 *Outre, toujours plus outre* ist ein Klangprojekt von Rudy Decelière und Cindy Van Acker, basierend auf einem postumen Teil des Poems *Pas de deux* von Madeleine Santschi (Genf: Héros-Limite 2017). Das Projekt wurde vom 25. bis 28. November 2021 im Rahmen des Festivals Fureur de lire in Genf präsentiert und ist hier online verfügbar: https://heros-limite.com/son/outre-toujours-plus-outre/ (letzter Zugriff am 2. November 2023).

CVA Ich finde darin Trost für das Leben. Ich habe den Eindruck, die Suche nach Formgebung – egal wofür übrigens, auch im Alltag – bedeutet schon, einen Raum zu schaffen, Aufmerksamkeit zu schenken, Dinge miteinander in Beziehung zu bringen.

MP Warum greifst du bei einigen Tanzstücken oder Teilen davon auf eine schriftliche Partitur zurück?

CVA Das hängt von der Art der angestrebten Bewegung ab, der Kombination der Gesten, dessen, was wir einstudieren. Oder aber von der Vielzahl der Körper wie bei *Anechoic*[15], das ich 2014 mit 53 Tänzerinnen und Tänzern am Strand von Ostende aufgeführt habe. Da braucht es die Verschriftlichung. Die Partitur zeugt auch von einem wichtigen Merkmal meiner Arbeit: der Pluriaktivität. In meinen Stücken führen die Tänzerinnen und Tänzer immer mehrere Dinge gleichzeitig aus, oft auf unterschiedlichen Ebenen. Zum Beispiel schlägt ein Arm in einem Tempo, ein anderer in einem anderen. Oder nehmen wir *Without References*[16]: Die Darstellerinnen und Darsteller stehen in einer konkreten Gegenwart auf der Bühne, in Beziehung zueinander, aber in ihrem Kopf spielt sich gleichzeitig ein anderer Zeit-Raum ab. Diese Idee von Mehrspurigkeit findet sich vielfach bei mir, sie schafft eine Poesie, die ich schätze. Es ist ein Zustand, der zwangsläufig über den einzelnen Menschen hinausgeht und das Unausgesprochene zwischen den verschiedenen szenischen Elementen nährt.

MP Die Mehrspurigkeit entspricht deinem Wunsch, das Unmögliche möglich zu machen. Du steckst dir oft Ziele, die unerreichbar scheinen: extreme Bewegungs-Diskoordinationen oder Sinnestäuschungen, beispielsweise dass rotierende Körper die Bühne zum Abheben bringen oder dass aus Langsamkeit Geschwindigkeit entsteht…

CVA Tatsächlich reizt mich, wozu ich noch nicht in der Lage bin. Das kann körperlich oder geistig sein. Man kann seinen Organismus gedanklich überwinden, aus den körperlichen Gewohnheiten ausbrechen und eine neue Bewegungsdramaturgie erfinden. Ich suche nach Kontexten, in denen sich der Körper auf unnatürliche Weise organisieren muss. Aber ich bearbeite die Bewegungen

15 Uraufführung am 4. Juli 2014, P.A.R.T.S / Festival Expeditie Dansand, Ostende, Belgien. *Anechoic* wurde 2015 an den Berges de Vessy zur Spielzeiteröffnung der ADC in Genf wiederaufgenommen sowie 2017 dreimal im Rahmen der Fête de la danse in Genf, Lausanne und Zürich aufgeführt. Weitere Informationen, Fotos und Video finden sich auf: https://www.ciegreffe.org/anechoic (letzter Zugriff am 2. November 2023).

16 Uraufführung am 23. März 2021, Comédie de Genève (mit beschränkter Platzzahl wegen Corona). Mehr dazu, Fotos und Video: https://www.ciegreffe.org/without-references (letzter Zugriff am 2. November 2023).

so sehr, dass sie natürlich wirken. Diese neuen organischen Möglichkeiten sind interessanter zu erleben. Und interessanter zu sehen, denke ich. Wenn man eine Bewegung sich selbst überlässt und ihr folgt, auch wenn sie noch so schön ist, erzählt sie oft nur vom Vergnügen der Person, die sie ausführt.

MP Aber gibt es dabei eine Grenze, wenn du das Unmögliche herausforderst? Sagen dir die Tänzerinnen und Tänzer manchmal, dass ihnen der Kopf explodiert?

CVA Ich glaube, dass die Kraft des Geistes unermesslich ist. Und dass der Zwang letztlich Zugang zu einer Freiheit der Darstellung verschafft. Es ist interessant, sich dorthin zu begeben, um zu lernen und zu wachsen, einen Zustand der Grazie zu erreichen. Wenn man es schafft, loszulassen und diese ekstatischen Momente zu finden, ist das unglaublich. Auf der Bühne erlebt man Empfindungen auf zellulärer, nervlicher, sensorischer, hormonaler, mentaler Ebene, die mächtig sein können.

MP Seit der Pandemie ist oft von hybriden Arbeiten die Rede. Dir ging es schon bei *Score Conductor*[17], 2012, um das sparten- und medienübergreifende Spiel…

 CVA Bewegung kann überall sein, im Licht, in Metall, in einem Trikot, einer Klangschwingung. Das erforschte ich mit Victor Roy für *Score Conductor*, diese Ausstellung, die sich in ein grosses Delirium verwandelte. Die Idee dazu entstand aufgrund deines Interesses an den Partituren von *Kernel* 2007, die du in das Buch *Partituurstructuur*[18] überführt hast. Wir haben dann die Materialisierung dieser Partituren fortgeführt, und alle möglichen Umsetzungen sind aufgetaucht: digital, handwerklich, robotisch, installativ. Ich mochte diese Ausstellung sehr.

Aber die erste Fusion zweier Medien ausserhalb der Bühne war *6/6*[19], sechs Filme von Orsola Valenti nach sechs meiner Soli. Es handelte sich um eine freie filmische Interpretation dieser Stücke. Wir haben sie von der Bühne

17 Installation, 19. Januar – 5. Februar 2012, im Raum von Le Commun des städtischen Fonds für zeitgenössische Kunst, Genf; die Finissage fand im Rahmen des Festivals TR4NS/GRÜ statt. Weitere Informationen und Bilder sind auf der Webseite der Cie Greffe verfügbar: https://www.ciegreffe.org/score-conductor (letzter Zugriff am 2. November 2023).

18 Michèle Pralong, *Partituurstructuur. Les partitions chorégraphiques de Cindy Van Acker*. Genf: Héros-Limite 2007. Mehr dazu auf: https://heros-limite.com/livres/partituurstructuur-les-partitions-choregraphiques-de-cindy-van-acker/ (letzter Zugriff am 2. November 2023).

19 Es handelt sich um eine Box mit sechs Filmen, die von Orsola Valenti nach sechs Soli von Cindy Van Acker und einem Gedicht des flämischen Autors und Dramatikers Peter Verhelst realisiert wurden; mit französischer Übersetzung und auf der Vorderseite mit einem Bild versehen. Die Box wurde vom Grafiker-Kollektiv Akatre gestaltet, und Michèle Pralong war für das Zusammenstellen verantwortlich. Uraufgeführt wurden die Filme von *6/6* am 28. November 2014 in der Cinémathèque suisse in Lausanne. Mehr dazu auf: https://www.ciegreffe.org/le-coffret-66 (letzter Zugriff am 2. November 2023).

geholt und in Aussenräume versetzt. Es war eine aussergewöhnliche Erfahrung, denn der Tanz wurde zum Rohmaterial für ein anderes Medium. Weil Orsolas Blick ihn bereichert und verallgemeinert hat, und weil die Reibung mit den Naturelementen die Bewegung verwandelt hat. Die Dreharbeiten waren intensiv für das gesamte Team, sowohl in Bezug auf den künstlerischen Inhalt als auch, weil Lösungen für Einschränkungen durch Schnee, Kälte, Wasser, fehlende Lichtanschlüsse usw. gefunden werden mussten. Das alles hat die Soli nachher auch wieder auf der Bühne deutlich geprägt. Wir sahen uns die Filme 2022 bei einem Film-und-Pommes-Abend anlässlich des *Occupation*-Projekts im Pavillon ADC erneut an. Es war schön zu sehen, wie weit wir gegangen waren, wie radikal und kompromisslos wir das Projekt konzipiert, aber auch formal umgesetzt hatten.

MP Dieses Jahr erhältst du den Schweizer Grand Prix Darstellende Künste / Hans-Reinhart-Ring. Was empfindest du dabei?

CVA Es ist eine Ehre, umso mehr, als ich in der Tanzszene immer den Ruf hatte, radikal, rebellisch und widerständig zu sein. Ich weigere mich, über mich zu sprechen, mich zu bestimmten Dingen zu äussern, einen Platz in den Medien einzunehmen. Dabei handelt es sich jedoch keinesfalls um eine Pose, es war einfach mein Weg. Ich blieb meinem Instinkt, meiner Intuition, meinen Schwächen und meiner Stärke treu. Ohne Kompromisse. Für mich ist die Bühne ein Zufluchtsort. Deshalb werde ich mich ihr weiterhin widmen. Nicht der Bekanntheit oder des Ruhmes wegen. Und genau das ist es, was mir heute diesen Preis einbringt. Das bewegt und berührt mich zutiefst. Festzustellen, dass dieser Weg, so wie ich ihn gegangen bin, trotz allem Anerkennung findet. Es ist wichtig, das zu sagen. Auch für die jungen Künstlerinnen und Künstler, die ihren Weg noch suchen. Ich kann sie nur ermutigen, nicht abzuweichen, ihren künstlerischen Gestus zu schmieden und radikal weiterzuentwickeln. Trotz der Anforderungen des Marktes, denn heutzutage befinden wir uns als Künstler:innen nicht mehr in einer Nische, sondern in der Mitte. Wir sind Teil der Wirtschaft und somit des Wachstums, der Hochgeschwindigkeitsproduktion. Ich plädiere nicht für Entschleunigung, aber ich denke, es ist wichtig, wenn nicht sogar absolut notwendig, den eigenen Rhythmus zu finden und beizubehalten.

MP Wo stehst du heute in Bezug auf diese Frage der Produktionszwänge und des Tempos?

CVA Meine Arbeit war immer begleitet von heftigen Zweifeln und persönlichen Krisen, bei denen ich mich fragte, ob dieser Beruf überhaupt damit vereinbar ist, dass ich Kinder habe. Es ist schwierig, ein Gleichgewicht zu

D

finden. Man muss es immer neu kalibrieren und anpassen. Heute brauche ich wieder eine gewisse erfinderische Freiheit auf der Ebene der Produktion wie der Kreation, abseits der ausgetretenen Pfade. Ich verspüre auch eine neue Freude an untypischen Dingen und das Bedürfnis, mich in den Dschungel zu begeben. Ich denke zum Beispiel an die Hörsalons *Espèces Sonores*[20], die ich im Pavillon ADC eingerichtet habe, oder an die *Stilleven*[21]-Performances, die ich kürzlich im Rahmen der Léon-Spilliaert-Ausstellung in der Fondation de l'Hermitage in Lausanne präsentiert habe. Ich habe das Glück, seit 2017 assoziierte Künstlerin des ADC-Pavillons zu sein: Meine freundschaftliche Verbundenheit mit der dortigen Direktorin, Anne Davier, und dem ganzen Team, unser Austausch, die aussergewöhnlichen und einzigartigen Projekte, die sie im Rahmen des ADC-Programms realisieren, tragen mich auf konstante und vor allem inspirierende Weise.[22]

MP Zum Schluss, wie würdest du den schöpferischen Akt beschreiben?

CVA Er bedeutet, sich vollständig dem künftigen Werk zur Verfügung zu stellen, die Gefahren und das Taumeln, die sich daraus ergeben, anzunehmen und zuzulassen. Sich in diesen Zustand zu begeben, der dem Willen widersteht, der sich dem Unbekannten und Begegnungen öffnet, um mit dem umzugehen, was kommt. Sich von einer Form, der Zeitlichkeit einer Geste, einem Atemzug, einer Hand, einer Resonanz berühren zu lassen. Zwischen der Form, der Intuition, dem Gefühl, den Ideen zu navigieren und einen Rahmen zu setzen, aus dem eine neue Freiheit entsteht. Sich zu erträumen, was nicht möglich ist, und darüber hinauszugehen.

20 Uraufführung am 25. November 2022, Pavillon ADC, Genf. Mehr dazu auf: https://pavillon-adc.ch/spectacle/salon-decoute/. Und wir verweisen auch auf *Espèces sonores II*, uraufgeführt am 26. April 2023 im Pavillon ADC, Genf: https://pavillon-adc.ch/spectacle/salon-decoute-ii/ (für beide Webseiten: letzter Zugriff am 2. November 2023).

21 *Stilleven 01*, uraufgeführt am 30. März 2023; *Stilleven 02*, uraufgeführt am 6. April 2023; *Stilleven 03*, uraufgeführt am 18. Mai 2023, Fondation de l'Hermitage, Lausanne. Weitere Informationen und Bilder auf: https://fondation-hermitage.ch/home/expositions/en-cours/leon-spilliaert/ (letzter Zugriff am 2. November 2023).

22 Zu diesem Thema verweisen wir auch auf den Beitrag von Anne Davier im vorliegenden *MIMOS*-Band, S.109–116.

Poetiche della presenza

Cindy Van Acker e Michèle Pralong in dialogo

I

Il sodalizio professionale fra Michèle Pralong e Cindy Van Acker è iniziato nel 2007, quando quest'ultima era stata invitata a produrre *Kernel*[1] presso il GRÜ / transthéâtre di Ginevra (una struttura sperimentale co-diretta da Maya Bösch e Michèle Pralong). Successivamente, la drammaturga ha seguito numerosi progetti della compagnia di danza Cie Greffe di Cindy Van Acker. L'intervista si è svolta nel giugno del 2023 presso il Padiglione ADC[2] di Ginevra e ripercorre cronologicamente la carriera artistica della coreografa, con l'intento di aprire prospettive trasversali in ambito estetico e politico.

1 Debutto il 4 giugno 2007, GRÜ/transthéâtre, Théâtre du Grütli, Ginevra. Per maggiori informazioni e immagini si veda il sito della Cie Greffe di Cindy Van Acker: https://www.ciegreffe.org/kernel (consultato il 2 novembre 2023).

2 L'ADC è l'Associazione per la danza contemporanea di Ginevra, di cui Cindy Van Acker è artista associata dal 2017: https://pavillon-adc.ch/ (consultato il 2 novembre 2023). A tale proposito si veda anche il contributo della direttrice dell'ADC, Anne Davier, nel presente volume di *MIMOS*, pp. 117–124.

Michèle Pralong Vorrei iniziare la nostra conversazione con un tuo commento, che mi aveva particolarmente colpito, sulla formazione presso lo Stedelijk Instituut voor Ballet di Anversa: «[...] Più danzavamo e più ci distanziavamo dal mondo.»[3]

Cindy Van Acker In una scuola di danza professionale come questa la formazione è alquanto intensa, è come uno sport d'élite. È molto impegnativa e lascia poco spazio ad altro. Si vive in uno spazio protetto, ma anche ermeticamente chiuso. Oggi vedo che le mie due figlie hanno trascorso questo periodo della loro vita in modo diverso, con più libertà, più tempo per sperimentare, per stare al mondo. E soprattutto con una maggiore apertura mentale.

A dire il vero, questa bolla fa ancora parte della mia vita. Quando lavoro a un progetto sono completamente assorbita dal processo creativo e mi estraneo dalla vita quotidiana. Ho a malapena il tempo di mangiare o di dormire. Paradossalmente, questa bolla che ci allontana dal mondo è anche uno spazio protetto in cui la nostra ipersensibilità può finalmente trovare il modo di esprimersi, anziché rivoltarsi contro noi stessi e diventare distruttiva. Spesso, dopo un periodo di totale immersione, una volta terminata la prima rappresentazione, si avverte un senso di abbandono e di smarrimento, si ha un disperato bisogno di tornare alla realtà quotidiana. La questione dell'equilibrio tra un'eccessiva presenza e un'eccessiva assenza rimane irrisolta. È difficile da gestire, anche per chi ci sta accanto.

MP Quali insegnamenti preziosi hai tratto da questa formazione classica?

CVA La danza classica è una tecnica altamente specializzata, che coinvolge tutto il corpo e ha dei parametri ben definiti. C'è qualcosa di rassicurante nel lavorare in modo ripetitivo sui gesti, scavando sempre più a fondo nella materia. Si penetra nella sottigliezza degli strati. Lo zoom diventa macro. In seguito, questo approccio è confluito nella mia modesta pratica delle arti marziali e nella mia esperienza di interprete delle coreografie di Myriam Gourfink[4]. È stata lei ad introdurmi allo yoga dell'energia, grazie al quale ho potuto esplorare ed elaborare un metodo per modulare i flussi energetici e dell'attenzione, per potenziare la percezione sensoriale. Nelle creazioni di Myriam, all'inizio degli anni 2000, ho potuto sperimentare

3 La citazione è tratta da: Yvane Chapuis, Myriam Gourfink, Julie Perrin (a cura di), *Composer en danse*, Losanna: Les Presses du Réel, collana «Nouvelles scènes / La Manufacture», 2020, p. 557.

4 Si veda il contributo di Myriam Gourfink nel presente volume di *MIMOS*, pp. 93–99.

intensamente questo aspetto. E più tardi ho continuato ad affinarlo nei miei allenamenti quotidiani. Penso che sia un'esplorazione senza fine, ci si immerge sempre più in profondità e l'eco risuona sempre più lontano. Oggi queste esperienze mi sono utili anche nella formazione di Shiatsu che ho intrapreso nel 2022.

MP Perché hai lasciato il Ballet de Flandre, che è stata la tua prima tappa professionale dopo gli studi?

CVA Non ho mai sognato di diventare una prima ballerina o di calcare la scena in tutù; e da spettatrice i balletti classici mi annoiavano. Sapevo già all'età di 15 anni di essere interessata soprattutto ad inventare movimenti, ad elaborare nuove forme. Durante l'ultimo anno di formazione, mi è stata fatta un'offerta allettante presso il Ballet de Flandre e l'ho accettata. In quel contesto mi sono fatta le ossa. Mi è piaciuto ad esempio moltissimo danzare sulle punte *I quattro temperamenti* di George Balanchine, nel 1990. Adoravo anche osservare gli altri danzatori e danzatrici intenti nel loro lavoro. Ma dopo una stagione e mezzo ho capito che era tempo di andare oltre. Era chiaro che, se volevo continuare a evolvermi, era necessario modificare la mia situazione, decostruire e mettere in discussione il movimento. Ho cercato dunque una via di fuga.

MP Dopo due anni di esperienza professionale al Grand Théâtre di Ginevra, ti sei dedicata a un periodo di sperimentazione personale. Potresti dire qualcosa in merito?

CVA Sono uscita dal tunnel istituzionale nel 1992. Ho scoperto la vita alternativa a Ginevra – lo squat Rhino, la Cave 12 – e ho iniziato a evolvermi. Avevo a disposizione gli studi dell'ADC per fare delle ricerche, c'erano le *Scènes libres* organizzate da Yann Marussich[5] e danzavo anche nelle pièce di Laura Tanner[6], con la quale ero in sintonia sul piano artistico. I suoi processi creativi mi hanno permesso di sviluppare e comprendere meglio le mie personali inclinazioni come interprete, ad esempio una certa lentezza o l'immobilità. Oltre a ciò, mi guadagnavo da vivere con lavori saltuari. Quegli anni rappresentano l'inizio del periodo più intenso e felice della mia vita che è durato fino al 2008. Vivere in comunità, condividere la vita con altre persone, impegnarsi politicamente, tutto ciò fungeva da contrappunto a quel mondo della danza in cui non mi sono mai riconosciuta del tutto, in cui non avevo trovato la gioia. Tutto si allineava all'improvviso.

5 Per maggiori informazioni si veda il sito web dell'artista: https://yannmarussich.ch/home.php (consultato il 2 novembre 2023).

6 Vedi il sito web di Laura Tanner: http://www.cieltanner.ch/ (consultato il 2 novembre 2023).

MP Quattro anni fa, in occasione dei 30 anni di esistenza dell'Usine di Givevra[7], hai riproposto un estratto degli assoli di *Subver-cité* (1998). Cos'ha provocato in te questa ripresa?

CVA Mi ha reso molto felice e un po' nostalgica tornare al tempo degli esordi. Ho riassaporato il gusto della clandestinità. La sera in cui mi stavo recando al Théâtre de l'Usine per la prima del mio spettacolo, sulla Route des Acacias il traffico era bloccato a causa della Critical Mass[8]. Mi ha messo nel giusto stato d'animo per questa performance dal carattere provocatorio, nella quale siedo sotto uno striscione con la scritta «Tributo al Capitale». Mangio delle pere prendendomi gioco del pubblico, dato che, dopo averne ingurgitate tre, le vomito in un secchiello per champagne. Poi ricomincio a mangiare delle pere, le vomito e così via. Il tutto accompagnato dalla musica di Shostakovich. In questo lavoro erano molto presenti l'autoironia e un certo spirito sovversivo.

MP *Subver-cité* segna anche il primo incontro con le composizioni di Mika Vainio, che sarebbe diventato uno dei tuoi più importanti complici sul piano artistico. La sua musica e amicizia hanno accompagnato il tuo lavoro fino alla sua morte, avvenuta nel 2017.[9]

CVA È stata la sua musica a rimettermi in movimento dopo un periodo di ribellione nei confronti della mia formazione, con il suo linguaggio del corpo codificato e standardizzato. Creavo spettacoli per attaccare la seduzione, per distruggere la spettacolarità. Non vedevo più, o non vedevo ancora, le potenzialità del movimento.

All'improvviso, grazie alla musica di Mika, ho trovato una chiave d'accesso. Ricordo che facevo dei piccoli movimenti con la testa – e si trattava già di una vera e propria proposta compositiva. Me ne rendo conto solo ora, a posteriori; vivevo ancora in una certa negazione della danza, ma era già un approccio poetico.

MP Potresti precisare come hai trovato la tua strada dopo questo periodo di rivolta riguardo alla danza? C'è una sorta di preistoria,

7 Per festeggiare i suoi 30 anni di esistenza, il centro autogestito ginevrino dell'Usine aveva organizzato una maratona di 30 ore di performance, fra cui quella menzionata da Cindy Van Acker: https://www.theatredelusine.ch/spectacle/30-ans-30-heures/ (consultato il 6 ottobre 2023).

8 Un raduno di biciclette e mezzi su due ruote ecocompatibili che si svolge ogni ultimo venerdì del mese in molte città del mondo.

9 A tale proposito, si rimanda al contributo dell'artista norvegese Rikke Lundgreen, compagna di Mika Vainio, nel presente volume di *MIMOS*, pp. 217–220.

fra il 1994 e il 2002, a cui hanno fatto seguito i primi assoli *Corps 00:00*[10], creato nel 2002, *Balk 00:49*[11] e *Fractie*[12], entrambi risalenti al 2003…

CVA Fino al 1998 mi definivo in effetti in base a ciò che non ero. Poi il mio rapporto con il palcoscenico ha avuto una svolta, grazie alla musica di Mika Vainio, al film *Les Carabiniers*[13] di Jean-Luc Godard e alle foto di trincea di Sophie Ristelhueber. Traendo ispirazione da queste opere e dalla loro «poesia di guerra», sono riuscita a trasporre la mia resistenza su un altro piano. Nel film di Godard, durante l'esecuzione di una donna appartenente alla Resistenza, un soldato ripete le seguenti parole mentre le spara a più riprese: «Si muove ancora, ancora, …ancora». Mi sono sdraiata a terra come la donna giustiziata, e il movimento ha avuto origine da lì. Da questo «ancora».

Mia figlia Asta è nata nello stesso anno, e per due anni ho rallentato in modo considerevole le mie attività. A quel punto ho pensato che, se fossi tornata a danzare, avrei dovuto basarmi sul lavoro intrapreso nel 1998 e concentrarmi sul movimento. Così rimasi sdraiata nello studio, immobile, per giorni e giorni chiedendomi: «Cosa potrebbe mettere in moto questo corpo?»

Fu allora che ripensai agli stimoli elettrici che venivano inviati ai muscoli durante le sedute di fisioterapia che avevo fatto a 19 anni. Mi collegai a uno di questi apparecchi e gli impulsi, come un battito cardiaco, mi misero in movimento. In seguito, ho lavorato sulla relazione fra il corpo attaccato alla macchina e gli altri elementi: il suono, la luce, lo spazio. Questa dimensione si è rafforzata con gli assoli creati fra il 2002 e il 2003. L'interconnessione fra le cose, non importa a che livello, ha dato forma alla mia danza. Il mio intento è quello di trasformare la luce, il suono, lo spazio, il linguaggio in materie che vengono amalgamate dal gesto.

MP Questa descrizione mi fa venire in mente una citazione tratta dal progetto sonoro che hai realizzato con Rudy Decelière, *Outre, toujours plus outre*: «Vivre, c'est être à la recherche d'une

10 Debutto il 10 ottobre 2002, ADC, Ginevra. Maggiori informazioni e immagini: https://www.ciegreffe.org/corps-0000 (consultato il 6 ottobre 2023).

11 Debutto il 16 dicembre 2003, Théâtre Arsenic, Losanna. Maggiori informazioni e immagini: https://www.ciegreffe.org/balk-0049 (consultato il 6 ottobre 2023).

12 Debutto il 21 agosto 2003, festival far°, Nyon. Maggiori informazioni e immagini: https://www.ciegreffe.org/fractie (consultato il 6 ottobre 2023).

13 Francia / Italia 1962. Regia: Jean-Luc Godard; sceneggiatura: Jean-Luc Godard, Jean Gruault e Roberto Rossellini, liberamente tratta dalla pièce omonima di Beniamino Joppolo. Con, fra gli altri: Marino Masé (Ulisse), Albert Juross (Michelangelo), Geneviève Galéa (Venere), Catherine Ribeiro (Cleopatra), Barbet Schroeder (Il commerciante d'auto), Jean-Louis Comolli (Il soldato con il pesce).

forme» [Vivere è essere alla ricerca di una forma][14]. Cosa significa per te questa frase della scrittrice Madeleine Santschi?

CVA Mi offre conforto rispetto alla vita. Ho l'impressione che tentare di dare una forma – a qualsiasi cosa, del resto, anche alle piccole cose della quotidianità – sia già creare uno spazio, prestare attenzione, mettere le cose in relazione fra loro.

MP Per quale ragione ricorri alla notazione scritta per determinate pièce o per alcune parti di una pièce?

CVA La partitura è determinata dalla natura del movimento ricercato, dalla combinazione dei gesti, da ciò che stiamo studiando. Oppure dal fatto che sia coinvolta una moltitudine di corpi, come in *Anechoic*[15], spettacolo creato nel 2014 con 53 danzatrici e danzatori sulla spiaggia di Ostende. È un imperativo dettato dalla scrittura coreografica. La partitura è legata anche a una caratteristica importante del mio lavoro: l'attività multipla. Nelle mie creazioni, gli interpreti svolgono sempre più movimenti contemporaneamente, spesso su livelli diversi. Ad esempio, mentre un braccio batte un tempo, il secondo ne batte un altro. Si potrebbe menzionare anche *Without References*[16]: le danzatrici e i danzatori sono concretamente presenti in scena, in relazione l'uno con l'altro, ma al contempo nelle loro teste si dipana un altro spazio-tempo. Questa idea di multitraccia si ritrova spesso nel mio lavoro, crea una poesia che mi sta particolarmente a cuore. È uno stato che trascende inevitabilmente il singolo individuo e alimenta le connessioni latenti tra i vari elementi scenici.

MP L'approccio «multitraccia» riflette il tuo desiderio di rendere l'impossibile possibile. Ti poni spesso obiettivi che sembrano irraggiungibili, fra cui l'estremo scoordinamento dei movimenti o illusioni sensoriali, ad esempio il fatto di dare l'impressione che il palcoscenico decolli grazie a corpi roteanti o che la velocità nasca dalla lentezza…

14 *Outre, toujours plus outre*, progetto sonoro realizzato da Rudy Decelière e Cindy Van Acker sulla base del poema postumo *Pas de deux* di Madeleine Santschi (Ginevra: Héros-Limite, 2017), presentato nell'ambito del festival Fureur de lire, Ginevra, 25–28 novembre 2021. È possibile ascoltarlo su questo sito: https://heros-limite.com/son/outre-toujours-plus-outre/ (consultato il 29 settembre 2023).

15 Debutto il 4 luglio 2014, P.A.R.T.S / Festival Expeditie Dansand, Ostende, Belgio. *Anechoic* è stato ripreso a Ginevra, presso le Berges de Vessy nel 2015, in apertura della nuova stagione dell'ADC, e poi per tre volte nel 2017, nell'ambito della Festa danzante a Ginevra, Losanna e Zurigo. Per maggiori informazioni, immagini e video si rimanda al sito della Cie Greffe: https://www.ciegreffe.org/anechoic (consultato il 6 ottobre 2023).

16 Debutto il 23 marzo 2021, Comédie de Genève (pubblico limitato a causa della pandemia). Maggiori informazioni, immagini e video al sito: https://www.ciegreffe.org/without-references (consultato il 6 ottobre 2023).

CVA In effetti, sono attratta da ciò che non sono ancora in grado di fare. Sia a livello fisico che mentale. Si può superare la propria organicità con il pensiero, abbandonare le abitudini corporee, inventare una nuova drammaturgia del movimento. Cerco costantemente contesti in cui il corpo deve organizzarsi in modo innaturale. Ma ci lavoro a tal punto finché tutto diviene naturale. Queste nuove disposizioni e organicità sono più interessanti da vivere. E più interessanti da vedere, credo. Quando ci si lascia andare e si segue un mero movimento organico – anche se molto bello – si esprime solo il piacere della persona che lo esegue.

MP Ma c'è un limite a questa sfida all'impossibile? Gli interpreti non ti dicono mai che gli sta esplodendo la testa?

CVA Ritengo che il potere della mente sia immenso. E i vincoli, in ultima analisi, danno accesso alla libertà di interpretazione. È interessante spingersi in questi luoghi, imparare e crescere, raggiungere uno stato di grazia. È straordinario lasciarsi andare e vivere momenti estatici di questo tipo. Sul palco si sperimentano sensazioni a livello cellulare, nervoso, sensoriale, ormonale e mentale che possono essere molto potenti.

MP Dopo la pandemia, si è iniziato a parlare molto di creazioni intermediali. Tu, però, stavi sondando l'idea dell'interrelazione e del transfert fra le varie discipline artistiche già nel 2012, quando hai realizzato *Score Conductor*[17]...

CVA Il movimento può essere ovunque, nella luce, nel metallo, in un lavoro a maglia, in una vibrazione sonora. Questa è la dimensione che abbiamo esplorato con Victor Roy per *Score Conductor* – un'esposizione che si è trasformata in un grande delirio. L'idea è nata nel 2007 dal tuo interesse per le partiture di *Kernel*, che è sfociato nel volume *Partituurstructuur*[18]. Abbiamo materializzato queste partiture di danza, rendendole tangibili per il pubblico, e sono emerse le forme più disparate di trasposizione: digitale, artigianale, robotica, installativa. Ho amato molto questa mostra.

17 Installazione inaugurata il 19 gennaio 2012 presso lo spazio Le Commun del Fondo municipale per l'arte contemporanea di Givevra; il finissage ha avuto luogo il 5 febbraio 2012 nell'ambito festival TR4NS/GRÜ, Ginevra. Maggiori informazioni e immagini: https://www.ciegreffe.org/score-conductor (consultato il 6 ottobre 2023).

18 Michèle Pralong, *Partituurstructuur. Les partitions chorégraphiques de Cindy Van Acker*, Ginevra: Héros-Limite, 2007. Maggiori informazioni: https://heros-limite.com/livres/partituurstructuur-les-partitions-choregraphiques-de-cindy-van-acker/ (consultato il 6 ottobre 2023).

Tuttavia, il primo connubio fra due media al di fuori del palcoscenico è stata la realizzazione di *6/6*[19], sei cortometraggi girati da Orsola Valenti sulla base di sei dei miei assoli. Si trattava di un'interpretazione cinematografica molto libera di queste pièce, che abbiamo confrontato con spazi esterni. È stata un'avventura straordinaria, perché la danza è diventata la materia prima per un altro mezzo d'espressione. Perché lo sguardo di Orsola l'ha nutrita, estrapolandola dal proprio contesto. Perché il contatto con gli elementi naturali ha trasformato il movimento. Il lavoro di squadra durante le riprese è stato intenso, sia sul piano artistico sia per le soluzioni che abbiamo dovuto trovare per far fronte a vincoli come la neve, il freddo, l'acqua, cavi elettrici per l'illuminazione, eccetera. Questa esperienza ha lasciato il segno negli assoli che abbiamo in seguito riproposto sul palco. Abbiamo rivisto i sei film nel 2022, durante una serata cinema & chips nell'ambito dell'iniziativa *Occupation* presso il Padiglione ADC. È stato fantastico constatare la nostra audacia e radicalità e il fatto di non essere scesi a compromessi né nella concezione del progetto né nella sua realizzazione formale.

MP Quest'anno ti è stato attribuito il Gran Premio svizzero delle arti sceniche / Anello Hans Reinhart. Che effetto ti fa?

CVA È un onore, tanto più che nel mondo della danza ho sempre avuto la reputazione di essere radicale, ribelle e refrattaria. Rifiuto che si parli di me, di esprimermi su determinati argomenti, di rivendicare un posto nei media. Ma non si tratta affatto di un calcolo, ho semplicemente seguito il mio percorso, restando fedele al mio istinto, alla mia intuizione, ai miei difetti, alla mia forza. Senza compromessi. Il palcoscenico è un rifugio. Per questo motivo continuo a calcare la scena. Non per la fama o il prestigio. E ora vengo premiata proprio per queste qualità. Mi scombussola e mi tocca profondamente constatare che, nonostante tutto, il cammino che ho deciso di intraprendere venga riconosciuto. È importante sottolinearlo. Soprattutto per i giovani artisti e artiste che cercano di farsi strada. Posso solo incoraggiarli a non deviare dal proprio percorso, a forgiare il proprio stile e svilupparlo in modo radicale. Senza curarsi delle richieste del mercato, perché oggi non siamo più ai margini, ma nel bel mezzo della società. Siamo parte dell'economia e quindi della crescita, della produzione ad alta velocità. Non sostengo la decelerazione, ma ritengo che sia importante, anzi assolutamente necessario, trovare il proprio ritmo e riuscire a mantenerlo.

19 Si tratta di un cofanetto comprendente i sei film realizzati da Orsola Valenti sulla base di sei assoli di Cindy Van Acker e un poema dell'autore e drammaturgo fiammingo Peter Verhelst, con traduzione francese e immagine a fronte. Il cofanetto è stato ideato dal collettivo di grafici Akatre e Michèle Pralong ha orchestrato l'intero progetto. Il debutto di *6/6* si è tenuto il 28 novembre 2014 alla Cinémathèque suisse di Losanna. Maggiori informazioni: https://www.ciegreffe.org/le-coffret-66 (consultato il 6 ottobre 2023).

MP Qual è oggi la tua posizione in merito alla questione dei ritmi di produzione e dei vincoli imposti ai processi creativi?

CVA Il mio lavoro è sempre stato segnato da grandi dubbi e crisi personali, in cui mi sono chiesta se questo lavoro fosse compatibile con l'avere figli. È difficile trovare un equilibrio. È necessario ricalibrarsi e adattarsi di continuo. Oggi sento di nuovo il bisogno di una certa libertà artistica, sia in termini di produzione che di creazione, lontano dalle strade battute. Sento di nuovo crescere in me il piacere di realizzare formati atipici e l'esigenza di avventurarmi su sentieri impervi. Penso ad esempio ai saloni d'ascolto *Espèces Sonores*[20], che ho messo a punto al Padiglione ADC, o alle performance, intitolate *Stilleven*[21], che ho proposto alla Fondazione dell'Hermitage di Losanna nell'ambito della mostra dedicata a Léon Spilliaert. In questo senso, mi ritengo fortunata per l'opportunità di essere artista associata del Padiglione ADC dal 2017: la mia grande complicità con la direttrice Anne Davier e con tutto il team, i nostri scambi d'idee, gli straordinari e unici progetti che trovano spazio nella programmazione sono per me un grande supporto e una costante fonte d'ispirazione.[22]

MP In conclusione, come definiresti l'atto creativo?

 CVA Significa mettersi completamente a disposizione dell'opera in fieri, accettare i pericoli, le vacillazioni che ne derivano. Entrare in uno stato che resiste alla volontà, si apre all'ignoto e agli incontri, per accogliere gli stimoli che arrivano. Lasciarsi emozionare da una forma, dalla fugacità di un gesto, da un respiro, una mano, una risonanza. Navigare tra la forma, l'intuizione, le sensazioni, le idee e definire il quadro da cui emerga una nuova libertà. Sognare ciò che non è possibile e andare oltre.

20 *Espèces sonores*, debutto il 25 novembre 2022, Padiglione ADC, Ginevra. Maggiori informazioni al sito: https://pavillon-adc.ch/spectacle/salon-decoute/. E si veda anche *Espèces sonores II*, debutto il 26 aprile 2023, Padiglione ADC, Ginevra: https://pavillon-adc.ch/spectacle/salon-decoute-ii/. Entrambi i siti: consultati il 6 ottobre 2023.

21 *Stilleven 01*, debutto il 30 marzo 2023; *Stilleven 02*, debutto il 6 aprile 2023; *Stilleven 03*, debutto il 18 maggio 2023, Fondazione dell'Hermitage, Losanna. Per maggiori informazioni si veda il sito: https://fondation-hermitage.ch/home/expositions/en-cours/leon-spilliaert/ (consultato il 6 ottobre 2023).

22 Su questo tema si veda in particolare il contributo di Anne Davier nel presente volume di *MIMOS*, pp. 117–124.

Poetics of Presence

Cindy Van Acker and Michèle Pralong in Conversation

E Michèle Pralong and Cindy Van Acker met through work in 2007, when the choreographer was invited to the GRÜ / transthéâtre in Geneva (an experimental structure jointly headed by Maya Bösch and Michèle Pralong) to create *Kernel*.[1] The dramaturg subsequently collaborated on a number of projects with Van Acker's company Cie Greffe. This interview took place in June 2023, at the Pavillon ADC in Geneva:[2] it traces the choreographer's artistic career in chronological order, while attempting to open onto transversal perspectives relating to both aesthetics and politics.

1 First performance: 4 June 2007, GRÜ/transthéâtre, Théâtre du Grütli, Geneva. For more information and images see the Cie Greffe website: https://www.ciegreffe.org/kernel (last accessed on 2 November 2023).

2 ADC is the contemporary dance association in Geneva, of which Cindy Van Acker has been an associate artist since 2017: https://pavillon-adc.ch/ (last accessed on 2 November 2023). See also the article by ADC director Anne Davier in this *MIMOS* edition, pp. 125–132.

Michèle Pralong (MP) I would like to begin by quoting a comment you made about your training at the Stedelijk Instituut voor Ballet in Antwerp, which struck me. You said: "[…] The more we danced, the more we distanced ourselves from the world."[3]

Cindy Van Acker (CVA) In a professional dance school such as that one, you undergo extensive training – it's like an elite sport. It's very demanding and leaves little room for anything else. You live in a protected space, but that space is also hermetically sealed. When I look at my two daughters today, I can see that they experienced this period of their lives very differently: with more freedom, more time to experiment and to be in the world. And above all, with more open-mindedness.

And this bubble is still essentially part of my life. When I'm working on a project, when I'm creating a performance, I become completely absorbed by it and I extract myself from everyday life. I barely have time to eat or sleep. The paradox is that this bubble which removes you from the world also provides you with a protected space where your hypersensitivity can finally find its full expression, without which it could turn against you and become destructive. After this period of total absorption, once the first performance is behind you, there's a sense of feeling abandoned and lost, in desperate need of returning to everyday life. The question of balance is always unresolved: excessively absent, excessively present. It's a difficult thing to deal with, and it's also difficult for your loved ones.

MP What was the most valuable thing you learned during your classical training?

CVA Classical dance is a highly specialised technique that engages the whole body and establishes precise reference points. There is something reassuring about working with the repetition of gesture, delving deeper and deeper into matter. You enter into the subtlety of the layers. The zoom becomes macro. Later, this approach fed into my modest practice of the martial arts, and my experience as a performer for Myriam Gourfink.[4] She introduced me to energy yoga, through which I was able to explore and develop the modulation of the circulation of energy and attention, and the potential of the senses. It was in her performances, starting in the early 2000s, that I was able to experience this aspect most intensely. I then continued to develop this highly conscious work in my daily practice. I believe

3 The quote is taken from Yvane Chapuis, Myriam Gourfink, Julie Perrin (eds.), *Composer en danse*, Lausanne: Les Presses du Réel, «Nouvelles scènes / La Manufacture», 2020, p. 557.

4 See also the article by Myriam Gourfink in this *MIMOS* edition, pp. 93–99.

that there are no limits to this exploration; you are always diving deeper, and it is always resonating further. These experimentations are also serving me at the present moment, as part of the shiatsu training I started in 2022.

MP Why did you leave the Ballet of Flanders, which was your first professional experience after school?

CVA I never dreamed of becoming a prima ballerina, nor of haunting the stage in a tutu; as an audience member, I found classical ballet boring. From the age of 15, I knew that what interested me was inventing movements, finding new forms. In my final year of training, I received an offer from the Ballet of Flanders and I accepted. I cut my teeth there. For example, I loved dancing George Balanchine's *The Four Temperaments*, on pointe, in 1990. I also loved watching the other dancers at work. But after a season and a half, I realised it was time to move on. It was clear to me that if I wanted to continue to evolve, I had to change my situation, I had to deconstruct and question the gesture. I escaped, and went a different way.

MP After two years at the Grand Théâtre de Genève – your second professional experience – there followed a period of personal experimentation. Can you talk about this?

CVA I emerged from the institutional tunnel in 1992. I discovered the underground scene in Geneva – the Rhino squat, the Cave 12 – and began to thrive. I had the ADC studios at my disposal, where I could take the time to do research; there were the *Scènes libres* organised by Yann Marussich;[5] and I danced in the pieces of Laura Tanner,[6] with whom I shared a creative chemistry. Being a part of her creative processes enabled me to develop and better understand my personal tendencies as a performer – for example a certain kind of slowness and immobility. Alongside this, I was earning money from odd jobs. For me, that era marked the beginning of the most intense, happiest period of my life, which lasted until 2008. Living in community, sharing my life with others, being politically involved, all this provided a counterpoint to the dance world with which I never fully identified, in which I hadn't found joy. Suddenly everything was falling into place.

5 For further information visit the artist's website: https://yannmarussich.ch/home.php (last accessed on 2 November 2023).

6 See Laura Tanner's website: http://www.cieltanner.ch/ (last accessed on 2 November 2023).

MP When you revisited an extract from the three solos in *Subver-cité* (1998) for the 30th anniversary of the L'Usine centre in Geneva four years ago,[7] how did this revival make you feel?

CVA It made me very happy and a bit nostalgic to go back to those early days. There was a whiff of the underground in the air that day. On the night I was heading to the Théâtre de l'Usine for the first performance, all the traffic was blocked on the route des Acacias because of the Critical Mass.[8] That put me in the right frame of mind for this performance, in which I play with provocation. I sit under a banner that reads "Tribute to the Capital". I eat pears while making fun of the audience, because once I've swallowed my third pear, I throw up into a champagne bucket. Then I start eating pears again, throwing up, and so on, all to the music of Shostakovich. There is a strong sense of self-derision and subversion to the piece.

MP One of the other tributes of *Subver-cité* marks your first encounter with the sounds of Mika Vainio, who would become an essential partner in your creative process, and whose music and friendship accompanied your work until his death in 2017.[9]

CVA It was his music that set me in motion again after a period of rebellion against my training, against this coded, standardised body language. At that time, I was making performances that attacked seduction and destroyed the spectacular. I no longer saw – or didn't yet see – what movement could do.

Suddenly, through Mika's music, I found an induction. I remember doing these little head movements, and that was a real compositional proposition. I understand it now, in hindsight: I was still living in a certain negation of dance, but it was already poetic.

MP Can you elaborate on how you found your way after this period of rebellion against dance? There's a kind of pre-history from 1994 to 2002, before you created the first solos *Corps 00:00*[10] in 2002, *Balk 00:49*[11] and *Fractie*[12] in 2003...

7 To celebrate its 30th anniversary, the self-managed L'Usine centre in Geneva organised a 30-hour performance marathon, which included the performance mentioned by Cindy Van Acker: https://www.theatredelusine.ch/spectacle/30-ans-30-heure/ (last accessed on 6 October 2023).

8 A parade of non-polluting two-wheelers which takes place every last Friday of the month in many cities all over the world.

9 On this subject, we refer to the article by the Norwegian artist Rikke Lundgreen, Mika Vainio's partner, in this *MIMOS* edition, pp. 217–220.

10 First performance: 1 October 2002, ADC, Geneva. For more information and pictures see: https://www.ciegreffe.org/corps-0000 (last accessed on 6 October 2023).

11 First performance: 16 December 2003, Théâtre Arsenic, Lausanne. For more information and pictures see: https://www.ciegreffe.org/balk-0049 (last accessed on 6 October 2023).

12 First performance: 21 August 2003, far° festival, Nyon. For more information and pictures see: https://www.ciegreffe.org/fractie (last accessed on 6 October 2023).

E

CVA Up until 1998, I was in fact defining myself by what I was not. I then experienced a turning point in my relationship to the stage thanks to the music of Mika Vainio, the film *Les Carabiniers* [*The Carabineers*][13] by Jean-Luc Godard and Sophie Ristelhueber's photographs of trenches. Inspired by these works and their poetry of war, I was able to relocate my resistance. In Godard's film, during the execution of a female member of the Resistance, a soldier says, while shooting the woman repeatedly: 'Elle bouge encore... encore... encore' [She is still moving... still moving... still moving]. I got down on the floor like the executed woman, and the movement came from there. From that *encore* [still].

My daughter Asta was born that year, and for two years I significantly slowed down my activities. It then occurred to me that, if I were to return to dance, I had to further explore the avenue I'd embarked on in 1998, and concentrate on movement. I laid motionless in the studio for days on end, asking myself: what could make this body move? That's when I thought back to some physiotherapy sessions I'd had when I was 19, during which electrical stimuli had been sent to my muscles. I plugged myself into one of these machines and the impulses set me in motion, like a heartbeat.

After that, I studied the relationship between this body, attached to the machine, and the other elements: sound, light and space. And this process deepened with the solos created in 2002 and 2003. It is the relationship between things, regardless of their scale, that has shaped my dance. Light, sound, space and language are transformed into matter, which the gesture can then fashion together.

MP This description reminds me of a quote from the sound project *Outre, toujours plus outre*, which you made with Rudy Decelière: "To be alive is to be in search of a form."[14] What is it, in this phrase by the writer Madeleine Santschi, that speaks to you?

13 France / Italy 1962. Director: Jean-Luc Godard; scenario: Jean-Luc Godard, Jean Gruault, Roberto Rossellini based on a play by Beniamino Joppolo. Cast (among others): Marino Masé (Ulysses), Albert Juross (Michelangelo), Geneviève Galéa (Venus), Catherine Ribeiro (Cleopatra), Barbet Schroeder (Car salesman), Jean-Louis Comolli (Soldier with fish).

14 Quote translated by Sarah Jane Moloney. *Outre, toujours plus outre* is a sound project by Rudy Decelière and Cindy van Acker in response to *Pas de deux*, a posthumously published volume of poetry by Madeleine Santschi (Geneva: Héros-Limite, 2017) presented as part of the Fureur de lire festival in Geneva, 25-28 November 2021. You can listen to this sound project here: https://heros-limite.com/son/outre-toujours-plus-outre/ (last accessed on 29 September 2023).

CVA I find consolation in it in relation to life. I feel like attempting to give form – to anything, for that matter, including the little things of everyday life – is in itself a way of creating a space, of paying attention, of establishing connections.

MP What specifically motivates your use of written scores for certain dance pieces, or parts of them?

CVA The score is determined by the nature of the movement being sought, the combination of gestures, what is being studied. Or by the presence of a multitude of bodies, as in *Anechoic*, performed by 53 dancers on the beach of Ostend in 2014.[15] In this context, writing is a necessity. The score also speaks to an important characteristic of my work: multi-activity. In my pieces, the dancers are always doing several things at once, often at different levels. For example, if one arm is beating one tempo, the second is beating another. We can also mention *Without References*:[16] the performers are engaged in a tangible presence, they are in relationship to one another on stage, but they are simultaneously unfurling a different space-time in their heads. This idea of multi-tracking can often be found in my work, and it produces a kind of poetry that I cherish. It's a state that necessarily transcends the individual and feeds the unspoken relationships between the stage elements.

MP This *multi-tracking* ties in with your desire to make the impossible possible. You often set yourself goals that seem unattainable: extreme gestural discoordinations or sensory illusions, such as spinning bodies that give the impression that the stage is hovering, producing speed with slowness...

CVA I like seeking out things I'm not yet able to do. These can be mental as much as physical. You can use your thoughts to go beyond your own organicity, to break out of your body's habits, to create a new dramaturgy of movement. I look for contexts in which the body has to organise itself in an unnatural way. But I work on them so much that they become natural. These new arrangements and organicities are more interesting to experience.

15 First performance: 4 July 2014, P.A.R.T.S / Festival Expeditie Dansand, Ostende, Belgium. *Anechoic* was reprised for the season opening of the ADC in Geneva at the Berges de Vessy in 2015, then another three times in the context of the Fête de la danse in Geneva, Lausanne and Zurich. More information, pictures and videos are available on the Cie Greffe website: https://www.ciegreffe.org/anechoic (last accessed on 6 October 2023).

16 First performance: 23 March 2021, Comédie de Genève (reduced audience due to the pandemic). For more information, pictures and videos see: https://www.ciegreffe.org/without-references (last accessed on 6 October 2023).

E And more interesting to watch, I think. When you let things happen and follow an organic movement – even if it's very beautiful – it often only expresses the pleasure of the person performing the movement.

MP But is there a limit to defying the impossible? Do the dancers ever tell you that their heads are exploding?

CVA I think that the power of the mind is immense. And that imposed constraints end up offering themselves as pathways to a kind of freedom of interpretation. It's interesting to go to these places, in order to learn and grow, to encounter a state of grace. When you manage to let go and find those ecstatic moments, it's extraordinary. On stage, you experience sensations on cellular, nervous, sensory, hormonal and mental levels that can be very powerful.

MP Since the pandemic, there has been a lot of talk about intermedial work. When you made *Score Conductor* in 2012,[17] you were already exploring the idea of interplay and transfers between disciplines...

CVA Movement can be everywhere: in light, in metal, in a knitted fabric, in the vibration of a sound. This is what Victor Roy and I explored in *Score Conductor*, an exhibition that turned into a kind of big delirium. The idea came from your interest in the scores for *Kernel* in 2007, which led to you initiating the *Partituurstructuur* book project.[18] We went on to materialise these dance scores for the public, and all sorts of translations appeared: digital, artisanal and robotic translations, installations... I loved that exhibition.

But our first project involving two media for a space other than the stage was the production of *6/6*, six films based on six of my solos, by filmmaker Orsola Valenti.[19] It was a very free cinematic interpretation of these pieces.

17 The installation *Score Conductor* took place at the Espace Le Commun du Fonds Municipal d'Art Contemporain in Geneva, from 19 January to 5 February 2012; the finissage was part of the TR4NS/GRÜ festival in Geneva. For more information and pictures see: https://www.ciegreffe.org/score-conductor (last accessed on 6 October 2023).

18 Michèle Pralong, *Partituurstructuur. Les partitions chorégraphiques de Cindy Van Acker*, Geneva: Héros-Limite, 2007. For more information see: https://heros-limite.com/livres/partituurstructuur-les-partitions-choregraphiques-de-cindy-van-acker/ (last accessed on 6 October 2023).

19 A collection comprising six films directed by Orsola Valenti after six solos by Cindy Van Acker. The box set includes one poem per film written by Peter Verhelst, a Flemish author and dramaturg; each poem comes with its French translation and an image on the flipside. The box set was designed by the Akatre graphic design collective and spearheaded by Michèle Pralong. *6/6* was inaugurated on 28 November 2014 at the Cinémathèque suisse in Lausanne. For more information see: https://www.ciegreffe.org/le-coffret-66 (last accessed on 6 October 2023).

We extracted them from the stage in order to confront them with external spaces. It was an extraordinary adventure: the dance transformed into raw material for another medium. Because Orsola's vision nourished and extrapolated it. Because contact with the natural elements transformed the movement. The teamwork during the shoots was intense, both in terms of the artistic content and in terms of the solutions we had to find to deal with constraints such as snow, cold, water, lighting cords, etc. This experience had a significant impact on the solos when they were performed on stage after that. We watched the films again during a "cinema & chips" event in the context of our *Occupation* project at the Pavillon ADC in 2022. It was wonderful to see how radical and uncompromising we had dared to be, both in the conception of the project and in its formal realisation.

MP This year you are receiving the Swiss Grand Award for the Performing Arts / Hans Reinhart Ring. How does that make you feel?

CVA It's an honour, and the more so because I've always had a reputation in the dance world for being radical, rebellious, defiant – owing to the fact that I've always refused to be talked about, to speak out on certain subjects, to take up space in the media. But this is by no means a calculated stance, it's simply the way I went about things. I've been true to my instincts, my intuition, my flaws, my strength. Without compromise. For me, the stage is a refuge. That's why I continue to devote myself to it. Not for fame or prestige. And that's what has earned me this award. And that is what deeply unsettles and moves me: to see that, in spite of everything, the path I decided to pursue has been acknowledged. It's important to say that. Especially for young artists who are trying to make their way. I can only encourage them not to stray, to forge their artistic gesture and develop it to the full, despite the demands of the market. Because nowadays we are no longer on the margins, we are on the inside. We're a part of the economy, and therefore part of growth and high-speed production. I'm not advocating slowing down, but I do think it's important, even absolutely necessary, to find a way of respecting our own rhythm and maintaining it.

MP What is your current position on the issue of the rates of production and the constraints imposed on the creative process?

CVA My work has always been punctuated by a lot of soul-searching and personal crises, as I wondered whether this occupation was really compatible with having children. It's a difficult balance to strike. You're constantly having to recalibrate and adjust. Today, I feel I need to return to a certain freedom

E of invention in terms of production and creation, off the beaten track. I'm also letting the pleasure of producing atypical objects rise within me, and I'm listening to my desire to go my own way. I'm thinking, for example, of the *Espèces sonores* listening rooms I set up at the Pavillon ADC,[20] or the *Stilleven* performances I recently presented at the Hermitage Foundation in Lausanne in the context of the Léon Spilliaert exhibition.[21] In this respect, I would like to acknowledge my good fortune to have been an associate artist of the Pavillon ADC since 2017: my close relationship with its director Anne Davier and with the whole Pavillon ADC team, our exchanges, and the unusual and singular projects that have found their home in their artistic programme are a constant source of support and, above all, inspiration for me.[22]

MP Finally, how would you define the act of creating?

CVA It means putting yourself completely at the disposal of the work to come, accepting and welcoming the dangers and the headiness that come with it. It means being in a state that resists the will, that opens itself up to the unknown and to encounters, in order to accommodate what comes. Letting yourself be moved by a form, the temporality of a gesture, a breath, a hand, a resonance. Navigating between the formal and the intuitive, feelings and ideas, establishing a framework from which a new freedom can emerge. It means dreaming the impossible, and carrying on regardless.

20 First performance: 25 November 2022, Pavillon ADC, Geneva. For more information see: https://pavillon-adc.ch/spectacle/salon-decoute/. And we also refer to *Espèces sonores II*, which took place on 26 April 2023 at the Pavillon ADC in Geneva: https://pavillon-adc.ch/spectacle/salon-decoute-ii/ (both websites last accessed on 6 October 2023).

21 *Stilleven 01*: first performance on 30 March 2023; *Stilleven 02*: first performance on 6 April 2023; *Stilleven 03*: first performance on 18 May 2023, Hermitage Foundation, Lausanne. For more information see: https://fondation-hermitage.ch/home/expositions/en-cours/leon-spilliaert/ (last accessed on 6 October 2023).

22 On this subject, we also refer to Anne Davier's article in this *MIMOS* edition, pp. 125–132.

Myriam Gourfink

La prégnance de Cindy

ZUSAMMENFASSUNG

Myriam Gourfink erinnert, wie es zwischen ihr und Cindy Van Acker sofort gefunkt hat, als diese sie 2001 um eine Choreografie bat: *Marine*. Mit diesem Solo, das Van Acker beim Genfer La-Bâtie-Festival gezeigt hat, begann ein intensiver Austausch zwischen den beiden. Cindy Van Acker trat in mehreren Choreografien von Myriam Gourfink auf. In Gourfinks Worten: «Was mich anspricht, ist die besondere Art und Weise, wie sie die Essenz des ‹Tanz-Seins› verkörpert. Wenn ich sie betrachte, habe ich den Eindruck, dass sie mich in Abgründe stürzt, in denen sich alles in Umlauf befindet. Beim Anblick ihrer gelenkigen Gliedmassen, die das Gefühl vermitteln, die Bewegung erstrecke sich ins Unendliche, schmelzen meine Spannungen und verflüssigen sich. Sie ähnelt einem ozeanischen Wesen und führt mich in unergründliche Tiefen.»

RIASSUNTO

Nel suo contributo, la coreografa Myriam Gourfink rievoca il colpo di fulmine artistico innescato dal suo primo incontro con Cindy Van Acker nel 2001, quando la danzatrice e coreografa fiamminga le chiese di creare un assolo per lei: *Marine*. Questa coreografia, presentata nell'ambito del Festival La Bâtie di Ginevra, ha dato avvio a un intenso dialogo che ha portato, fra l'altro, Cindy Van Acker a interpretare diverse opere di Myriam Gourfink. Con le parole della stessa Gourfink: «Ciò che mi attrae è il modo unico in cui abita il suo "essere danza". Osservandola, ho l'impressione che mi trascini in un abisso dove tutto è un flusso. Alla vista delle sue membra sinuose, mentre eseguono gesti che sembrano non avere un punto d'arrivo, tutte le mie tensioni si sciolgono e si liquefanno. Assomiglia a una creatura oceanica e mi porta a toccare profondità insondabili.»

ABSTRACT

In this article, choreographer Myriam Gourfink recalls the artistic *coup de foudre* sparked by her first encounter with Cindy Van Acker in 2001, when the Flemish dancer and choreographer asked Gourfink to create a dance piece for her: *Marine*. This solo, presented at the La Bâtie festival in Geneva, launched an intense artistic partnership that led to Cindy Van Acker performing several of Myriam Gourfink's choreographies. In her words: "What appealed to me is the unique way in which she embodies the essence of 'being dance'. Watching her, I get the impression that she's drawing me into an abyss where there's nothing but circulation. At the sight of her lithe limbs, executing moves that extend seemingly to infinity, all my worries liquefy and melt away. She resembles an ocean creature – and allows me to plumb unfathomable depths."

Janvier 2002, Centre chorégraphique national[1] de Belfort, une toute petite fille, Asta, s'est assoupie dans un gros tas de câbles. Alors que les volutes de la musique de Kasper T. Toeplitz s'élancent et déchirent l'air, son corps est tout détendu, elle dort paisiblement à poings fermés. Mais comment fait-elle pour être douée d'un tel lâcher-prise ? Depuis déjà deux heures, un peu plus loin dans la même salle, sa maman Cindy Van Acker danse *Rare*[2], une pièce qui en dure six. Lenteur des gestes, longueur du souffle, Cindy descend aux tréfonds de son être. Toutes les deux sont moelleuses et douces, entourées de l'aura sécurisante de l'amour inconditionnel.

Juin 2001, je reçois un appel téléphonique audacieux, Cindy Van Acker me propose de lui chorégraphier un solo. Elle a été contactée par le Festival de La Bâtie à Genève, qui propose un dispositif dont le principe est inhabituel : c'est à l'interprète de choisir son ou sa chorégraphe.

Alors en répétitions à l'IRCAM[3], je l'invite à venir voir un filage de *L'Écarlate*[4]. Elle saute dans un train. Pendant le filage, je la sens complètement absorbée par la musique et la danse, nous échangeons et, entre nous, tout n'est qu'évidence. Nous convenons des dates de répétitions. La création est prévue en septembre.

Début juillet 2001, me voici au Théâtre du Grütli à Genève pour faire plus ample connaissance avec Cindy. C'est une première phase d'observations et d'échanges pour créer un solo sur mesure. Ce qui m'interpelle, c'est la façon si singulière qu'elle a d'habiter son « être danse ». En la regardant, j'ai l'impression qu'elle m'emmène avec elle dans un puits sans fond. Elle m'engouffre dans des abysses où tout n'est que circulation. À la vue de ses membres si élastiques, qui donnent le sentiment qu'il n'y a plus de point d'arrivée du geste, toutes mes tensions fondent et se liquéfient. Elle ressemble à une créature océanique, et me fait toucher des fosses insondables. Remplie d'invisible subaquatique, je rentre à Paris pour écrire la partition. Tout coule de source, je l'écris d'un souffle, d'une traite.

1 En France, plusieurs Centres chorégraphiques nationaux (CCN) sont disséminés sur l'ensemble du territoire : https://accn.fr/les-ccn/cartographie (consulté le 6 novembre 2023).

2 Création le 22 février 2002, CCN, Belfort. Plus d'informations et vidéo disponibles sur le site web de Myriam Gourfink : https://www.myriam-gourfink.com/rare/ (consulté le 21 octobre 2023).

3 L'IRCAM est l'Institut de recherche et coordination acoustique / musique à Paris : https://www.ircam.fr/ (consulté le 21 octobre 2023).

4 Création le 6 juin 2001, Festival Agora, IRCAM, Paris. Plus d'informations et vidéo : https://www.myriam-gourfink.com/lecarlate/ (consulté le 21 octobre 2023).

Ce temps passé avec Cindy induit l'imaginaire du solo : une plongée sous-marine qui contraste avec la danse aérienne du ballet classique. D'ailleurs, pendant cette première période de collaboration, Cindy se confie sur ses années de formation à l'École de danse d'Anvers, et cela conforte encore ma première intuition : je désire pour cette pièce transmuter l'air en eau par le biais de la partition.

Kasper T. Toeplitz, le compositeur du projet, me conseille alors de lire *Reflets en eau trouble*[5] de Joyce Carol Oates. La nouvelle s'appuie sur un fait divers de 1969. Par accident, l'automobile du sénateur Ted Kennedy coule dans les eaux de Chappaquiddick Island. Mary Jo Kopechne, qui l'accompagne, périt en se noyant. Carol Oates imagine la lente agonie de la jeune femme qui, naviguant dans ses souvenirs, remonte tant qu'elle le peut pour respirer à la surface de l'eau contenue dans la voiture, qui sombre inexorablement. Nous décidons d'appeler la pièce *Marine*.

Août 2001, déchiffrage de la partition. À chaque occurrence, Cindy danse quatre moments de la partition, qui en contient sept. Chaque moment propose sept à onze indications. Le choix des quatre moments dansés s'effectue juste avant d'entrer en scène, par tirage au sort pour le premier, puis par équation pour les trois suivants. Cindy mémorise et s'approprie la partition et ses principes à une vitesse faramineuse. Elle suspend son souffle en enchaînant les techniques respiratoires ; circule dans la mémoire des indications de la partition ; prend des appuis bien physiques ; élève très lentement un bras ou les yeux pour remonter et libérer le souffle ; étire doucement ses membres comme une sorte d'étoile de mer dans une sphère divisée en sept parties autour d'elle ; glisse son attention dans son abdomen ou à la racine de ses ongles ; s'enroule, tourne ou se renverse en glissant sinueusement.

Kova, la costumière avec laquelle je travaille, nous rejoint et tombe sous le charme de Cindy. Elle me dit : « C'est fou, Cindy est autant féminine que masculine ».

Début septembre, juste avant la création, rencontre avec la musique.

J'observe Cindy. Son écoute est profonde, elle « prend le son ». Toutes ses cellules s'illuminent et vibrent, elle est de ces danseuses qui spontanément dansent « dedans » la musique. Elle danse non seulement dans le sonore, mais aussi, chose plus rare, dans la structure musicale. Ainsi, je découvre

5 Joyce Carol Oates, *Reflets en eau trouble*, traduit par Hélène Prouteau, Paris : Actes Sud, 2001. (Titre original : *Black Water*, 1992).

une interprète hors normes ayant la compétence de sceller simultanément dans sa chair, au fur et à mesure de l'avancée de la pièce, tant la structure chorégraphique que la structure musicale.

Du 5 au 9 septembre 2001, création de *Marine* lors du Festival La Bâtie à Genève[6]. Roulements houleux de son corps élastique, vibrant au son des masses océaniques de Kasper T. Toeplitz, la pièce est sublime, je suis une chorégraphe comblée. La magie se poursuit – Barcelone, Milan, Paris, Tokyo, Rome –, entre 2001 et 2005 nous nous retrouvons pour une petite trentaine de dates, et à chaque fois le plaisir est au rendez-vous. Car Cindy, c'est aussi un état d'être au monde, une capacité à tout sentir, un engagement profond et comme sans limites dans le danser, une simplicité accessible. Et nos rires, nos souffles accordés, nos repas et nos marches dans les villes : souvenirs heureux, qu'il était bon ce temps passé ensemble !

Et puis, c'est le début d'une longue collaboration qui durera jusqu'en 2014.

2002, je propose à Cindy de danser dans *Rare*. Nous sommes cinq à mémoriser une partition de six heures avec des paramètres inconnus, qui nous sont donnés en temps réel par des bandes colorées sur des téléviseurs. De bout en bout, Cindy tient la dramaturgie, pas une minute d'absence, elle danse jusqu'à la folie.

2004, *Contraindre*[7]. Après ma recherche d'écriture à partir de la cinétographie Laban pour générer des partitions à lire et danser en temps réel, j'écris une partition de quelque 180 pages. Celles qui sous-tendent la dramaturgie seront complétées, en live, par des paramètres reliés à un système de captation sans fil, revêtu par les interprètes. Le projet demande de questionner la symbolisation du mouvement dansé, sa facilité de lecture, sa cohérence, pour lire et danser en temps réel, tout en jouant avec le système de captation. Cindy Van Acker et Carole Garriga questionnent, essayent, recommencent. Grâce à leurs retours sensibles, je réécris entièrement certaines pages, c'est ensemble que nous améliorons la partition.

Le dispositif scénique invite les spectateur·trices à s'asseoir au centre du plateau, afin de regarder soit Cindy, soit Carole, qui sont l'une à jardin et l'autre à cour.

6 Plus d'informations et images : https://www.myriam-gourfink.com/marine/ (consulté le 21 octobre 2023).

7 Création le 16 février 2004, Centre Georges Pompidou, Paris. Plus d'informations et vidéo : https://www.myriam-gourfink.com/contraindre/ (consulté le 21 octobre 2023).

Cindy se campe comme une masse moelleuse sur les surfaces d'appui réduites que proposent les signes sur les écrans tout autour d'elle, bords des pieds, bouts des doigts ; elle lit ; son thorax tourne alors que son bassin pivote dans l'autre sens, je n'en crois pas mes yeux, ses rotations sont impensables et hallucinantes. Puis, elle ondule comme un serpent, c'est comme si l'influx électrique de la musique passait en elle de façon lente et continue dans l'épaisseur de ses tissus. C'est non seulement un véritable massage pour les personnes qui la regardent, mais aussi un grand chavirement. Toute en courbes et en rondeur, elle nous appelle dans sa sphère, nous transporte dans l'expérience de l'écriture chorégraphique et des spires et circonvolutions musicales de Kasper T. Toeplitz auxquelles elle donne corps.

2006. Elia, la seconde fille de Cindy, vient au monde.
Nous faisons une petite pause.

2009, *Les Temps Tiraillés*[8]. Sur le plateau, avec mon ordinateur, j'écris et complète en direct des partitions pré-écrites et les ordonne dans le temps. Les écrans de lecture sont suspendus et forment une voûte. Cindy fait partie des sept danseuses. Lecture, déchiffrage des quelque trois cents pages. Très fédératrice, Cindy relève pour le groupe les subtilités de l'écriture qui visent à stimuler la sensorialité.

Cindy descend avec volupté dans les arcanes de son corps. Elle est goût, parfum, tact, écoute. À chaque fois que mon attention se pose sur elle, je la sens présente comme à deux cents pour cent, à l'affût du sensible dans chacune de ses cellules qui se tissent avec les particules d'air qui l'environnent ; et toujours, elle danse très précisément dans le périmètre sensoriel cerné par la partition.

2010, notre dernière création ensemble, *Choisir le moment de la Morsure*[9]. Trois plantes carnivores, je danse avec Cindy Van Acker et Deborah Lary. La partition prévoit nos entremêlements, elle propose à Cindy un long moment composé de figures d'équilibres et, littéralement, je la vois, je la sens, elle irradie tant elle lâche prise mentalement, elle parvient au même degré d'intensité et de puissance que la basse électrique de Kasper, qui se met à rugir. Cindy est une fleur lionne.

8 Création le 21 janvier 2009, Centre Georges Pompidou, Paris. Plus d'informations et vidéo : https://www.myriam-gourfink.com/les-temps-tirailles/ (consulté le 21 octobre 2023).

9 Création le 7 mai 2010, Les Rencontres Chorégraphiques Internationales de Seine-Saint-Denis, MC93, Bobigny. Plus d'informations et vidéo : https://www.myriam-gourfink.com/choisire-le-moment-de-la-morsure/ (consulté le 21 octobre 2023).

En 2014, notre collaboration s'achève très simplement et joliment dans un jardin ensoleillé du sud de la France, pour un moment suspendu que je nomme *Triple*[10]: une ultime reprise et réactualisation de *Marine* avec les interprètes l'ayant dansée nous réunit moi, Cindy Van Acker et Carole Garriga.

De 2016 à 2019, s'ouvre entre nous un nouveau dialogue, à l'occasion d'une recherche que je mène avec Yvane Chapuis et Julie Perrin à La Manufacture – Haute école des arts de la scène de Suisse romande à Lausanne, aboutissant à l'ouvrage *Composer en danse, un vocabulaire des opérations et des pratiques*[11]. Notre budget nous permet d'interroger dix chorégraphes et, immédiatement, je pense à Cindy. Commence alors un temps d'écoute de ses processus et enjeux chorégraphiques : silence du mouvement, décoordination, gel de l'image, principe de rotation du groupe, crescendos et decrescendos soudains, césures inattendues, répétitions insistantes de certains éléments constitutifs d'une boucle pour affirmer un dysfonctionnement, fractionnement d'une boucle pour la redistribuer à l'échelle du groupe. Je découvre avec ravissement la cohérence des opérations mathématiques qui cernent ce que Cindy nomme magnifiquement « une puissance corporelle qui s'exprime froidement ».

Décembre 2022, j'envoie un message à Cindy car je danse à Neuchâtel, elle me répond que son agenda ne lui permet pas de venir et m'apprend qu'Asta est championne de boxe. Cette nouvelle me plonge avec délice dans la plénitude des moments passés ensemble : Asta et Kasper choisissant des glaces à Rome, les cheveux ébouriffés de Cindy au sortir des représentations, le rouge qui lui monte aux joues lorsqu'elle danse et sa petite fille qui la mange des yeux. Et il me suffit de convoquer tous ces souvenirs pour que jaillisse en moi la joie profonde de tous nos accomplissements.

10 Création les 17 et 18 avril 2014, La Panacée MO.CO., Montpellier et IETM Montpellier Languedoc-Roussillon. Plus d'informations et vidéo: https://www.myriam-gourfink.com/triple/ (consulté le 6 novembre 2023).

11 Yvane Chapuis, Myriam Gourfink, Julie Perrin (dir.), *Composer en danse, un vocabulaire des opérations et des pratiques*, Dijon: Les presses du réel, collection «Nouvelles Scènes / La Manufacture», 2020.

Anne Davier

Vitalités créatives

Pourquoi investir cet espace qu'on appelle « la scène », et pour y défendre quoi ? Une question insistante dans le parcours genevois de Cindy Van Acker[1]. Quand elle quitte le Ballet du Grand Théâtre de Genève en 1993, elle prend un virage émancipatoire – portée alors par une résistance au système, à la séduction, au « beau mouvement » et à tout ce qui rend conventionnellement le spectacle chorégraphique « désirable » et la danseuse ou le danseur « vendable ». Elle traverse quelques expériences dans le champ de la danse contemporaine en tant que danseuse et trouve surtout des affinités avec l'univers rigoureux et poétique de Laura Tanner[2]. Ses premières incitations créatives naissent dans le milieu squat genevois et plus précisément à Rhino, auquel l'introduit le performer Yann Marussich[3]. La scène artistique alternative y est foisonnante : des musiciennes et musiciens expérimentaux convergent à la Cave 12, où Cindy Van Acker rencontre les musiques improvisées et électroniques. Elle découvre aussi l'activité du Théâtre de l'Usine et l'ADC-Studio[4], un contexte qui l'encourage à concevoir ses premières performances. La première création, cosignée avec Jennifer Nelson (danseuse au Ballet du Grand Théâtre), est présentée en 1993 dans le cadre des *Scènes libres* de l'ADC-Studio, tout comme le solo *Quotidien démuni* en 1996, suivi par *Subver-cité*, programmé en 1998 au Théâtre de l'Usine[5].

S'il fallait indiquer un moment « déclic » du point de vue de la spectatrice de danse que j'étais alors, je mentionnerais *Marine*, solo chorégraphié en 2001 par Myriam Gourfink pour Cindy Van Acker[6]. Pendant une trentaine de minutes, accompagnée en *live* par le musicien électronique Kasper T. Toeplitz, elle déploie un mouvement lent et continu. Je vois alors une danseuse qui, avec son corps, me signifie comment le mouvement peut *densifier et intensifier le moment présent*. Mon regard est engagé, il remet en cause un

1 Question posée en tout temps par les artistes comme par les programmateur·trices. À ce sujet, voir le *Journal de l'ADC* n° 83 (septembre-décembre 2023) qui, dans son dossier «Touxtes en scène», développe cette question notamment dans les articles écrits à plusieurs mains «Être programmé·ex aujourd'hui» et «Programmer aujourd'hui, qui, comment, pourquoi?»: https://pavillon-adc.ch/journal/ (consulté le 27 octobre 2023).

2 À l'égard de Laura Tanner et de sa compagnie, nous renvoyons à son site web: http://www.cieltanner.ch/ (consulté le 27 octobre 2023).

3 Plus d'informations sur Yann Marussich disponibles sur son site web: https://yannmarussich.ch/home.php (consulté le 27 octobre 2023).

4 ADC – Association pour la danse contemporaine, Genève: https://pavillon-adc.ch/ladc-cest-2/ et le web-documentaire: https://danse.retrorama.ch/1993-ladc-studio (sites consultés le 27 octobre 2023).

5 Concernant ces premières performances et, en général, les débuts genevois de l'artiste, nous renvoyons à l'entretien de Cindy Van Acker et Michèle Pralong dans le présent volume de *MIMOS*, pp.53–58, ainsi qu'à l'ouvrage de Anne Davier et Annie Suquet, *La Danse contemporaine en Suisse. 1960–2010, les débuts d'une histoire*, Genève: Zoé, 2016, pp.262–268.

6 *Marine* a été créé dans le cadre du projet *8/8* pour le Festival de La Bâtie à Genève en 2001. Sur une initiative de Claude Ratzé, alors directeur de l'ADC et programmateur Danse de La Bâtie, huit danseur·euses ont sollicité chacun·e un solo à un·e chorégraphe de leur choix. Cindy Van Acker choisit Myriam Gourfink, l'une des chorégraphes les plus singulières et radicales de la scène française de la fin des années 1990: chez elle, la chorégraphie se porte sur l'écoute intérieure du mouvement qui prend forme à travers un infime, très lent et continu jeu de tensions et de contre-tensions. Au sujet de *Marine* et de l'intense collaboration entre Cindy Van Acker et Myriam Gourfink, nous renvoyons aussi au témoignage de cette dernière pour *MIMOS*, pp.93–99.

F

certain idéal du corps, de l'espace, du dispositif, du spectaculaire. Une année plus tard, à l'ADC où je travaillais déjà à l'époque, la chorégraphe pose les fondements de sa Compagnie Greffe avec *Corps 00:00*[7], solo qui lui ouvre les scènes internationales.

Plusieurs soli et pièces de groupe de Cindy Van Acker se sont succédés pendant deux décennies. Des créations marquées par une soif d'approches pluridisciplinaires (corps, son, espace, lumière, peinture, architecture, installation, littérature), de longues complicités artistiques – parfois soutenues dans le temps, d'autres fois plus sporadiques, souvent enracinées dans les débuts. Le compositeur sonore Denis Rollet, la cinéaste Orsola Valenti, le plasticien Victor Roy et la dramaturge Michèle Pralong, ou encore le musicien électronique finlandais Mika Vainio et le metteur en scène italien Romeo Castellucci sont quelques-unes des figures qui soutiennent son travail au long cours[8].

À partir de 2010, la chorégraphe répond à des commandes de pièces pour des grands groupes[9], travaille le mouvement au cœur des mises en scène d'opéras signées par Romeo Castellucci[10], crée pour les interprètes de sa compagnie des pièces saisissantes : *Diffraction* (2011), *Zaoum* (2016), *Speechless Voices* (2018)[11]... Deux générations de danseur·euses accompagnent le parcours de Cindy Van Acker, dont bon nombre issu·es du Ballet Junior de

Genève et du Ballet du Grand Théâtre de Genève. Les collaborateur·trices et interprètes de sa Compagnie Greffe se retrouvent principalement à L'Impasse, vaste studio de danse situé en plein cœur de la Ville. Greffe y ouvre depuis une dizaine d'années ses entraînements quotidiens aux danseur·euses professionnel·les comme aux personnes ayant une pratique corporelle suivie. Par le biais des cours et workshops mis en place à L'Impasse, donnés par un noyau de danseur·euses actif·ves sur Genève et alentours ou par des pédagogues invité·es, s'instaure une énergisation du milieu à Genève.

7 Création le 1er octobre 2002, ADC Genève. Pour plus d'informations et images, voir le site web de la Cie Greffe : https://www.ciegreffe.org/corps-0000 (consulté le 27 octobre 2023).

8 À cet égard, nous renvoyons en particulier au dialogue de Cindy Van Acker et Michèle Pralong dans le présent ouvrage (pp.53–62), ainsi qu'à l'entretien mené par Thierry Sartoretti avec Denis Rollet, Victor Roy, Luc Gendroz et Samuel Pajand (pp.205–216).

9 Pour les 22 danseur·euses du Ballet Junior de Genève, elle crée *Magnitude* (2013) ; sur la plage d'Ostende, en Belgique, elle crée *Anechoic* avec 53 danseur·euses de P.A.R.T.S (2014) – pièce reprise en 2015 par des élèves du Ballet Junior, du CFC danse à Genève et du Marchepied Lausanne sur les berges de Vessy à Genève (programmation ADC). Par la suite, elle crée deux pièces pour des corps de ballet institutionnels : *Elementen I – Room* pour le Ballet de Lorraine (2016), puis *Elementen III – Blazing Wreck* pour le Ballet du Grand Théâtre de Genève (2017). Plus d'informations, images et vidéos de toutes ces créations disponibles sur le site web de Cindy Van Acker : https://www.ciegreffe.org/repertoire (consulté le 27 octobre 2023).

10 Voir l'entretien de Paola Gilardi avec Romeo Castellucci dans le présent ouvrage, pp.245–256.

11 Pour plus d'informations, images et vidéos des productions mentionnées, voir le site web de Cindy Van Acker : https://www.ciegreffe.org/repertoire (consulté le 27 octobre 2023).

L'ADC a porté et suivi de près le développement de nombre de chorégraphes de la région, et vice-versa : les chorégraphes ont permis et permettent à l'ADC de s'épanouir. La connivence avec Cindy Van Acker a commencé au début des années 2000 et s'est poursuivie depuis. En prenant la direction de l'ADC en 2017, je lui adresse la proposition d'y être artiste associée. S'associer à Cindy Van Acker et la placer au cœur de l'ADC, c'est prendre acte du développement de la danse à Genève, changer de point de vue sur les projets en cours ou à venir, accueillir une nouvelle pensée créative, tisser des liens entre la structure et le milieu professionnel, entre les démarches des artistes créateur·trices et le public. Pour Cindy Van Acker, c'est une reconnaissance de son travail, une dynamisation dans son parcours d'artiste, une manière de s'investir autrement dans le milieu culturel genevois et une forme d'institutionnalisation.

Pour l'ADC, Cindy Van Acker pourrait être une pensée, un cœur créatif. Pour Cindy Van Acker, l'ADC pourrait être un outil, une maison. Elle prend le temps de la réflexion, on se voit pour en parler, elle accepte. Quand nous commençons, je ne sais pas encore précisément comment les mots « artiste associée » se concrétiseront dans le travail de tous les jours, mais je pressens que cette association offrira la possibilité de part et d'autre de se recentrer sur *quelque chose* de fondamental (que nous aurions peut-être perdu/oublié en route ?). Au début, on tâtonne. Petit à petit, ce *quelque chose* qui tout compte fait nous associe l'une à l'autre apparaît. Cindy a cherché les mots pour l'illustrer : « C'est comme un végétal qui fraie son chemin là où il y a de la place, de la lumière, de l'eau. On ne peut pas prévoir comment ça évolue. C'est ça qui est fort : l'adaptation sur mesure et au fur et à mesure. »[12] Les doutes, les moments troubles, les états de latence ont permis d'aller fouiller « en soi », afin de faire surgir des possibilités artistiques susceptibles d'irriguer sa vitalité créative. Par exemple, quand la chorégraphe a eu besoin de se ressourcer, après l'*Occupation* en 2022, elle a eu la possibilité de mettre en place *Espèces sonores* (*ndlr* : voir plus loin). « Tout se fait organiquement, naturellement, parce qu'il y a la capacité et la possibilité d'observer une situation, d'ouvrir une nouvelle porte, de se poser ensemble la question : *Et si…* ? puis d'y aller. »[13]

12 Ces propos sont tirés d'un échange de l'auteure avec Cindy Van Acker réalisé fin octobre 2023.

13 *Ibidem.*

En février 2022, Cindy Van Acker et sa compagnie sont invitées à mettre en place une *Occupation* de trois semaines au Pavillon ADC[14]. Pour rappel, en mars 2020, il y a eu coup sur coup l'isolement imposé par la pandémie, l'emménagement de l'ADC place Sturm dans le tout nouveau Pavillon, et sa fermeture au public faute à la crise. Ces mois particuliers et assez solitaires ont laissé du temps à la formulation plus précise des moteurs d'une *Occupation* avec Cindy Van Acker. Si les réflexions autour d'une décélération infusaient depuis plusieurs années déjà, ces questions ont en quelque sorte explosé lors du covid, un moment propice pour repenser fondamentalement les valeurs du travail artistique. Aussi ai-je proposé à Cindy d'occuper le Pavillon pendant trois semaines, dans l'idée d'investir les lieux lentement, en compagnie d'artistes de son choix : « Quelque chose comme un grand atelier de la Compagnie Greffe, sans visée de création *ex-nihilo*, mais plutôt avec l'idée de laisser surgir ce qui est contenu dans des matériaux existants. »[15] Composer avec, rendre visible l'invisible des travaux passés, reprendre des chemins parcourus et les relier ailleurs, les transformer, les valoriser aussi, dans le temps et dans l'espace.

Cindy Van Acker a ainsi invité vingt-quatre collaborateur·trices[16] à revisiter l'existant, en extraire ce qui faisait sens et le partager. La première invitation ouverte au public a pris la forme d'une expérience intense et de longue durée : l'intégrale des *Shadowpieces*[17], dix solis pour dix interprètes créés entre 2018 et 2020. À partir des *Shadowpieces*, la compagnie a fouillé l'innombrable matière contenue dans chacun des soli et remonté le temps jusqu'au solo fondateur, *Corps 00:00*. Un second rendez-vous a rassemblé le public autour de la projection des films *6/6*[18] d'Orsola Valenti, qui sont une interprétation cinématographique de six soli créés par Cindy Van Acker entre 2008 et 2009. La dernière semaine de l'*Occupation* a été dédiée à la matière que la Compagnie Greffe commençait alors à explorer avec le musicien Stephen O'Malley. L'état

14 L'*Occupation* est un format mis en place en 2018 au Pavillon ADC et qui procède d'un désir de poser d'autres gestes et de considérer le bâtiment comme un espace permettant d'avoir un impact plus concret sur le contexte culturel et artistique alentour. Entre 2018 et 2023, il y a eu quatre *Occupations* d'artistes/compagnies au Pavillon.

15 Ces mots, extraits d'un dossier de presse de la Compagnie Greffe pour présenter son *Occupation*, sont ceux de Michèle Pralong.

16 Les danseur·euses Daniela Zaghini, Anna Massoni, Yuta Ishikawa, Maya Masse, Stéphanie Bayle, Lisa Laurent, Paul Girard, Philippe Renard, Aurélien Dougé, Matthieu Chayrigues, Sonia Garcia, Laure Lescoffy ; la chorégraphe Maud Blandel ; les artistes sonores Stephen O'Malley, Kali Malone, l'ensemble Eklekto, Gautier Teuscher, Denis Rollet, Louis Schild ; le plasticien Victor Roy ; la cinéaste Orsola Valenti ; la dramaturge Michèle Pralong ; les administrateur·trices Cindy Janiaud et Olivier Stora.

17 Pour plus d'informations, images et vidéos, voir le site web de la Cie Greffe : https://www.ciegreffe.org/shadowpieces (consulté le 27 octobre 2023).

18 Entre 2008 et 2009, Cindy Van Acker a créé six pièces pour six interprètes : *Obvie* (Tamara Bacci), *Lanx* (Cindy Van Acker), *Antre* (Rudi van der Merwe), *Nodal* (Luca Nava), *Nixe* (Perrine Valli), *Obtus* (Marthe Krummenacher). Et en 2014, Orsola Valenti « a revisité et interprété chaque chorégraphie, pénétré au cœur de chaque pièce pour en extraire l'essence propre sous une forme métamorphosée par l'approche filmique. » Cf. le site web de la Cie Greffe : https://www.ciegreffe.org/6-6 (consulté le 27 octobre 2023).

de cette recherche a été partagé avec le public : O'Malley, Kali Malone et Eklekto ont joué en *live* et ce qu'ont fait les danseur·euses a été qualifié par Cindy Van Acker d'« expérimentation dansée ». Il y a également eu un rendez-vous public, durant lequel Cindy Van Acker et les interprètes ont proposé de traverser diverses matières sonores, textuelles ou picturales issues des *Shadowpieces*, ainsi qu'une performance sonore réalisée à partir des sons du théâtre – récoltés, transformés et traités par Gautier Teuscher pendant l'*Occupation*.

On trouve de nombreux gestes de transformation ou de traduction des œuvres chorégraphiques de Cindy Van Acker dans l'histoire de la Compagnie Greffe[19]: « Il s'agit de faire, à partir de la danse, autre chose que de la danse. »[20] Le geste de traduction ou de passage d'un médium à un autre habite complètement son travail. Avec le projet d'*Occupation*, ce geste a pris le temps de la fouille, est redevenu très exploratoire et s'est posé comme le cœur actif d'une recherche de transformation organique que la Compagnie Greffe mène depuis plus de vingt ans.

Post-*Occupation*, Cindy Van Acker a constaté qu'elle avait opéré une « sortie de route ». Dès lors, impossible pour elle de reprendre comme avant. Paradoxalement, alors que cette *Occupation* devait aussi permettre d'esquisser une prochaine création d'envergure cosignée avec Stephen O'Malley, elle a conduit Cindy à y renoncer : « L'*Occupation* a agi comme un antidote : il me fallait réagir pour rester recentrée. J'ai donc eu besoin de prendre une respiration. »[21] Quitter le train, sortir d'une temporalité qui projette invariablement l'artiste et sa compagnie deux, voire trois ans en avance – sur les prochaines créations, collaborations, tournées, recherches de soutiens... Pour Cindy, « se situer dans les années futures me donne la sensation d'être étouffée là où je suis, au présent. Je dois maintenir une certaine résistance au quotidien afin de pouvoir fonctionner dans le système. Sinon, je risque de perdre pied. »

Pendant et après *Occupation*, Cindy a testé d'autres échanges et possibles artistiques – dont deux projets marginaux : les pratiques corporelles matinales et les *Espèces sonores*. C'est pendant l'*Occupation* que la première pratique corporelle a eu lieu : il était alors important pour Cindy et le Pavillon ADC de mettre en place un échange sensible sur le seuil même du bâtiment

19 Telle que la grande exposition *Score Conductor*, réalisée au Commun en 2012, qui voyait des partitions de mouvement se concrétiser en tricot, lumière cinétique, sculptures, installations... Pour plus d'informations et images, voir le site de la Cie Greffe : https://www.ciegreffe.org/score-conductor (consulté le 27 octobre 2023).

20 *Cf. supra*, note 15.

21 Pour cette citation et toutes les suivantes : *cf. supra*, note 12.

(qui se trouve être sur une place passante), de créer des brèches entre dehors/dedans, artiste/public, amateur·trice/professionnel·le, d'embrayer la journée collectivement. Depuis, cinq à six semaines de pratiques corporelles ouvertes à toutes et tous sont posées sur la saison en fonction de l'agenda de Cindy. Quant aux *Espèces sonores*, elles sont arrivées après l'*Occupation*, dans un petit trou de l'agenda du Pavillon comme de celui de la Compagnie Greffe. Cindy en a profité pour expérimenter une autre relation avec le public sous la forme d'un salon d'écoute. Alors qu'une création se conçoit des mois à l'avance, donne lieu à un spectacle d'une heure ou deux suivi par quelques minutes d'applaudissements, *Espèces sonores* met en équilibre le temps investi et l'échange avec le public. Il s'agit chaque fois pour Cindy de prendre l'espace là où il est, tel que le spectacle précédent l'a laissé (espace nu, tri-frontal, à l'allemande…), s'y poser dans un rapport de proximité avec le public en tant que passeuse de sons, faire des recherches sur les musiques, de trouver des liens avec des films, des pièces, des peintures, et composer une sorte de dramaturgie pour la soirée permettant de partager les motifs de ses choix. « J'ai pu me remettre en bouche ce que j'avais goûté et aimé dans le milieu alternatif : la recherche de faire autrement, ensemble. »

Dans la même veine, la nuit des *Shadowpieces* : s'embarquer avec le public jusque tard dans la nuit dans une proposition radicale comprenant dix soli implique de penser la dramaturgie de la soirée, prendre soin et se nourrir. « Avec les interprètes des soli, nous avons préparé toute la journée une immense *minestrone*, brassée par Louis Schild dans son chaudron, sur le parvis du Pavillon. C'est tout ce que j'aime : faire à manger, accueillir, partager. »

Dans chacune de ces démarches récentes – un repas qui s'insère entre les soli, des pratiques matinales sur le parvis du Pavillon, des soirées *Espèces sonores* –, il y a une réappropriation par Cindy Van Acker de ses moyens de visibilités en dehors du cadre habituel. Une requalification de son rapport à l'institution, dans une nouvelle relation tissée avec le monde extérieur, avec le quotidien et avec un paysage social, culturel, urbain et régional, qui devient matière à expérimentation. Le geste créatif, lui, se concentre sur le contexte mis en place. Le dispositif est sa matrice.

Anne Davier

Schöpferische Vitalität

D

Wozu diesen Raum, die Bühne, betreten? Und was soll man dort verteidigen? Eine drängende Frage, die Cindy Van Acker in ihrem mit Genf verknüpften Werdegang umtreibt.[1] 1993 verlässt sie das Ballett des Grand Théâtre de Genève und wagt eine emanzipatorische Neuorientierung – damals angetrieben durch einen Widerstand gegen das System, gegen die Verführung, gegen die «anmutige Bewegung» und gegen alles, was eine Tanzaufführung konventionell «begehrenswert» und die Tänzerin, den Tänzer «markttauglich» macht. Im Bereich des zeitgenössischen Tanzes sammelt sie Erfahrungen als Tänzerin und entdeckt dabei vor allem Affinitäten zu dem gleichermassen strengen und poetischen Universum von Laura Tanner[2]. In der Genfer Hausbesetzerszene, genauer beim legendären «Squat» Rhino, wo sie der Performer Yann Marussich[3] einführt, wird sie erstmals zu eigenem kreativen Schaffen angespornt. Dort blüht die alternative Kunstszene geradezu: experimentelle Musiker:innen kommen jeweils in der Cave 12 zusammen, wo Cindy Van Acker der Improvisations- und der elektronischen Musik begegnet. Sie entdeckt ebenfalls das Programm des Théâtre de l'Usine und des ADC-Studios[4], und in dieser Umgebung fühlt sie sich bekräftigt, erste eigene Performances zu entwerfen. Ihr erstes Werk entsteht gemeinsam mit Jennifer Nelson, einer Tänzerin im Ballett des Grand Théâtre, und wird 1993 im Rahmen der *Scènes libres* des ADC-Studios aufgeführt, ebenso das Solo *Quotidien démuni* 1996; und 1998 zeigt sie *Subver-cité* im Programm des Théâtre de l'Usine.[5]

Müsste ich aus meiner damaligen Perspektive als Tanz-Zuschauerin ein besonderes «Aha-Erlebnis» beschreiben, würde ich *Marine* nennen, ein Solo, das Myriam Gourfink 2001 für Cindy Van Acker choreografiert hat.[6]

1 Diese Frage haben sich die Künstler:innen und Programmgestalter:innen immer wieder gestellt. Siehe dazu das durch die ADC (Association pour la danse contemporaine Genève) herausgegebene *Journal* Nr. 83 (September-Dezember 2023) und dessen Dossier «Touxtes en scène» («Alle auf die Bühne»), wo diese Frage insbesondere in den mehrhändig verfassten Beiträgen «Être programmé·ex aujourd'hui» («In ein Programm aufgenommen zu werden heute») und «Programmer aujourd'hui, qui, comment, pourquoi ?» («Programm-Gestaltung heute: Wen einladen, wie und warum?»): https://pavillon-adc.ch/journal/ (letzter Zugriff am 27 Oktober 2023).

2 Zu Laura Tanner und ihrer Tanzgruppe siehe: http://www.cieltanner.ch/ (letzter Zugriff am 27. Oktober 2023).

3 Informationen zu Yann Marussich finden sich auf seiner Webseite: https://yannmarussich.ch/home.php (letzter Zugriff am 27. Oktober 2023).

4 ADC – Association pour la danse contemporaine Genève (Verband für den zeitgenössischen Tanz, Genf): https://pavillon-adc.ch/ladc-cest-2/; dazu siehe auch den Web-Dokumentarfilm: https://danse.retrorama.ch/1993-ladc-studio (letzter Zugriff am 27. Oktober 2023).

5 Zu den ersten Eigenkreationen der Künstlerin und generell zu ihren Anfängen in Genf verweisen wir auf das Gespräch von Cindy Van Acker mit Michèle Pralong in diesem *MIMOS*-Band, S. 63–68, sowie auf die Studie von Anne Davier und Annie Suquet, *La Danse contemporaine en Suisse. 1960–2010, les débuts d'une histoire*, Genève: Zoé, 2016, S. 262–268. (Deutschsprachige Fassung: Dies., *Zeitgenössischer Tanz in der Schweiz, 1960–2010. Zu den Anfängen einer Geschichte*. Aus dem Französischen übersetzt von Julia Wehren. Zürich: Chronos 2021 [Theatrum Helveticum, Bd. 21]).

6 *Marine* entstand 2001 im Rahmen des Projekts *8/8* für das Festival de La Bâtie in Genf. Auf Initiative von Claude Ratzé, damals ADC-Leiter und zuständig für das Tanz-Programm von La Bâtie, gaben acht Tänzer:innen je ein Solostück bei einem Choreografen bzw. einer

Dort entfaltet sie, live vom Elektromusiker Kasper T. Toeplitz begleitet, rund dreissig Minuten lang eine langsame und kontinuierliche Bewegung. Vor meinen Augen veranschaulicht mir eine Tänzerin mit ihrem Körper, wie Bewegung *den gegenwärtigen Moment verdichten und intensivieren kann*. Mein Blick folgt gebannt und ich hinterfrage dabei, wie ein Körper, ein Bühnenraum, das Setting eines Tanzstücks, eine Aufführung nach gängiger Idealvorstellung beschaffen sein sollten. Ein Jahr später legt Cindy Van Acker bei der ADC, wo ich damals bereits arbeitete, mit *Corps 00:00*[7] den Grundstein für ihre Compagnie Greffe: Dieses Solo bahnt ihr den Weg auf die internationalen Bühnen.

Während zweier Jahrzehnte kreiert Cindy Van Acker mehrere Soli und Gruppenstücke in kurzer Abfolge. Diese Produktionen sind geprägt von einem Drang nach spartenübergreifenden Ansätzen (dem Wunsch, Körper, Klang, Raum, Licht, Malerei, Architektur, Installation, Literatur miteinander zu verweben). Eine wesentliche Rolle spielen dabei auch langjährige Komplizenschaften, die ungebrochen bis heute anhalten oder eher sporadischer Natur sind und oft bis in die ersten Anfänge zurückreichen. So gehören beispielsweise der Klangkünstler Denis Rollet, die Filmemacherin Orsola Valenti, der Bühnenbildner und Lichtdesigner Victor Roy, die Dramaturgin Michèle Pralong und auch der finnische Elektronikmusiker Mika Vainio sowie der italienische Theatermacher Romeo Castellucci zu den langjährigen Weggefährt:innen Cindy Van Ackers.[8]

Von 2010 an realisiert die Choreografin Auftragsstücke für grosse Ensembles.[9] Bei zahlreichen Operninszenierungen von Romeo Castellucci[10] gestaltet sie die Choreografien, und für die Darsteller:innen ihrer Compagnie

Choreografin ihrer Wahl in Auftrag. Cindy Van Acker wählte dafür Myriam Gourfink aus, eine der eigenwilligsten und radikalsten Choreograf:innen in der französischen Tanzszene der späten 1990er Jahre. Ihre choreografischen Arbeiten sind auf das innere Hören der Bewegung ausgerichtet, die über ein fast unmerkliches, langsames und stetiges Wechselspiel von Spannungen und Gegenspannungen Form annimmt. Zu *Marine* und zur intensiven Zusammenarbeit von Cindy Van Acker und Myriam Gourfink verweisen wir auch auf Gourfinks Beitrag für *MIMOS*, S. 93–99.

7 Uraufführung am 1. Oktober 2002, ADC, Genf. Weitere Informationen und Abbildungen sind auf der Webseite der Compagnie Greffe verfügbar: https://www.ciegreffe.org/corps-0000 (letzter Zugriff am 27. Oktober 2023).

8 In diesem Zusammenhang verweisen wir insbesondere auf das Gespräch zwischen Cindy Van Acker und Michèle Pralong in diesem *MIMOS*-Band (S. 63–72) sowie auf das Interview von Thierry Sartoretti mit Denis Rollet, Victor Roy, Luc Gendroz und Samuel Pajand, S. 205–216.

9 Für die 22 Tänzer:innen des Ballett Junior de Genève choreografierte Cindy Van Acker *Magnitude* (2013); am Strand von Ostende, in Belgien, kreierte sie *Anechoic* mit 53 Tänzer:innen von P.A.R.T.S (2014) – im Rahmen des Programms von ADC wurde das Stück 2015 von Studierenden des Ballett Junior, des CFC danse in Genf und des Marchepied Lausanne an den Ufern von Vessy in Genf wiederaufgenommen. Kurz darauf entwarf Cindy Van Acker zwei Stücke für institutionelle Ballettcompagnien: *Elementen I – Room* für das Ballett de Lorraine (2016) und *Elementen III – Blazing Wreck* für das Ballett du Grand Théâtre de Genève (2017). Weitere Informationen, Fotos und Videos zu allen erwähnten Kreationen finden sich auf der Website von Cindy Van Acker: https://www.ciegreffe.org/repertoire (letzter Zugriff am 27. Oktober 2023).

10 Siehe dazu das Gespräch von Paola Gilardi mit Romeo Castellucci in diesem *MIMOS*-Band, S. 269–280.

kreiert sie atemberaubende Stücke: *Diffraction* (2011), *Zaoum* (2016), *Speechless Voices* (2018)[11]... Zwei Generationen von Tänzer:innen begleiten Cindy Van Ackers künstlerische Laufbahn, ein Grossteil von ihnen stammt aus dem Ballett Junior de Genève und dem Ballett des Grand Théâtre de Genève. L'Impasse, ein grossräumiges Tanzstudio mitten im Stadtzentrum von Genf, wird zum bevorzugten Treffpunkt für die Mitarbeitenden und Darstellenden ihrer Compagnie Greffe. Seit mehr als zehn Jahren öffnet Greffe dort ihre täglichen Trainings sowohl Berufstänzer:innen wie auch allen, die ein regelmässiges Körpertraining betreiben wollen. L'Impasse bietet Kurse und Workshops an, die eine Kerngruppe von in Genf und Umgebung tätigen Tänzer:innen oder auch eingeladene Pädagog:innen durchführt, wodurch die ganze Genfer Szene eine willkommene Neubelebung erfährt.

Verwandlungsgesten

Die ADC hat die Entwicklung zahlreicher Choreograf:innen der Region verfolgt und mitgetragen, und auch das Umgekehrte trifft zu: Dank den Choreograf:innen konnte sich die ADC entfalten. Die einmütige Zusammenarbeit mit Cindy Van Acker beginnt Anfang der 2000er Jahre und hält bis heute an. Blicken wir zurück: Als ich 2017 die Leitung der ADC übernehme, schlage ich ihr vor, «assoziierte Künstlerin» zu werden. Sich mit Cindy Van Acker zusammenzuschliessen und sie in der ADC eine zentrale Stellung einnehmen zu lassen würde bedeuten, der Entwicklung des Tanzes in Genf Rechnung zu tragen und die eigene Sichtweise auf laufende und künftige Projekte zu verändern, für ein neues kreatives Denken empfänglich zu sein, Verbindungen zwischen unserer kultureller Einrichtung und dem professionellen Tanzmilieu sowie zwischen den Kunstschaffenden und dem Publikum zu knüpfen. Andererseits könnte diese Kooperation mit der ADC für Cindy Van Acker eine Anerkennung ihrer Arbeit, eine Dynamisierung und eine gewisse Institutionalisierung ihrer künstlerischen Laufbahn sowie eine Möglichkeit bedeuten, sich auf neue Weise ins Genfer Kulturleben einzubringen. So könnte Cindy Van Acker für die ADC wichtige Denkanstösse geben, ein kreatives Herz sein. Und für Cindy Van Acker könnte die ADC wiederum ein nützliches Instrument und ein Zuhause sein.

Cindy Van Acker nimmt sich Zeit, um über meinen Vorschlag nachzudenken, wir treffen uns und sprechen darüber. Und sie sagt zu.

11 Weitere Informationen, Abbildungen und Videos zu diesen Produktionen finden sich auf Cindy Van Ackers Webseite: https://www.ciegreffe.org/repertoire (letzter Zugriff am 27. Oktober 2023).

Zu Beginn weiss ich noch nicht genau, wie sich das, was ich mit dem Begriff «assoziierte Künstlerin» bezeichnet habe, in der alltäglichen Arbeit konkretisieren wird. Ich ahne jedoch bereits, dass diese Kooperation es beiden Seiten erlauben würde, sich auf *etwas* Grundsätzliches zurückzubesinnen (was uns vielleicht im Laufe der Jahre abhandengekommen war?). Nach einem anfänglichen, vorsichtigen Abtasten tritt nach und nach dieses *gewisse Etwas* ans Licht, das uns eigentlich schon immer miteinander verbunden hat. Cindy hat versucht, es in eigenen Worten zu veranschaulichen: «Es ist wie ein Pflänzchen, das sich seinen Weg dort bahnt, wo es genug Platz, Licht und Wasser findet. Man kann nicht voraussehen, wie es sich entwickeln wird. Und die Kraft dieser Pflanze liegt genau in ihrer perfekten schrittweisen Anpassungsfähigkeit.»[12] Zweifel, dunkle Momente, Latenzzustände haben die Künstlerin dazu gebracht, tief in sich zu «graben». Diese Introspektion hat künstlerische Möglichkeiten ans Licht gebracht, welche ihre schöpferische Vitalität nährt. Als die Choreografin beispielsweise 2022 nach dem *Occupations*-Projekt neue Energie tanken muss, erhält sie die Möglichkeit, die *Espèces sonores* einzurichten (Anm. d. Red.: mehr dazu siehe weiter unten). «Alles geschieht auf organische, natürliche Weise, weil die Fähigkeit und auch die Möglichkeit vorhanden sind, eine Situation zu beobachten, eine neue Türe zu öffnen, sich gemeinsam die Frage *Was, wenn?* zu stellen und dann loszulegen.»[13]

Im Februar 2022 werden Cindy Van Acker und ihre Compagnie Greffe eingeladen, im Pavillon ADC eine dreiwöchige *Occupation* einzurichten.[14] Zur Erinnerung: Im März 2020 folgen, Schlag auf Schlag, der pandemiebedingte Lockdown, der Umzug der ADC in den neuerrichteten Pavillon an der Place Sturm und dessen erneute Schliessung für das Publikum infolge der Covid-Krise. Diese besonderen und ziemlich einsamen Monate haben uns ausreichend Zeit gelassen, um mit Cindy Van Acker das Konzept für diese *Occupation* im Detail zu erarbeiten. Überlegungen und Fragen zur Entschleunigung waren zwar schon seit Jahren in der Luft, aber sie explodierten förmlich während Corona: Es war der günstige Moment, um die Werte der künstlerischen Arbeit von Grund auf zu überdenken. Unter anderem habe ich Cindy vorgeschlagen, den ADC-Pavillon drei Wochen lang zu «besetzen», aus der Überlegung heraus, sich die neuen Räumlichkeiten langsam und in Begleitung von Künstler:innen ihrer Wahl anzueignen: «So etwas

12 Diese Worte stammen aus einem Gespräch der Autorin mit Cindy Van Acker, das Ende Oktober 2023 stattfand.

13 Ebd.

14 *Occupation* ist ein Format, das 2018 im Pavillon ADC ins Leben gerufen wurde. Es entspringt dem Wunsch, diesen Raum mit Aktionen zu bespielen, die es ermöglichen, eine konkretere Auswirkung auf den umliegenden kulturellen und künstlerischen Kontext zu haben. Zwischen 2018 und 2023 gab es vier solche *Occupations* mit Künstlerinnen und Künstlern bzw. Tanzcompagnien im Pavillon.

D

wie eine grosse Werkstatt der Compagnie Greffe, ohne das Erschaffen einer neuen Produktion *aus dem Nichts* anzustreben, sondern eher mit der Absicht, das hervorbrechen zu lassen, was in bereits vorhandenen Materialien drinsteckt.»[15] Die Grundidee war also, die früheren Arbeiten neu zusammenzusetzen, unsichtbare Aspekte sichtbar zu machen, bereits gegangene Wege neu aufzunehmen und zu verknüpfen, sie zu verwandeln und aufzuwerten, in Zeit und Raum.

Cindy Van Acker hat vierundzwanzig Mitarbeiter:innen dazu eingeladen[16], das Bestehende zu überdenken, was Sinn ergibt zu extrahieren und die eigenen Reflexionen zu teilen. Die erste öffentliche Einladung nahm die Form einer anspruchsvollen und zeitintensiven Erfahrung an: die Aufführung der gesamten *Shadowpieces*[17], zehn Soli für zehn Darsteller:innen, geschaffen zwischen 2018 und 2020. Von den *Shadowpieces* ausgehend, hat die Compagnie die unzähligen Stoffe, aus denen jedes der Soli besteht, durchforstet und die Zeit bis zum Gründungssolo *Corps 00:00* zurückgedreht. Als Zweites versammelte sich das Publikum zur Vorführung der Filmarbeit *6/6*[18] von Orsola Valenti, einer kinematografischen Interpretation von sechs Soli, die Cindy Van Acker zwischen 2008 und 2009 schuf. Die letzte Woche der *Occupation* war dem Stoff gewidmet, den die Compagnie Greffe damals mit dem Musiker Stephen O'Malley zu erforschen begann. Der Stand dieser Forschungsarbeit wurde mit dem Publikum geteilt: O'Malley, Kali Malone und Eklekto spielten live, und was die Tänzer:innen machten, hat Cindy Van Acker als «getanztes Experiment» bezeichnet. Bei einer weiteren öffentlichen Veranstaltung präsentierten Cindy Van Acker und ihre Darsteller:innen einen Querschnitt durch verschiedene Klang-, Text- und Bildmaterialien aus den *Shadowpieces*; zudem gab es auch eine Klangperformance, die anhand der Klänge realisiert wurde, die Gautier Teuscher während der *Occupation* in den Räumlichkeiten des ADC-Pavillons gesammelt, überarbeitet und verwandelt hat.

15 Diese Worte hat Michèle Pralong für eine Pressemitteilung der Compagnie Greffe verfasst, in der das *Occupation*-Projekt vorgestellt wird.

16 Die Tänzer:innen Daniela Zaghini, Anna Massoni, Yuta Ishikawa, Maya Masse, Stéphanie Bayle, Lisa Laurent, Paul Girard, Philippe Renard, Aurélien Dougé, Matthieu Chayrigues, Sonia Garcia, Laure Lescoffy; die Choreografin Maud Blandel; die Klangkünstler Stephen O'Malley, Kali Malone, Eklekto, Gautier Teuscher, Denis Rollet, Louis Schild; den plastischen Künstler und Bühnenbildner Victor Roy; die Filmemacherin Orsola Valenti; die Dramaturgin Michèle Pralong; die Produktionsleiter:innen Cindy Janiaud und Olivier Stora.

17 Weitere Informationen, Abbildungen und Videos finden sich auf der Webseite der Cie Greffe: https://www.ciegreffe.org/shadowpieces (letzter Zugriff am 27. Oktober).

18 Zwischen 2008 und 2009 hat Cindy Van Acker sechs Stücke für sechs Darsteller:innen kreiert: *Obvie* (Tamara Bacci), *Lanx* (Cindy Van Acker), *Antre* (Rudi van Der Merwe), *Nodal* (Luca Nava), *Nixe* (Perrine Valli), *Obtus* (Marthe Krummenacher). Und 2014 hat Orsola Valenti «jede Choreografie überarbeitet und neu interpretiert, ist bis ins Innerste jedes Stücks vorgedrungen, um dessen Essenz in einer neuen, durch den filmischen Ansatz verwandelten Form zu wiedergeben.» Mehr dazu auf der Webseite der Cie Greffe: https://www.ciegreffe.org/6-6 (letzter Zugriff am 27. Oktober).

In der Geschichte der Compagnie Greffe finden sich zahlreiche Verwandlungsgesten oder Übertragungen von choreografischen Werken Cindy Van Ackers[19]: «Es geht darum, ausgehend vom Tanz etwas anderes zu machen als Tanz.»[20] Der Akt der Übertragung oder des Übergangs von einem Medium in ein anderes beherrscht ihre gesamte Arbeit. Im Projekt *Occupation* durfte diese Geste Zeit zum Durchforsten und minutiösen Erkunden beanspruchen und ist das Herz, die treibende Kraft eines organischen Transformationsprozesses geworden, welcher die Compagnie Greffe seit mehr als zwanzig Jahren betreibt.

In der Zeit nach *Occupation* stellte Cindy Van Acker fest, dass sie ihre gewohnten Bahnen verlassen hatte. Von da an war es unmöglich, wie vorher weiterzumachen. Diese *Occupation* war dazu vorgesehen, eine neue, grosse Kreation zusammen mit Stephen O'Malley zu entwerfen. Paradoxerweise hat dieses Projekt Cindy dazu bewogen, darauf zu verzichten: «Die *Occupation* hat wie ein Gegenmittel gewirkt: Ich musste reagieren, um zu mir selbst zurückzufinden. Ich brauchte einfach eine Verschnaufpause.»[21] Den fahrenden Zug verlassen, sich dem engen Zeitplan entziehen, der sowohl die Künstlerin wie ihre Compagnie jeweils zwei oder gar drei Jahre vorwärtsschleudert – stets auf die nächsten Produktionen, Partnerschaften, Tourneen, Finanzierungsgesuche hin… Cindy sagt dazu: «Mich stets in die kommenden Jahre katapultieren zu müssen, gibt mir das Gefühl, dort zu ersticken, wo ich zur gegenwärtigen Zeit gerade bin. Ich muss mir einen gewissen Widerstand gegen den Alltag bewahren, um im System funktionieren zu können. Sonst riskiere ich, den Boden unter den Füssen zu verlieren.»

Während und nach der dreiwöchigen *Occupation* hat Cindy weitere Austauschformen und neue künstlerische Möglichkeiten ausgelotet. Daraus sind unter anderem zwei Randprojekte entstanden: die sogenannten *Pratiques corporelles matinales* (morgendlichen Körperübungen) und die *Espèces sonores*. Das erste Körpertraining fand bereits während der *Occupation* statt: Für Cindy und den ADC-Pavillon war es damals wichtig, am Eingang des Gebäudes (dieses befindet sich nämlich an einem belebten Durchgangsort) einen direkt spürbaren Austausch anzubieten, eine Durchlässigkeit zwischen draussen und drinnen, Künstlerin und Publikum, Amateur:innen und Profis

19 So z. B. die 2012 im Le Commun realisierte grosse Ausstellung *Score Conductor*, bei der Bewegungspartituren als Strickarbeiten, kinetisches Licht, Skulpturen, Installationen sichtbar gemacht wurden… Weitere Informationen und Abbildungen finden sich auf der Webseite der Cie Greffe: https://www.ciegreffe.org/score-conductor (letzter Zugriff am 27. Oktober 2023).

20 Siehe die Fussnote 15.

21 Quellennachweis dieses Zitats und der folgenden bis zum Textende siehe die Fussnote 12.

zu schaffen, den Tag gemeinsam zu beginnen. Seither werden jede Saison, abgestimmt auf die Agenda von Cindy, fünf bis sechs Wochen für Körpertrainings angesetzt, die allen Interessierten offenstehen.

Die Idee mit den *Espèces sonores* kam hingegen nach der *Occupation*. Cindy nützte damals eine Lücke in ihrem Terminplan beim Pavillon wie auch bei der Compagnie Greffe, um Erfahrungen mit einer neuen Publikumsbeziehung in Form eines «Hörsalons» zu sammeln. Während nämlich eine Kreation für eine Aufführung von ein, zwei Stunden und einige Minuten Applaus monatelang geplant wird, bringen die *Espèces sonores* die investierte Zeit und den Austausch mit dem Publikum ins Gleichgewicht. Für Cindy geht es dabei jedes Mal darum, den Raum so zu übernehmen, wie er ist und wie er nach der letzten Vorstellung zurückblieb (leerer Raum, Arena, Guckkasten...), dort als Klangvermittlerin in einer Nähebeziehung zum Publikum aufzutreten, Recherchen zur Musik zu betreiben, Bezüge zu Filmen, Tanzstücken oder Gemälden herzustellen und eine Art Dramaturgie für die Abendveranstaltung zu komponieren und zu begründen. «Ich konnte mir das, was ich in der alternativen Szene gekostet und geliebt habe, neu in den Mund nehmen: Danach suchen, wie man es anders, gemeinsam machen kann.»

Dasselbe gilt für die Nacht der *Shadowpieces*: Sich mit dem Publikum bis

spät in die Nacht auf ein radikales Angebot aus zehn Soli einzulassen, setzt voraus, eine Dramaturgie für den ganzen Abend zu erarbeiten, sich um die anderen zu kümmern und auch für genug Nahrung zu sorgen. «Mit den Darsteller:innen der Soli haben wir den ganzen Tag über eine riesige *Minestrone* zubereitet, die Louis Schild in seinem Kessel auf dem Vorplatz des Pavillons kochte. All das liebe ich: Essen zubereiten, Leute empfangen, teilen.»

Bei allen ihrer jüngsten Vorhaben – einer Mahlzeit zwischen den Tanzsoli, den morgendlichen Körperübungen auf dem Vorplatz des Pavillons, den abendlichen *Espèces sonores* –, zeigt sich, wie sich Cindy Van Acker die spezifischen Mittel, um ihre Projekte ausserhalb des üblichen Rahmens zu präsentieren, immer wieder von Neuem aneignet. Ihr Verhältnis zur Institution konnte sich dadurch ebenfalls weiterentwickeln – in der neuen Art und Weise, wie sich Cindy Van Acker zur Aussenwelt, zum Alltag, zur gesellschaftlichen, kulturellen, urbanen und regionalen Landschaft in Beziehung setzt, die ihrerseits zu Experimentierfeldern werden. Der schöpferische Akt ist auf den Kontext, in dem er geschaffen wird, fokussiert. Das Setting ist seine Matrix.

Anne Davier

Vitalità creativa

Perché calcare la scena, e per rivendicare cosa? Questo è un interrogativo costante nel percorso ginevrino di Cindy Van Acker[1]. Quando lascia il Balletto del Grand Théâtre di Ginevra, nel 1993, la sua carriera prende una svolta emancipatoria – alimentata da una resistenza al sistema, alla seduzione, al «movimento aggraziato» e a tutto ciò che, convenzionalmente, rende uno spettacolo coreico «attraente» e una danzatrice o un danzatore «commerciabile». Ha l'opportunità di fare alcune esperienze come interprete nel campo della danza contemporanea, trovando affinità soprattutto con l'universo rigoroso e poetico di Laura Tanner[2]. I suoi primi stimoli creativi provengono dall'ambiente autogestito ginevrino, e più precisamente dallo *squat* Rhino in cui viene introdotta dal performer Yann Marussich[3]. La scena artistica alternativa è fiorente: musicisti sperimentali convergono alla Cave 12, dove Cindy Van Acker incontra la musica elettronica e improvvisata. Scopre anche l'attività del Théâtre de l'Usine e l'ADC-Studio[4], un contesto che la incoraggia a ideare le sue prime performance. Esordisce con una propria creazione nel 1993, realizzata insieme a Jennifer Nelson (membro del corpo di ballo del Grand Théâtre) nell'ambito delle *Scènes libres* dell'ADC-Studio; vi fanno seguito gli assoli *Quotidien démuni*, portato in scena nel 1996 (sempre all'ADC-Studio), e *Subver-cité*, presentato al Théâtre de l'Usine nel 1998.[5]

Se dovessi individuare il momento che ha fatto «scoccare la scintilla» dal punto di vista della spettatrice di danza che ero allora, citerei *Marine*[6], un assolo coreografato da Myriam Gourfink per Cindy Van Acker nel 2001 in cui, per una trentina di minuti, esegue un movimento lento e continuo

1 È una domanda che si pongono da sempre sia artisti e artiste che curatrici e curatori. Su questo tema si rimanda al *Journal de l'ADC*, n° 83 (settembre-dicembre 2023), il cui dossier «Touxtes en scène» [«Tutti in scena»], approfondisce la questione soprattutto nei contributi redatti a più mani «Être programmé·ex aujourd'hui» [«Essere inclusi in un programma oggi»] e «Programmer aujourd'hui, qui, comment, pourquoi?» [«Curare un programma oggi: chi invitare, come e perché?»]: https://pavillon-adc.ch/journal/ (consultato il 27 ottobre 2023).

2 Su Laura Tanner e la sua compagnia si veda il sito web: http://www.cieltanner.ch/ (consultato il 27 ottobre 2023).

3 Maggiori informazioni su Yann Marussich sono disponibili sul suo sito web: https://yannmarussich.ch/home.php (consultato il 27 ottobre 2023).

4 ADC – Associazione per la danza contemporanea, Ginevra: https://pavillon-adc.ch/ladc-cest-2/; e si veda anche il documentario online: https://danse.retrorama.ch/1993-ladc-studio (entrambi i siti consultati il 27 ottobre 2023).

5 Su queste prime performance e, in generale, sugli esordi dell'artista nella scena ginevrina, rimandiamo anche al dialogo fra Cindy Van Acker e Michèle Pralong nel presente volume di *MIMOS*, pp. 73–78, nonché al volume di Anne Davier e Annie Suquet, *La Danse contemporaine en Suisse. 1960–2010, les débuts d'une histoire*, Ginevra: Zoé, 2016, pp. 262–268.

6 *Marine* è stato creato nel 2001 nell'ambito del progetto *8/8* del Festival La Bâtie di Ginevra. Su iniziativa di Claude Ratzé, allora direttore dell'ADC e curatore del programma di danza del festival ginevrino, a otto danzatrici e danzatori è stata data l'opportunià di scegliere una coreografa o un coreografo. Cindy Van Acker si è rivolta a Myriam Gourfink, considerata una delle coreografe più singolari e radicali della scena francese degli anni Novanta. Le sue coreografie sono incentrate sull'ascolto interiore del movimento, che prende forma attraverso un'alternanza quasi impercettibile, lenta e costante di tensioni e controtensioni. Su *Marine* e l'intenso sodalizio fra Cindy Van Acker e Myriam Gourfink si veda anche il contributo di quest'ultima per *MIMOS*, pp. 93–99.

accompagnata dalla musica elettronica dal vivo di Kasper T. Toeplitz. Osservo una danzatrice che, con il suo corpo, dimostra come il movimento sia in grado di *rendere il momento presente più denso e intenso*. Guardo incantata, mettendo in discussione un determinato ideale di corpo, di spazio scenico, di dispositivo e di spettacolo. L'anno seguente – all'ADC, dove lavoravo già a quel tempo – la coreografa pone le fondamenta della sua Compagnia Greffe con *Corps 00:00*[7], l'assolo che le aprirà la strada delle scene internazionali.

Nell'arco di un ventennio, Cindy Van Acker crea numerosi assoli e pièce di gruppo in rapida successione. Tutte queste produzioni sono caratterizzate dal desiderio di esplorare approcci pluridisciplinari (che uniscano corpo, suono, spazio, luce, pittura, architettura, installazione, letteratura). Hanno un ruolo determinante anche le collaborazioni di lunga data, alcune delle quali si protraggono nel tempo, altre sono piuttosto sporadiche e spesso risalgono al periodo degli esordi. Il compositore sonoro Denis Rollet, la cineasta Orsola Valenti, l'artista visivo Victor Roy e la drammaturga Michèle Pralong, o ancora il compositore finlandese di musica elettronica Mika Vainio e il regista italiano Romeo Castellucci figurano tra i principali compagni di viaggio di lungo corso[8].

A partire dal 2010, Cindy Van Acker realizza spettacoli commissionatigli da grandi compagnie[9], cura da dimensione coreografica per numerose produzioni operistiche di Romeo Castellucci[10] e crea pièce di grande effetto per le e gli interpreti della propria compagnia: *Diffraction* (2011), *Zaoum* (2016), *Speechless Voices* (2018)[11]... Due generazioni di danzatrici e danzatori, molti dei quali provenienti dal Ballet Junior di Ginevra e dal Ballet del Grand Théâtre di Ginevra, hanno accompagnato il percorso di Cindy Van Acker. L'Impasse, un ampio studio di danza situato nel cuore della città di Ginevra,

7 Debutto il 1° ottobre 2002, ADC, Ginevra. Maggiori informazioni e immagini sono disponibili sul sito web della Cie Greffe: https://www.ciegreffe.org/corps-0000 (consultato il 27 ottobre 2023).

8 A tale proposito si rimanda al dialogo fra Cindy Van Acker e Michèle Pralong nel presente volume di *MIMOS* (pp.73–82) e all'intervista di Thierry Sartoretti a Denis Rollet, Victor Roy, Luc Gendroz e Samuel Pajand (pp. 205–216).

9 Nel 2013, per i 22 danzatori e danzatrici del Ballet Junior di Ginevra, Cindy Van Acker ha realizzato *Magnitude*; nel 2014, sulla spiaggia di Ostende, in Belgio, ha creato *Anechoic* con 53 interpreti di P.A.R.T.S – pièce ripresa nel 2015 dagli studenti del Ballet Junior, del CFC danse di Ginevra e del Marchepied di Losanna presso Les Berges de Vessy, a Ginevra, nell'ambito della programmazione dell'ADC. In seguito le sono state commissionate due pièce per corpi di ballo istituzionali: *Elementen I – Room* per il Ballet de Lorraine (2016) e *Elementen III – Blazing Wreck* per il Ballet du Grand Théâtre di Ginevra (2017). Maggiori informazioni, immagini e video di tutte queste creazioni sono disponibili sul sito web di Cindy Van Acker: https://www.ciegreffe.org/repertoire (consultato il 27 ottobre 2023).

10 A tale proposito si rimanda all'intervista di Paola Gilardi a Romeo Castellucci nel presente volume di *MIMOS*, pp. 233–244.

11 Maggiori informazioni, immagini e video delle produzioni menzionate sono disponibili sul sito web di Cindy Van Acker: https://www.ciegreffe.org/repertoire (consultato il 27 ottobre 2023).

è il principale punto di ritrovo per le collaboratrici e i collaboratori, le e gli interpreti della Compagnia Greffe. Da una decina d'anni, la Cie Greffe offre i propri allenamenti quotidiani non solo a danzatrici e danzatori professionisti, ma anche a tutte le persone interessate a svolgere un'attività fisica regolare. L'Impasse propone corsi e workshop – impartiti da un nucleo di danzatrici e danzatori attivi a Ginevra e dintorni o da istruttrici e istruttori invitati – che contribuiscono a vitalizzare l'intera scena ginevrina.

Gesti di trasformazione

L'ADC ha sostenuto e seguito da vicino lo sviluppo di molti coreografi e coreografe della regione che, a loro volta, hanno contribuito e contribuiscono alla crescita dell'ADC. Il sodalizio con Cindy Van Acker risale ai primi anni 2000 e prosegue tuttora. Quando ho assunto la direzione dell'ADC, nel 2017, le ho proposto di diventare artista associata. Associarsi a Cindy Van Acker e porla al centro dell'ADC significa prendere atto dell'evoluzione della danza a Ginevra, ripensare i progetti in corso e quelli futuri da un altro punto di vista, aprirsi a un nuovo pensiero creativo, stabilire legami tra la nostra struttura e l'ambiente professionale della danza, tra le proposte di artisti e artiste e il pubblico. Per Cindy Van Acker, è un riconoscimento del suo lavoro, una dinamizzazione del suo percorso artistico, un modo diverso di impegnarsi nell'ambiente culturale ginevrino e una forma di istituzionalizzazione.

Per l'ADC Cindy Van Acker potrebbe fornire importanti spunti di riflessione, esserne il cuore creativo. Mentre per Cindy Van Acker l'ADC potrebbe essere uno strumento utile, una casa. Si prende il tempo per pensarci, ci incontriamo per parlarne e accetta la mia proposta. All'inizio non so ancora esattamente come l'espressione «artista associata» si tradurrà nel lavoro quotidiano, ma sento che questa collaborazione offrirà a entrambe la possibilità di riscoprire qualcosa di fondamentale (che forse abbiamo perso/dimenticato strada facendo?). In un primo tempo tastiamo il terreno. Poi, poco a poco, ciò che ci unisce l'una all'altra emerge in superficie. Cindy ha tentato di spiegarlo con queste parole: «È come una pianta che si fa strada dove trova spazio, luce e acqua. Non è possibile prevedere come crescerà. È proprio questo il bello: la capacità di adattamento progressivo e in base alle necessità.»[12] I dubbi, i momenti difficili, gli stati di latenza le hanno permesso di scavare «dentro di sé», per portare alla luce possibilità artistiche in grado di irrigare la sua vitalità creativa. Ad esempio, nel 2022, al termine

12 La citazione è tratta da una conversazione inedita dell'autrice con Cindy Van Acker, tenutasi alla fine di ottobre del 2023.

del progetto *Occupazione* la coreografa ha sentito il bisogno di ricaricare le batterie e le abbiamo offerto la possibilità di realizzare dei saloni di ascolto (*Espèces sonores*, vedi più in basso, ndr.). «Tutto avviene in modo organico, naturale, perché c'è la capacità e la possibilità di osservare una situazione, di aprire una nuova porta, di porsi insieme la domanda: *E se...?* E poi lanciarsi.»[13]

Nel febbraio del 2022, Cindy Van Acker e la sua compagnia sono state invitate ad «occupare» per tre settimane il Padiglione ADC[14]. Ricordiamo che nel marzo del 2020 si sono susseguiti l'isolamento imposto dalla pandemia, il trasloco dell'ADC nel nuovo Padiglione in piazza Sturm a Ginevra, e la sua chiusura al pubblico a causa della crisi sanitaria. In questi mesi particolari e alquanto solitari abbiamo avuto il tempo di elaborare nel dettaglio questo progetto di occupazione insieme a Cindy Van Acker. Le riflessioni sulla decelerazione, che si stavano diffondendo già da diversi anni, sono letteralmente esplose durante il covid – un momento propizio per ripensare in modo radicale i valori del lavoro artistico. Ho dunque proposto a Cindy di occupare il Padiglione dell'ADC durante tre settimane, con l'intento di prendere possesso degli spazi in modo progressivo e in compagnia di artiste e artisti di sua scelta: «Una sorta di grande laboratorio della Compagnia Greffe, il cui obiettivo non era creare qualcosa *ex-nihilo*, ma piuttosto far emergere ciò che era già insito nei materiali esistenti.»[15] Si trattava di comporre sulla base delle produzioni precedenti, portandone alla luce aspetti invisibili, riprendere le strade già percorse creando nuove connessioni, trasformarle e valorizzarle nel tempo e nello spazio.

Cindy Van Acker ha quindi invitato ventiquattro collaboratrici e collaboratori[16] a rivisitare i materiali esistenti, estraendone ciò che gli sembrava sensato e condividerlo con tutto il gruppo. Il primo appuntamento aperto al pubblico ha assunto la forma di un'esperienza intensa e di ampio respiro: la versione integrale degli *Shadowpieces*[17], dieci assoli per dieci interpreti creati fra il 2018 e il 2020. A partire dagli *Shadowpieces*, la compagnia ha

13 *Ibidem.*

14 *Occupazione* è un formato instaurato presso il Padiglione ADC nel 2018. Nasce dal desiderio di arricchire questi spazi con azioni che abbiano un impatto più concreto sul contesto culturale e artistico circostante. Tra il 2018 e il 2023 sono state realizzare quattro occupazioni con vari artisti e artiste e compagnie di danza.

15 Queste parole della drammaturga Michèle Pralong sono tratte dal dossier stampa della Compagnia Greffe per presentare la propria *Occupazione* del Padiglione ADC.

16 Le danzatrici e i danzatori Daniela Zaghini, Anna Massoni, Yuta Ishikawa, Maya Masse, Stéphanie Bayle, Lisa Laurent, Paul Girard, Philippe Renard, Aurélien Dougé, Matthieu Chayrigues, Sonia Garcia, Laure Lescoffy; la coreografa Maud Blandel; gli artisti sonori Stephen O'Malley, Kali Malone, il gruppo Eklekto, Gautier Teuscher, Denis Rollet, Louis Schild; l'artista visivo Victor Roy; la cineasta Orsola Valenti; la drammaturga Michèle Pralong; i responsabili amministrativi Cindy Janiaud e Olivier Stora.

17 Maggiori informazioni, immagini e video sono disponibili sul sito web della Cie Greffe: https://www.ciegreffe.org/shadowpieces (consultato il 27 ottobre 2023).

frugato tra gli innumerevoli materiali che costituiscono ognuno degli assoli, viaggiando indietro nel tempo fino all'opera fondante: *Corps 00:00*. Una seconda serata prevedeva la proiezione dei film *6/6*[18] di Orsola Valenti, un'interpretazione cinematografica di sei assoli creati da Cindy Van Acker fra il 2008 e il 2009. L'ultima settimana dell'*Occupazione* avrebbe dovuto essere dedicata alla tematica che la Compagnia Greffe aveva iniziato ad esplorare con il musicista Stephen O'Malley. Lo stato attuale di questa ricerca è stato condiviso con il pubblico: mentre O'Malley, Kali Malone ed Eklekto suonavano dal vivo, le danzatrici e i danzatori hanno offerto un assaggio di quella che Cindy Van Acker definisce una «sperimentazione danzata». In un altro incontro pubblico, Cindy Van Acker e i suoi interpreti hanno proposto un percorso trasversale attraverso i materiali sonori, testuali o pittorici che compongono gli *Shadowpieces*; è stata inoltre realizzata una performance sonora sulla base di suoni raccolti, trasformati e rielaborati da Gautier Teuscher negli spazi del Padiglione ADC durante l'*Occupazione*.

Nella storia della Compagnia Greffe si rilevano vari approcci di trasformazione o traduzione delle coreografie di Cindy Van Acker[19]: «Partendo dalla danza, si tratta di fare qualcosa di diverso dalla danza.»[20] La trasposizione o il passaggio da un mezzo espressivo all'altro è parte integrante del suo lavoro. Nell'ambito del progetto *Occupazione*, questo gesto si è espresso

essenzialmente nel tempo dedicato a scavare nel passato, riacquisendo un carattere esplorativo e ponendosi come il cuore pulsante, la forza motrice di un processo di trasformazione organica che la Compagnia Greffe persegue da più di vent'anni.

Al termine dell'*Occupazione*, Cindy Van Acker ha constatato di essere «uscita di strada». Da quel momento in poi le è stato impossibile tornare indietro. Questa *Occupazione* avrebbe dovuto offrirle anche l'opportunità di elaborare una futura creazione di ampio respiro in collaborazione con Stephen O'Malley, ma Cindy si è vista costretta a rinunciarvi: «L'*Occupazione* ha agito come un antidoto: dovevo reagire per non perdere il mio baricentro.

18 Fra il 2008 e il 2009 Cindy Van Acker ha creato sei assoli per sei interpreti: *Obvie* (Tamara Bacci), *Lanx* (Cindy Van Acker), *Antre* (Rudi van der Merwe), *Nodal* (Luca Nava), *Nixe* (Perrine Valli), *Obtus* (Marthe Krummenacher). E nel 2014 Orsola Valenti «ha rivisitato e reinterpretato ognuna delle sei coreografie, penetrando nel cuore di ogni pièce per estrarne l'essenza e presentarla in una forma trasformata dall'approccio filmico.» Cfr. il sito web della Cie Greffe: https://www.ciegreffe.org/6-6 (consultato il 27 ottobre 2023).

19 Un esempio emblematico è la grande esposizione *Score Conductor*, presentata negli spazi di Le Commun nel 2012 e per la quale alcune partiture coreografiche di Cindy Van Acker sono state trasformate in lavori a maglia, illuminazione cinetica, sculture, installazioni, ecc. Per maggiori informazioni e immagini, si rimanda al sito web della Cie Greffe: https://www.ciegreffe.org/score-conductor (consultato il 27 ottobre 2023).

20 Cfr. la nota 15.

Avevo bisogno di prendermi una pausa, respirare.»[21] Abbandonare il treno in corsa, sfuggire ai ritmi serrati che immancabilmente proiettano l'artista e la sua compagnia due o addirittura tre anni in avanti – verso le prossime creazioni, collaborazioni, tournée, la ricerca di fondi...

Come afferma lei stessa: «Guardare costantemente al futuro provoca in me un senso di soffocamento nel momento presente. Devo opporre una certa resistenza nei confronti della routine quotidiana per poter funzionare all'interno del sistema. Altrimenti rischio di perdere la terra sotto i piedi.»

Durante e dopo l'*Occupazione*, Cindy ha esplorato ulteriori forme di dialogo e nuove possibilità artistiche. Ne sono nati due progetti collaterali: le *Pratiques corporelles matinales* (esercizi fisici mattutini) e i saloni d'ascolto *Espèces sonores*. I primi esercizi fisici si sono svolti già durante l'*Occupazione*. Per Cindy e per il Padiglione ADC era importante creare uno spazio di scambio tangibile all'entrata dell'edificio (che si trova in una piazza molto trafficata), aprire una breccia fra interno/esterno, artista/pubblico, dilettanti/professionisti e iniziare la giornata in modo collettivo. Da allora, a seconda degli impegni di Cindy, nel programma del Padiglione vengono sempre inserite cinque o sei settimane di esercizi fisici mattutini aperti a tutti.

L'idea di *Espèces sonores* è invece stata messa a punto solo dopo l'*Occupation*. Cindy ha approfittato di una piccola pausa nella sua agenda e in quella della Compagnia Greffe per sperimentare un nuovo rapporto con il pubblico sotto forma di un salone d'ascolto. Mentre, di regola, una creazione viene concepita con mesi di anticipo, dando vita a uno spettacolo di un'ora o due seguito da pochi minuti di applausi, *Espèces sonores* ristabilisce un equilibrio fra il tempo investito nella fase di elaborazione e quello dedicato allo scambio con il pubblico. Ogni volta, Cindy riprende lo spazio scenico esattamente com'è stato lasciato dallo spettacolo precedente (nudo, ad arena, con sipario alla tedesca...), entra in contatto con il pubblico nel ruolo di «mediatrice sonora», effettua ricerche sulle musiche proposte, stabilisce dei legami con film, pièce o dipinti e compone una sorta di drammaturgia della serata, motivando anche le proprie scelte: «Ho avuto l'opportunità di riassaporare ciò che apprezzavo maggiormente dell'ambiente culturale alternativo: trovare il modo di fare le cose diversamente, insieme...».

Lo stesso vale per gli *Shadowpieces*: coinvolgere il pubblico fino a tarda notte in un programma radicale comprendente dieci assoli implica l'elaborazione di una drammaturgia per l'intera serata, prendersi cura degli altri e offrire

21 Per questa citazione e le seguenti si veda la nota 12.

cibo a sufficienza. «Con le danzatrici e i danzatori abbiamo trascorso l'intera giornata a preparare un enorme minestrone, che Louis Schild ha poi cotto nel suo calderone sul piazzale del Padiglione. Amo tutto ciò: cucinare, accogliere le persone, la condivisione.»

In tutti i suoi progetti più recenti – un pasto servito fra un assolo di danza e l'altro, gli esercizi fisici mattutini sul piazzale del Padiglione, i saloni sonori serali – si denota la volontà di Cindy Van Acker di riappropriarsi dei mezzi per presentare la sua arte al di fuori della cornice abituale. Ciò ha anche contribuito a ridefinire il suo rapporto con l'istituzione – grazie alle nuove modalità in cui si relaziona con il mondo esterno, con la vita quotidiana, con il tessuto sociale, culturale, urbano e regionale, che a loro volta divengono per lei dei campi di sperimentazione. Il processo creativo pone l'accento sul contesto in cui viene creato. Il dispositivo stesso è la matrice.

Anne Davier

Creative Vitality

E

Why occupy this space we call "the stage", and to what end? These are questions that Cindy Van Acker has grappled with repeatedly throughout her career.[1] Her departure from the Ballet du Grand Théâtre de Genève in 1993 was an emancipatory turning point for the artist, driven by a resistance to the system, to seduction, to "beautiful movement", and to all other conventional attributes that make dance performances "desirable" and the performer "marketable". She had had some previous exposure to contemporary dance and had a particularly strong affinity with the rigorous and poetic world of Laura Tanner.[2] However, it was the Geneva squatter community, specifically Rhino to which she was introduced by the performer Yann Marussich,[3] that led to her first forays into creative production. The community's thriving alternative arts scene included Cave 12, a haven for experimental musicians and a gateway for Cindy Van Acker into the world of improvised and electronic music. She also discovered the work of the Théâtre de l'Usine and the ADC-Studio[4] during this time, an experience that emboldened her to create her own performances. In 1993, she presented her first work, co-created with Jennifer Nelson (a dancer from the Ballet du Grand Théâtre), at the ADC-Studio as part of its *Scènes libres* programme. She returned to the ADC-Studio in 1996 with her solo piece *Quotidien démuni*. Two years later, it was the turn of the Théâtre de l'Usine to stage *Subver-cité*.[5]

If I had to single out a transformative moment for me as a spectator, it would be *Marine*, a solo from 2001 which choreographer Myriam Gourfink had created specifically for Cindy Van Acker.[6] For around 30 minutes or so and

1 These are questions that are continually posed by artists, artistic directors, and other programme managers. On this subject, see the ADC's *Journal* n° 83 (September-December 2023) which, in its dossier « Touxtes en scène » ("Everybody on stage"), develops this question in articles written by several people « Être programmé·ex aujourd'hui » ("Being put on the programme today") and « Programmer aujourd'hui, qui, comment, pourquoi ? » ("Putting dance on the programme today: who, how and why?"): https://pavillon-adc.ch/journal/ (last accessed on 27 October 2023).

2 With regard to Laura Tanner and her company, we refer you to her website: http://www.cieltanner.ch/ (last accessed on 27 October 2023).

3 For more information on Yann Marussich see his website: https://yannmarussich.ch/home.php (last accessed on 27 October 2023).

4 ADC – Association pour la danse contemporaine (Association for Contemporary Dance), Geneva: https://pavillon-adc.ch/ladc-cest-2/ and the web documentary: https://danse.retrorama.ch/1993-ladc-studio (last accessed on 27 October 2023).

5 For more information on her earliest performances and her nascent career in Geneva, we refer to Michèle Pralong's interview with Cindy Van Acker in this *MIMOS* edition, pp. 83–88, and to the book by Anne Davier and Annie Suquet, *La Danse contemporaine en Suisse. 1960–2010, les débuts d'une histoire*, Genève: Zoé, 2016, pp. 262–268. (*Contemporary Dance in Switzerland. 1960–2010: The beginning of a history*; not yet translated into English).

6 *Marine* was created as part of the *8/8* project for the 2001 edition of the Festival de La Bâtie in Geneva. Claude Ratzé, who was the director of the ADC at that time and in charge of the Danse de La Bâtie programme, had the idea of inviting eight dancers to each ask a choreographer of their choice to create a solo piece for them. Cindy Van Acker chose Myriam Gourfink, one of the most original and radical choreographers to emerge from the French scene in the late 1990s. Her choreography focuses on listening to the inner voice of the movement, which takes shape through the extremely subtle, very slow and continuous back-and-forth between tension and counter-tense. See Myriam Gourfink's article in *MIMOS* (pp. 93–99) for more on *Marine* and her close collaboration with Cindy Van Acker.

accompanied by live electronic music from Kasper T. Toeplitz, her body unfurled in a constant, slow-motion movement. What I saw was a dancer who, through her physicality, demonstrated how movement can *densify and intensify the present moment*. My eyes were transfixed; the scene they were watching challenged existing notions of the ideal body, the ideal space, the ideal theatrical device, the ideal performance. One year later, Cindy Van Acker returned to the ADC,[7] where I was now working, to perform her new piece *Corps 00:00*. This solo not only laid the foundations of her own dance company, the Compagnie Greffe, but also catapulted her to international prominence.

Over two decades, the choreographer and dancer has created a succession of solo and group pieces. What comes through in all these works is her passion for multidisciplinary approaches (body, sound, space, light, painting, architecture, installation, literature) and long-term artistic collaborations – some constant, others more sporadic, but many that date back to the early days of her career. Sound artist Denis Rollet, film-maker Orsola Valenti, visual artist Victor Roy and dramaturg Michèle Pralong, as well as Finnish electronic musician Mika Vainio and Italian director Romeo Castellucci are just a few of the artists with whom Cindy has forged long-lasting working relationships.[8]

Since 2010, Cindy Van Acker has been commissioned to create works for large groups,[9] choreographed opera productions by Romeo Castellucci,[10] and produced memorable pieces for her own dance company, such as *Diffraction* (2011), *Zaoum* (2016), and *Speechless Voices* (2018).[11] Two generations of dancers, many from the Ballet Junior de Genève and the Ballet du Grand Théâtre de Genève, have joined Cindy Van Acker on her artistic journey. The dancers and collaborators of her own company, Compagnie Greffe, meet mainly at L'Impasse, a vast dance studio in the heart of Geneva. For

7 First performance on 1 October 2002, ADC, Geneva. For more information and images see the website of Cindy Van Acker's dance company Cie Greffe: https://www.ciegreffe.org/corps-0000 (last accessed on 27 October 2023).

8 On this subject, we refer to the conversation between Cindy Van Acker and dramaturg Michèle Pralong in this *MIMOS* edition (pp. 83–92), and to Thierry Sartoretti's interview with Denis Rollet, Victor Roy, Luc Gendroz and Samuel Pajand (pp. 205–216).

9 For the 22 dancers of the Ballet Junior de Genève, she choreographed *Magnitude* (2013); on the beach in Ostende, Belgium, she created *Anechoic* with 53 dancers of P.A.R.T.S (2014) – performed again in 2015 on the banks of Vessy in Geneva by students of the Ballet Junior, of CFC danse in Geneva and of Marchepied Lausanne (scheduled by ADC). She went on to create two pieces for institutional ballet companies: *Elementen I – Room* for the Ballet de Lorraine (2016), then *Elementen III – Blazing Wreck* for the Ballet du Grand Théâtre de Genève (2017). More information, images and videos of all these creations are available on Cindy Van Acker's website: https://www.ciegreffe.org/repertoire (last accessed on 27 October 2023).

10 See Paola Gilardi's interview with Romeo Castellucci in this *MIMOS* edition, pp. 281–290.

11 For more information, images and videos of the productions mentioned see Cindy Van Acker's website: https://www.ciegreffe.org/repertoire (last accessed on 27 October 2023).

the past ten years, Greffe has opened its daily training sessions to professional dancers and fitness-conscious members of the public. The classes and workshops at L'Impasse, which are taught by a core group of dancers based in or around the city and guest instructors, are helping to re-energise the local dance scene.

Transformation through movement

The ADC has supported many of the region's choreographers and closely followed their careers. In return, the choreographers have enabled and continue to enable the ADC to flourish. Our relationship with Cindy Van Acker began in the early 2000s and is still going strong. When I was appointed as ADC director in 2017, I asked her to join us as an associate artist. Bringing Cindy Van Acker on board and placing her at the heart of the ADC reflected our recognition of Geneva's evolving and burgeoning dance scene. It was also an opportunity for us to re-think our projects, both current and future; embrace new creative thinking; forge ties with the professional dance community; and bring artists and the public together. For Cindy Van Acker, our invitation was a recognition of her work. It was also an injection of new energy into her artistic career, an opportunity to engage in a different way with Geneva's cultural sector, and a form of institutionalisation.

For the ADC, Cindy Van Acker could be a source of inspiration and the creative heart of the organisation. For Cindy Van Acker, the ADC could be an instrument, a home. She took time to think about our proposition. We later met to talk it through; finally, she said yes. Initially, I was unsure how the term "associate artist" would translate in practice. Nonetheless, I had a feeling that our new working arrangement would afford both sides the opportunity to refocus on *something* fundamental (which we might have lost/forgotten along the way). In the early days, it was a case of trial and error. Slowly but surely, that certain *something* that really connected us emerged. Cindy endeavoured to find the words to explain the process, "It's like a plant that works its way through until it finds space, light and water. You can't predict how it will unfold. That's what's so great: adapting as needs be and as you go along."[12] The doubts, the trying moments, the states of latency… all these episodes empowered her to dig deep inside herself and unlock the artistic possibilities that could conceivably nourish her creative vitality. For example, at the end of the *Occupation* project in 2022,

12 These are extracts from an unpublished discussion between the author and Cindy Van Acker in late October 2023.

Cindy needed to recharge her batteries. She used this hiatus to set up *Espèces sonores* [author's note: see below]. "Everything happens organically and naturally because the ability and opportunity is there to observe a situation, open a new door and ask ourselves the questions: *What if…?* Then, you just go for it."[13]

In February 2022, Cindy Van Acker and her company were invited to stage a three-week *Occupation* of the ADC Pavilion.[14] It's important to remember that in March 2020 the country went into lockdown due to the emerging pandemic and the ADC moved from Place Sturm to the new Pavilion, which was then forced to close to the public because of the public health crisis. This singular and rather solitary period provided the time needed to pinpoint the motivations which would underpin Cindy Van Acker's *Occupation* of the ADC. In some ways, the Covid-19 pandemic intensified thinking and discussions on the notion of "downshifting", which had already been simmering for several years by that time. It offered an opportune moment to fundamentally rethink the values of artistic production. I therefore asked Cindy if she would be prepared to occupy the Pavilion for three weeks. The idea was that she, together with artists of her choice, would slowly and gradually take over the space, "like a large-scale Compagnie Greffe workshop. But instead of focusing on creation *ex-nihilo*, the idea was to draw out what is contained in materials that already exist."[15] It was about crafting something new from past works, making elements that were previously invisible visible; and about returning to paths previously travelled, bringing them to a different point of convergence, transforming and showcasing them in space and time.

Cindy Van Acker brought together twenty-four collaborators[16] to revisit what already existed, extract what made sense, and share it. The first public event was an intense and protracted experience: the performance of *Shadowpieces* in full:[17] ten solos for ten performers, which the choreographer had created between 2018 and 2020. The company scoured the endless

13 *Ibidem.*

14 *Occupation* is a format that was established in 2018 at the ADC Pavilion. It was born out of a desire to take other forms of action and consider the building as a space with the potential to have a more tangible impact on the local cultural and artistic scene. The Pavilion has hosted a total of four *Occupations* by artists/companies between 2018 and 2023.

15 These are quotes from Michèle Pralong which appeared in the Compagnie Greffe *Occupation* press kit.

16 Dancers Daniela Zaghini, Anna Massoni, Yuta Ishikawa, Maya Masse, Stéphanie Bayle, Lisa Laurent, Paul Girard, Philippe Renard, Aurélien Dougé, Matthieu Chayrigues, Sonia Garcia, Laure Lescoffy ; choreographer Maud Blandel ; sound artists Stephen O'Malley, Kali Malone, the ensemble Eklekto, Gautier Teuscher, Denis Rollet, Louis Schild ; visual artist Victor Roy ; film-maker Orsola Valenti ; dramaturg Michèle Pralong ; administrators Cindy Janiaud and Olivier Stora.

17 For more information, images and videos see the Cie Greffe website: https://www.ciegreffe.org/shadowpieces (last accessed on 27 October 2023).

material contained in every solo piece. They began with *Shadowpieces*, followed by her earlier, founding work *Corps 00:00*. The second public event was a screening of the *6/6*[18] film series by Orsola Valenti, which offered a cinematic interpretation of six solo works created by the choreographer between 2008 and 2009. The final week of *Occupation* centred around the material that Compagnie Greffe had begun to explore with musician Stephen O'Malley. The results of this process were shared with the public: accompanied by live music from O'Malley, Kali Malone and Eklekto, the dancers performed what Cindy Van Acker called an "experimentation in dance". In another public event, the choreographer and her dancers navigated their way through various audio, text and visual materials from *Shadowpieces*. It also included an audio performance featuring the sounds of the theatre which Gautier Teuscher had collected, transformed, and processed during the *Occupation* project.

The transformation and translation of Cindy Van Acker's body of choreographic work have always been part of what the Compagnie Greffe does:[19] "It's about taking dance and creating something more than dance from it."[20] Translation and moving between mediums are integral to her creative approach. With the *Occupation* project, this approach took time to probe, re-discover its highly exploratory character, and became the beating heart of Compagnie Greffe's twenty-year-long quest for organic transformation.

Post-*Occupation*, Cindy came to the realisation that she had "gone off piste". Consequently, there was no way that she could go back to the ways things were before. Also, one of the original aims of *Occupation* was to give her the space to sketch out a future large-scale work that she was to co-create with Stephen O'Malley. Paradoxically, it led Cindy to abandon the project: "*Occupation* was an antidote. If I was going to continue to refocus, I had to react. So, I needed to take a breather."[21] It was about getting off the merry-go-round and jettisoning schedules which would invariably throw the artist and her company into the next projects, collaborations, tours and fundraising two or even three years ahead of time. For Cindy, "looking to the future

18 Between 2008 and 2009, Cindy Van Acker created six pieces for six performers: *Obvie* (Tamara Bacci); *Lanx* (Cindy Van Acker); *Antre* (Rudi van der Merwe); *Nodal* (Luca Nava); *Nixe* (Perrine Valli); and *Obtus* (Marthe Krummenacher). In 2014, Orsola Valenti "revisited and interpreted the choreography, going to the heart of each piece to extract its essence and transform it through a cinematic approach." See the Cie Greffe website: https://www.ciegreffe.org/6-6 (last accessed on 27 October 2023).

19 Such as the major *Score Conductor* exhibition at Le Commun in Geneva in 2012, which saw movement scores transformed into knitwear, kinetic lighting, sculptures, installations, etc. For more information and images see the Cie Greffe website: https://www.ciegreffe.org/score-conductor (last accessed on 27 October 2023).

20 See above, footnote 15.

21 For this and all the following quotes, see footnote 12.

leaves me feeling suffocated where I am, in the present moment. I have to maintain a certain level of resistance every day so that I can continue to function within the system. If I don't, I risk losing my way."

During and after *Occupation*, Cindy experimented with other artistic exchanges and possibilities, including two fringe projects: morning workouts and *Espèces sonores*. The first workout took place during *Occupation*. Both Cindy and the ADC Pavilion wanted these events to be a sensitive exchange held literally on the doorstep of the premises (which also faces on to a busy square in the city). It was also important to us to create a bridge between the outside and inside, the artist and the public, the amateur and the professional, and to start the day together. Since then, these collective public workouts now take place during each ADC season and run for five to six weeks depending on Cindy's commitments.

Espèces sonores is another post-*Occupation* project which was created during a small window in the schedules of the Pavilion and Compagnie Greffe. Cindy took advantage of this moment to experiment with a different way of interacting with the public. The result was a listening lounge. Unlike other forms of artistic production which take months to create and end with a public performance of one or two hours followed by a few minutes of applause, this project evenly balances the time the artist invests beforehand and the time she spends with her audience. In *Espèces sonores,* Cindy uses the space as the previous performance has left it (bare space, arena space, fly curtain). Maintaining close contact with the audience, she takes on a role akin to a music promoter as she seeks out tracks, uncovers links between them with films, plays, and paintings, and creates a dramatic narrative for the evening that allows her to share the motivations behind her choices. "It enabled me to savour again what I had tasted and loved in the alternative scene: the quest to do things differently, together."

In the same vein, the nocturnal performance of *Shadowpieces* was a radical proposition that took the audience on a journey through the work's ten constituent solos. Given that it ran late into the night, careful thought had to be given to the dramaturgy to safeguard the well-being and nourishment of both the performers and the audience. "We spent the whole day with the soloists preparing a huge *minestrone,* which Louis Schild then cooked in a big pot in front of the Pavilion. It's everything I love: making food, hosting and sharing."

In all her recent initiatives – a shared meal between solos, morning workouts on the Pavilion's doorstep and nocturnal *Espèces sonores* – Cindy Van Acker has reappropriated her means of visibility outside conventional parameters

E

and redefined her relationship with the institution. The Pavilion now features strong links with the outside world, everyday life and the social, cultural, urban and regional landscape that serves as a source for experimentation. Today, the creative process focuses on the context in which it takes place. The device is its matrix.

Anne Davier

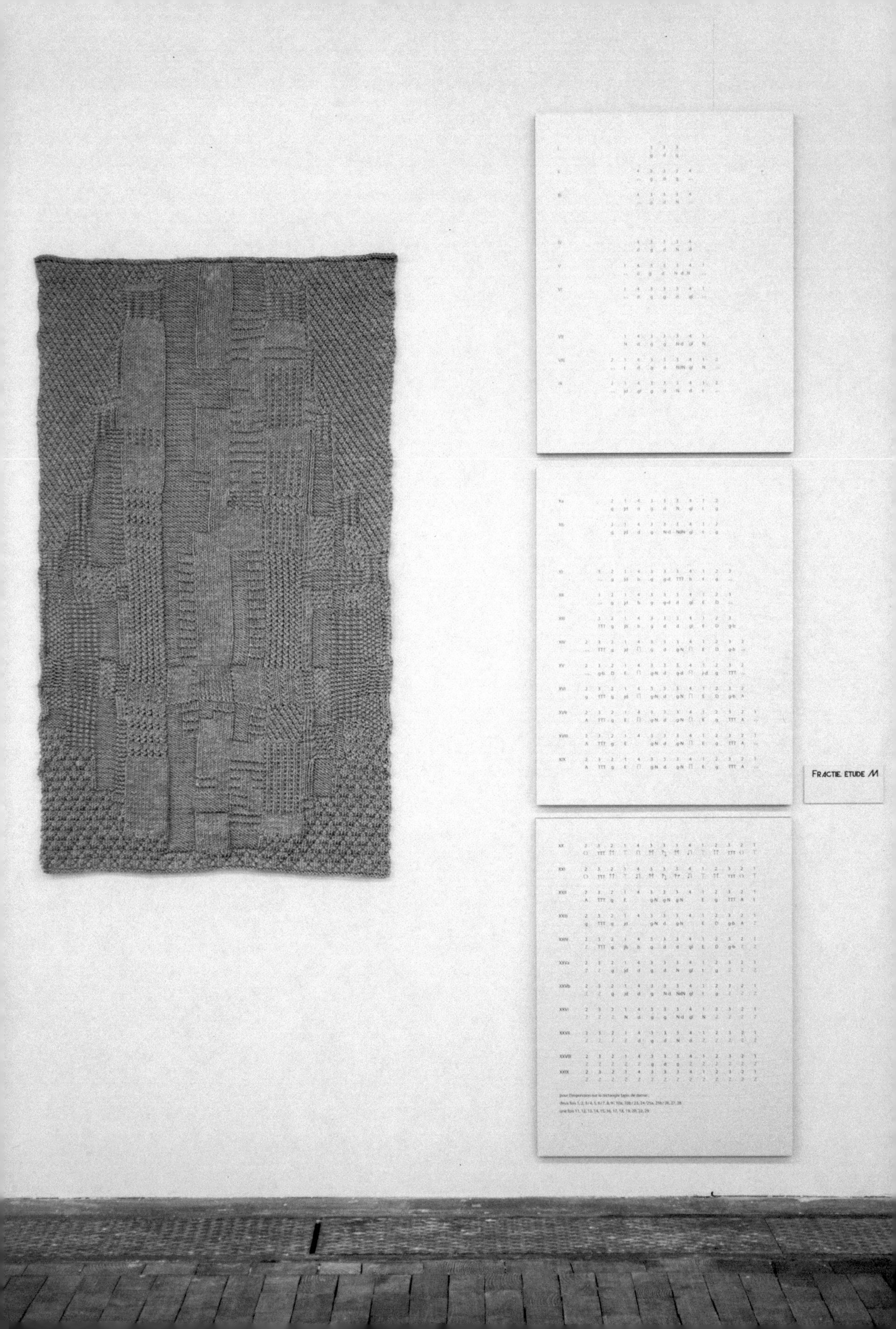
FRACTIE ETUDE M

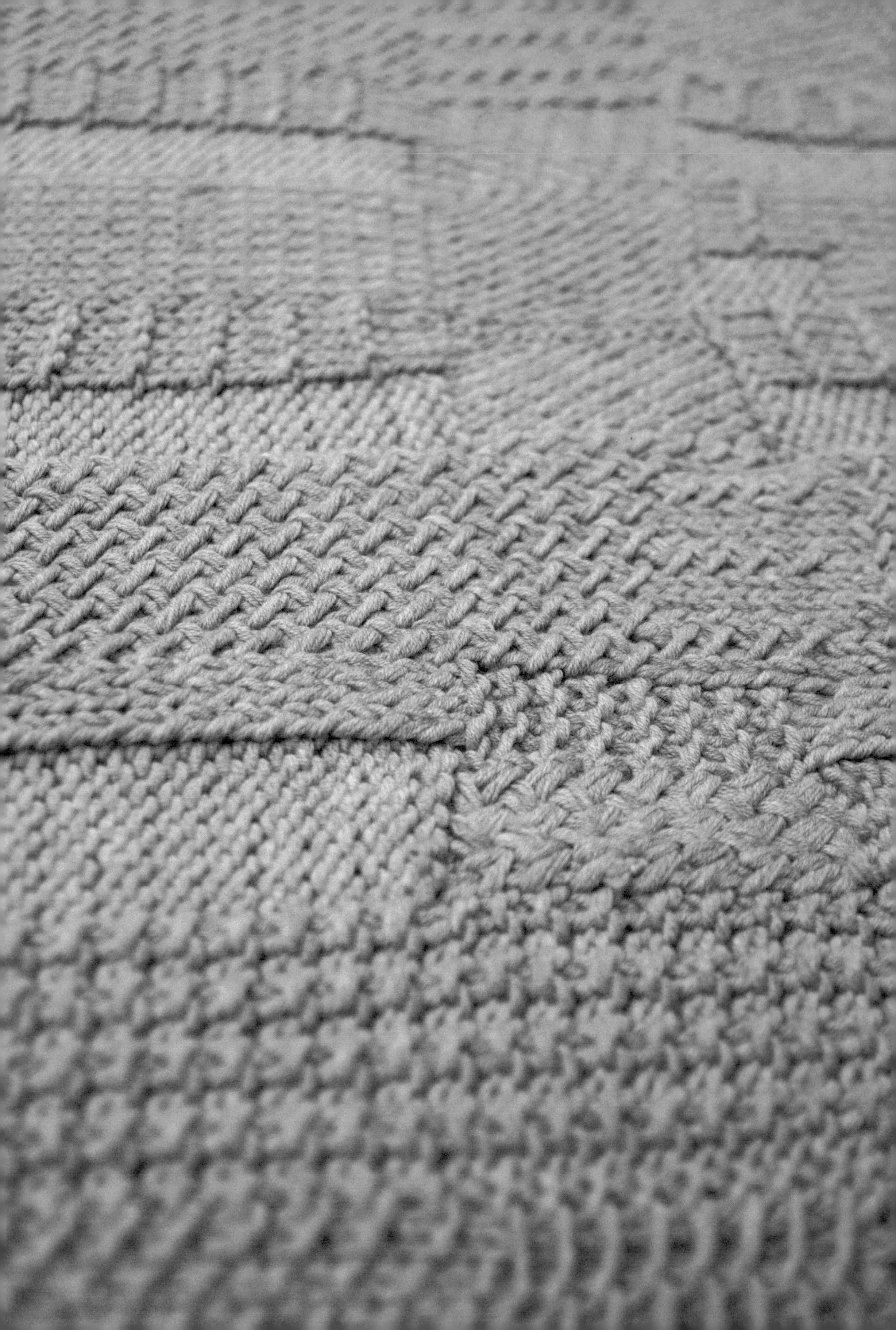

XX	2	3	2	1	4	3	3	3	4	1	2	3	2	1
	‹›	TTT	↑↑	T	⊓	⇈	↑↴	⇈	⎍	T	↑↑	TTT	‹›	T
XXI	2	3	2	1	4	3	3	3	4	1	2	3	2	1
	‹›	TTT	↑↑	T	⎍	⇈	↑↴	↑↦	⎍	T	↑↑	TTT	‹›	T
XXII	2	3	2	1	4	3	3	3	4	1	2	3	2	1
	A	TTT	g	E		g-N	g-N	g-N		E	g	TTT	A	t
XXIII	2	3	2	1	4	3	3	3	4	1	2	3	2	1
	g	TTT	g	jd		g-N	d	g-N		E	D	g-b	A	Z
XXIV	2	3	2	1	4	3	3	3	4	1	2	3	2	1
	Z	TTT	g	jb	b	g	d	d	gl	E	D	g-b	Z	Z
XXVa	2	3	2	1	4	3	3	3	4	1	2	3	2	1
	Z	Z	g	jd	d	g	d	N	gl	t	g	Z	Z	Z
XXVb	2	3	2	1	4	3	3	3	4	1	2	3	2	1
	Z	Z	g	jd	d	g	N-d	NdN	gl	t	g	Z	Z	Z
XXVI	2	3	2	1	4	3	3	3	4	1	2	3	2	1
	Z	Z	Z	N	d	g	g	N-d	gl	N	Z	Z	Z	Z
XXVII	2	3	2	1	4	3	3	3	4	1	2	3	2	1
	Z	Z	Z	Z	d	g	d	N	d	Z	Z	Z	Z	Z
XXVIII	2	3	2	1	4	3	3	3	4	1	2	3	2	1
	Z	Z	Z	Z	Z	g	d	g	Z	Z	Z	Z	Z	Z
XXIX	2	3	2	1	4	3	3	3	4	1	2	3	2	1
	Z	Z	Z	Z	Z	Z	Z	Z	Z	Z	Z	Z	Z	Z

pour l'impression sur le rectangle tapis de danse :

deux fois 1, 2, 3/4, 5, 6/7, 8, 9/10a, 10b/23, 24/25a, 25b/26, 27, 28

une fois 11, 12, 13, 14, 15, 16, 17, 18, 19, 20, 22, 29

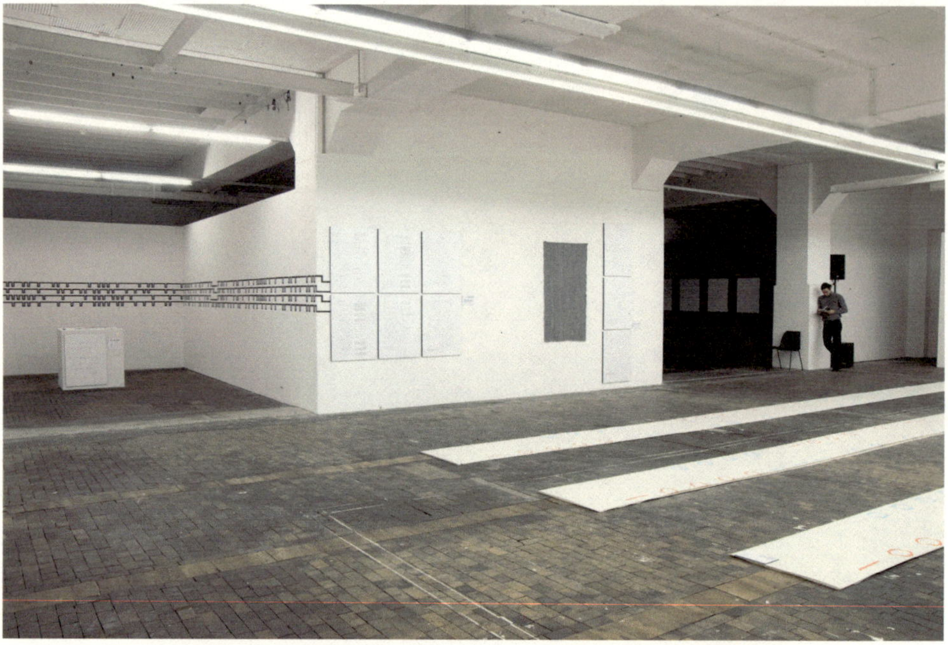

136

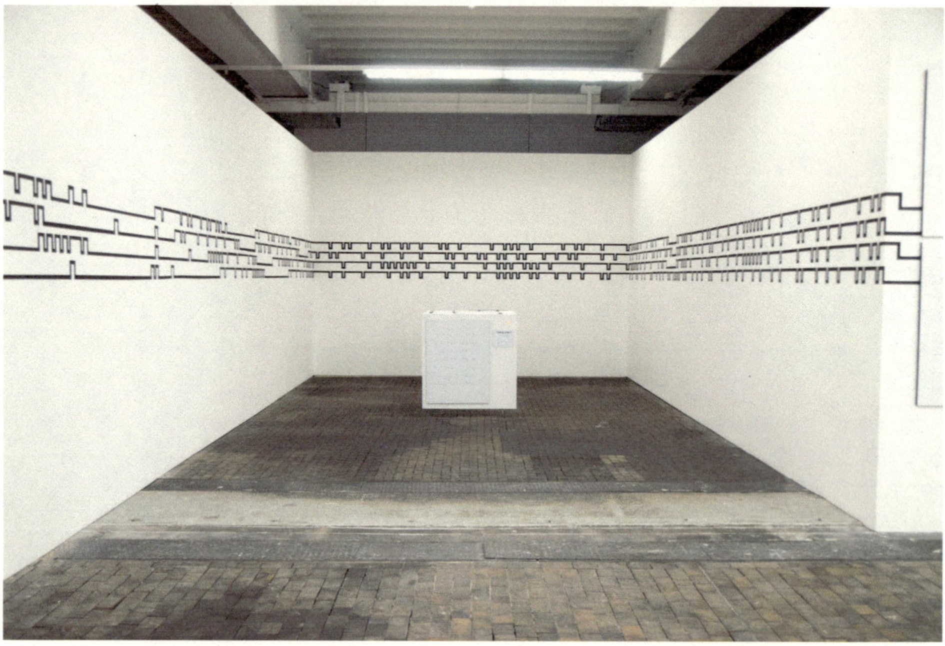

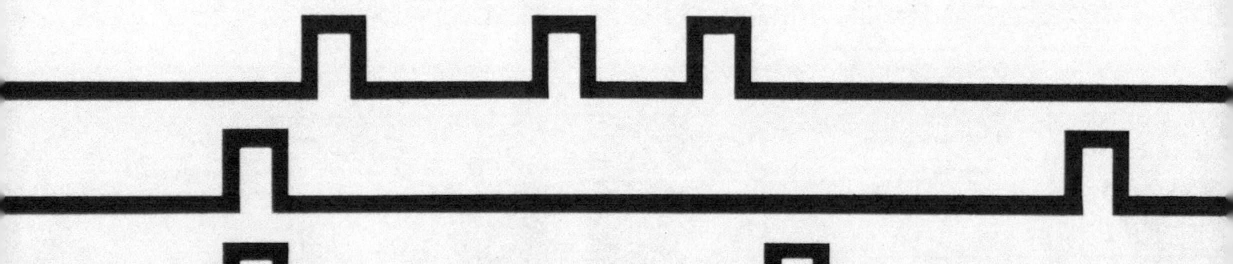

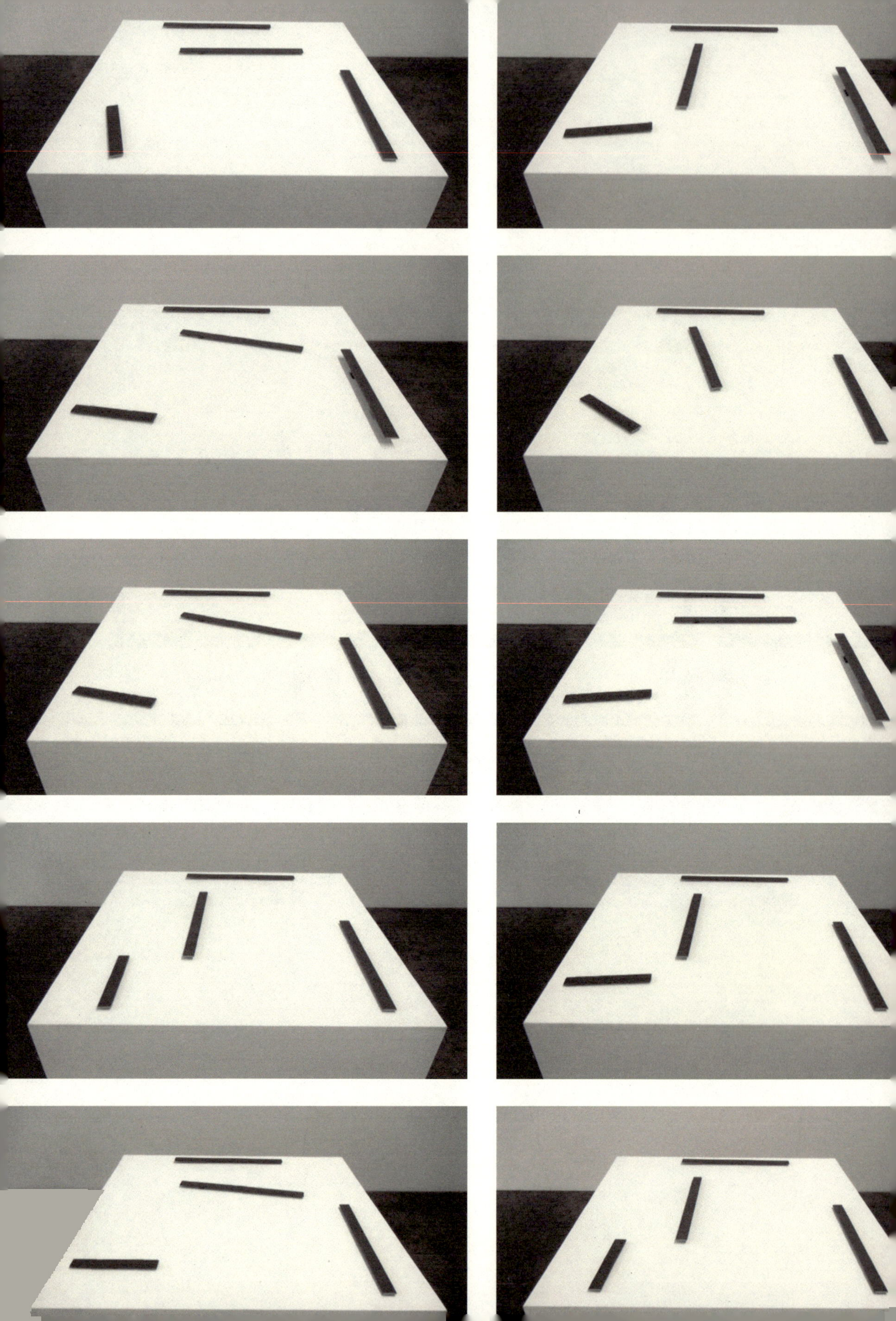

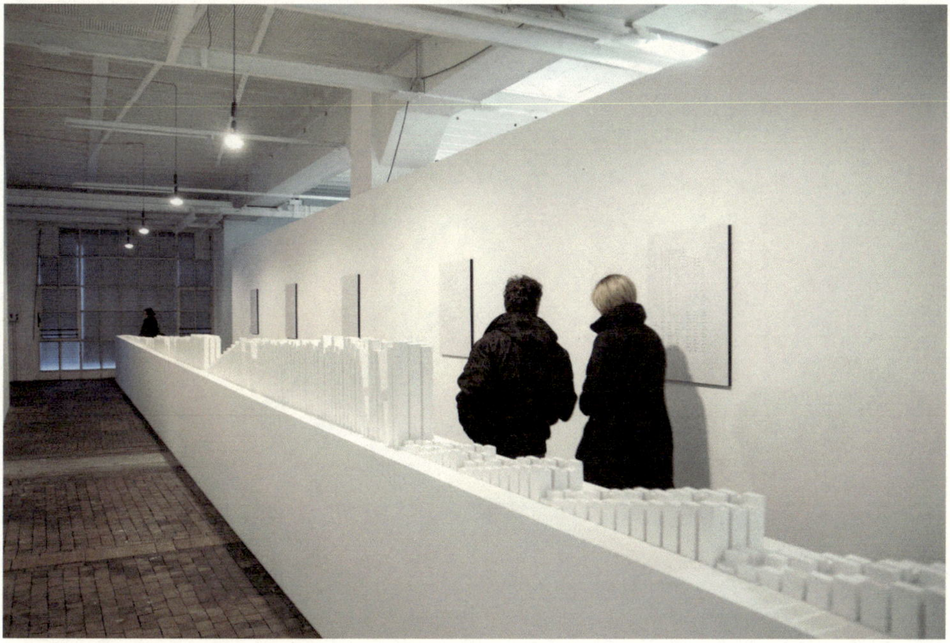

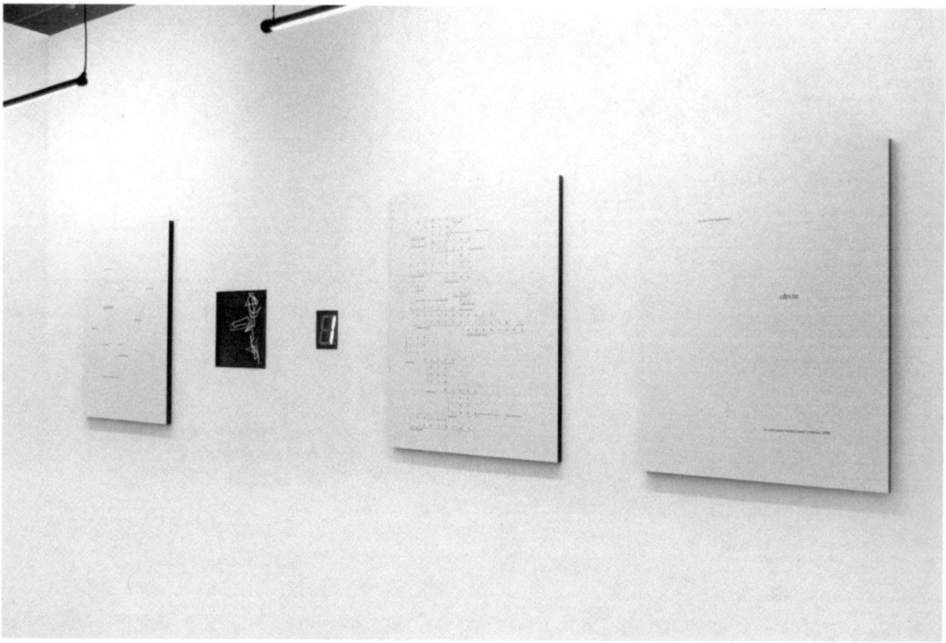

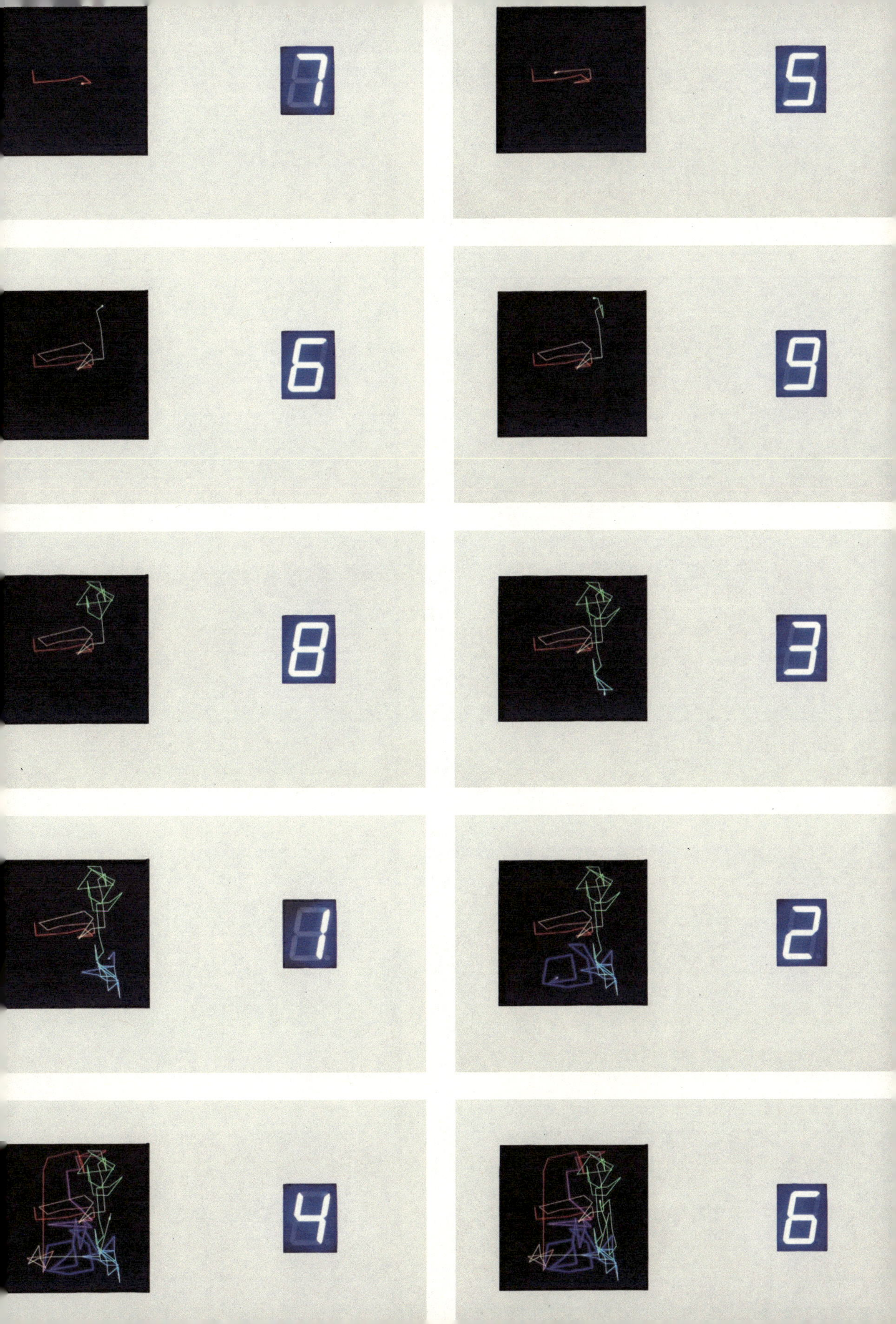
7
5
6
9
8
3
1
2
4
6

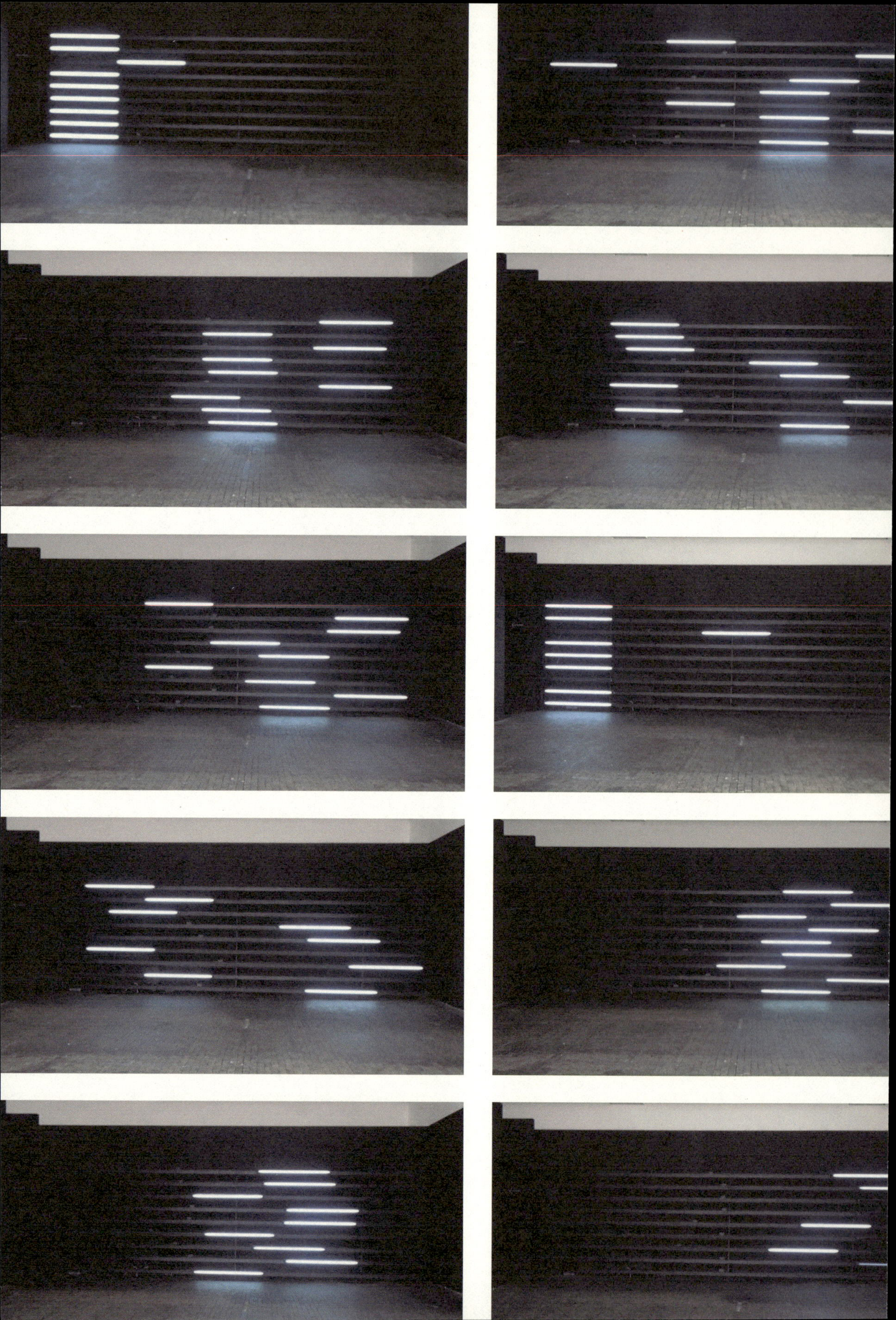

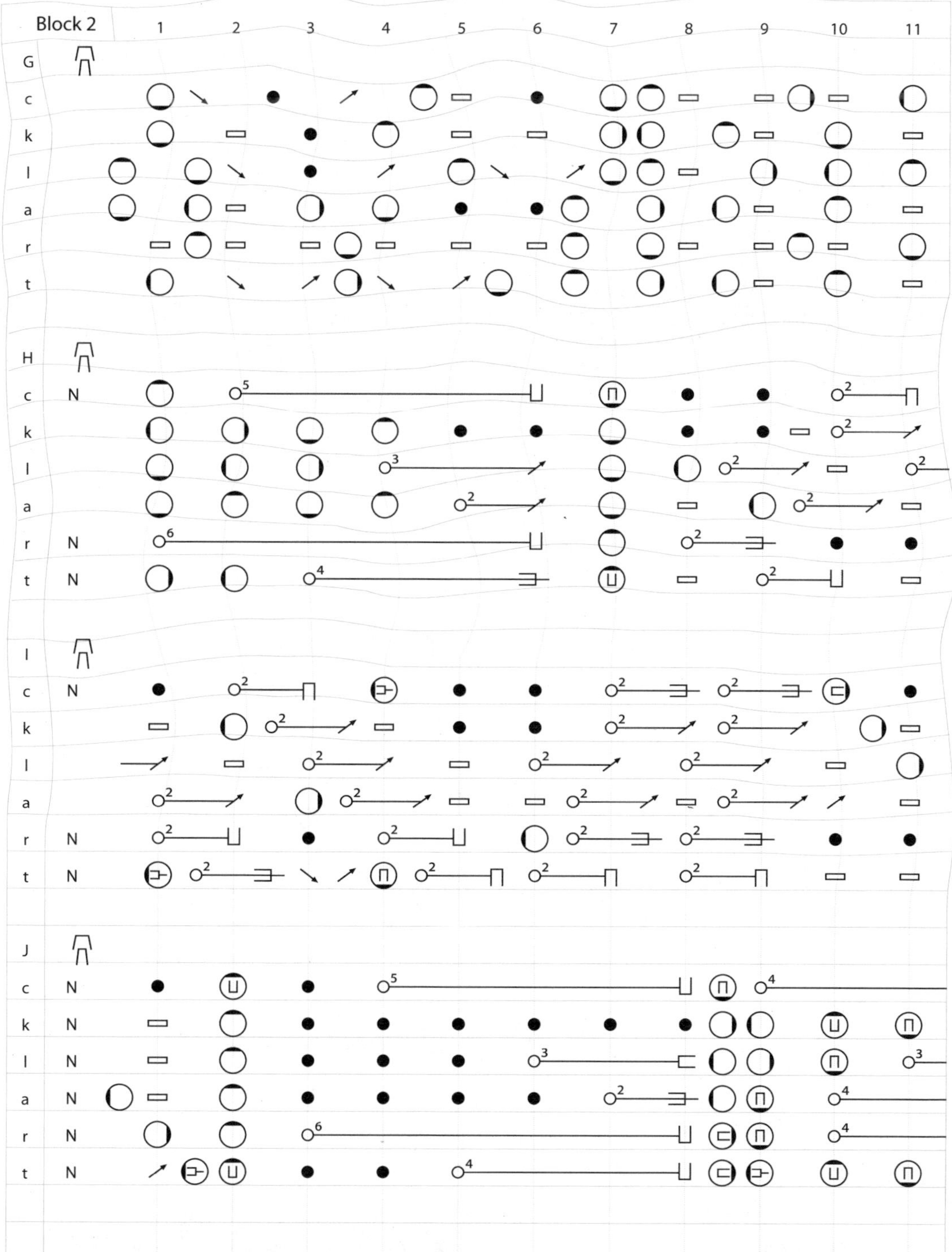
Block 2
1 2 3 4 5 6 7 8 9 10 11
G c k l a r t
H c k l a r t
I c k l a r t
J c k l a r t
N

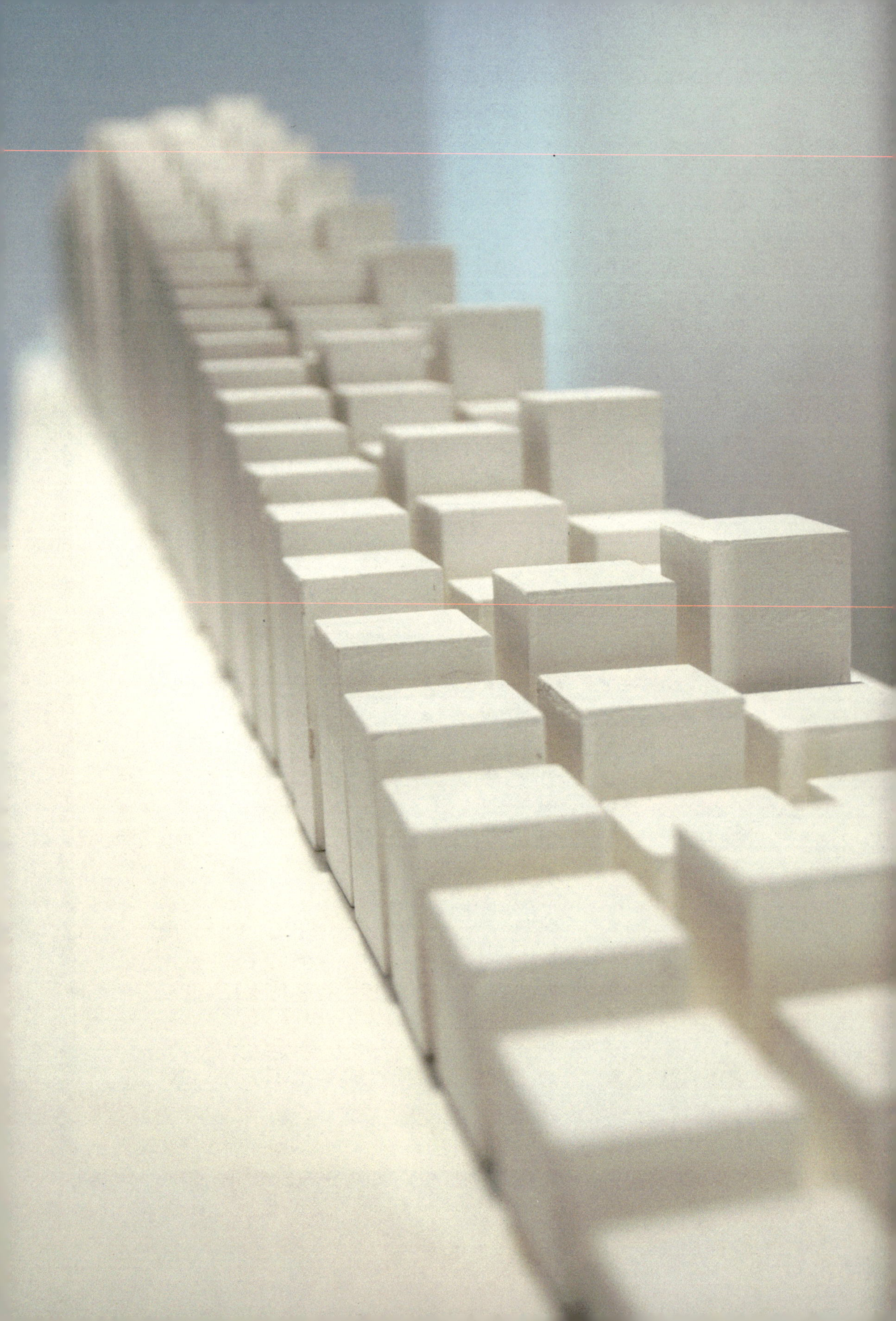

Stéphanie Bayle

Écrire du geste: de la partition à la pratique du mouvement continu

Quelles impressions persistent après avoir assisté à un spectacle de Cindy Van Acker ? On pourrait évoquer le remplissage intense de l'espace par le son, les lumières à la froideur nordique ou la précision de la danse. Ou encore parler de la géométrie des gestes, des corps saisis par une lenteur inexorable ou pris au contraire dans un enchaînement répétitif de motifs les laissant sans répit.

Ce qui m'a frappée la première fois que j'ai vu la danse de Cindy Van Acker autour des années 2010 – et n'a jamais cessé ensuite de s'imposer à moi –, c'est l'impression de ressentir profondément ce que chaque geste demande au corps. Je voyais soudain incarné un nouveau comportement gestuel totalement inédit pour moi : l'impression d'une connexion si étroite et privilégiée entre le mouvement produit et l'instant de son exécution, qui provoqua chez la jeune danseuse que j'étais une forme de révélation, un vrai choc esthétique.

La suite de l'histoire s'étire jusqu'à aujourd'hui encore, à travers la longue collaboration artistique que Cindy Van Acker et moi avons construite. Danseuse-interprète de ses pièces depuis 2012, je continue de creuser la compréhension de son œuvre en tant qu'étudiante chercheuse en Danse à l'Université de Paris 8 ; m'entêtant à comprendre ce qui se joue et s'active entre le ou la danseur·euse et le mouvement, décryptant les opérations qui transforment la réalité anatomique et kinesthésique du geste en *quelque chose de plus que cela*.

Toujours remplie de cette fascination ressentie en 2010 face à la danse de Cindy Van Acker et à la mystérieuse activité interne qui semble la conduire, mon intérêt ne cesse de se porter sur la nature des corporéités dans son œuvre. Le présent article tient lieu de tentative pour comprendre la construction de ces corporéités, notamment à travers l'étude de la « pratique du mouvement continu », une pratique chorégraphique développée par Cindy Van Acker et connue seulement des danseur·euses à qui elle est transmise dans l'intimité du studio. Il s'agit ici de replacer l'apparition de cette pratique à l'intérieur d'un système d'écriture global et d'étudier les conditions de son émergence à travers un regard rétrospectif sur l'œuvre de l'artiste.

Les corps chez Cindy Van Acker: qu'est-ce qu'on voit ?

En premier lieu, chez Cindy Van Acker, on ne se met pas soudainement à danser « comme ça ». Car, comme elle le dit : « Pourquoi choisir ce mouvement, ou celui-ci, ou celui-ci ? »[1] En d'autres termes, la chorégraphe est peu portée sur les pratiques dites d'« improvisation »[2], elle a besoin d'élaborer au préalable un cadre limitatif permettant l'émergence du mouvement. Ce cadre peut prendre la forme d'une scénographie plus ou moins contraignante, s'exprimer dans le déroulé temporel d'une dramaturgie ou à travers un parti pris physique fort.

Ce fut le cas pour *Corps 00:00*[3], pièce-manifeste de 2002. Le mouvement était alors en grande partie influencé par un dispositif attaché au corps de la danseuse, un appareil agissant par électrostimulation sur des zones spécifiques : une sorte de greffe électrique pour contrer la subjectivité du geste humain. Très tôt dans son travail, Cindy Van Acker a eu besoin de poser la contrainte comme condition permettant l'acte créatif et émancipateur, faisant d'elle un élément agissant activement dans la fabrication d'une corporéité particulière. Ainsi, dès le départ, une danse capable de se distancier d'elle-même s'est créée. Des filtres – dont les natures varient selon les projets – sont mis entre l'interprète et le geste, donnant à travailler aux danseur·euses une matière autre que *simplement* leur propre corps. C'est peut-être cette opération que Cindy Van Acker évoque lorsqu'elle souligne l'importance, chez l'interprète, de se distinguer de son ego.

Dans les spectacles de Cindy Van Acker, la fameuse maxime d'Aristote « le tout est plus que la somme de ses parties »[4] s'incarne totalement. Sur le plan physique, des caractéristiques sont récurrentes et peuvent être dégagées : le flux du mouvement est ralenti ; le geste semble dilaté, comme rempli depuis l'intérieur ; une qualité élastique prend place dans les fibres musculaires ; une résistance à l'air, au sol se fait sentir ; le poids devient le principe par lequel toute l'activité s'organise : le repoussé permet l'élévation, le relâchement amène la chute, le transfert offre le déplacement. M'apparaît extrêmement notable le fait que toutes ces activités sensibles ont lieu à travers une esthétique « formelle »[5] très marquée. Corporellement, cela s'exprime à travers une danse déterminée en amont de son exécution, choisie et travaillée pour être reproductible au millimètre près. Tout le travail de

1 Ces propos et les autres mentionnés dans le présent article sont cités de mémoire, issus de conversations informelles entre Cindy Van Acker et moi-même. Ils sont à considérer comme un témoignage et illustrent la relation de proximité existante avec la chorégraphe.

2 J'emploie ici cette référence catégorielle, non pour souligner une délimitation réductive entre les différentes pratiques chorégraphiques, mais pour situer les lecteur·trices. Ce qui est nommé ici « improvisation » renvoie à un mode de travail du mouvement ne distinguant pas le moment de conception du geste du moment de sa performance.

3 Création : 1er octobre 2002, ADC – Association pour la danse contemporaine, Genève. Plus d'informations et images : https://www.ciegreffe.org/corps-0000 (consulté le 14 octobre 2023).

4 Aristote, *La Métaphysique*, Livre H [VIII], 1045, 9–10.

5 Ici au sens littéral, une esthétique qui repose sur la forme.

l'interprète consiste ensuite à habiter la forme sans pour autant s'y limiter. Un phénomène contrasté se manifeste alors : c'est en même temps l'affirmation et l'explosion de la forme qui ont lieu simultanément, lui offrant sa pleine capacité d'expression. Ce comportement gestuel et postural, désigné par la formule « état de corps »[6], se construit ici entre l'embrassement le plus absolu de la forme, sans pour autant désinvestir l'écoute perceptive la plus fine. Ainsi, une fois les conditions d'existence de la danse posées, le geste peut s'auto-nourrir dans une dynamique cyclique ininterrompue : pour surgir, le geste nécessite une forme de concentration particulière de la part de l'interprète, concentration rendue possible et nourrie justement par l'activité kinésique du sujet dansant.

L'émergence d'un style

Une stratégie compositionnelle de Cindy Van Acker réside dans le fait de saturer la corporéité des danseur·euses, occupé·es à faire co-exister précision et sensations. Le recours à la partition, souvent mentionné dans la littérature consacrée à son œuvre[7], vient s'inscrire dans cette stratégie de travail en contrainte évoquée plus haut. Adjuvant permettant de composer la danse de façon empirique, la partition est aussi un moyen pour repousser les limites des corporéités dansantes créant coordinations virtuoses, dissociations rythmiques, amplifications du geste, etc. La partition tient lieu à la fois de cadre pour organiser la danse et de *raison* au geste, elle permet en quelque sorte de légitimer le mouvement. À travers le protocole strict et exigeant qui consiste à déchiffrer, mémoriser et restituer la partition, se trouve pour le ou la danseur·euse la promesse d'un « état de présence »[8] concentré et privilégié. Un état qui amène l'interprète au-delà d'elle ou lui-même. Dans son étude de cas consacrée au travail de Myriam Gourfink, la chercheuse en danse Federica Fratagnoli évoque en ce sens l'« expérience

6 Selon la définition d'«état de corps» que propose Federica Fratagnoli: «D'un point de vue proprement physique, celui-ci renvoie à un ensemble d'états toniques vécus par le corps de l'interprète. Ces états sont généralement travaillés et incorporés au cours de l'échauffement, puis pendant les répétitions, permettant au danseur une fois sur scène de le convoquer si besoin. Retrouvé ultérieurement grâce à un niveau de concentration et *d'at-tension* particulier, cet ensemble d'états toniques peut constituer un point de repère stable pour l'interprète, qui construit dès lors son geste à partir de cette expérience perceptive.» Cfr. Federica Fratagnoli, «La danse contemporaine comme expérience "enstatique": l'étude de cas de Myriam Gourfink», dans: Sébastien Baud (dir.), *Anthropologies du corps en transes*, Paris: Connaissances et Savoirs, 2016, p. 56.

7 Je citerai les deux ouvrages notables suivants: Michèle Pralong (dir.), *Partituurstructuur*, Genève: Héros-Limite, 2012; Enrico Pitozzi, *Magnetica*, Macerata: Quodlibet, 2015.

8 De cette notion de «présence», Christine Roquet dit qu'elle convoque les catégories de l'espace et du temps. Ce terme renvoie fondamentalement au fait d'être présent, en opposition à l'idée d'absence. Il est aussi à rapprocher de celui de «conscience», faisant référence ici à une capacité d'attention et de réaction dans un moment donné. Roquet défend l'idée que la présence se travaille. Il ne s'agirait donc pas d'un don, d'une capacité innée à générer l'attention d'autrui dont on serait pourvu ou non. Cfr. Christine Roquet, *Vu du geste. Interpréter le mouvement dansé*, Pantin: Centre national de la danse, «Recherches», 2019, p. 171.

enstatique »[9] vécue par les danseuses occupées à interpréter des partitions exigeantes. Si, éthymologiquement, l'« enstase » (à l'intérieur de soi) désigne le mouvement opposé à celui de l'« extase » (à l'extérieur de soi), dans les faits, ces deux phénomènes concourent vers une même finalité : il s'agit d'atteindre un état éloigné du quotidien, un état altéré où les espaces perceptifs et sensoriels sont sur-investis.

Entre 2003 et 2014, la partition s'est avérée être le moyen privilégié pour Cindy Van Acker de partager sa danse avec d'autres interprètes et, par extension, les éléments fondamentaux la composant. La dizaine de soli créée entre 2002 et 2010[10] a fait éclore chez Cindy Van Acker une dynamique de transmission. Composées avec des interprètes proches, ces études pour un seul corps ont permis l'affirmation d'une signature gestuelle.

Si ces soli n'ont pas tous nécessité une écriture partitionnelle, c'est aussi parce qu'ils se fabriquaient en tête-à-tête, dans un contexte privilégiant une transmission directe par *absorption*. Ainsi, au fil des pièces, un corps postural « van ackerien » s'est défini. Au sol, il s'impose clairement comme matière, trouvant dans des appuis inhabituels des façons d'être minéral, aqueux, abstrait. Debout, il est fermement ancré sur des pieds parallèles déposés à l'aplomb du bassin. Le dos est érigé, le menton légèrement ramené vers la gorge, le regard subtilement incliné dans une diagonale descendante vers l'avant.

Dans l'art chorégraphique, le phénomène d'intercorporéité, d'intergestualité même, est grandement nourri par le ou la chorégraphe lorsque celui ou celle-ci montre le geste. Dans un ouvrage collectif dédié aux *Carnets Bagouet*, Isabelle Launay explique : « Le savoir technique résulte ici d'une tradition posturale acquise par mimétisme et qui est elle-même en écho avec la physicalité globale d'un groupe humain. »[11] Elle évoque encore « [...] une organisation du sentir, une expressivité [...] relativement homogène à chaque moment. »[12] Le travail partagé au sein d'une équipe réduite

9 Le terme d'« enstase » est dû à Mircea Eliade, historien des religions et des mythes, et philosophe du début du 20e siècle. C'est à travers son étude du yoga qu'il développe la notion d'« enstase », néologisme formé pour marquer la différence avec l'« extase ». Le yogi, à travers un regard tourné vers lui-même, « cherche à expérimenter et à atteindre une sensibilité accrue vis-à-vis des plus petits mouvements et une concentration absolue en lien avec le moment présent. » Ici, c'est dans la méditation profonde que se produit l'expérience, et notamment à travers l'immobilité. Crf. Mircea Eliade, *Patanjali et le yoga*, Paris : Seuil, 1962 ; cité ici de Federica Fratagnoli, *op. cit.*, p. 49.

10 Essentiellement des pièces où la danse se déploie au sol. En privé, la chorégraphe plaisante d'ailleurs volontiers à ce sujet, disant qu'elle s'est « enfin mise debout » à partir de 2011, avec la pièce *Diffraction*. Plus d'informations et images de ces soli tels que *Fractie* (2003), *Obvie* (2008), *Nixe* (2009), *Obtus* (2009) ou *Lanx* (2009) sont disponibles sur le site web de l'artiste : https://www.ciegreffe.org/repertoire (consulté le 14 octobre 2023).

11 Isabelle Launay (dir.), *Les Carnets Bagouet*, Besançon : Les Solitaires Intempestifs, 2007, p. 77.

12 *Ibidem*, p. 67.

et récurrente favorise ce phénomène de porosité entre les corporéités. Les interprètes incorporent des savoirs communs, s'alignent sur des modes perceptifs, adhèrent à une éthique collective de l'interprétation et de l'être-en-scène.

Dans l'œuvre de Cindy Van Acker, l'esthétique, la gestualité et l'état de corps de sa danse se sont construits à travers la corporéité même de la chorégraphe. Sa longue recherche en solitaire et sa présence au plateau, très soutenue jusqu'en 2016, ont affirmé une signature physique et dramaturgique. Les danseur·euses, complices et témoins, ont ainsi absorbé, incorporé un « air postural »[13] , allant jusqu'à partager une même éthique du geste.

Ces codes visuels et chorégraphiques répétés, choisis et affirmés concourent à faire émerger chez le public un phénomène de reconnaissance pour un·e auteur·e. Ce que l'on nomme communément un *style*. Isabelle Launay donne l'image très juste d'« un même bain »[14] partagé pour parler du phénomène d'intercorporéité évoqué plus haut. Autrement dit, le déploiement d'un style « van ackerien » s'est fait depuis un corps-source, celui de la chorégraphe, avant de se disséminer dans d'autres corps, ceux des interprètes, devenant traducteur·trices et passeur·euses de la pensée de son auteure.

De la partition au mouvement continu, trajectoire

Un autre cycle important dans l'œuvre de Cindy Van Acker correspond aux pièces de groupe créées entre 2011 et 2017[15], comme *Magnitude* (2013) ou *Anechoic* (2014), souvent traitées selon un même intérêt : considérer une multitude de corps comme un seul corps. Que ce soit dans des pièces-paysages pour un seul individu ou pour vingt, la partition s'impose encore car elle permet à la chorégraphe de pousser très loin la complexité des coordinations anatomiques et des agencements de groupe. La partition, en tant que système descriptif, induit ainsi directement la nature du geste et sa qualité, sa temporalité, son orientation. « La partition ne transcrit pas [...] la danse, mais bien ce qui peut être objectivé à travers le système »[16] ; effectivement, la partition fournit de l'information, archive des concepts chorégraphiques, mais ne dit pas *comment* danser. Il s'agit ensuite d'habiter en danseur·euse un espace architectural donné.

13 *Ibid.*, p.78.

14 *Ibid.*, p.54.

15 Pour de plus amples informations, images et vidéos des créations de Cindy Van Acker entre 2011 et 2017, nous renvoyons au site web de l'artiste : https://www.ciegreffe.org/repertoire (consulté le 14 octobre 2023).

16 Isabelle Launay (dir.), *op. cit.*, p.76.

F À partir de 2015, le mode de création de Cindy Van Acker se nuance fortement. Les pièces créées se détachent de l'outil partitionnel qui était à l'œuvre précédemment. La collaboration artistique avec Romeo Castellucci, qui l'amène à chorégraphier pour l'opéra[17], se réactive et s'intensifie. Les commandes de pièces pour des compagnies institutionnelles se succèdent. Cindy Van Acker travaille alors avec de grands groupes de danseur·euses qu'elle ne connaît pas et dans une temporalité courte – deux paramètres qui ne sont pas ses préférés. C'est ainsi qu'émerge une forme d'exercice, guidé oralement par la chorégraphe, pour lui permettre de distinguer les qualités des interprètes qu'elle a en face d'elle. Y voyant aussi une « stratégie pour atteindre plus vite une qualité de corps »[18] recherchée, Cindy Van Acker pousse l'exercice jusqu'à en faire une pratique définie et incontournable de sa pédagogie qu'elle nomme « le mouvement continu ». Conséquence plutôt que projet, l'apparition du mouvement continu vient répondre à une nécessité dans des contextes où le phénomène d'intercorporéité ne peut plus advenir comme auparavant, ni à travers l'enseignement de partitions, ni grâce à la quantité de temps passé avec les danseur·euses.

C'est durant la recherche pour la pièce *Zaoum*[19] (2016), créée pour sa compagnie, la Cie Greffe, que Cindy Van Acker a façonné en grande partie l'identité du mouvement continu. Réactivée chaque jour à travers de longues sessions au caractère expérimental, la pratique était alors en construction, dans l'acte même de sa passation. Dans cette création, l'utilisation de la pratique du mouvement continu a servi à façonner la nature des corporéités désormais mises en scène autrement. Cindy Van Acker, influencée par son travail à l'opéra, choisit pour la première fois d'écrire la danse à partir d'une musique existante – *Quando stanno morendo* de Luigi Nono (1982) –, avec l'envie de rendre le son visible à travers les gestes des danseur·euses, au plus près de chaque nuance. Doublé au fait que la pièce intègre plusieurs nouveaux·elles danseur·euses, ceci a nécessité l'élaboration d'un nouveau protocole de travail.

Dans le champ chorégraphique, les pratiques sont des outils réglementés, inventés par les chorégraphes, puis transmis aux interprètes pour fabriquer un « mode d'être » ou un « état de présence » depuis un « corps commun »[20].

17 À cet égard, nous renvoyons à l'entretien de Paola Gilardi avec Romeo Castellucci dans le présent ouvrage, pp. 245–256, ainsi qu'au site web de Cindy Van Acker: https://www.ciegreffe.org/collaborations (consulté le 14 octobre 2023).

18 Selon les mots de Cindy Van Acker, lors d'une de nos nombreuses conversations au sujet du mouvement continu.

19 Création le 29 septembre, Arsenic, Lausanne. Pour plus d'informations, images et vidéo: https://www.ciegreffe.org/zaoum (consulté le 14 octobre 2023).

20 Yvane Chapuis, Myriam Gourfink, Julie Perrin (dir.), *Composer en danse. Un vocabulaire des opérations et des pratiques*, Dijon: Les presses du réel, 2020, p. 340.

Selon Yvane Chapuis, à propos des chorégraphes, « il s'agit pour eux de mettre en partage des questions qui les occupent et de trouver les moyens pour que les collaborateurs se les approprient. »[21] Le mouvement continu réunit les corporéités des praticien·nes dans un même présent. Plongé·es directement dans « le faire »[22], ils et elles se trouvent chargé·es implicitement des fondamentaux de la danse de Cindy Van Acker. Les évènements sensoriels et kinesthésiques rencontrés dans ces temps d'exploration forment ainsi une banque de données accessible aux interprètes une fois en scène, leur permettant de nourrir la qualité de leurs gestes, quelle que soit leur nature.

Le mouvement continu, condensateur de sensations

Dans l'ouvrage collectif *Composer en danse*, Cindy Van Acker mentionne le mouvement continu en ces termes : « Il s'agit donc de bouger dans l'espace sans faire d'arrêt, en étant le plus possible dans l'instant même, en développant l'écoute et les sens (le rapport au sol, à l'air, à la résistance, au corps de l'autre). »[23] La pratique, parfois évoquée succinctement par la chorégraphe en interview, reste véritablement connue des seul·es danseur·euses l'exerçant. Matériau de studio dès 2016, elle devient vite l'outil rassembleur, façonnant une unicité posturale, temporelle, qualitative parmi les corporéités dansantes. Nourrissant profondément l'acte chorégraphique, la pratique n'est pourtant jamais exposée explicitement au plateau, bien que certaines pièces en présentent des bribes, comme des citations. Le mouvement continu devient ainsi incontournable dans la pédagogie de Cindy Van Acker, y compris lors des stages qu'elle dispense en dehors de sa compagnie.

La pratique se déploie concrètement selon deux configurations principales : elle est soit *libre*, soit dite *avec consignes*. Dans la première version, les danseur·euses en connaissent déjà les grands principes. Ils et elles entrent alors de manière autonome dans le mouvement, au sein d'un contexte défini. Lorsque des consignes sont présentes, elles prennent la forme d'une partition donnée oralement aux danseur·euses, qu'ils et elles mémorisent avant d'entamer leur exploration. Par exemple, une consigne peut être : « Prendre un pas sur le pied gauche, amener simultanément les deux bras sur des niveaux

21 *Ibidem.*

22 L'anthropologue Tim Ingold propose une nominalisation du verbe « le faire » désignant ainsi plus qu'une action, un concept. Selon lui, « le faire » pourrait être pensé « comme un processus de croissance » qui placerait « celui qui fait comme quelqu'un qui agit dans un monde de matières actives. » Cfr. Tim Ingold, *Faire - Anthropologie, Archéologie, Art et Architecture*, Bellevaux : Dehors, 2017, p. 60.

23 Chapuis, Gourfink, Perrin (dir.), *op.cit.*, p. 373.

différents. » C'est à travers un couplage paroles-gestes que Cindy Van Acker transmet la pratique, performant la démonstration tout autant qu'elle l'explique. L'anthropologue Anne Cazemajou nomme « embrayeurs d'action »[24] les consignes qui sont données dans un cours de danse-yoga sur lequel elle enquête. Chez Cindy Van Acker, c'est plutôt le geste qui semble faire fonction d'« embrayeur de parole ». Sa démonstration fait appel à une empathie kinesthésique chez les danseur·euses témoins. Directement plongé·es par imprégnation au sein d'une expérience physique, leurs corporéités se transforment déjà. Pour Alain Berthoz, le phénomène d'empathie prend sa place dans la « faculté de changer de point de vue (dans l'espace) ou plutôt, [...] comme faculté de changer de point de sentir. »[25] La pratique demande une forme d'honnêteté aux praticien·nes : la lenteur du mouvement advient car chaque transfert de poids doit s'effectuer avec attention, dans un flux linéaire, sans élan. Le principe consiste à traverser physiquement l'espace du studio, en nourrissant la présence de chaque geste également, sans aucune forme de hiérarchie de valeur entre les différentes parties du corps. Cette attitude dans le geste, lorsqu'on n'y déroge pas, offre un comportement nouveau pour traverser les difficultés techniques au lieu de s'en détourner. Le *continu* dans cette pratique s'adresse à la volonté, au désir d'alimenter l'état de concentration mis en place, sans céder au pur plaisir de la sensation. L'écho des modifications posturales et gravitaires donne de l'information et fabrique déjà du nouveau, dégageant le ou la danseur·euse d'un trop grand volontarisme. En réalité, lorsque l'interprète plonge entièrement dans la contrainte et donne sa confiance au principe générateur de mouvement, il ou elle s'offre la possibilité de vivre une expérience émancipatrice.

Le mouvement continu est une autre feuille de route, un système de guidage comme peut l'être la partition manuscrite. Il représente en quelque sorte un condensé issu des recherches d'une vie. Il est l'outil vulgarisateur venant matérialiser les découvertes faites par Cindy Van Acker en matière de mouvement ; il dit les lieux où se posent ses intérêts, les principes élus et, par défaut, tous ceux qui sont exclus et ne trouvent pas de place dans le style « van ackerien ». L'apothéose de ce travail d'écriture et de sa restitution, dans la dilatation du temps de l'interprétation, se trouve peut-être dans la pièce de Cindy Van Acker la plus récente, *Without References*[26]. Les danseur·euses, parfois occupé·es à peu de gestes visibles de l'extérieur, ont en tête un déroulé

24 Anne Cazemajou, « Les consignes comme embrayeurs d'action et de perception en cours de yoga/danse contemporaine », dans : *STAPS*, 2013/4, n°102, pp. 61–74.

25 Roquet, *op. cit.*, p. 187.

26 Création le 23 mars 2021, Comédie de Genève. Plus d'informations, images et vidéo : https://www.ciegreffe.org/without-references (consulté le 14 octobre 2023). À propos de cette pièce, nous renvoyons aussi à l'article de Roberta Alberico et Léo Chavaz dans le présent ouvrage, pp. 291–296.

constant. Ce sont des scènes de films d'Alain Resnais et de Jim Jarmusch qu'ils rejouent individuellement mais dans un même espace physique, faisant se chevaucher les kinesphères, les temporalités, les imaginaires. Une nouvelle forme de partition en continu qui donne corps au temps de la pensée, à celui de la variation du souffle, au temps qu'il faut à l'œil pour refaire le point après avoir détourné le regard.

Avec le mouvement continu, Cindy Van Acker a façonné un outil stratégique permettant de poursuivre sa recherche du geste en conscience et de « former » les danseur·euses à son style. Leurs corporéités se chargent d'un vécu sensoriel et perceptif qui nourrit leur interprétation. Grâce à la partition, puis avec la pratique du mouvement continu, Cindy Van Acker a posé des cadres performatifs exigeants qui appellent les interprètes à trouver le dépassement de soi, au-delà de la forme.

Stéphanie Bayle

Tanz schreiben: von der Partitur zur Praxis der kontinuierlichen Bewegung

Welche Eindrücke bleiben nach dem Besuch einer Aufführung von Cindy Van Acker haften? Man könnte die intensive Erfüllung des Raumes durch den Klang, das nordisch kalte Licht oder die Präzision des Tanzes nennen. Oder man könnte von der Geometrie der Gesten sprechen, von Körpern, die von einer unerbittlichen Langsamkeit erfasst werden oder, im Gegenteil, in einer pausenlosen monotonen Abfolge von Bewegungsmustern gefangen sind.

Was mich beeindruckte, als ich Cindy Van Ackers Tanz 2010 zum ersten Mal sah – und was sich mir danach immer wieder aufdrängte –, war das Gefühl, zutiefst zu spüren, was jede Bewegung dem Körper abverlangt. Plötzlich sah ich ein gestisches Verhalten leibhaftig geworden, das neuartig und für mich noch nie dagewesen war: der Eindruck einer derart engen und besonderen Verbindung zwischen der erzeugten Bewegung und dem Moment ihrer Ausführung, dass sie bei der jungen Tänzerin, die ich damals war, eine Art Offenbarung, einen wahren ästhetischen Schock auslöste.

Die Geschichte setzt sich durch die lange künstlerische Zusammenarbeit, die Cindy Van Acker und ich aufgebaut haben, bis heute weiter fort. Seit 2012 wirke ich als Tänzerin und Darstellerin an ihren Produktionen mit. Zudem vertiefe ich als forschende Studentin im Fach Tanz an der Universität Paris 8 das Verständnis ihres Werks: Hartnäckig will ich begreifen, was zwischen

dem Tänzer bzw. der Tänzerin und der Bewegung geschieht und entsteht sowie die Operationen entschlüsseln, die die anatomische und kinästhetische Realität der Geste in etwas verwandeln, was *über diese hinausgeht*.

Nach wie vor bin ich von der Faszination erfüllt, die mich 2010 angesichts von Cindy Van Ackers Tanz und der geheimnisvollen inneren Aktivität, die diesen anzutreiben scheint, ergriffen hat. Mein Interesse richtet sich daher immer wieder auf die Natur der Körperlichkeiten in ihrem Werk. Der vorliegende Beitrag ist ein Versuch, die Konstruktion dieser Körperlichkeiten zu verstehen. Insbesondere soll die «Praxis der kontinuierlichen Bewegung» analysiert werden, eine von Cindy Van Acker entwickelte choreografische Arbeitsweise, die nur den Tänzer:innen bekannt ist, denen sie in der Intimität des Studios vermittelt wird. Es geht hier darum, die Entstehung dieser Praxis innerhalb eines umfassenden choreografischen Systems zu verorten und die Bedingungen ihres Entstehens durch einen Rückblick auf das Werk der Künstlerin zu untersuchen.

Die Körper bei Cindy Van Acker: Was sehen wir?

Zunächst einmal beginnt man bei Cindy Van Acker nicht plötzlich, «einfach so» zu tanzen. Denn wie sie sagt: «Warum diese Bewegung wählen, oder diese, oder diese?»[1] Mit anderen Worten: Die Choreografin hält nicht viel von sogenannten «Improvisationspraktiken»[2], sie muss vorab einen begrenzenden Rahmen entwickeln, der das Entstehen der Bewegung ermöglicht. Dieser Rahmen kann die Form eines mehr oder weniger einschränkenden Bühnenbildes annehmen, sich im zeitlichen Ablauf einer Dramaturgie oder in einer extremen physischen Vorgabe ausdrücken.

Dies war bei dem Manifest-Stück *Corps 00:00*[3] aus dem Jahr 2002 der Fall. Damals wurde die Bewegung weitgehend durch eine Vorrichtung beeinflusst, die mit dem Körper der Tänzerin verbunden war, ein Gerät, das durch Elektrostimulation auf bestimmte Bereiche einwirkte: eine Art elektrisches Transplantat, das der Subjektivität der menschlichen Bewegung entgegenwirken sollte. Schon sehr früh in ihrer Arbeit hatte Cindy Van Acker das Bedürfnis, die Einschränkung als Bedingung für den kreativen und emanzipatorischen Akt zu setzen, als konstitutives Element zu fassen, das aktiv auf die Erschaffung einer ganz bestimmten Körperlichkeit hinwirkt. So entstand von Anfang an ein Tanz, der in der Lage ist, sich von sich selbst zu distanzieren. Zwischen dem Tänzer bzw. der Tänzerin und der Geste werden Filter gesetzt, deren Art von Projekt zu Projekt variiert; diese zwingen die Tänzer: innen, mit einem anderen Material als *nur* mit ihrem eigenen Körper zu arbeiten. Vielleicht ist es dieser Vorgang, den Cindy Van Acker anspricht, wenn sie betont, wie wichtig es für die Darsteller:innen ist, sich von ihrem Ego abzukoppeln.

In Cindy Van Ackers Tanzstücken wird die berühmte Maxime von Aristoteles «Das Ganze ist mehr als die Summe seiner Teile»[4] vollständig verkörpert. Auf der physischen Ebene lassen sich einige wiederkehrende Merkmale herausarbeiten: Der Bewegungsfluss ist verlangsamt; die Geste wirkt gedehnt, wie von innen heraus genährt; die Muskelfasern weisen eine besondere elastische Qualität auf; ein Widerstand gegen die Luft und den Boden macht sich bemerkbar. Zudem wird das Gewicht zum Prinzip, nach dem sich die gesamte Aktivität der Darsteller:innen organisiert: Das Abstossen erlaubt das Aufsteigen, das Loslassen führt zum Fallen, die Verlagerung ermöglicht

1 Diese und alle anderen in diesem Beitrag erwähnte Aussagen von Cindy Van Acker sind aus dem Gedächtnis zitiert (wurden aber durch CVA autorisiert) und stammen aus informellen Gesprächen zwischen der Choreografin und mir. Sie sind als Belege aus erster Hand zu verstehen und veranschaulichen unsere enge Beziehung.

2 Diese kategoriale Bezugnahme verwende ich hier nicht, um eine reduktive Abgrenzung zwischen den verschiedenen choreografischen Praktiken zu betonen, sondern um den Leser:innen eine Orientierungshilfe zu geben. Was hier als «Improvisation» bezeichnet wird, bezieht sich auf eine Arbeitsweise, bei der zwischen dem Entstehungszeitpunkt einer Geste und dem Moment ihrer Aufführung nicht unterschieden wird.

3 Uraufführung am 1. Oktober 2002, ADC – Association pour la danse contemporaine, Genf. Weitere Informationen und Abbildungen finden sich auf der Webseite von Cindy Van Ackers Compagnie Greffe: https://www.ciegreffe.org/corps-0000 (letzter Zugriff am 14. Oktober 2023).

4 Aristoteles, *Metaphysik*. VII 17, 1041b.

die Weiterbewegung. Höchst bemerkenswert erscheint mir die Tatsache, dass alle diese feinsinnigen Aktivitäten durch eine ausgeprägte «formale»[5] Ästhetik zustande kommen. Körperlich drückt sich dies in einem Tanz aus, dessen Bewegungsabfolge vor seiner Ausführung festgelegt sowie im höchsten Masse vorgegeben und einstudiert wird, sodass er auf den Millimeter genau reproduzierbar ist. Die gesamte Arbeit der Tänzer:innen besteht dann darin, die Form auszufüllen, ohne sich jedoch auf sie zu beschränken. Dabei zeigt sich ein gegensätzliches Phänomen: Indem die Darsteller:innen gleichzeitig die Form bekräftigen und deren Grenzen sprengen, verleihen sie ihr deren volle Ausdruckskraft. Diese besondere Art von Gesten und Körperhaltung – mit der Formel «état de corps» (wörtl. «Körperzustand»)[6] bezeichnet – ergibt sich hier aus einer bedingungslosen Umarmung der Form, gekoppelt mit einer äusserst achtsamen Wahrnehmung. Sobald die Grundlagen einer Choreografie gesetzt sind, können sich die Bewegungen in einer ununterbrochenen, zyklischen Dynamik selbst nähren: Um diese Bewegungen hervorzubringen, wird den Tänzer:innen eine besondere Form der Konzentration abverlangt, die gerade durch die kinästhetische Aktivität des tanzenden Subjekts ermöglicht und gespeist wird.

Die Entstehung eines Stils

Eine kompositorische Strategie von Cindy Van Acker besteht darin, die Körperlichkeit der Tänzer:innen zu «übersättigen», während diese bereits darauf bedacht sind, Präzision und Empfindungen in Einklang zu bringen. Die in der Literatur zu ihrem Werk häufig erwähnte Verwendung von Partituren[7] ist Teil der oben beschriebenen Strategie der Arbeit unter Einschränkung. Die Partitur erlaubt es, den Tanz empirisch zu komponieren und die Grenzen der tänzerischen Körperlichkeiten zu erweitern, indem sie virtuose Koordinationen, rhythmische Dissoziationen, Erweiterungen von Gesten usw. erschafft. Die Partitur dient sowohl als Rahmen für die interne Organisation

5 Hier im wörtlichen Sinn eine Ästhetik, die auf der Form beruht.

6 Federica Fratagnoli definiert den Begriff («état de corps») folgendermassen: «Aus rein physischer Sicht bezieht er sich auf eine Reihe von muskulären Tonuszuständen, die der Körper des Darstellenden erlebt. Diese Zustände werden in der Regel während des Aufwärmens und dann während der Proben erarbeitet und verinnerlicht, sodass der Tänzer sie auf der Bühne bei Bedarf abrufen kann. Die Gesamtheit dieser Tonuszustände wird später durch ein besonderes Mass an Konzentration und *Auf-Spannung* aufgerufen und bildet für den Darstellenden einen stabilen Bezugspunkt, der ihm ermöglicht, seine Bewegungsabfolgen fortan auf der Grundlage dieser Wahrnehmungserfahrung aufzubauen.» Das Zitat, durch Andreas Härter übersetzt, stammt aus Federica Fratagnolis Aufsatz «La danse contemporaine comme expérience ‹enstatique›: l'étude de cas de Myriam Gourfink». In: Sébastien Baud (Hrsg.), *Anthropologies du corps en transes*, Paris: Connaissances et Savoirs, 2016, S. 56. Mit «Auf-Spannung» wird hier das (Kunstwort «at-tension» übersetzt, das «Spannung» («tension») und «Aufmerksamkeit» («attention») verknüpft; Anm. d. Übers.

7 In diesem Zusammenhang scheinen mir folgende zwei Studien besonders erwähnenswert: Michèle Pralong (Hrsg.), *Partituurstructuur*. Genf: Héros-Limite 2012 und Enrico Pitozzi, *Magnetica*. Macerata: Quodlibet 2015.

des Tanzes wie auch als Grund für die Geste, sie legitimiert gewissermassen die Bewegung. Das strenge und anspruchsvolle Protokoll, das darin besteht, die Partitur zu entziffern, sich einzuprägen und wiederzugeben, hilft den Tänzer:innen, sich in einen konzentrierten und privilegierten «Zustand der Präsenz»[8] zu versetzen, einen Zustand, der sie über die eigenen Grenzen hinausträgt. In ihrer Fallstudie über die Arbeit von Myriam Gourfink spricht die Tanzwissenschaftlerin Federica Fratagnoli in diesem Sinne von einer «enstatischen Erfahrung»[9], die Tänzer:innen bei der Aufführung anspruchsvoller Partituren erleben. Die «Enstase» (in sich gekehrt) bezeichnet zwar etymologisch die Gegenbewegung zur «Ekstase» (ausser sich), doch tatsächlich laufen beide Phänomene auf dasselbe Ziel hinaus: Es geht darum, einen vom Alltag entfernten Zustand zu erreichen, einen veränderten Zustand der gesteigerten Sinneswahrnehmung.

Zwischen 2003 und 2014 erwies sich die Partitur für Cindy Van Acker als bevorzugtes Mittel, um ihren Tanz und damit auch die grundlegenden Elemente, aus denen er besteht, mit anderen Darsteller:innen zu teilen. Die zehn Soli, die sie zwischen 2002 und 2010 mit ihr nahestehenden Tänzer:innen kreierte[10], liessen bei Cindy Van Acker eine Vermittlungsdynamik entstehen und ermöglichten zugleich die Entwicklung ihrer eigenen choreografischen Signatur.

Dass nicht alle diese Soli die Verschriftlichung in einer Partitur erforderten, lag auch daran, dass sie zu zweit in einer Umgebung geschaffen wurden, in der die direkte Übertragung durch *Absorption* im Vordergrund stand. So hat sich im Laufe der Zeit eine «Van Ackersche» Körperhaltung herauskristallisiert. Am Boden zeigt sich der Körper eindeutig als blosse Materie und findet in ungewohnten Positionen Wege, um mineralische, flüssige oder abstrakte Züge anzunehmen. Im Stehen ist er fest in den parallelen,

8 Christine Roquet hält fest, dass der Begriff «Präsenz» die Kategorien von Raum und Zeit gleichermassen einschliesst. Der Begriff bezieht sich grundsätzlich auf die Tatsache, anwesend zu sein, im Gegensatz zur Idee der Abwesenheit. Er ist auch mit dem Begriff der «Achtsamkeit» in Verbindung zu setzen, hier als Fähigkeit zur Aufmerksamkeit und Reaktion in einem bestimmten Moment zu verstehen. Roquet vertritt die Auffassung, dass Präsenz erlangt werden kann. Es handle sich also nicht um eine Gabe, eine angeborene Fähigkeit, die Aufmerksamkeit anderer zu erregen, mit der man ausgestattet sei oder nicht. Siehe Christine Roquet, *Vu du geste. Interpréter le mouvement dansé*. Pantin: Centre national de la danse 2019, S. 171 (Reihe «Recherches»).

9 Der Begriff «Enstase» geht auf Mircea Eliade zurück, einen Religions- und Mythenhistoriker und Philosophen des frühen 20. Jahrhunderts. Im Zuge seines Studiums des Yoga entwickelte er den Begriff der «Enstase», einen Neologismus, der gebildet wurde, um den Unterschied zur «Ekstase» zu verdeutlichen. Der Yogi versucht durch einen auf sich selbst gerichteten Blick «eine erhöhte Sensibilität gegenüber den kleinsten Bewegungen und eine absolute Konzentration auf den gegenwärtigen Moment zu erfahren und zu erreichen.» Hier findet die Erfahrung in der tiefen Meditation statt, insbesondere durch Bewegungslosigkeit. Siehe Mircea Eliade, *Patanjali et le yoga*. Paris: Seuil 1962; hier zitiert aus Federica Fratagnoli, a.a.O., S. 49 (Übersetzung: Andreas Härter).

10 Es handelt sich hauptsächlich um Stücke, in denen sich der Tanz auf dem Boden entfaltet. Im privaten Kreis scherzt die Choreografin übrigens gerne darüber und sagt, dass sie ab 2011 mit dem Stück *Diffraction* «endlich aufgestanden» sei. Für weitere Informationen und Abbildungen zu diesen Soli – darunter *Fractie* (2003), *Obvie* (2008), *Nixe* (2009), *Obtus* (2009) oder *Lanx* (2009) – verweisen wir auf die Webseite von Cindy Van Ackers Compagnie Greffe: https://www.ciegreffe.org/repertoire (letzter Zugriff am 14. Oktober 2023).

senkrecht zum Becken gestellten Füssen verankert. Der Rücken ist gerade, das Kinn leicht zur Kehle gezogen, der Blick etwas in einer abwärts gerichteten Diagonale nach vorne geneigt.

In der Tanzkunst wird das Phänomen der Interkorporalität, ja sogar der Intergestualität, durch den bzw. die Choreograf:in im Zeigen der Bewegungsabfolgen stark gefördert. In einem Sammelband über die *Carnets Bagouet* erklärt Isabelle Launay: «Das technische Wissen resultiert hier aus einer posturalen Tradition, die durch Nachahmung erworben wurde und die ihrerseits ein Echo der umfassenden Körperlichkeit einer menschlichen Gruppe ist.»[11] Weiter spricht sie von «[...] einer Organisation des Fühlens, einer Expressivität [...], die in jedem Moment relativ homogen ist.»[12] Die gemeinsame Arbeit in einem kleinen, festen Ensemble begünstigt dieses Phänomen der Durchlässigkeit zwischen den Körperlichkeiten. Die Tänzer:innen verinnerlichen gemeinsames Wissen, richten sich nach bestimmten Wahrnehmungsmustern und halten sich an eine kollektive Ethik des künstlerischen Ausdrucks und des Auftretens auf der Bühne.

Im Werk von Cindy Van Acker haben sich die Ästhetik, die Gestik und der Körperzustand («état de corps») ihres besonderen Tanzstils aus der Körperlichkeit der Choreografin selbst herausgebildet. Ihre langjährigen individuellen Erkundungen und ihre bis 2016 intensive Bühnenpräsenz haben die eigene physische und dramaturgische Signatur gefestigt. Die Tänzer:innen – in ihrer doppelten Rolle als Wegbegleiter:innen und Schüler:innen – haben auf diese Weise ein bestimmtes «posturales Klima»[13] absorbiert und verinnerlicht, bis hin zu einer gemeinsamen Ethik der Geste.

Solche wiederholten, bewusst gewählten und gefestigten visuellen und choreografischen Codes tragen dazu bei, dass das Publikum die Signatur eines Künstlers bzw. einer Künstlerin wiedererkennt. Diese Elemente werden gemeinhin als Stil bezeichnet. Isabelle Launay beschreibt das oben erwähnte Phänomen der Interkorporalität treffend als «ein gemeinsames Bad»[14]. Mit anderen Worten: Der «Van Ackersche» Stil entfaltete sich von einer physischen Quelle, dem Körper der Choreografin, aus, bevor er sich auf andere Körper – die der Darsteller:innen – ausweitete, die zu Übersetzer:innen und Überbringer:innen der Gedanken der Urheberin wurden.

11 Isabelle Launay (Hrsg.), *Les Carnets Bagouet*. Besançon: Les Solitaires Intempestifs 2007, S. 77 (Übersetzung: Andreas Härter).

12 A.a.O., S. 67 (Übersetzung: Andreas Härter).

13 A.a.O., S. 78.

14 A.a.O., S. 54.

Der Weg von der Partitur zur kontinuierlichen Bewegung

Ein weiterer wichtiger Zyklus in Cindy Van Ackers Werk umfasst die zwischen 2011 und 2017[15] entstandenen Gruppenstücke wie *Magnitude* (2013) oder *Anechoic* (2014), die häufig dasselbe Anliegen verfolgen: eine Vielzahl von Körpern als einen einzigen zu betrachten. Ob in *pièces-paysages*[16] für eine einzelne Person oder für zwanzig Personen, die Partitur drängt sich auf, denn sie ermöglicht es der Choreografin, die Komplexität der anatomischen Koordination und der Gruppenanordnungen sehr weit zu treiben. Die Partitur, als Beschreibungssystem, bedingt somit zugleich die Art der Gesten, deren Qualität, Zeitlichkeit und Ausrichtung: «Die Partitur transkribiert nicht [...] den Tanz, sondern das, was durch das System objektiviert werden kann»[17]; tatsächlich liefert die Partitur Informationen, archiviert choreografische Konzepte, sagt aber nicht, wie zu tanzen sei. In der Folge ist es die Aufgabe der Tänzer:innen, die vorgegebene architektonische Struktur zu bewohnen.

Ab 2015 nuanciert sich Cindy Van Ackers Schaffensweise stark. Ihre Kreationen lösen sich vom Werkzeug der Partitur. Die künstlerische Zusammenarbeit mit Romeo Castellucci, der sie dazu bringt, für die Oper zu choreografieren[18], wird zu diesem Zeitpunkt wieder aufgenommen und intensiviert. Zudem erhält sie auch Stückaufträge für institutionelle Kompanien. Cindy Van Acker arbeitet nun mit grossen Gruppen von Tänzer:innen, die sie nicht kennt, und in einem knappem Zeitrahmen – zwei Parameter, die sie nicht sonderlich mag. So entsteht eine Trainingsform, die von der Choreografin mündlich angeleitet wird, um ihr zu ermöglichen, die Eigenschaften der Darsteller:innen, die sie vor sich hat, zu unterscheiden. Cindy Van Acker sieht darin auch eine «Strategie, um schneller eine erwünschte Körperqualität zu erreichen»[19], und sie treibt das Training so weit, dass es zu einem definierten und unumgänglichen Bestandteil ihrer Tanzpädagogik wird, den sie «kontinuierliche Bewegung» nennt. Die kontinuierliche

15 Weitere Informationen, Fotos und Videos von Cindy Van Ackers Produktionen zwischen 2011 und 2017 finden sich auf die Webseite der Choreografin: https://www.ciegreffe.org/repertoire (letzter Zugriff am 14. Oktober 2023).

16 Bei dem Ausdruck «*pièce-paysage*» (wörtl. «Landschaftsstück») handelt es sich im Sprachgebrauch der Autorin um eine Formulierung, die auf eine Art der Betrachtung verweist, bei der die Zuschauer:innen – wie vor einem Landschaftsbild bzw. einer landschaftlichen Szenerie – kontemplativ von den einzelnen Körpern abstrahieren (Anm. d. Übers.).

17 Isabelle Launay (Hrsg.), a.a.O., S.76 (Übersetzung: Andreas Härter).

18 Dazu verweisen wir auf Paola Gilardis Interview mit Romeo Castellucci in diesem *MIMOS*-Band, S.269–280 sowie auf die Webseite von Cindy Van Ackers Compagnie Greffe: https://www.ciegreffe.org/collaborations (letzter Zugriff am 14. Oktober 2023).

19 Dieses Zitat von Cindy Van Acker ist einem unserer zahlreichen Gespräche über die kontinuierliche Bewegung entnommen.

D Bewegung entstand eher als eine Folge aus dieser Trainingsform denn als ein Plan; als Antwort auf eine Notwendigkeit in Kontexten, in denen das Phänomen der Interkorporalität nicht mehr wie früher durch die Vermittlung von Partituren oder durch ein hohes Ausmass an Zeit beim Proben mit den Tänzer:innen erreicht werden kann.

Insbesondere während der Recherchephase für das Stück *Zaoum*[20], das Cindy Van Acker 2016 für ihre Companie Cie Greffe kreierte, hat die Methode der kontinuierlichen Bewegung Gestalt angenommen. Diese Praxis wurde jeden Tag in ausgedehnten Sitzungen mit experimentellem Charakter wieder aufgenommen und also bereits in seiner Entwicklungsphase vermittelt. In diesem Stück diente die kontinuierliche Bewegung dazu, die Natur der Körperlichkeiten zu formen, die von nun an auf neue Weise in Szene gesetzt werden sollten. Beeinflusst von ihrer Arbeit an der Oper entschied sich Cindy Van Acker zum ersten Mal dafür, eine Choreografie auf der Grundlage einer bestehenden Musik – *Quando stanno morendo* von Luigi Nono (1982) – zu entwerfen; dies mit dem Wunsch, den Klang durch die Gesten der Tänzer:innen sichtbar zu machen, so nah an jeder Nuance wie möglich. Zusammen mit der Tatsache, dass das Stück mehrere neue Tänzer:innen einbezog, erforderte dies die Entwicklung eines neuen Arbeitsprotokolls. Im Tanzbereich erfinden Choreograf:innen Praktiken, die ihnen als reglementierte Werkzeuge dienen und die sie an ihre Darsteller:innen weitergeben, um von einer «gemeinsamen Körperlichkeit» ausgehend eine erwünschte «Seinsweise» oder einen bestimmten «Zustand der Präsenz»[21] zu erlangen. Yvane Chapuis sagt über Choreograf:innen: «Es geht für sie darum, Fragen, die sie beschäftigen, mit anderen zu teilen und Wege zu finden, damit die Mitwirkenden sie sich zu eigen machen.»[22] Die kontinuierliche Bewegung vereint die Körperlichkeiten der einzelnen Praktiker:innen in einer gemeinsamen Gegenwart. Wenn sie direkt in das «Tun»[23] eintauchen, werden ihnen implizit die Grundlagen des Tanzes von Cindy Van Acker übertragen. Die sensorischen und kinästhetischen Erlebnisse der Erkundungsphase bilden eine Datenbank, die den Darsteller:innen auf der Bühne zugänglich ist und aus der die Qualität ihrer Gesten, egal welcher Art, Nahrung schöpft.

20 Uraufführung am 29. September, Arsenic, Lausanne. Für weitere Informationen, Fotos und Videos siehe: https://www.ciegreffe.org/zaoum (letzter Zugriff am 14. Oktober 2023).

21 Yvane Chapuis, Myriam Gourfink, Julie Perrin (Hrsg.), *Composer en danse. Un vocabulaire des opérations et des pratiques*. Dijon: Les presses du réel 2020, S. 340 (Übersetzung: Andreas Härter).

22 Ebd.

23 Der Anthropologe Tim Ingold schlägt eine Nominalisierung des Verbs «faire» («tun») vor, um damit ein Konzept anstelle einer blossen Handlung zu bezeichnen. Ihm gemäss könnte «das Tun als ein Wachstumsprozess» angesehen werden, der «den Tuenden als jemanden, der in einer Welt aktiver Materie handelt», bestimmt. Das Zitat stammt aus Tim Ingold, *Faire – Anthropologie, Archéologie, Art et Architecture*. Bellevaux: Dehors 2017, S. 60 (Übersetzung: Andreas Härter).

Die kontinuierliche Bewegung als Kondensator der Empfindungen

Im Sammelband *Composer en danse* erläutert Cindy Van Acker die kontinuierliche Bewegung mit folgenden Worten: «Es geht also darum, sich im Raum zu bewegen, ohne anzuhalten, und dabei so weit wie möglich im Augenblick zu sein, indem man die Achtsamkeit und die Sinneswahrnehmung schärft (die eigene Beziehung zum Boden, zur Luft, zum Widerstand, zum Körper des anderen).»[24] Diese Praxis wird von der Choreografin in Interviews manchmal kurz erwähnt, aber wirklich bekannt ist sie nur den Tänzer:innen, die sie ausüben. Vom Studiomaterial wird sie nach 2016 schnell zum verbindenden Werkzeug, das wesentlich dazu beiträgt, unter den tanzenden Körperlichkeiten eine posturale, zeitliche und qualitative Einzigartigkeit zu formen. Die kontinuierliche Bewegung nährt den schöpferischen Akt bis in seine Wurzeln, jedoch wird sie nie explizit auf der Bühne gezeigt, obwohl einige Stücke Ausschnitte davon wie Zitate verwenden. Somit wird diese Praxis in Cindy Van Ackers Pädagogik unumgänglich, auch in den Workshops, die sie ausserhalb ihrer Tanzkompanie anbietet.

Diese Methode entfaltet sich konkret in zwei Hauptkonfigurationen: Sie ist entweder frei oder mit Vorgaben versehen. Bei der ersten Variante kennen die Tänzer:innen bereits die wichtigsten Prinzipien. Sie bewegen sich innerhalb eines definierten Rahmens selbstständig. Wenn es hingegen Anweisungen gibt, werden diese in Form einer mündlichen Partitur weitergegeben, die die Tänzer:innen auswendig lernen, bevor sie mit deren Erkundung beginnen. Eine Anweisung könnte zum Beispiel lauten: «Mit dem linken Fuss einen Schritt machen, beide Arme gleichzeitig auf verschiedene Höhen bringen.» Durch die Verbindung von Worten und Gesten vermittelt Cindy Van Acker die Praxis der kontinuierlichen Bewegung, indem sie sowohl demonstriert als auch erklärt. Die Anthropologin Anne Cazemajou bezeichnet die Anweisungen, die in einem von ihr untersuchten Tanz-Yoga-Kurs gegeben werden, als «Handlungsauslöser» («embrayeurs d'action»)[25]. Bei Cindy Van Acker ist es eher die Geste, die als «Wortauslöser» («embrayeur de parole») zu fungieren scheint. Ihre Demonstration appelliert an die kinästhetische Empathie der anwesenden Tänzer:innen. Indem sie direkt in eine körperliche Erfahrung eintauchen, verändert sich ihre Körperlichkeit bereits durch Osmose. Der Neurophysiologe Alain Berthoz bezeichnet das Phänomen der Empathie als die «Fähigkeit, den Standpunkt (im Raum) zu wechseln, oder besser gesagt, [...] die Fähigkeit, den Standpunkt

24 Chapuis, Gourfink, Perrin (Hrsg.), a.a.O., S. 373 (Übersetzung: Andreas Härter).

25 Anne Cazemajou, «Les consignes comme embrayeurs d'action et de perception en cours de yoga/danse contemporaine». In: *STAPS*, Nr. 102 (2013/4), S. 61–74.

des Gefühls zu wechseln»[26]. Die Praxis verlangt eine Form der Ehrlichkeit von den Praktizierenden: Die Langsamkeit der Bewegung entsteht, wenn jede Gewichtsverlagerung mit Achtsamkeit, in einem linearen Fluss und ohne Schwung ausgeführt wird. Das Prinzip besteht darin, den Proberaum physisch zu durchqueren und sich dabei jeder Geste gleichermassen hinzugeben, ohne jegliche Form von Werthierarchie zwischen den verschiedenen Körperteilen. Diese Haltung gegenüber der Bewegung ermöglicht, wenn man nicht von ihr abweicht, einen neuen Umgang mit technischen Schwierigkeiten, anstatt diese zu umgehen. Der Aspekt des Kontinuierlichen in dieser Praxis zielt auf den Willen, auf den Wunsch, den erreichten Zustand der Konzentration aufrechtzuerhalten, ohne dem reinen Vergnügen an der Empfindung nachzugeben. Das Echo der Haltungs- und Schwerkraftveränderungen liefert Informationen und stellt bereits etwas Neues her, was die Tänzer:innen von einem allzu grossen Durchsetzungswillen befreit. Wenn die Tänzer:innen sich ganz auf die Einschränkungen einlassen und diesem Prinzip der Bewegungserzeugung vertrauen, können sie eine emanzipatorische Erfahrung machen.

Die kontinuierliche Bewegung ist ein ähnlicher Handlungsrahmen, ein Leitsystem, wie es eine handgeschriebene Partitur sein kann. Sie stellt eine Art Kondensat aus den Recherchen eines ganzen Lebens dar. Sie ist das Vermittlungswerkzeug, das Cindy Van Ackers Entdeckungen im Bereich der Bewegung vergegenständlicht. Sie benennt, wo ihre Interessen liegen, welche Prinzipien sie sich zu eigen gemacht hat, und damit auch all jene, die ausgeschlossen sind und keinen Platz im «Van Ackerschen» Stil finden. Die Krönung dieser choreografischen Arbeit und ihrer Wiedergabe in der Zeitdehnung einer Aufführung findet sich vielleicht in Cindy Van Ackers jüngstem Stück, *Whithout References*[27]. Die Tänzer:innen sind zuweilen mit wenigen von aussen sichtbaren Gesten beschäftigt, haben jedoch einen festen Ablauf im Kopf. Es sind Szenen aus Filmen von Alain Resnais und Jim Jarmusch, die sie einzeln – obwohl sie sich im selben physischen Raum befinden – nachspielen, wobei sich die Kinosphären, die Zeitlichkeiten und die Vorstellungswelten überlappen. Es handelt sich um eine neue Form der kontinuierlichen Partitur, die der Zeit des Denkens, der Variation des Atems und der Zeit, die das Auge braucht, um nach dem Abwenden des Blicks wieder einen Fokus zu setzen, Gestalt verleiht.

26 Roquet, a.a.O., S. 187 (Übersetzung: Andreas Härter).

27 Uraufführung am 23. März 2021, Comédie de Genève, Genf. Weitere Informationen, Fotos und Videos finden sich auf: https://www.ciegreffe.org/without-references (letzter Auftritt am 14. Oktober 2023). Zu diesem Stück verweisen wir auch an den Beitrag von Roberta Alberico und Léo Chavaz in diesem *MIMOS*-Band, S. 291–296.

Mit der kontinuierlichen Bewegung hat Cindy Van Acker ein strategisches Instrument geschaffen, das es ihr ermöglicht, ihre Suche nach der bewussten Geste fortzusetzen und die Tänzer: innen in ihrem Tanzstil zu «schulen». Ihre Körperlichkeit lädt sich mit Sinnes- und Wahrnehmungserfahrungen auf, die ihre Darstellung bereichern. Mit der Partitur und später mit der Praxis der kontinuierlichen Bewegung hat Cindy Van Acker zwei anspruchsvolle performative Rahmen gesetzt, die die Tänzer:innen dazu auffordern, jenseits der Form über sich selbst hinauszuwachsen.

Stéphanie Bayle

Scrivere la danza: dalla partitura alla pratica del movimento continuo

169

Quali impressioni rimangono dopo avere assistito a uno spettacolo di Cindy Van Acker? Potremmo citare i suoni che si espandono intensamente nello spazio, le fredde luci nordiche o la precisione della danza. Oppure potremmo menzionare la geometria dei gesti, i corpi sopraffatti da una lentezza inesorabile o, al contrario, intrappolati in una sequenza ripetitiva di movimenti che li lascia senza fiato.

Ciò che mi ha colpito la prima volta che ho visto una coreografia di Cindy Van Acker, intorno al 2010 – e da allora si è impresso nella mia mente – è stata la sensazione di percepire nel profondo cosa ogni gesto richiede al corpo. All'improvviso si è palesato davanti ai miei occhi un comportamento gestuale per me del tutto inedito: ho avuto l'impressione di un rapporto così stretto e privilegiato tra il movimento generato e l'istante della sua esecuzione, da provocare nella giovane danzatrice che ero all'epoca una sorta di rivelazione, un vero e proprio shock estetico.

La storia prosegue ancora oggi grazie alla lunga collaborazione artistica instaurata con Cindy Van Acker. Dal 2012 sono danzatrice-interprete in molte delle sue creazioni. Approfondisco inoltre la comprensione del suo lavoro coreografico in qualità di studentessa e ricercatrice in Danza presso l'Università di Parigi 8, sforzandomi ostinatamente di capire cosa accade e si attiva tra il danzatore o la danzatrice e il movimento e tentando di decifrare le operazioni che trasformano la realtà anatomica e cinestetica del gesto *in qualcosa che la trascende*. Sono tuttora pervasa dal fascino provato nel 2010 di fronte alla danza di Cindy Van Acker e alla misteriosa attività intrinseca che sembra alimentarla. La natura delle corporeità nella sua opera continua ad incuriosirmi. Il presente contributo è un tentativo di comprendere come vengono costruite queste corporeità, in particolare attraverso l'analisi della «pratica del movimento continuo», un approccio coreografico sviluppato da Cindy Van Acker e conosciuto solo dai danzatori e dalle danzatrici a cui viene trasmesso nell'intimità dello studio. Si tratta principalmente di contestualizzare la nascita di questo approccio all'interno di un sistema coreografico globale ed esaminare le condizioni del suo emergere attraverso uno sguardo retrospettivo sul lavoro dell'artista.

I corpi in Cindy Van Acker: cosa vediamo?

Innanzitutto, quando si lavora con Cindy Van Acker, non si inizia mai semplicemente a danzare. Come afferma lei stessa: «Perché prediligere questo movimento, o quello, o un altro ancora?»[1] In altri termini, la coreografa è poco incline agli approcci basati sull'«improvvisazione»[2], ha bisogno di definire un quadro restrittivo che permetta al movimento di emergere. Tale quadro può assumere la forma di una scenografia più o meno limitante, esprimersi nella sequenza cronologica di una drammaturgia o attraverso un vincolo fisico radicale, come nel caso di *Corps 00:00*[3], l'assolo-manifesto creato nel 2002. In questa pièce il movimento era in gran parte influenzato da un dispositivo collegato al corpo della danzatrice che agiva tramite elettrostimolazione su aree specifiche: una sorta di innesto elettrico per contrastare la soggettività del gesto umano. Fin dagli esordi, Cindy Van Acker ha sentito la necessità di porre la costrizione come prerequisito dell'atto creativo ed emancipatore, inteso come un elemento costitutivo che contribuisce in modo attivo a generare una corporeità ben precisa. Ciò ha dato origine a una danza in grado di prendere le distanze da se stessa. Tra l'interprete e il gesto vengono posti dei filtri, la cui natura varia da progetto a progetto e che costringono i danzatori e le danzatrici a cimentarsi con una materia estranea al proprio corpo. Cindy Van Acker si riferisce forse a questa procedura, quando sottolinea l'importanza, per gli interpreti, di staccarsi dal proprio ego.

Gli spettacoli di Cindy Van Acker incarnano appieno la celebre massima di Aristotele secondo cui «il tutto è maggiore della somma delle sue parti»[4]. Sul piano fisico si possono individuare alcune caratteristiche ricorrenti: il flusso del movimento è rallentato; il gesto sembra dilatarsi, come se venisse colmato dall'interno; le fibre muscolari acquisiscono una particolare elasticità; si avverte una resistenza all'aria e al suolo. Inoltre, il peso diviene il principio che regola l'intera attività motoria: la spinta consente l'elevazione, l'allentamento muscolare porta alla caduta e il trasferimento del peso permette di spostarsi. Particolarmente degno di nota è il fatto che tutte queste attività appena percettibili siano il risultato di un'estetica «formale»[5] molto accurata. Sul piano fisico ciò si esprime in una danza predefinita, i cui movimenti vengono elaborati e cesellati in modo da poter essere riprodotti con precisione millimetrica. Il lavoro dell'interprete consiste quindi nell'abitare

1 Queste affermazioni e tutte le altre menzionate nel presente contributo sono citate a memoria da conversazioni informali tra me e Cindy Van Acker. Vanno intese come testimonianze di prima mano e illustrano inoltre lo stretto rapporto che ci unisce.

2 Ricorro a questo concetto non per evidenziare una delimitazione riduttiva tra i diversi approcci coreografici, ma per orientare i lettori e le lettrici. Il termine «improvvisazione» fa qui riferimento a un metodo di lavoro in cui non si distingue fra il momento in cui un gesto viene concepito e la sua esecuzione.

3 Debutto il 1° ottobre 2002, ADC – Associazione per la danza contemporanea, Ginevra. Maggiori informazioni e immagini: https://www.ciegreffe.org/corps-0000 (consultato il 14 ottobre 2023).

4 Aristotele, *Metafisica*, libro VIII, 1045 9–10.

5 Il termine è qui inteso nel senso letterale di un'estetica basata sulla forma.

la forma senza limitarsi ad essa. In tal modo si manifesta un fenomeno contrastante e simultaneo: abbracciando la forma e rompendone al tempo stesso gli schemi, gli interpreti le conferiscono la sua piena forza espressiva. Questo comportamento gestuale e posturale, designato con la nozione di «état de corps»[6] [stato corporeo], si costruisce tramite un'assoluta adesione alla forma senza trascurare una percezione sensoriale estremamente affinata. Dopo che i presupposti della danza sono stati definiti, il gesto è in grado di autoalimentarsi in una dinamica ciclica e ininterrotta: affinché i movimenti possano emergere, all'interprete è richiesta una particolare forma di concentrazione, a sua volta resa possibile e sostenuta dall'attività cinetica del soggetto danzante.

La nascita di uno stile

Una delle strategie compositive di Cindy Van Acker consiste nel saturare la corporeità delle danzatrici e dei danzatori, impegnati a coniugare precisione esecutiva e sensazioni. Come spesso menzionato nei saggi dedicati alla sua opera coreografica[7], ricorrere alla partitura è parte integrante del metodo di lavoro basato su vincoli imposti di cui si è parlato più sopra. La partitura consente di comporre una coreografia in modo empirico e di ampliare i confini delle corporeità dei danzanti, creando coordinazioni virtuose, dissociazioni ritmiche, estensioni gestuali e via dicendo. Fungendo da cornice per l'organizzazione interna della danza e motivando al contempo il gesto, la partitura legittima in un certo senso il movimento. Il protocollo rigoroso e sofisticato, che consiste nel decifrare, memorizzare e riprodurre la partitura, aiuta i danzatori e le danzatrici ad entrare in un particolare «stato di presenza»[8] concentrato e privilegiato, che li porta a superare i propri limiti.

6 Federica Fratagnoli definisce lo «stato di corporeo» nel modo seguente: «Da un punto di vista puramente fisico, esso indica una serie di stati di tonicità muscolare sperimentati dall'interprete sul proprio corpo, che di solito vengono elaborati e interiorizzati durante il riscaldamento e poi durante le prove, in modo da potervi attingere sul palco al momento opportuno. L'insieme di queste tonicità può essere rievocato grazie a un particolare grado di concentrazione e *at-tensione* e costituisce per l'interprete un punto di riferimento stabile che gli consente di costruire le proprie sequenze di movimenti sulla base di questa esperienza percettiva.» La citazione (tradotta da Paola Gilardi) è tratta da Federica Fratagnoli, «La danse contemporaine comme expérience "enstatique": l'étude de cas de Myriam Gourfink», in: Sébastien Baud (a cura di), *Anthropologies du corps en transes*, Parigi: Connaissances et Savoirs, 2016, p. 56.

7 Particolarmente degni di nota sono, a mio avviso, i seguenti volumi: Michèle Pralong (a cura di), *Partituurstructuur*, Ginevra: Héros-Limite, 2012 ed Enrico Pitozzi, *Magnetica. La composizione coreografica di Cindy Van Acker*, Macerata: Quodlibet, 2015.

8 Christine Roquet afferma che la nozione di «presenza» comprende le categorie di spazio e di tempo. Il termine designa fondamentalmente il fatto di essere presenti, in opposizione all'assenza. Va anche posto in relazione al termine di «coscienza», che si riferisce alla capacità di attenzione e reazione in un determinato momento. Roquet difende l'idea che si possa lavorare sulla presenza. Non si tratta quindi di un dono, dell'abilità innata o meno di catturare l'attenzione altrui. Si veda Christine Roquet, *Vu du geste. Interpréter le mouvement dansé*, Pantin: Centre national de la danse, collana «Recherches», 2019, p. 171.

Nel suo caso studio dedicato al lavoro coreografico di Myriam Gourfink, la ricercatrice Federica Fratagnoli descrive l'«esperienza enstatica»[9] vissuta dalle danzatrici durante l'esecuzione di partiture estremamente impegnative. Benché, dal punto di vista etimologico, l'«enstasi» (dentro di sé) definisca un movimento opposto rispetto a quello dell'«estasi» (fuori di sé), in realtà i due fenomeni hanno la stessa finalità: si tratta di estraniarsi dalla realtà quotidiana e raggiungere uno stato alterato in cui gli spazi percettivi e sensoriali sono amplificati.

Tra il 2003 e il 2014, la partitura si è rivelata essere il mezzo privilegiato per condividere la sua danza con altri interpreti e, per estensione, gli elementi fondamentali che la compongono. La decina di assoli creati fra il 2002 e il 2010[10] hanno consentito a Cindy Van Acker di sviluppare una determinata dinamica didattica. Ideati insieme a danzatrici e danzatori a lei vicini, questi studi per un solo corpo le hanno permesso al contempo di affermare il proprio stile coreografico.

Non tutti questi assoli hanno richiesto una notazione scritta, in quanto sono stati realizzati faccia a faccia, in un contesto che privilegiava la trasmissione diretta per *assorbimento*. In tal modo, con il susseguirsi delle creazioni, ha preso forma il corpo posturale «van ackeriano». Al suolo, esso è chiaramente mera materia, trovando in posizioni insolite il modo di assumere caratteristiche minerali, fluide, astratte. Eretto, è invece saldamente ancorato ai piedi allineati all'altezza del bacino. La schiena è dritta, il mento avvicinato al collo, lo sguardo obliquo e leggermente inclinato in avanti. Nell'arte coreica, il fenomeno dell'intercorporeità, o addirittura dell'intergestualità, si basa sostanzialmente sulla dimostrazione pratica dei movimenti da parte della coreografa o del coreografo. In un volume collettivo dedicato ai *Carnets Bagouet*, Isabelle Launay spiega che «le conoscenze tecniche derivano da una tradizione posturale acquisita per imitazione, la quale a sua volta fa eco alla corporeità globale di un determinato gruppo umano.»[11] E parla anche di «[...] un'organizzazione del sentire, un'espressività [...] relativamente

9 Il concetto di «enstasi» è stato coniato da Mircea Eliade – storico delle religioni e dei miti e filosofo dell'inizio del XX secolo – nel corso delle sue ricerche sullo yoga. Tramite questo neologismo lo studioso intende evidenziare la differenza rispetto all'«estasi». Rivolgendo lo sguardo su se stesso, lo yogi tenta di «sperimentare e raggiungere un'accresciuta sensibilità ai minimi movimenti e uno stato di assoluta concentrazione nel momento presente.» L'esperienza è resa possibile da una profonda meditazione e in particolare attraverso l'immobilità. Si veda Mircea Eliade, *Patanjali et le yoga*, Parigi: Seuil, 1962; qui citato da Federica Fratagnoli, op. cit., p. 49. (Citazione tradotta da Paola Gilardi).

10 Si tratta essenzialmente di pièce in cui la danza si svolge in posizione supina. In privato, la coreografa ama scherzare su questo aspetto, affermando di essersi «finalmente alzata» nel 2011, con *Diffraction*. Maggiori informazioni su tutte le creazioni menzionate, fra cui gli assoli *Fractie* (2003), *Obvie* (2008), *Nixe* (2009), *Obtus* (2009) e *Lanx* (2009) sono disponibili sul sito web dell'artista: https://www.ciegreffe.org/repertoire (consultato il 14 ottobre 2023).

11 Isabelle Launay (a cura di), *Les Carnets Bagouet*, Besançon: Les Solitaires Intempestifs, 2007, p. 77.

omogenea in ogni istante.»[12] Lavorare insieme in una piccola compagnia stabile favorisce questo fenomeno di porosità tra le diverse corporeità. Le danzatrici e i danzatori interiorizzano un sapere condiviso, allineano le proprie modalità percettive e abbracciano la stessa etica collettiva in merito all'interpretazione e alla presenza scenica.

Nel lavoro coreografico di Cindy Van Acker, l'estetica, la gestualità e l'«état de corps» sono stati impostati sulla corporeità della coreografa. I numerosi anni di esplorazione individuale e la sua prolungata e intensa presenza in scena fino al 2016 hanno contribuito all'affermazione di uno stile fisico e drammaturgico ben definito. Le danzatrici e i danzatori – nel loro duplice ruolo di complici e allievi – hanno assorbito e interiorizzato una determinata «aria posturale»[13], arrivando a condividere persino la stessa etica del gesto.

Tali codici visivi e coreografici reiterati, deliberatamente scelti e consolidati contribuiscono al riconoscimento di un artista da parte del pubblico. Si tratta di ciò che comunemente viene denominato «stile». Isabelle Launay descrive il fenomeno dell'intercorporeità, evocato più sopra, come «un bagno condiviso»[14]. In altre parole, lo stile «van ackeriano» si è sviluppato a partire da un corpo-sorgente (quello della coreografa), prima di essere disseminato in altri corpi (quelli dei danzatori), divenuti traduttori e mediatori del pensiero dell'artefice.

Traiettoria dalla partitura al movimento continuo

Un altro ciclo importante è rappresentato dalle pièce di gruppo create da Cindy Van Acker tra il 2011 e il 2017[15], fra cui *Magnitude* (2013) e *Anechoic* (2014), che spesso perseguono lo stesso obiettivo: considerare una moltitudine di corpi come un corpo unico.

Che si tratti di «pièce-paesaggio» per una sola persona o per venti persone, la partitura si impone perché consente alla coreografa di elaborare coordinamenti anatomici e disposizioni di gruppo di grande complessità. La partitura, in quanto sistema descrittivo, determina quindi al contempo la natura dei gesti, la loro qualità, la tempistica e l'orientamento: «La partitura non trascrive [...] la danza, ma piuttosto ciò che di essa può essere oggettivato

12 *Ibidem*, p. 67.

13 *Ibid.*, p. 78.

14 *Ibid.*, p. 54.

15 Maggiori informazioni, immagini e video delle pièce create da Cindy Van Acker fra il 2011 e il 2017 sono disponibili sul sito web dell'artista: https://www.ciegreffe.org/repertoire (consultato il 14 ottobre 2023).

dal sistema [di notazione]»[16]. In effetti, la partitura fornisce informazioni, documenta la concezione coreografica, ma non dice *come* danzare. Spetta alla danzatrice o al danzatore abitare lo spazio architettonico dato.

Dal 2015 in poi, i processi creativi di Cindy Van Acker si diversificano ampiamente. Le sue nuove creazioni si allontanano dallo strumento della partitura utilizzato in precedenza. In questo periodo si riattiva e s'intensifica anche la sua collaborazione artistica con Romeo Castellucci, che l'ha portata a curare la dimensione coreografica di produzioni operistiche[17]. Realizza inoltre, in breve successione, anche pièce per varie compagnie istituzionali. Cindy Van Acker si ritrova quindi a dovere lavorare con gruppi costituiti da numerosi danzatori e danzatrici che non conosce e per un tempo limitato – due parametri che non ama in modo particolare. È in questo contesto che nasce una forma di allenamento, basato su istruzioni verbali impartite dalla coreografa, allo scopo di riuscire a distinguere le caratteristiche degli interpreti che ha di fronte. Cindy Van Acker vede in questo allenamento una «strategia per raggiungere nel modo più rapido possibile la qualità corporea desiderata»[18] e lo approfondisce a tal punto da divenire un aspetto imprescindibile della sua pedagogia, che denomina «movimento continuo». Il movimento continuo è emerso più come una conseguenza che come una progettualità. Risponde infatti a un'esigenza sorta in contesti in cui il fenomeno dell'intercorporalità non poteva più essere raggiunto insegnando partiture o dedicando molto tempo alle prove con i danzatori, come avveniva in passato. Cindy Van Acker ha plasmato il metodo del movimento continuo in gran parte nella fase di elaborazione di *Zaoum*[19], creato per la sua compagnia Cie Greffe nel 2016. Ripresa ogni giorno durante incontri prolungati di carattere sperimentale, questo approccio è stato trasmesso mentre era ancora in costruzione. Durante le prove di *Zaoum*, il movimento continuo è servito a modellare la natura delle corporeità che d'ora in poi saranno portate in scena in modo diverso. Cindy Van Acker, influenzata dal suo lavoro in campo operistico, decide per la prima volta di creare una pièce di danza sulla base di un brano musicale preesistente – *Quando stanno morendo* di Luigi Nono (1982) –, con l'intento di rendere il suono visibile, in ogni sua minima sfumatura, attraverso i gesti delle danzatrici e dei danzatori. Tenendo conto del fatto che erano coinvolti anche nuovi interpreti, questa pièce ha comportato la necessità di sviluppare una diversa modalità di lavoro.

16 Isabelle Launay (a cura di), op. cit., p. 76.

17 A tale proposito, si veda l'intervista di Paola Gilardi a Romeo Castellucci nel presente volume di *MIMOS*, pp. 233–244, e il sito web di Cindy Van Acker: https://www.ciegreffe.org/collaborations (consultato il 14 ottobre 2023).

18 Questa è la definizione data da Cindy Van Acker in una delle nostre tante conversazioni sul movimento continuo.

19 Debutto il 29 settembre 2016, Arsenic, Losanna. Maggiori informazioni, immagini e video: https://www.ciegreffe.org/zaoum (consultato il 14 ottobre 2023).

Nel campo della danza, i coreografi e le coreografe inventano delle pratiche, ovvero strumenti regolamentati che trasmettono ai loro interpreti per costituire un determinato «modo di essere» o uno «stato di presenza» basato su una «corporeità condivisa»[20].

In riferimento ai coreografi, Yvane Chapuis sostiene che «si tratta di condividere questioni che indagano e di trovare il modo affinché i collaboratori possano appropriarsene.»[21] Il movimento continuo riunisce le corporeità dei singoli interpreti che lo praticano in una presenza comune. Mentre sono immersi direttamente nel «fare»[22], assorbono i fondamenti della danza di Cindy Van Acker in modo implicito. Gli eventi sensoriali e cinestetici che le danzatrici e i danzatori sperimentano durante questi periodi di esplorazione costituiscono dunque una banca dati a cui possono attingere una volta in scena, consentendo loro di migliorare la qualità dei propri gesti, di qualunque natura essi siano.

Condensare le sensazioni tramite il movimento continuo

Nel volume collettivo *Composer en danse*, Cindy Van Acker descrive il movimento continuo in questi termini: «L'obiettivo è muoversi nello spazio senza fermarsi, stando il più possibile nel momento presente, sviluppando la capacità di ascolto e la percezione sensoriale (il rapporto con il suolo, l'aria, la resistenza e il corpo dell'altro).»[23] La coreografa cita talvolta questa pratica nell'ambito di interviste, ma essa è nota solo ai danzatori e alle danzatrici che l'esercitano. Da semplice materiale di studio, dopo il 2016 il movimento continuo si è imposto rapidamente come strumento di connessione che ha contribuito in modo significativo a plasmare l'unità posturale, temporale e qualitativa tra le corporeità dei danzanti. Malgrado questa pratica sia una fonte di ispirazione essenziale per l'atto coreografico, non viene mai mostrata esplicitamente in scena, anche se alcune pièce ne propongono alcuni frammenti, in guisa di citazioni.

20 Yvane Chapuis, Myriam Gourfink, Julie Perrin (a cura di), *Composer en danse. Un vocabulaire des opérations et des pratiques*, Dijon: Les presses du réel, 2020, p. 340.

21 *Ibidem.*

22 L'antropologo Tim Ingold ha proposto di nominalizzare il verbo «fare» per designare un concetto piuttosto che un'azione. Secondo lui, «il fare» indicherebbe «un processo di crescita» che porrebbe «l'interprete come qualcuno che agisce in un mondo di materie attive.» Si veda Tim Ingold, *Faire – Anthropologie, Archéologie, Art et Architecture*, Bellevaux: Dehors, 2017, p. 60. (Citazione tradotta da Paola Gilardi).

23 Chapuis, Gourfink, Perrin (a cura di), op.cit., p. 373.

Il movimento continuo diviene dunque un elemento imprescindibile nella pedagogia di Cindy Van Acker, anche nei corsi che impartisce al di fuori della sua compagnia.

Tale metodo si sviluppa in due configurazioni principali: *libero* o con *consegne*. Nella prima variante, gli interpreti ne conoscono già le principali linee guida e si muovono autonomamente all'interno di un quadro predefinito. Nella variante con consegne, queste ultime vengono spiegate sotto forma di una partitura orale, che i danzatori e le danzatrici imparano a memoria prima di iniziare a esplorarla. Un esempio potrebbe essere: «Fate un passo sul piede sinistro e contemporaneamente portate entrambe le braccia su livelli diversi.» Cindy Van Acker trasmette la pratica del movimento continuo combinando parole e gesti, dimostrando e spiegando al contempo. L'antropologa Anne Cazemajou definisce «embrayeur d'action»[24] [innesco di azioni] le istruzioni date durante un corso di danza-yoga da lei studiato. Nel caso di Cindy Van Acker, è piuttosto il gesto che sembra fungere da «embrayeur de parole» [innesco di parole]. La sua dimostrazione pratica fa appello all'empatia cinestetica delle danzatrici e dei danzatori coinvolti. Immersi direttamente in un'esperienza fisica, i loro corpi iniziano subito a trasformarsi. Il neurofisiologo Alain Berthoz descrive il fenomeno dell'empatia come «la facoltà di cambiare punto di vista (nello spazio), o meglio [...] la capacità di cambiare il punto di vista del sentimento.»[25] Il movimento continuo richiede onestà da parte di chi lo pratica: la lentezza delle movenze è dovuta al fatto che ogni trasferimento di peso deve essere effettuato con attenzione, in un flusso lineare, senza slancio. Si tratta concretamente di attraversare lo spazio dello studio, nutrendo in egual misura la presenza di ogni gesto, senza alcuna forma di gerarchia o di valore fra le diverse parti del corpo. Attenendosi a questo comportamento gestuale, si ha a disposizione un nuovo modo di superare le difficoltà tecniche anziché aggirarle. L'aspetto continuo di questa pratica si riferisce alla volontà, al desiderio di mantenere lo stato di concentrazione raggiunto, senza cedere al mero piacere delle sensazioni provate. L'eco dei cambiamenti posturali e gravitazionali fornisce informazioni e produce già qualcosa di nuovo, liberando l'interprete da un'eccessiva predominanza della propria volontà. A dire il vero, quando la danzatrice o il danzatore si abbandona totalmente ai vincoli imposti, confidando nei principi che generano il movimento, ha l'opportunità di vivere un'esperienza di emancipazione.

24 Anne Cazemajou, «Les consignes comme embrayeurs d'action et de perception en cours de yoga/danse contemporaine», in: *STAPS*, 2013/4, n° 102, p. 61–74.

25 Roquet, op. cit., p. 187.

Il movimento continuo costituisce una sorta di tabella di marcia, un sistema di linee guida alla stregua di una partitura manoscritta. In un certo senso è un condensato delle ricerche di una vita intera. È lo strumento divulgativo che concretizza tutto ciò che Cindy Van Acker ha scoperto in termini di movimento; indica i suoi centri di interesse, quali principi ha fatto propri, e quindi anche tutti quelli che ha escluso e non trovano posto nello stile «van ackeriano». Il culmine di questo lavoro di scrittura coreografica e della sua restituzione, nella dilatazione del tempo della performance, è forse rappresentato dalla pièce più recente, *Without References*[26]. I danzatori e le danzatrici hanno in mente una sequenza ben precisa, ma solo pochi dei gesti che eseguono affiorano all'esterno. Benché condividano lo stesso spazio fisico, ognuno di loro svolge individualmente scene tratte da film di Alain Resnais e Jim Jarmusch, sovrapponendo in questo modo cinesfere, temporalità e universi immaginari diversi. Si tratta di una nuova struttura di partitura continua che dà forma al tempo del pensiero, alla variazione del respiro e al tempo che l'occhio impiega a rimettere a fuoco la vista dopo avere distolto lo sguardo.

Tramite il movimento continuo, Cindy Van Acker ha creato uno strumento strategico che le consente di approfondire la ricerca del gesto cosciente e di «formare» i danzatori e le danzatrici al proprio stile di danza. Le corporeità di questi ultimi si impregnano di esperienze sensoriali e percettive che alimentano la loro interpretazione in scena. Grazie alla partitura e in seguito alla pratica del movimento continuo, Cindy Van Acker ha creato quadri performativi di grande complessità che sfidano gli interpreti a superare se stessi, trascendendo la mera forma.

26 Debutto il 23 marzo 2021, Comédie de Genève. Maggiori informazioni, immagini e video: https://www.ciegreffe.org/without-references (consultato il 14 ottobre 2023). A proposito di questa pièce, si veda anche il contributo di Roberta Alberico e Léo Chavaz nel presente volume di *MIMOS*, pp. 291–296.

Stéphanie Bayle

Writing Dance: From the Score to the Practice of Continuous Movement

179

What impressions stay with us after experiencing a dance piece by Cindy Van Acker? It might be our impressions of the sound intensely suffusing the performance space, the icy Nordic lighting or the precision of the dancing. Or maybe the geometry of the dancers' movements, bodies steeped in an inexorable slowness or, on the contrary, stuck in a relentless repetition of monotonous patterns.

What struck me the first time I saw a piece by Cindy Van Acker in about 2010 – and has never ceased to impress me ever since – is a sensation of deeply feeling what each movement demands of the body. I suddenly saw the embodiment of a gestural behaviour that was entirely new to me: such a close and very special connection between the movement produced and the instant of its execution was nothing short of a revelation to me as a young dancer, a real aesthetic shock.

It led to a long-term artistic collaboration between us that continues to this day. I've been performing her dance pieces since 2012 and, as a dance student and researcher at Paris University 8, I'm still tenaciously striving to get to the bottom of her work, to understand what plays itself out and what is activated between the dancer and the movement, to puzzle out the processes that transform the anatomical and kinaesthetic reality of movements into *something more than that.*

To this day I am still seized with the same fascination I felt in 2010 about Cindy Van Acker's choreography and the mysterious inner activity that seems to drive it. I still feel the same unflagging interest in the nature of the "corporealities" in her work. This article is an attempt to understand how those corporealities are constructed, particularly by delving into "continuous movement", a choreographic practice developed by Cindy Van Acker and known only to the dancers to whom it is imparted in the intimacy of the studio. The object here is to situate the genesis of this practice within an overall system of notation, and to study the conditions of its emergence through a look back at the artist's work.

Cindy Van Acker's bodies: What do we see?

First of all, you don't suddenly start dancing "just like that" when working with Cindy Van Acker. Because, as she puts the question: "Why choose this movement – or that one, or that one?"[1] In other words, she's not keen on

1 This and other remarks cited in this article are drawn from informal conversations between Cindy Van Acker and myself and quoted from memory. They constitute a first-hand account and reflect the close relationship between us.

what's known as "improvisational" practices:[2] she needs to develop a limiting framework first, out of which movement can then emerge. This framework may take the form of a more or less restrictive set design, a dramaturgy unfolding over time or a physically demanding choreographic concept.

Corps 00:00,[3] a 2002 piece that served as a manifesto, was based on just such a physically demanding concept. The movements were by and large prompted by a device attached to the dancer's body that stimulated specific body parts by means of an electric impulse – a sort of electrical "graft" to counteract the subjectivity of human movement. Very early on in her work, Cindy Van Acker felt the need to lay down a constraint as a precondition for the creative and emancipatory act, making it an active element in the construction of a particular corporeality. In this way, she created a form of dance that was capable of achieving detachment from itself. She placed filters – which varied according to the project – between the dancer and the dance, giving performers something to work with other than *merely* their own bodies. This may well be what Cindy Van Acker means when she stresses the importance of dancers separating themselves from their egos.

Cindy Van Acker's work epitomises the famous Aristotelian maxim: "The whole is greater than the sum of its parts."[4] On the physical level, some recurring characteristics can be identified: the flow of the movements is slowed down and the movements themselves seem dilated, as if filled from within. The muscle fibres take on an elastic quality, and resistance to the air and to the floor comes to be felt. Weight becomes the organising principle of all activity: pushing up off the floor makes elevation possible, relaxing muscles leads to a fall, shifting weight is a means of locomotion. It's worth noting that all these delicate activities are engendered by a markedly "formal" aesthetic.[5] The dancer's movements are predetermined, chosen before their performance and rehearsed so as to be reproducible with the utmost precision. The dancers' job then involves inhabiting the form without limiting themselves to it. This reveals a contrasting phenomenon: by simultaneously reaffirming and shattering the form, the performers lend it its full expressive power. This gestural and postural behaviour, which is described as "*état de*

2 I use this categorical reference here not to underscore a reductive distinction between different choreographic practices, but to help readers get their bearings. The term "improvisation" is used here to mean a working method that does not distinguish between the moment of a movement's conception and that of its execution.

3 Premiere on 1 October 2002, ADC – Association pour la danse contemporaine, Geneva. For more information and images, see: https://www.ciegreffe.org/corps-0000 (last accessed on 14 October 2023).

4 Aristotle, *Metaphysics*, Book H, 1045, 9–10.

5 Here in the literal sense of an aesthetic based on form.

corps" (lit. "state of body"),[6] involves a total embrace of the form, while nevertheless maintaining the utmost perceptual attentiveness. Once the preconditions for the dance have been established, the movements can feed on their own uninterrupted cyclical dynamic: in order to bring forth these movements, the performer needs to engage in a special form of concentration that is made possible – and, in turn, fuelled – by the dancing subject's kinesic activity.

The emergence of a style

One of Cindy Van Acker's compositional strategies is to saturate the corporeality of the dancers as they strive to fuse precision and sensations. Using a score, which is something often mentioned in the literature on her work,[7] is part of her aforementioned strategy of working with constraints. The score is at once an aid in an empirical approach to dance composition and a means of pushing the limits of dancing corporealities to create virtuosic coordination, rhythmic dissociation, amplified movements and so on. The score serves both as an organising framework for the dance and as a *reason* for each movement, lending it a sort of legitimacy. The rigorous and demanding protocol of reading, memorising and rendering a score holds out the promise

of producing in the dancers a highly concentrated and unique "state of presence",[8] a state that takes them beyond themselves. In her case study of Myriam Gourfink's work, dance scholar Federica Fratagnoli refers to the "enstatic experience" of dancers performing highly demanding scores.[9] Etymologically speaking, *enstasis* (standing within oneself) and *ekstasis* or *ecstasy* (standing outside oneself) refer to movement in opposite directions.

6 According to Federica Fratagnoli's definition of "*état de corps*" (state of body): "From a strictly physical point of view, it refers to a set of tonic states experienced by the dancer's body. These states are generally practised and incorporated during the warm-up, then during rehearsals, enabling the dancer to summon them up when on stage if necessary. Subsequently retrieved thanks to a special level of concentration and *at-tension*, this set of tonic states can constitute a stable frame of reference for the dancers, who then construct their movements on the basis of this perceptual experience." This quote, translated by Eric Rosencrantz, is from: Federica Fratagnoli, "La danse contemporaine comme expérience enstatique: l'étude de cas de Myriam Gourfink". In: Sébastien Baud (ed.), *Anthropologies du corps en trances*, Paris: Connaissances et Savoirs, 2016, p.56.

7 I would cite two studies in particular: Michèle Pralong (ed.), *Partituurstructuur*, Geneva: Héros-Limite, 2012 and Enrico Pitozzi, *Magnetica*, Macerata: Quodlibet, 2015.

8 Christine Roquet says the concept of "presence" evokes the categories of space and time. The term refers fundamentally to the fact of being present, as opposed to being absent. It is also related to "consciousness" in the sense of a capacity for attention and reaction at a given time. Roquet asserts that presence can be practised – it's not a gift, not an innate ability that one may or may not have to arouse the attention of others. See: Christine Roquet, *Vu du geste. Interpréter le mouvement dansé*, Pantin: Centre national de la danse, "Recherches", 2019, p.171.

9 The term "enstasis' is attributed to Mircea Eliade, a 20th-century historian of religion and mythology and a philosopher. His study of yoga led him to develop the neologism "enstasis", as opposed to "ekstasis" (or "ecstasy"). By looking inwards, the yogi "seeks to experience and attain a heightened sensitivity to the slightest movements and absolute concentration on the present moment". That experience comes about through deep meditation, and in particular through motionlessness. See: Mircea Eliade, *Patanjali et le yoga*, Paris: Seuil, 1962; quoted here from Federica Fratagnoli, *op. cit.* p.49.

In practice, however, these two phenomena serve the same objective: to attain a state far removed from mundane existence, an altered state of heightened sensory perceptions.

From 2003 to 2014, the choreographic score came to serve as Cindy Van Acker's preferred means of sharing her compositions – and, by extension, the basic components of her style of dance – with other dancers. She established a signature gestural style in ten solo pieces that she composed and shared with dancers who were close to her from 2002 to 2010.[10] Not all these studies for a solo dancer needed to be scored, for they were created one-on-one in a setting conducive to direct transmission by means of *absorption*. A Van Ackerian "postural body" took shape over the course of this series of solo pieces. On the floor, that body asserts itself clearly as matter, finding ways of being mineral, aqueous or abstract through unusual forms of floor contact. In a standing position, it is firmly anchored on parallel feet set directly below the pelvis. The back is erect, the chin slightly tucked in towards the throat, the eyes facing front, subtly inclined along a downward diagonal.

In the art of choreography, the phenomenon of intercorporeality, even intergestuality, is markedly reinforced when choreographers themselves demonstrate the movements or gestures they have in mind. In the multi-author volume dedicated to the *Carnets Bagouet*, Isabelle Launay explains: "Technical knowledge here is the result of a postural tradition which is acquired by imitation and which itself reflects the general physicality of a human group."[11] She also describes "an organisation of feeling, an expressiveness [...] that is relatively homogeneous at all times".[12] Working together regularly in a small team tends to foster this phenomenon of intercorporeal osmosis. The dancers incorporate shared knowledge, align their modes of perception and adhere to a collective ethos of performance and "being-on-stage".

In Cindy Van Acker's work, the aesthetic, gesturality and *état de corps* of her particular style of dance are constructed out of the choreographer's own corporeality. Her long years of solitary exploration and frequent stage appearances up until 2016 established her physical and dramaturgical

10 The dance unfolds essentially on the floor in these solo pieces. In private, the choreographer likes to joke about that aspect of her early choreography, saying that she "finally stood up" in 2011 with the piece *Diffraction*. For more information and images of these pieces – including *Fractie* (2003), *Obvie* (2008), *Nixe* (2009), *Obtus* (2009) and *Lanx* (2009) – see the artist's website: https://www.ciegreffe.org/repertoire (last accessed on 14 October 2023).

11 Isabelle Launay (ed.), *Les Carnets Bagouet*, Besançon: Les Solitaires Intempestifs, 2007, p.77.

12 *Ibid.*, 67.

signature. The dancers, who are at once her collaborators and her disciples, have absorbed, even incorporated, a certain "postural attitude",[13] going so far as to share her gestural ethos.

These selected, established and replicated visual and choreographic codes are what make a choreographer recognisable to the public. They're what's commonly known as the author's "style". Isabelle Launay employs the very apt image of "sharing a bath"[14] to describe the aforementioned phenomenon of intercorporeality. In other words, Cindy Van Acker's style developed in the choreographer's "source body" before spreading to other bodies – those of her dancers – who became translators and exponents of their choreographer's thought.

The shift from score to continuous movement

Another important series in Cindy Van Acker's work comprises group pieces staged between 2011 and 2017,[15] including *Magnitude* (2013) and *Anechoic* (2014), which are often approached from the same angle: to treat a multitude of bodies as a single body. Whether in "landscape pieces" for a single dancer or for a group of twenty, the use of a score is still necessary insofar as it allows the choreographer to coordinate highly complex anatomical and group arrangements. As a descriptive system, the score directly informs the nature of each movement, its quality, temporality and orientation: "The score does not transcribe [...] the dance, but what can be objectified by means of the system of notation."[16] In other words, the score serves to provide information and to archive choreographic concepts, but it doesn't tell you *how* to dance. It's up to the performer to find a way to inhabit a given architectural space.

Cindy Van Acker's creative strategy became far more varied after 2015, breaking away from her previous score-based approach, as well as reactivating and intensifying her artistic collaboration with Romeo Castellucci, which led to choreographing for opera.[17] A series of commissions for institutional companies followed. Cindy Van Acker found herself working with

13 *Ibid.*, 78.

14 *Ibid.*, 54.

15 For further information, images and videos of Cindy Van Acker's works from 2011 to 2017, see her website: https://www.ciegreffe.org/repertoire (last accessed on 14 October 2023).

16 Isabelle Launay (ed.), *op. cit.*, p.76.

17 See Paola Gilardi's interview with Romeo Castellucci in this *MIMOS* edition, pp.281–290, and on Cindy Van Acker's website: https://www.ciegreffe.org/collaborations (last accessed on 14 October 2023).

large groups of dancers she didn't know, and within short timeframes – two parameters that she generally eschews. This gave rise to a form of exercise in which she would issue oral instructions for the purpose of identifying the qualities of the dancers she was working with. As a "strategy to attain the required postural quality (*qualité de corps*) more quickly, as she puts it,[18] this exercise was to become a mainstay of her pedagogic approach, a practice that she calls "continuous movement". Continuous movement arose as a consequence rather than as a plan: it was needed in situations in which the phenomenon of intercorporeality could not be brought about as before by teaching it with a score or spending a great deal of time with the dancers.

Cindy Van Acker created continuous movement for the most part while developing, in 2016, a piece called *Zaoum*[19] for her company, Cie Greffe. Resumed every day during their extended experimental sessions, the practice was transmitted whilst still in development. In this particular piece, the use of continuous movement served to inform the nature of corporealities that would henceforth be staged in a different way. Influenced by her work on opera, Cindy Van Acker chose for the very first time to write the dance on the basis of an existing piece of music – Luigi Nono's *Quando stanno morendo* (1982) – with a view to rendering the sound visible, in its every nuance, through the dancers' movements. Since the piece involved the addition of several new dancers to boot, a new working protocol was called for.

Choreographic practices are tools invented and regulated by choreographers, then passed on to dancers to create a "mode of being" or a "state of presence" out of a "shared corporeity" ("*corps commun*").[20] According to Yvane Chapuis, they're a way for choreographers to "share questions that are on their minds and find ways for their collaborators to appropriate them".[21] Continuous movement unites the practitioners' corporealities in a common present. Directly immersed in "doing",[22] they find themselves entrusted, implicitly, with the fundamentals of Cindy Van Acker's dance. The sensory

18 The quote is drawn from one of our many conversations about continuous movement.

19 Premiere on 29 September 2016, at Arsenic, Lausanne. For more information, images and video, see: https://www.ciegreffe.org/zaoum (last accessed on 14 October 12023).

20 Yvane Chapuis, Myriam Gourfink, Julie Perrin (eds.), *Composer en danse. Un vocabulaire des opérations et des pratiques*, Dijon: Les presses du réel, 2020, p. 340.

21 *Ibid.*

22 Anthropologist Tim Ingold proposes nominalising the French verb "*faire*" (to do) as "*le faire*" (doing) in order to designate a concept rather than an action. In his view, "doing" can be thought of as a "growing process" that makes "the doer someone who takes action in a world of active matter". The quote, translated by Eric Rosencrantz, is drawn from Tim Ingold, *Faire – Anthropologie, Archéologie, Art et Architecture*, Bellevaux: Dehors, 2017, p. 60.

and kinaesthetic events experienced during these exploratory sessions form a sort of "database" which the dancers can access once they're on stage to enhance the quality of their movements, of whatever kind they may be.

Continuous movement condenses sensations

In a multi-author volume entitled *Composer en danse*, Cindy Van Acker describes continuous movement in the following terms: "It's a matter of moving in a space without taking any breaks, being in the moment as much as possible, whilst developing attentiveness and the senses (one's relationship to the floor, to the air, to resistance, to others' bodies)."[23] This practice, which the choreographer sometimes mentions succinctly in interviews, is only really known to the dancers who use it. Starting out as studio material in 2016, it soon became a unifying tool that served to produce a postural, rhythmic and qualitative unity among dancing corporealities. Although this practice profoundly informs the choreographic process, it is never overtly displayed on stage, even if some productions do show snatches thereof, like quotations. Continuous movement has become a fixture of Cindy Van Acker's teaching, including in workshops she gives outside her company.

Continuous movement comes in two basic versions: "free-style" or "with instructions". In the first version, the dancers already know the main principles, so they enter into the movement of their own accord within a set context. If there are any instructions, they take the form of a "score" provided orally to the dancers, which they memorise before starting their exploration. One such instruction, for example, might be: "Take a step with your left foot while simultaneously raising your arms to different levels." Cindy Van Acker gives the instructions by means of a combination of words and gestures, demonstrating as well as explaining. Anthropologist Anne Cazemajou calls the instructions given in a dance-yoga class that she investigates "*embrayeurs d'action*", i.e. "action triggers".[24] In Cindy Van Acker's case, it is more the movements that seem to "trigger her words", for her demonstration appeals to a kinaesthetic empathy in the dancers witnessing it. Directly immersed in a physical experience through a form of impregnation, their corporealities are already being transformed.

23 Chapuis, Gourfink, Perrin (eds.), *op. cit.*, p. 373.

24 Anne Cazemajou, "Les consignes comme embrayeurs d'action et de perception en cours de yoga/danse contemporaine". In: *STAPS*, No. 102, 2013/4, pp. 61–74.

For the neurophysiologist Alain Berthoz, empathy is the "ability to change one's point of view (in space) or rather [...] one's point of *feeling*".[25] Continuous movement demands of its practitioners a form of honesty: motion slows down because each shifting of weight must be executed carefully, in a linear flow, without gathering any momentum. The principle is to move through the studio space, according equal support to the presence of each movement, without any kind of hierarchy of value between the various parts of the body. This attitude towards movement, if maintained unwaveringly, presents a new way of handling technical difficulties rather than trying to sidestep them. The *continuous* aspect of this practice makes demands on willpower, on the desire to sustain the state of concentration that has been established without giving in to the pure pleasure of sensation. The echoes of postural and gravitational changes provide information and are already creating something new, releasing the dancers from trying to exert too much conscious control over their movements. When they fully immerse themselves in the constraints and trust in the principle that generates the movements, the dancers are letting themselves in for a potentially emancipating experience.

Continuous movement is a roadmap, a guidance system much like a handwritten score. It is, in a sense, the distillation of a whole lifetime of investigation in the field of dance. It is the didactic tool that gives material form to Cindy Van Acker's discoveries in movement; it tells the dancers where her interests lie, which principles she has embraced and, by implication, all the ones that are excluded and have no place in the Van Ackerian style.

The apogee of this choreographic work and its rendering in the expansion of performance time might be found in her latest piece, entitled *Without References.*[26] The dancers, sometimes engaged in movements largely invisible to the audience, have an ongoing storyline playing itself out in their minds. They are each replaying scenes from films by Alain Resnais and Jim Jarmusch individually, separately, though in the same physical space, in which their kinespheres, temporalities and imaginations overlap. The upshot is a new form of continuous score that embodies the time of thought, of variation in breathing, the time it takes for the eyes to refocus after turning away to look at something else.

25 Roquet, *op. cit.*, p.187.

26 Premiere on 23 March 2021, Comédie de Genève. For more information, images and video, see: https://www.ciegreffe.org/without-references (last accessed on 14 October 2023). For more on this particular piece, see the article by Roberta Alberico and Léo Chavaz in this *MIMOS* edition, pp.291–296.

E Cindy Van Acker's continuous movement is a strategic tool that enables her to pursue her investigations of movement in consciousness and to "train" dancers in her style, steeping their corporealities in a sensory and perceptual experience that informs and enriches their performance. Thanks at first to the choreographic score and, later on, to the practice of continuous movement, Cindy Van Acker has created demanding performative frameworks that call on dancers to surpass themselves and to transcend mere form.

Onze années de recherche, de projets, de rires, d'amitié, durant lesquelles Cindy a su révéler le meilleur de moi en tant qu'interprète. Travailler avec Cindy a été comme rentrer chez moi. Chaque matin, je me réjouissais de la voir arriver au studio avec son vélo. Un souvenir incroyable lorsque nous avions décidé de pratiquer de longues minutes sur la tête l'une à côté de l'autre. Une pratique assidue de yoga. Une rencontre comme une évidence, où les mots étaient devenus superflus, une complicité précieuse, une trace inoubliable, un mouvement linéaire encore en suspension.

Tamara Bacci

« Il y a un lien secret entre la lenteur et la mémoire, entre la vitesse et l'oubli. […] Dans la mathématique existentielle, cette expérience prend la forme de deux équations élémentaires : le degré de la lenteur est directement proportionnel à l'exercice de la mémoire, le degré de la vitesse est directement proportionnel à l'intensité de l'oubli », écrit Milan Kundera dans son essai *La Lenteur*. J'ai porté mon regard sur ton corps si longtemps lorsque nous étions en travail. Aujourd'hui, alors je me dis : plus le regard est long, plus le souvenir est dense.

Maud Blandel

Nuit d'automne 2018 à Saint-Pétersbourg, après trois semaines dans la ville pour le remontage de *Diffraction*. Errance surréaliste avec Cindy qui se conclura au petit matin, une fois les ponts traversant la Neva et nous retenant sur la rive opposée rabaissés. La vodka, les cornichons et le lard, la poésie et l'ivresse... Des souvenirs avec Cindy, j'en ai mille. Mais toujours, il y a ce sentiment d'intensité. Sur scène ou dans les rapports humains, dans l'exigence et l'implication, dans le lâcher-prise et les envies de dérive.

Stéphanie Bayle

La rencontre avec Cindy a marqué un tournant dans ma carrière de danseur. J'ai découvert un univers singulier qui m'a permis de m'émanciper en tant qu'interprète, et de me découvrir des capacités jusque-là encore inconnues. Son travail est d'une précision extrême, d'une grande finesse et d'une physicalité bien spécifique, et je me considère chanceux d'avoir pu y goûter à travers plusieurs pièces. La création, en 2020, du solo *Shadowpieces III - Le garçon enchanté* reste ma plus belle aventure artistique à ce jour.

Matthieu Chayrigues

La reprise de la pièce *Diffraction*, créée en 2011, a mobilisé en moi des ressources souterraines, jusque-là insoupçonnées. Retenir les partitions à l'écriture précise et mathématique de Cindy tend à muscler une forme de concentration, tout en divisant méticuleusement le contrôle attentionnel de l'interprète pour accéder à une forme de poésie abstraite. Je me souviens que cette conjugaison de travail millimétré et de douceur singulière m'avait fasciné à l'époque, même transformé.

Louis-Clément Da Costa

Cindy Van Acker parle peu. À ses côtés, je me dis souvent qu'il s'agit moins d'interpréter que d'accompagner une artiste qui bat en brèche le discours et l'évidence. En préservant l'indicible, elle nous conduit dans un espace-temps plein, dans lequel s'inscrire au présent. C'est, je crois, la grande qualité de sa recherche, de son travail et de sa personnalité troublante.

Aurélien Dougé

Cindy possède une qualité très rare qui allie une confiance absolue en ses interprètes et un regard perçant sur l'endroit où les emmener. Elle n'a pas uniquement une vision très précise de ce qu'elle souhaite, elle a aussi la conviction qu'elle ne sait pas tout. Et cette absence de savoir, c'est aux côtés de ses interprètes qu'elle s'y adonne. Travailler avec Cindy, ce n'est pas simplement fabriquer une pièce ensemble, c'est aussi nourrir une quête plus vaste et commune vers un inconnu, un endroit où personne ne peut nommer ce qui est en train de se dérouler.

Sonia Garcia

Une nuit d'été après une répétition, Cindy conduit dans les Alpes autrichiennes vers notre hébergement. On arrête la voiture sur le bas côté et on se pose sur le capot pour regarder l'éclipse de lune annoncée. Je crois que ça dure longtemps. Le temps n'est plus une évidence. La lune n'en a pas fini de s'éclipser. Je pense : c'est le temps que les choses demandent, comme dans le monde de Cindy. Le temps de déverser le poids d'un bras dans le sol, le temps de compter immobile 50 battements de cœur, le temps qu'exige un relais pour ne pas compromettre le *continuum* d'un mouvement, le temps de mijoter sa sauce bolognaise.

C'est dans un processus qui se déroule dans le temps et qui a du goût que je comprends son idée de la partition : habiter pleinement une durée dont le cadre pourrait m'autoriser, me libérer de décisions arbitraires, me rendre autrement attentif, me faire dériver. C'est encore une affaire de goût, plus complexe à décrire que la bolognaise.

Affirmer que lorsque je me sens débordé par les injonctions du monde à faire vite et beaucoup, je pratique le mouvement continu de Cindy, c'est avouer que je le fais trop souvent. Ce qui me reste à trouver est la discrétion nécessaire à une telle pratique, qui pour me sauver m'entraîne souvent la tête à l'envers.

Paul Girard

Travailler avec Cindy est spécial pour moi. Elle mérite mon respect non seulement en tant que danseuse et chorégraphe, mais aussi en tant que personne. Sa compréhension de la musique et de l'espace, ainsi que sa vision esthétique des sens sont merveilleuses. Elle se soucie également beaucoup de chaque danseur·euse. C'est quelque chose que tous les chorégraphes ne font pas.

Elle m'a raconté qu'elle arrivait au théâtre toujours plus tôt que les autres le jour de la représentation, parce qu'elle a le trac. Nous avons ri l'un de l'autre, car je suis dans la même situation. C'est aussi ce côté charmant qui me donne envie de continuer à travailler avec Cindy.

Yuta Ishikawa

Avec Cindy, j’ai découvert la force de la lenteur à travers le solo *Obtus* qu’elle avait créé pour moi en 2009 et qui a profondément marqué ma danse. Et c’est aussi en la voyant dans ses propres soli que j’ai été amenée à chercher en moi comment transmettre cette densité, ce mouvement profond, patient et ultra concentré qui la rendait si puissante à mes yeux. Retenir l’anxiété d’un monde qui veut toujours plus et plus vite serait ma traduction de ce que son travail de corps m’a inspiré.

Marthe Krummenacher

J’ai travaillé avec Cindy sur les opéras de Romeo Castellucci ainsi que sur *Zaoum*, créé en 2016. J’ai tout de suite ressenti une entente humaine et artistique, ce qui a fait que dans le travail, j’ai eu envers elle une confiance absolue qui m’était naturelle, je ne pourrais pas dire pourquoi. Ses chorégraphies sont abstraites, oui, mais elles sont viscérales à la fois. La forme est là aussi pour convoquer tout ce qui n’a pas de forme et qui ne peut donc être dit. Sa façon de créer m’inspire toujours et m’est familière, surtout là où nous sommes très différents.

Gennaro Lauro

Verso, le solo des *Shadowpieces* que nous avons créé ensemble en 2020, dans un aller-retour indescriptible entre nos intuitions et nos écoutes imbriquées, s’est construit depuis la partition musicale d’Arnold Schönberg. Chaque pas posé sur une note, nous avons découpé la musique et l’avons entremêlée au geste pour tenter de voir émerger une « figure musicale ».

Dans un mouvement inverse, la création de *Without References*, en 2021, a démarré avec un espace, un décor comme un lieu à habiter, et une communauté de personnes au plateau. Notre gestuelle, nos comportements, sont extraits de films, fragments de scènes narratives. Cindy a organisé cette physicalité pour l’emmener à la lisière entre abstraction et figuration, la rapprocher d’une partition musicale, d’un canevas dans l’espace et dans le temps.

Comme interprète de ces deux danses, la possibilité de jeu proposée pour faire exister l’écriture, entre rythme, espace et affleurement d’un personnage, m’a beaucoup nourrie. Cindy a porté tout cela avec précision et confiance.

Anna Massoni

Lavorare con Cindy è stata un'esperienza che avrò cara per tutta la vita, di crescita umana e professionale. Artista e persona intuitiva e generosa, rigorosa e coerente, onesta e sempre fedele a se stessa mi ha conquistato con la sua umanità, la sua empatia, la sua profonda conoscenza del corpo e delle sue dinamiche, con la sua capacità di «vedere» oltre gli abiti e la pelle. Grazie Cindy!

Luca Nava

J'ai eu l'immense chance de reprendre le rôle de Cindy et de danser son magnifique solo *Corps 00:00*, créé en 2002. Le corps est branché à des stimulateurs électriques qui court-circuitent les mouvements, une expérience puissante, hors normes, profonde à l'image de son travail. Cindy m'a appris la chorégraphie en m'expliquant comment diriger mon corps, mais aussi ma tête, à quoi penser pour maîtriser la lenteur, la chute, la nudité, la peur… En plus du mouvement, elle m'a transmis son intelligence. Et nous avons beaucoup ri aussi.

Perrine Valli

Cindy van Acker has dedicated her life to harnessing a primordial creative chaos, a monastic commitment and gift of self to a craft. Seeing her perform *Corps 00:00*, *Kernel* or *Lanx* was to glimpse a body crucible where signs and meaning disentwine, reminiscent of a time when boulders flew and titans reigned. In *Speechless Voices*, created in 2018, I witnessed her wiped out by grief for a fellow traveller, Mika Vainio, his amputation a tear in the fabric of things, his stillness a guide to the source of tragedy.

Rudi van der Merwe

Mon parcours d'interprète est marqué notamment par la rencontre avec le travail de Cindy. Le geste est vrai, en résonance avec une inspiration littéraire, sonore ou spatiale, ou entraîné par une direction mentale. En tant qu'interprète, c'est très inspirant de pouvoir partager la recherche qui se trame à la base d'une création.

Dans le travail de Cindy, il existe un espace qui n'est pas explicité, mais qui est essentiel à mes yeux. Il s'agit de l'instinct, ce sens qui nous relie et me permet de comprendre ce que Cindy souhaite sans besoin de mots.

Le mouvement continu et la puissance d'un geste rempli de densité, ce sont des principes qui ont clairement marqué ma manière de m'exprimer. En particulier, notre collaboration pour le solo *Shadowpieces I - Mélancolie de l'espace*, créé en 2018, reste un des souvenirs les plus marquants de ma carrière de danseuse. Ce solo est l'expression pure du son qui traverse le corps et le met en mouvement ; c'est un défilé d'images cinématographiques par lesquelles je suis inspirée tout au long de la pièce, et qui me permettent de lui donner une nouvelle vie à chaque fois.

Daniela Zaghini

Thierry Sartoretti

Musique, lumière et scène, une danse à trois

Entretien avec Victor Roy, Denis Rollet, Luc Gendroz et Samuel Pajand

ZUSAMMENFASSUNG

Cindy Van Acker unterhält eine einzigartige, symbiotische Beziehung zum Raum, zur Musik, zum Bühnenbild und zur Beleuchtung. Diese Schaffensweise hat ihre Wurzeln in der freien Szene der 1990er Jahre in Genf, namentlich im Umfeld der Cave 12 und des Théâtre de l'Usine, Brennpunkten für die experimentellen Künstler:innen und den spartenübergreifenden Austausch. Hier entstanden die ersten Arbeiten der Tänzerin und Choreografin mit dem Musiker Denis Rollet und dem Lichtdesigner Luc Gendroz. Im gleichen Geiste begann bald darauf auch die Zusammenarbeit mit dem Bühnenbildner Victor Roy und dem Musiker Samuel Pajand. Die vier Weggefährten teilen Erinnerungen und berichten von ihrer Mitwirkung an den Choreografien von Cindy Van Acker, die ebenfalls geprägt sind von der Begegnung mit dem 2017 verstorbenen finnischen Komponisten Mika Vainio.

RIASSUNTO

Cindy Van Acker ha un rapporto molto particolare e simbiotico con lo spazio scenico, la musica, la scenografia e le luci. Questa peculiarità affonda le sue radici nella cultura alternativa degli anni Novanta a Ginevra, che ruotava attorno alla Cave 12 e al Théâtre de l'Usine, crogioli di sperimentazione e condivisione pluridisciplinare. È in questo ambiente che nascono le prime creazioni della danzatrice e coreografa con il musicista Denis Rollet e il *lighting designer* Luc Gendroz. Nello stesso solco si inserisce in seguito la collaborazione con lo scenografo Victor Roy e il musicista Samuel Pajand. I quattro compagni di viaggio rievocano i loro ricordi e illustrano in che modo contribuiscono alle coreografie di Cindy Van Acker, profondamente marcate anche dall'incontro con il compositore finlandese Mika Vainio, scomparso nel 2017.

ABSTRACT

Cindy Van Acker has a unique, symbiotic relationship to the stage, music, set design and lighting, the roots of which can be traced back to the alternative arts scene of 1990s Geneva centred around Cave 12 and Théâtre de l'Usine, two hotbeds of experimentation and multidisciplinary alliances. It was from this environment that the dancer and choreographer's first creative works with musician Denis Rollet and lighting designer Luc Gendroz emerged, continuing in the same vein with the collaborative partnership she later formed with set designer Victor Roy and musician Samuel Pajand. In this interview, the four artists describe their memories and involvement in Cindy Van Acker's choreographies, which were also informed by her encounter with Finnish composer Mika Vainio, before his death in 2017.

Cindy Van Acker entretient un lien très singulier, symbiotique, avec l'environnement du plateau, qu'il s'agisse de la musique, de la scénographie ou des éclairages. Cette relation trouve ses racines dans la scène culturelle alternative des années 1990 à Genève, notamment autour de la Cave 12[1] et du Théâtre de l'Usine[2], creusets d'expériences et de partages pluridisciplinaires. C'est dans cette émulation que naissent les premières créations de la chorégraphe en compagnie du musicien Denis Rollet et de l'éclairagiste Luc Gendroz. Dans cet esprit, Cindy Van Acker a également noué par la suite des collaborations avec le scénographe Victor Roy et le musicien Samuel Pajand. Avec le compositeur finlandais Mika Vainio[3] (décédé en 2017), Cindy Van Acker trouve aussi une âme sœur musicale.

Dans l'entretien, qui a eu lieu à Genève en deux volets au mois d'octobre 2023, les quatre compagnons de route racontent leurs souvenirs et leur implication dans les œuvres de la danseuse et chorégraphe, de ses débuts à aujourd'hui.

1 La Cave 12 est une salle de concert à Genève «dédiée aux démarches musicales expérimentales et innovatrices»; pour plus d'informations, voir le site web: https://www.cave12.org/ (consulté le 4 novembre 2023).

2 Fondé en 1989, le Théâtre de l'Usine est «un espace de création, de production et d'accueil pour les arts scéniques émergents, situé au sein du centre culturel autogéré L'Usine à Genève»; cf. le site web: https://www.theatredelusine.ch/ (consulté le 4 novembre 2023).

3 À propos de la longue et intense collaboration entre Cindy Van Acker et Mika Vainio, nous renvoyons aussi au témoignage de l'artiste norvégienne Rikke Lundgreen dans le présent ouvrage, pp. 217–220.

Thierry Sartoretti (TS) Comment avez-vous rencontré Cindy Van Acker ?

Denis Rollet (DR) Je l'ai d'abord rencontrée car on habitait ensemble, au milieu des années 1990, dans le squat Rhino à Genève. À l'époque, Yann Marussich[4] avait demandé l'usage des studios de danse de l'ADC[5] à la Maison des arts du Grütli[6] pour y créer des *Scènes libres* ouvertes au public. On pouvait y expérimenter des formes artistiques sans enjeux de production. Le chorégraphe Gilles Jobin[7], par exemple, a créé son tout premier solo dans ce cadre. J'y ai donc découvert les premières propositions de Cindy, pour lesquelles elle m'avait demandé de concevoir les bandes sonores.

Victor Roy (VR) Ma première rencontre avec Cindy date de 2008, à l'occasion de son solo *Lanx*[8] au Théâtre de l'Usine à Genève. Elle avait besoin de murs supplémentaires pour poser son décor. Au départ, j'étais ébéniste, puis constructeur en ateliers de décors et enfin technicien de plateau. Elle m'a rapidement laissé amener des propositions plus créatives pour les soli *Nixe* et *Obtus*[9].

Samuel Pajand (SP) Je n'habitais pas encore à Genève à ses débuts. J'ai découvert les spectacles de Cindy vers 2013, via Victor Roy avec lequel je collaborais. Nous avons travaillé ensemble sur *Ion*[10] en 2015 et sur *Zaoum*[11] l'année suivante.

Luc Gendroz (LG) Quant à moi, je l'ai rencontrée à ses débuts, après son engagement de danseuse au Ballet du Grand Théâtre de Genève. En 1994, elle a dansé dans le spectacle *La Nébuleuse du crabe*[12] de la Compagnie

4 Pour plus d'informations, nous renvoyons au site web de l'artiste et performeur: https://yannmarussich.ch/home.php (consulté le 4 novembre 2023).

5 ADC – Association pour la danse contemporaine Genève: https://pavillon-adc.ch/ (site consulté le 4 novembre 2023). Au sujet du lien entre Cindy Van Acker et l'ADC, nous renvoyons aussi à l'article d'Anne Davier dans le présent ouvrage, pp. 101–108.

6 Pour plus d'informations, voir le site web: https://scenes-culturelles.geneve.ch/grutli/ (consulté le 4 novembre 2023).

7 Basé à Genève avec sa compagnie, le danseur et chorégraphe Gilles Jobin a reçu en 2015 le Grand Prix suisse de danse: https://www.gillesjobin.com/ (consulté le 4 novembre 2023).

8 Création le 20 mars 2008, Electron Festival, Genève. Plus d'informations et images: https://www.ciegreffe.org/lanx (consulté le 4 novembre 2023).

9 La création de *Nixe* et *Obtus* avait eu lieu le 28 août 2009, dans le cadre de La Bâtie – Festival de Genève. Chorégraphie: Cindy Van Acker; interprétation: Perrine Valli (*Nixe*) et Marthe Krummenacher (*Obtus*). Plus d'informations et images: https://www.ciegreffe.org/repertoire (consulté le 7 novembre 2023).

10 Création le 22 avril 2015, Kaaitheaterstudio's, Bruxelles. Pour plus d'informations, images et vidéo voir le site web: https://www.ciegreffe.org/ion (consulté le 7 novembre 2023).

11 Création le 29 septembre 2016, Arsenic – Centre d'art scénique contemporain, Lausanne. Plus d'informations et images sont disponibles sur le site web: https://www.ciegreffe.org/zaoum (consulté le 7 novembre 2023).

12 Création le 23 février 1994, Arsenic – Centre d'art scénique contemporain, Lausanne. Plus d'informations et images: https://www.philippesaire.ch/projets/la-nebuleuse-du-crabe (consulté le 7 novembre 2023).

Philippe Saire, dont j'étais le technicien lumière. À l'époque, j'étais aussi éclairagiste pour la compagnie théâtrale l'Alakran d'Oscar Gómez Mata et souvent en tournée. On s'est croisé·es plus tard dans des festivals, où elle présentait des projets plus performatifs. Au Théâtre de l'Usine, en 1998, j'ai ainsi découvert ses trois hommages – au groupe slovène Laibach, au *Capital* et à la chorégraphe Anne Teresa De Keersmaeker[13] – où elle vomissait. Et on se rencontrait souvent dans la scène des squats genevois, à la Villa Freundler où Cindy habitait, ou à Rhino et sa salle de concert, la Cave 12. En 2001, elle m'a demandé de concevoir les lumières de son premier spectacle créé sous le nom de sa compagnie Greffe : *Corps 00:00*[14].

TS La scène culturelle des squats semble avoir joué un rôle important dans l'émergence des premiers travaux de Cindy Van Acker et de la danse contemporaine genevoise en général.

DR Cindy Van Acker, Yann Marussich et Gilles Jobin habitaient alors dans des squats. C'était aussi mon cas. Cette proximité a créé un échange permanent. C'étaient tout autant des lieux d'habitation que des espaces de discussion, d'émulation et de création. À Rhino, nous organisions des concerts au sous-sol, c'était la première époque de la Cave 12. Nous y avons invité beaucoup de musicien·nes comme Tom Cora, Ne Zhdali, Fred Frith, Otomo Yoshihide et bien d'autres. Ils et elles logeaient dans nos appartements et ces rencontres nourrissaient notre énergie créative. Chacun·e se laissait inspirer par le travail de l'autre. Cindy a créé ses premiers spectacles dans cet environnement et j'ai commencé mes premières expérimentations sonores à ce moment-là. Beaucoup de choses sont nées dans ce contexte, parfois de manière très informelle. Il y avait avant tout une volonté de partager et de créer ensemble.

TS Parlez-nous de vos premiers travaux en commun.

DR La première bande son, c'était avec la clarinettiste Tania Zittoun pour le duo *Déjà*, que Cindy a présenté en 1994 au Grütli. De mon côté, j'utilisais un sampler. En 1998, il y a eu *Subver-cité* et *J'aimerais tuer avant de mourir*. Ces soli sont tous, en quelque sorte, « hors de sa biographie artistique », laquelle débute plutôt avec *Corps 00:00* et la création de la Compagnie Greffe en 2002. Toutefois, pour ces deux projets, il y avait déjà des musiques de Mika Vainio et, pour *J'aimerais tuer avant de mourir*, des extraits des

13 Créés et interprétés par Cindy Van Acker en 1998 sous le titre de *Subver-cité*. À cet égard, nous renvoyons aussi au dialogue entre Cindy Van Acker et Michèle Pralong dans le présent ouvrage, pp. 57–58.

14 Création : le 1er octobre 2002, ADC, Genève. Plus d'informations et images : https://www.ciegreffe.org/corps-0000 (consulté le 6 octobre 2023).

Carabiniers de Jean-Luc Godard, en particulier la scène où une femme résistante se fait exécuter par des carabiniers en récitant un magnifique poème de Maïakovski[15]. J'ai employé des éléments sonores de ce film avec des bruits d'avion et de bombardement… C'étaient des collages. Cindy savait ce qu'elle cherchait et choisissait ses musiques.

Entre 1995 et 2002, elle est en quelque sorte devenue la Cindy Van Acker que l'on connaît. Pour *Corps 00:00*, nous étions quatre musicien·nes – avec Frédérique Franke, Philip May et David Stämpfli – à travailler sur la pièce dans le quartier de Plainpalais. Elle créait ses mouvements en amont, sans le moindre son. On arrivait ensuite avec des propositions. Elle validait avec son vécu intérieur d'interprète.

LG Autour de 2009, pareil : on proposait nos idées et elle triait. Elle voulait garder un maximum de liberté pour son mouvement et ne pas être limitée par le son ou la lumière. Elle répétait ses mouvements de son côté.

TS Comme vous l'évoquiez, le solo *Corps 00:00* est en quelque sorte l'acte de naissance artistique de Cindy Van Acker. Quels souvenirs de cette période ?

DR *Corps 00:00* finissait au bout de 48 minutes. Du coup, la création suivante se nommait *Balk 00:49*[16]. Elle avait eu cette envie de titrer ses créations en intégrant les durées des précédentes chorégraphies. Cela a tenu deux spectacles. À la base, il y avait aussi eu le solo *Fractie*[17], pour lequel quatre musiciens avaient créé chacun une pièce musicale. Elle m'avait demandé de leur imposer une contrainte : j'ai choisi 11 fréquences. En parallèle, j'ai composé les musiques de *Balk 00:49* avec ces mêmes 11 fréquences en travaillant avec des sinus ultra froids, des fréquences très dures comme celles que l'on peut entendre dans un cabinet d'otorhinolaryngologiste. Nous avons commencé des essais au Galpon sur le site Artamis, un lieu culturel squatté à Genève. On cherchait à obtenir une sorte de vibration entre la musique et les micromouvements du corps de Cindy. À l'issue des répétitions, nous sommes allé·es marcher au bord du Rhône. Je lui ai livré mes impressions. Le résultat musical me semblait assez dur, extrême même. Elle m'a juste répondu : « Génial. Allons-y ! »

15 À ce sujet, voir aussi le dialogue de Cindy Van Acker avec Michèle Pralong dans le présent ouvrage, p. 58.

16 Création : 16 décembre 2003, Arsenic – Centre d'art scénique contemporain, Lausanne. Plus d'informations et images : https://www.ciegreffe.org/balk-0049 (consulté le 7 novembre 2023).

17 Création : 21 août 2003, Festival far°, Nyon. Plus d'informations et images : https://www.ciegreffe.org/fractie (consulté le 7 novembre 2023).

LG Tant que Cindy était sur le plateau, le mouvement primait et elle décidait des timings. Le mouvement était notre horloge. Dès lors qu'elle a travaillé depuis le bord du plateau et dirigé des interprètes, elle pouvait avoir plus de souplesse, modifier de manière plus pointue les timings des mouvements des danseur·euses en fonction des images qui lui parvenaient. Il y a un truc d'écriture de plateau qui est passé de sa vision très personnelle, issue de son corps et son mouvement, à une approche d'ensemble.

DR Je définirais deux périodes chez Cindy. D'abord avec des environnements sonores qui pouvaient être indépendants des partitions chorégraphiques, où les choix découlaient fortement de son ressenti en tant qu'interprète, sur scène, vécu de l'intérieur. Puis, à partir de sa première pièce de groupe, *Pneuma 02:05*[18], qui date de 2005, avec une recherche sonore peut-être plus esthétique, une oreille et un regard plus globaux. Pour ses premiers soli, elle travaillait beaucoup sans le son, afin qu'il n'influence pas ses recherches de mouvements. Le son venait ensuite s'y greffer et s'y accorder. Par la suite, pour les pièces où elle n'était pas sur scène et qu'elle travaillait avec d'autres interprètes, ses choix se faisaient davantage avec la conscience du regard des spectateur·trices et surtout en rapport avec tous les autres éléments du spectacle : mouvements, espace, scénographie et lumière. Cette seconde période a sans doute aussi été très nourrie par le fait de travailler, dès 2011, avec le metteur en scène Romeo Castellucci sur des opéras[19]. C'est d'ailleurs, me semble-t-il, à partir de là qu'elle a vraiment approfondi son travail de partitions chorégraphiques sur la base de partitions musicales.

TS Dans ses spectacles, la lumière produit parfois du son, soutient le mouvement.

SP Dans *Ion*, j'ai enregistré et intégré à mes sons les grésillements des résistances lumineuses créées par Victor Roy. Dans *Zaoum*, il y avait au départ l'utilisation de la composition *Quando stanno morendo* de Luigi Nono. Cindy m'avait demandé des sortes d'intermèdes entre les parties. Je travaillais de mon côté, lui faisais écouter, bien avant l'arrivée des danseur·euses. La veuve de Luigi Nono n'ayant pas accepté la présence de ces intermèdes, ils ont été retirés. La pièce comporte donc des longs silences qui conservent le souvenir des musiques que j'avais composées. Seule ma dernière musique est restée.

18 Chorégraphie pour 8 performers, dédiée à Myriam Gourfink. Création le 5 décembre 2005, Festival Lignes de Corps, Valenciennes, France. Plus d'informations et images : https://www.ciegreffe.org/pneuma-0205 (consulté le 7 novembre 2023).

19 À ce sujet, nous renvoyons à l'entretien de Paola Gilardi avec Romeo Castellucci dans le présent ouvrage, pp. 245–256.

F À mon arrivée sur *Ion*, Cindy avait choisi une œuvre de Johann Pachelbel, un morceau à l'orgue qu'elle souhaitait au début du spectacle et Victor avait déjà des idées de scénographie. Elle travaillait ses mouvements de son côté. Le travail de la composition s'est déroulé autour d'un dialogue entre musiques et lumières. Elle est arrivée assez tard sur le plateau et s'est littéralement placée dans cet écrin.

TS Vous avez tous travaillé aussi avec le musicien finlandais Mika Vainio. Comment s'inscrivaient ses compositions dans le travail de Cindy Van Acker ?

DR La première fois que Mika Vainio est venu travailler avec Cindy à Genève, c'était en 2007, pour la création de *Kernel*[20]. C'était un taiseux. Il ne disait jamais une chose inutile, évitait tout propos futile. Un Finlandais comme on peut se l'imaginer via le cinéma, peu bavard mais très à l'écoute. La musique de Mika accompagnait Cindy depuis longtemps. Elle l'écoutait bien avant de le connaître. Leur entente, quasi sans parole, était parfaite. À croire que leurs deux univers étaient faits de la même essence. Elle l'a réinvité ensuite pour la création de *Lanx* en 2008, à l'occasion du Festival Electron à Genève, et leur collaboration n'a plus cessé. Mika comprenait tout de suite où Cindy voulait aller. Il était toujours juste.

SP Pour Mika, la musique est une matière avec laquelle jouer. Lorsque je crée mes propres pièces pour Cindy, le système de diffusion est plutôt simple et ma part de créativité se trouve dans la composition. Avec Mika, le système de diffusion, de spatialisation de la musique, revêt davantage d'importance. Ce que j'aime avec ses musiques, c'est ne pas savoir où elles vont être diffusées ni à quel volume. On peut les jouer dans l'instant, les doigts posés sur les fader à interpréter sur le moment en variant l'intensité de la matière et sa vibration. Je les module et Cindy vient vers moi pour me dire « pas plus » ou le contraire.

LG Pour *Kernel*, Mika avait certainement des bases déjà préparées, mais il est resté un bon moment avec nous à chercher et expérimenter sur la création au Grütli. Leur lien était très particulier, quasi parfait. Il s'établissait aussi à distance, via des envois de vidéos et de mails.

VR Oui, leur confiance mutuelle était immense. Il nous est arrivé de travailler longuement sans avoir le moindre son à disposition. Mika pouvait

20 Création le 4 juin 2007, GRÜ/transthéâtre, Théâtre du Grütli, Genève. Pour plus d'informations et images, voir le site de la Cie Greffe : https://www.ciegreffe.org/kernel (consulté le 7 novembre 2023).

débarquer à trois jours de la première, et subitement le projet prenait forme. Pour *Nixe* et *Obtus*, c'était très particulier. Sa présence a tout modifié : elle a donné une structure et un liant au travail commun.

DR À la suite du décès de Mika, en 2017, son amie Rikke Lundgreen[21] a ouvert ses archives musicales et proposé à Cindy de puiser dedans. L'aventure n'est peut-être pas terminée.

TS Ce serait passionnant. Revenons au dialogue entre vos métiers et le processus chorégraphique. Comment se noue-t-il ?

SP Pour *Ion*, par exemple, on travaillait sur la scénographie et la musique entre Victor et moi. Des types de morceaux étaient créés et les choix se faisaient dans un second temps, lors de petits tests. On discutait de longueurs, de prolongation ou de réduction de mes sons. Cindy parlait peu, était à l'écoute et corrigeait nos propositions. Mon travail est parti de l'orgue de Pachelbel et du feu, à creuser les fréquences des notes d'orgue et des crépitements. J'entrais tout autant dans l'univers de Victor que dans celui de Cindy. Je me souviens avoir composé une petite chanson pop pour *Ion*, que nous n'avions pas gardée. Pour *Zaoum*, je venais attraper des éléments pour nourrir mon travail de composition au fur et à mesure du dialogue entre Cindy et Victor.

DR Chez Cindy, scénographie et musiques ne sont jamais subordonnées ou ajoutées à la danse. Elles font partie d'un tout, dialoguent, et se nourrissent l'une l'autre.

VR Chaque projet a sa particularité. Ce que je trouve génial dans la danse, c'est qu'il y a très peu d'accroches au départ. On commence à partir de choses très petites, une peinture, un seul mouvement, des réflexions. Avec Cindy, on avait à certaines périodes des goûts communs pour des objets lumineux. On partait aussi de supports, par exemple le néon pour *Nixe* et *Obtus*. Nous recherchions un univers abstrait, une sorte de matière lumière. On part au théâtre d'une boîte noire et il s'agit d'y recréer un univers propre. Si on y pose un néon, on crée un nouvel objet complètement flottant. Placer de la lumière contre le public transforme l'espace et on s'approche de l'architecture.

LG Ces deux pièces sont nées comme des laboratoires d'essai. Cindy avait des idées holographiques et voulait d'abord les matérialiser avec de la vidéo. À force d'essayer en studio, nous y sommes parvenu·es avec des

21 Cf. son témoignage dans le présent ouvrage, pp. 217–220.

néons et de la lumière traditionnelle. L'idée était que le corps apparaisse détaché du sol, en suspension, comme venu de nulle part. Victor construisait durant la nuit et on expérimentait le lendemain. Pour *Obtus*, c'était aussi l'une des premières fois où Cindy avait un regard extérieur sur le travail au plateau de la danseuse Marthe Krummenacher. Cela a modifié notre manière de collaborer, qui est devenue plus immédiate, plus fluide. Cindy co-signe d'ailleurs toujours la lumière sur ses spectacles.

Obtus et la fin de *Nixe* restent pour moi des moments exceptionnels, assez fous. J'ai eu le sentiment d'avoir pu créer quelque chose que je n'avais jamais vu auparavant. Inventer une lumière pour obtenir… de l'obscurité. Je songe aussi au prologue de *Balk 00:49*, lorsque Cindy tourne sur elle-même durant vingt-cinq minutes sur le dos. Depuis la régie, j'étais toujours fasciné car elle évoluait plus lentement à chaque spectacle, ce qui m'amenait à changer mes séquences. À chaque fois qu'on sortait de l'ancienne salle de l'ADC aux Eaux-Vives, on avait l'impression que l'horloge dans le foyer avançait beaucoup trop vite, comme si notre perception temporelle s'était ralentie par rapport à la réalité.

TS Une musique tient-elle seule, sans la danse ?

DR Une fréquence continue avec différentes intensités, personnellement, ça me nourrit musicalement sans problèmes. Toutefois, je pense que mon travail pour Cindy ne tiendrait pas sans la danse.

SP Pareil concernant mes musiques pour Cindy, alors que, pour d'autres projets, je tiens beaucoup à ce que la musique puisse s'écouter et s'apprécier seule. Là, non, c'est clair : il faut au minimum la scénographie car nous élaborons un tout en vibration mutuelle.

TS Les partitions chorégraphiques de Cindy Van Acker peuvent être très mathématiques. En va-t-il de même de votre travail ?

VR Pour *Diffraction*[22], créé en 2011, la partition chorégraphique de Cindy, très mathématique, a été transcrite directement dans le « robot », qui était une machine de néons chargée d'éclairer et d'accompagner les mouvements des danseuses. Cette machine était un objet que j'ai proposé à Cindy très tôt dans le processus de création. Sa réalisation a nécessité du temps, il a fallu commencer sa conception quasiment un an avant la première.

22 Création le 26 octobre 2011, ADC Genève. Pour plus d'informations, images et vidéo, voir le site web : https://www.ciegreffe.org/diffraction (consulté le 7 novembre 2023).

Le spectacle est parti de là. La machine était programmée par séquences, que nous déclenchions en fonction des mouvements des danseuses. Il y avait toujours un régisseur derrière les machines. Pour la partie avec la machine, on travaillait avec un métronome. Afin que la danseuse Tamara Bacci puisse bouger avec la machine qui la suivait, nous avons dû inverser le processus : nous avons d'abord filmé Tamara Bacci pour ensuite programmer son mouvement dans la machine. En live, c'est en fait elle qui suit la machine. Sinon, en régie, on appuie sur un bouton en moyenne toutes les 30 secondes pour lancer des séquences.

LG Par contre, dans *Obtus*, créé pour Marthe Krummenacher, tout était manuel. J'enclenchais les projecteurs en live au fur et à mesure des mouvements de la danseuse. C'était à moi de la suivre.

TS Les premiers spectacles de Cindy Van Acker étaient donc très liés à l'usage du néon.

VR C'est une lumière-objet. Elle n'est pas immatérielle. Posée sur un plateau de danse, elle a une présence réelle. Par ailleurs, c'est un objet simple, bon marché, que l'on trouve dans le commerce.

LG Elle fait réagir la peau d'une autre manière. Je me rappelle que, pour *Balk 00:49*, il n'y avait qu'un néon visible sur le plateau, les autres étaient cachés. C'était à l'époque la seule lumière que l'on pouvait graduer sans provoquer de variation de température ou de couleur. À bas niveau, elle ne devenait pas rouge. Avec ce type de lumière, on pouvait vraiment altérer la perception du public.

VR Le néon crée une lumière très diffuse, avec peu d'ombres. Et c'est une lumière dont on perçoit les vibrations.

LG Dans *Nixe*, Perrine Valli avance dans ce que l'on appelait « la piscine de néons ». Quand on les gradue, il y a un truc technique qui permet de les faire se décrocher et clignoter de manière un peu aléatoire. Je réglais les lumières en fonction de la musique de Mika. Et lui, de son côté, créait sa musique en live en fonction de mes lumières. Chacun suivait l'autre.

TS *Drift*[23], créé en 2013 avec un objet scénographique imposant sur le plateau, inaugure une nouvelle période.

23 Création le 9 octobre 2013, Théâtre Les Halles (TLH), Sierre. De plus amples informations, images et vidéo sont disponibles sur le site web : https://www.ciegreffe.org/drift (consulté le 7 novembre 2023).

F

VR L'iceberg de lumière conçu pour *Drift* est né de discussions alors qu'il n'y avait encore aucun mouvement. Je l'ai dessiné en songeant aux mouvements des précédentes créations, imaginant ce qu'il pourrait induire. Cindy a ensuite beaucoup participé à sa construction. La création de l'objet, de son architecture, a été commune et est arrivée bien avant la partition chorégraphique. On ne pouvait pas le créer en fonction des mouvements des danseuses, car il était trop complexe pour être réalisé durant le seul temps des répétitions. Ce travail commun tient des arts plastiques avant d'être de la chorégraphie. Cela peut générer des frictions car, pour *Drift*, Cindy s'est retrouvée sur le plateau avec ce truc énorme qui n'était plus modifiable. Cela a donné des contraintes pas toujours simples à gérer.

Pour *Ion*, on est parti d'une matière : le feutre d'une couverture militaire suisse. Une matière assez brute et rêche dans laquelle Cindy était blottie, presque nue et enfermée dans une sorte de vitrine de musée. Au départ, il y avait une référence aux corps tourmentés de l'artiste flamande Berlinde De Bruyckere[24]. Puis des citations de Friedrich Nietzsche sont arrivées dans les réflexions. De mon côté, j'ai souhaité créer mes propres ampoules archaïques en faisant passer du courant dans des fils suspendus. Cela consommait plus de courant que cela n'éclairait !

TS Y a-t-il peut-être une autre création qui pourrait être considérée un jalon, en particulier dans l'évolution des concepts scénographiques de la Cie Greffe ?

VR *Speechless Voices*[25], l'hommage à Mika Vainio créé en 2018, a marqué un tournant du point de vue scénographique, avec ses toiles réalisées par Eric Vuille dans un imaginaire et une palette de beiges et bruns inspirés du peintre belge Michaël Borremans. Nous avions fait le tour de toutes nos explorations lumineuses autour du noir et blanc, des néons. Et partir vers autre chose nous a fait du bien.

24 Voir le documentaire de *arte* consacré à cette artiste, émission « Tracks » du 30 septembre 2022 : https://www.arte.tv/fr/videos/111327-000-A/berlinde-de-bruyckere/ (consulté le 7 novembre 2023).

25 Création le 13 avril 2018, Théâtre Vidy-Lausanne. Pour plus d'informations, voir le site web : https://www.ciegreffe.org/speechless-voices (consulté le 7 novembre 2023).

Rikke Lundgreen

Close Encounters

Memories of the Artistic Partnership Between Cindy Van Acker and Mika Vainio

RÉSUMÉ

Mika Vainio, compositeur finlandais décédé en 2017, entretenait des liens artistiques très étroits avec Cindy Van Acker. La compagne de Mika Vainio, Rikke Lundgreen, artiste visuelle et performeuse, témoigne de cette complicité unique. Une complicité née de leur première collaboration, qui a débuté en 2007 avec la pièce *Kernel* de la chorégraphe. Homme du silence, Mika Vainio œuvrait seul en studio à ses compositions sonores, mais toujours en dialogue avec ses partenaires. Curieux d'explorer d'autres formats scéniques, c'est avec Cindy Van Acker qu'il aimait tout particulièrement créer des sons pour ses chorégraphies. Les deux artistes ont travaillé en symbiose durant dix ans, une relation nourrie par une profonde amitié, qui transcendait un langage créatif commun. Une pure osmose entre sons et mouvements.

ZUSAMMENFASSUNG

Der 2017 verstorbene finnische Komponist Mika Vainio unterhielt eine enge künstlerische Beziehung mit Cindy Van Acker. Mika Vainios Lebensgefährtin, die bildende Künstlerin und Performerin Rikke Lundgreen, erzählt von dieser einzigartigen Komplizenschaft, die 2007 mit Van Ackers Choreografie *Kernel* begann. Vainio war ein Mann der Stille, er arbeitete für sich im Studio an seinen Klangkompositionen, pflegte aber auch den Austausch. Er war neugierig, suchte stets neue Formen und komponierte deshalb besonders gern für Cindy Van Ackers Choreografien. Die beiden arbeiteten zehn Jahre lang fast symbiotisch miteinander. Ihre Verbindung war von einer tiefen Freundschaft geprägt und ging weit über den gemeinsamen künstlerischen Ausdruck hinaus: eine reine Osmose von Klängen und Bewegungen.

RIASSUNTO

Il compositore finlandese Mika Vainio, scomparso nel 2017, intratteneva un'intensa relazione artistica con Cindy Van Acker. La compagna di Vainio, Rikke Lundgreen, artista visiva e performer, racconta di questa complicità fuori dal comune, nata nel 2007 con la pièce *Kernel* della coreografa. Uomo del silenzio, Mika Vainio creava le proprie composizioni sonore in solitaria nel suo studio, ma in costante dialogo con i suoi partner artistici. Curioso e sempre alla ricerca di nuove forme d'espressione, amava in modo particolare concepire la dimensione sonora per le coreografie di Cindy Van Acker. I due artisti hanno lavorato in simbiosi per una decina d'anni e il loro rapporto era nutrito da una profonda amicizia che trascendeva la mera condivisione di un linguaggio creativo: una vera e propria osmosi tra suono e movimento.

I first came across Cindy's work years ago at the Venice Theatre Biennale in 2005. The programme was curated by Romeo Castellucci and included her solo *Corps 00:00*.[1] I was there as part of the performance *Migrating Birds* given by the Ane Lan company in the same programme. After becoming Mika's partner, I gained a little deeper insight into his artistic partnership with Cindy. It was a unique relationship that remained very close.

They first started working together in 2007 with *Kernel*.[2] The track *Lines* that Mika created for this piece was characterised by a sound similar to breathing, accompanied by a higher synthesiser sound. It was as if a person was breathing into a microphone and the presence of something living emerged from the speakers. It was impossible to ignore this track and it made a deep impression on me. It filled the room. Even though this composition was easily recognisable as Mika's music, it was created with the choreography in mind. When I compare it with other similar tracks written by Mika, I see his intention : it is longer and less detailed than other similar tracks, better suited to the choreography and narrative, but not less captivating because of this. The balance and dialogue between the music and movement seemed to be carefully planned.

Mika and Cindy's artistic partnership lasted over many years up to 2017, the year he passed away. The results of their collaboration demonstrate that they had found a genuine connection and a way of working together that had an impact on both their individual and joint practices. Mika's music has been adopted by many other dance companies or choreographers, such as Boris Charmatz,[3] but never purpose-made. He also collaborated with other artists producing sound to their films, but few partnerships lasted as long as the one with Cindy.

Often his collaborations with Cindy started with meetings that set the context and after that Mika would go back to his studio and create a draft of the compositions. After some weeks of working in solitude in the studio and without input from others, he would have a draft ready. It suited his way of working to have freedom and time to work alone, but in parallel to have a context, framework, and an active dialogue with his artistic partners.

1 Premiere on 1 October 2002, ADC – Association pour la danse contemporaine, Geneva. For further information and images see: https://www.ciegreffe.org/corps-0000 (last accessed on 27 November 2023).

2 Premiere on 4 June 2007, GRÜ/transthéâtre, Geneva. Further information and images are available on Cindy Van Acker's website: https://www.ciegreffe.org/kernel (last accessed on 27 November 2023).

3 For further information about the dancer and choreographer see: https://www.borischarmatz.org/?biography (last accessed on 27 November 2023).

Dialogue with Mika could not be forced but had to come when it was the right moment. That did not mean that he did not deliver his compositions according to the agreed deadlines.

Mika was known for not being the most talkative person, often responding with few and selected words. He was extremely receptive towards situations, expressions, moods and emotions and found a way to express them within his universe of sounds. Within his working relationship with Cindy and their long friendship, there was room for him to be an active part of the creative process and to enter into a dialogue with her.

Collaborating on projects with others was important for Mika and especially when it was with the artists he personally liked. His productions with Cindy were always something he prioritised and enjoyed. He was curious about other art forms and wanted to explore working in other formats, such as the dance pieces with her.

From my point of view, in the performances they created together even the smallest things seemed to be of importance but the meaning or what Cindy and Mika intended the audience to think, or feel, was open. They always offered room for the audience to draw on their personal memories and feelings to generate a reaction to the piece, to enter into a very particular world: a world between day and night, living and dead, awakening and dream, comfort and discomfort. Their performances spoke to human beings and emotions. Each work could be experienced as otherworldly and mythological, but at the same time they made references to everyday life and personal experiences.

There was always an intimate connection between sound and movement. Sometimes the rhythm was most prominent in the sound and sometimes it was most noticeable in the performers' movements. When reflecting on their individual works and their working relationship, I become aware of the parallels that can be drawn between the same timelessness that characterises both their artistic practices. With them both I see the sense of a lived experience transposed into movement, rhythm, and sound.

Rikke Lundgreen

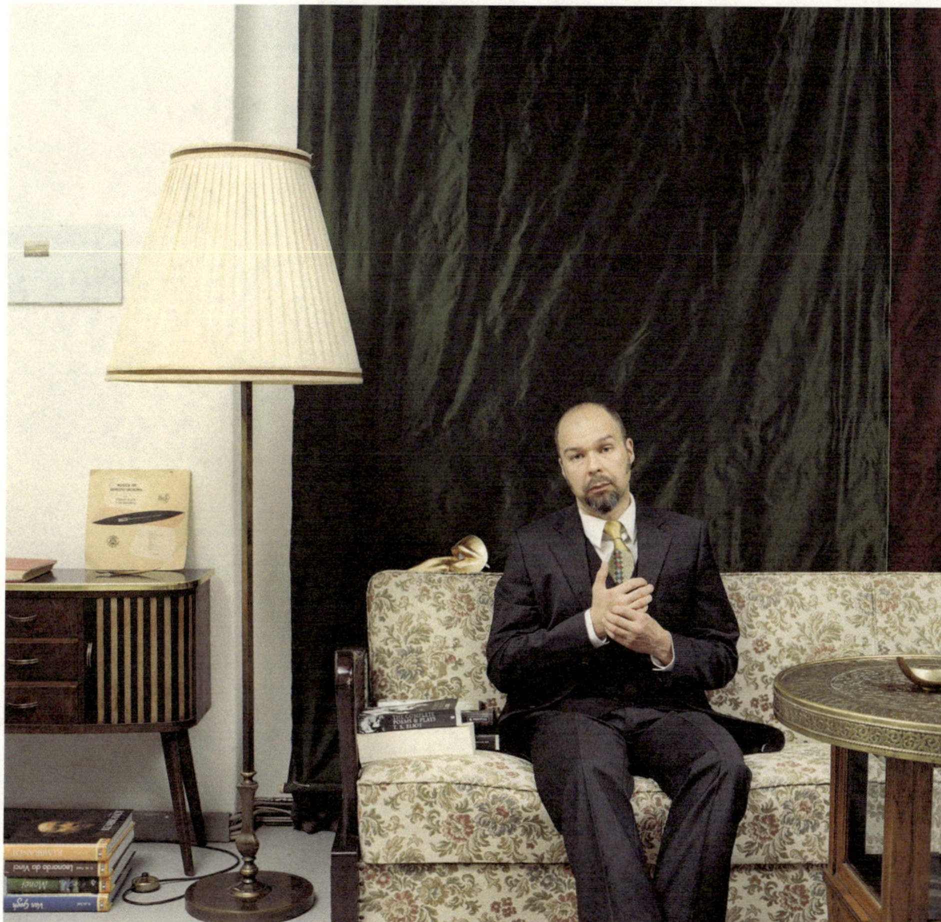

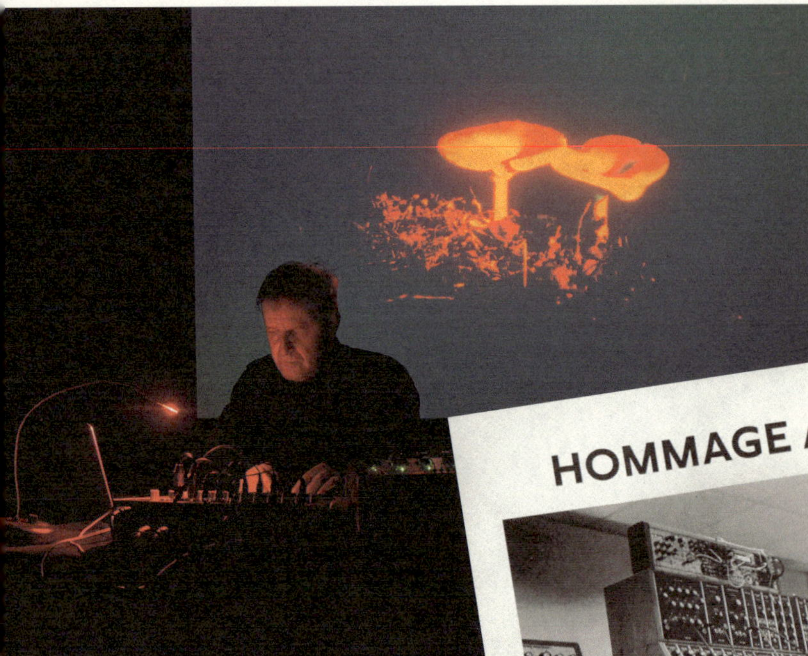

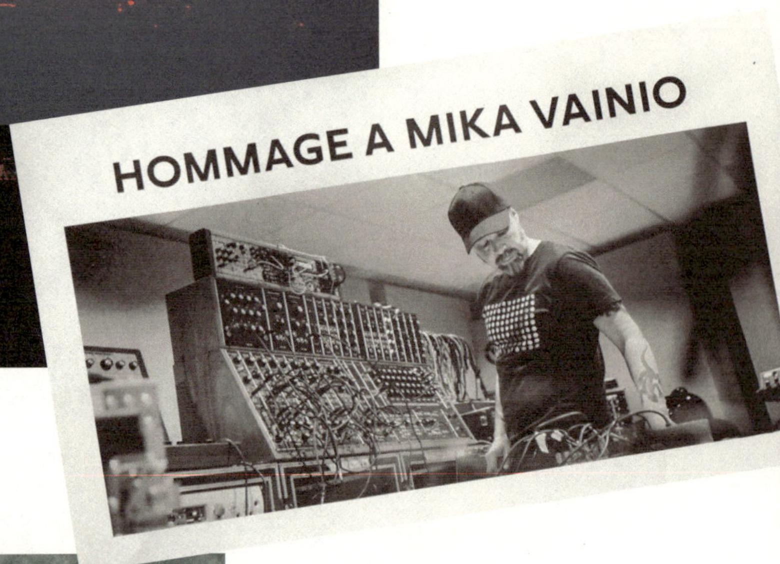
HOMMAGE A MIKA VAINIO

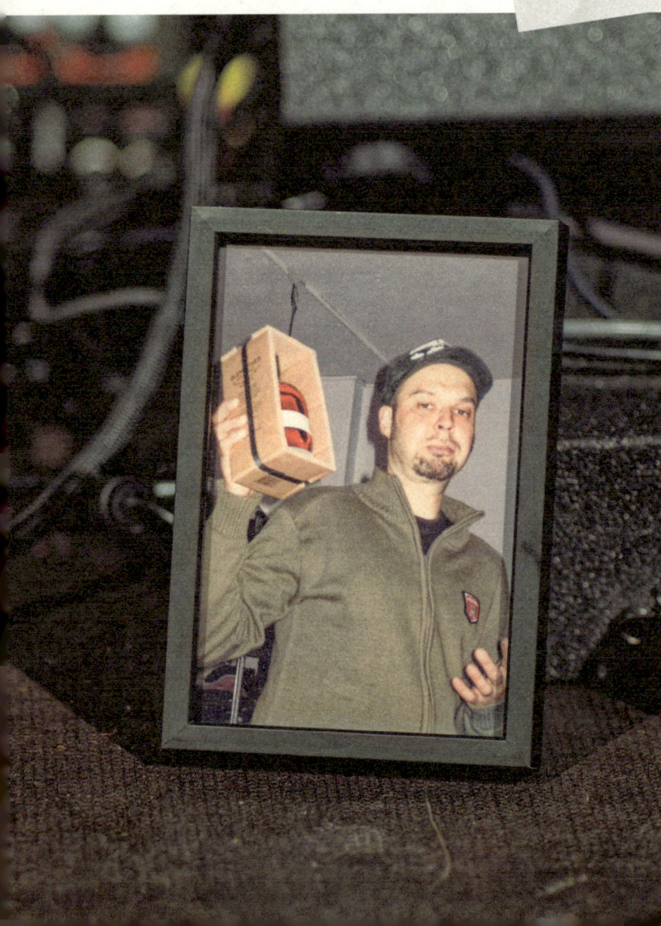

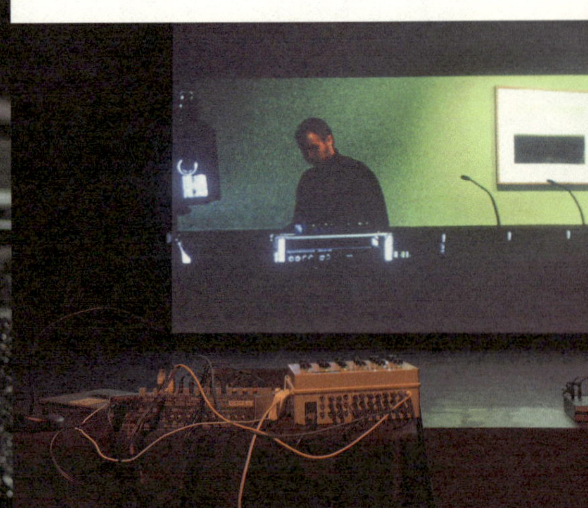

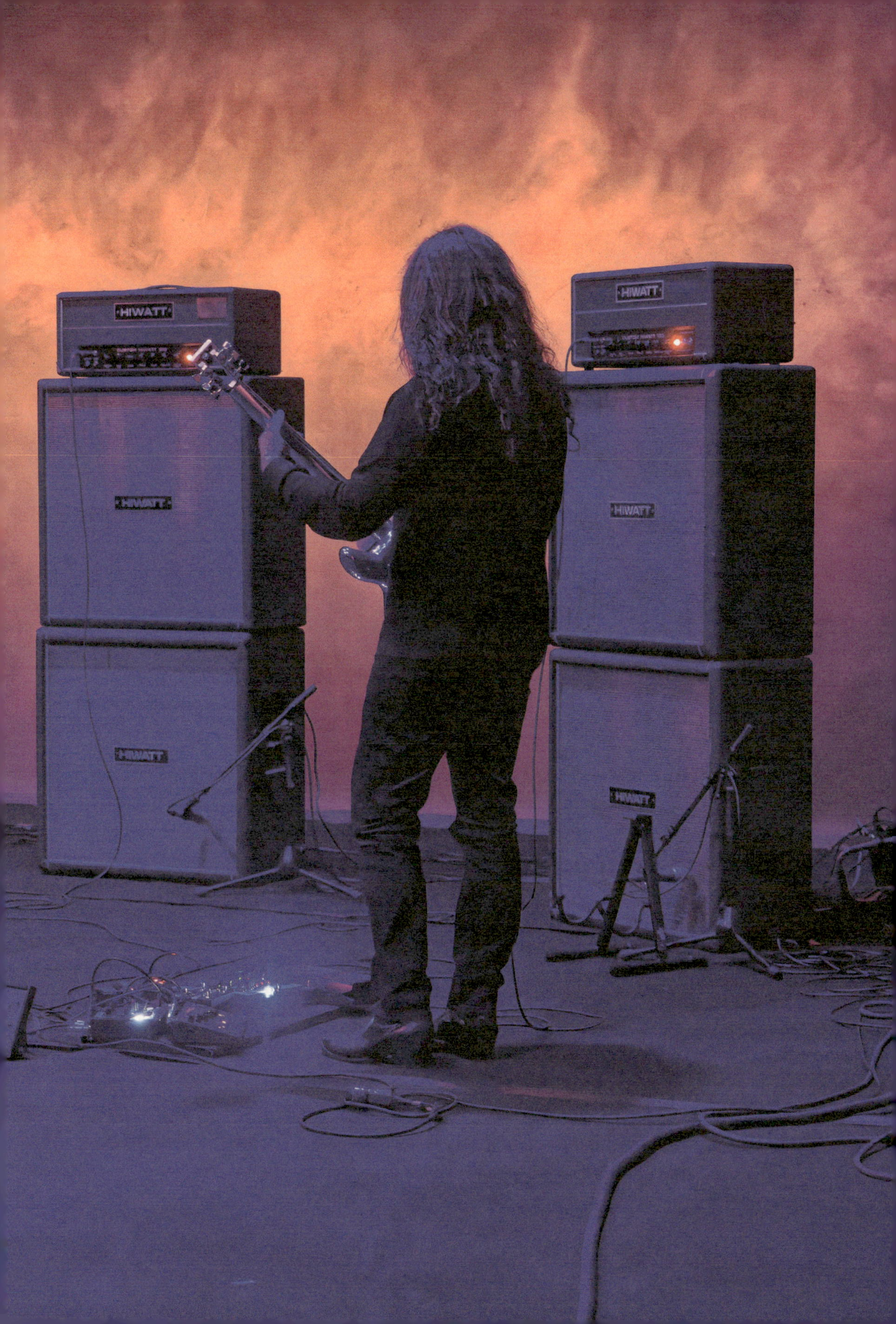
HIWATT
HIWATT
HIWATT
HIWATT
HIWATT
HIWATT

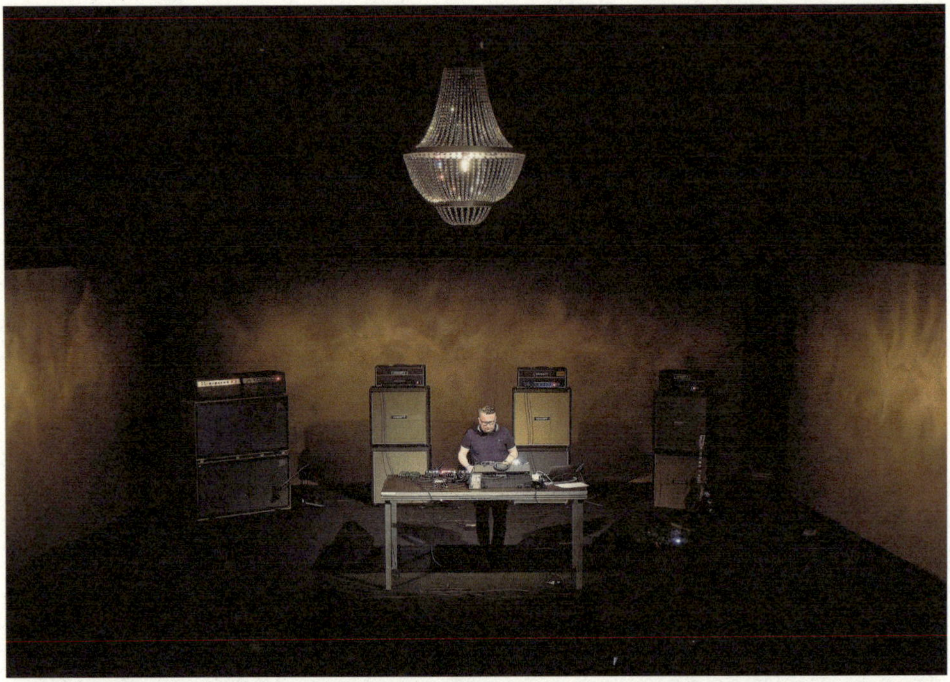

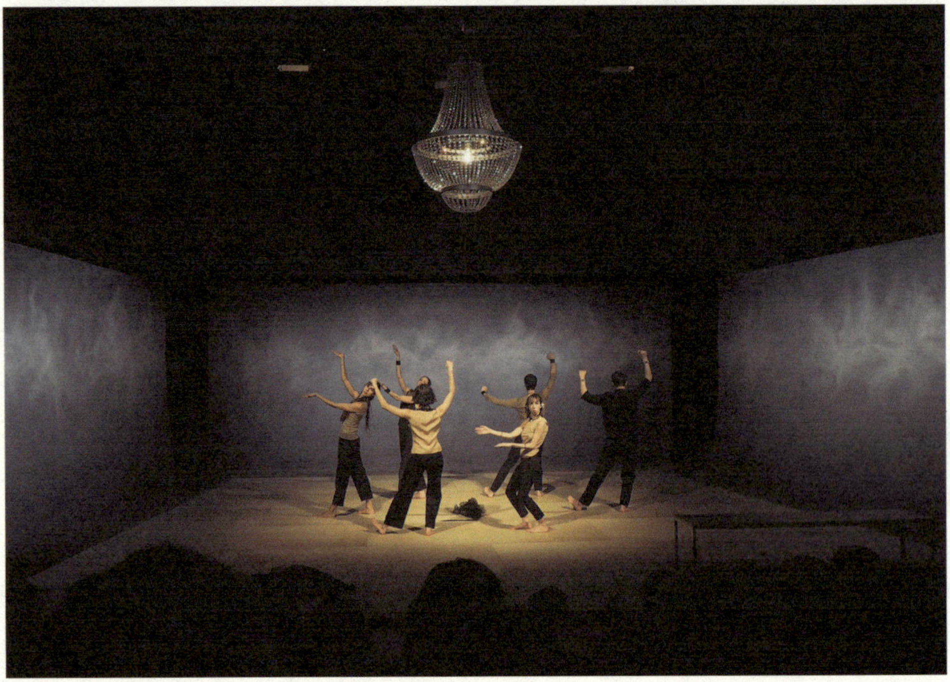

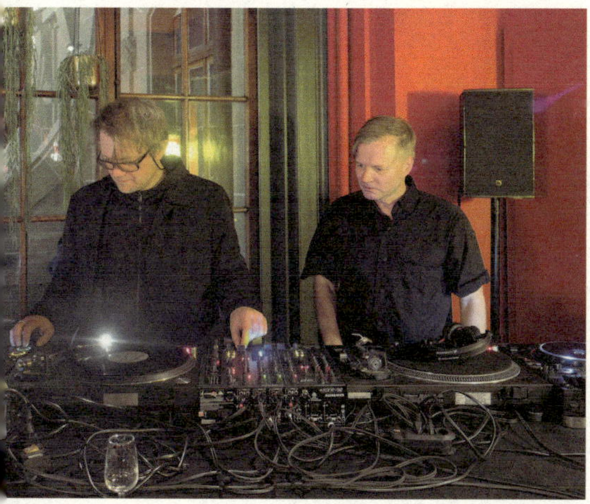

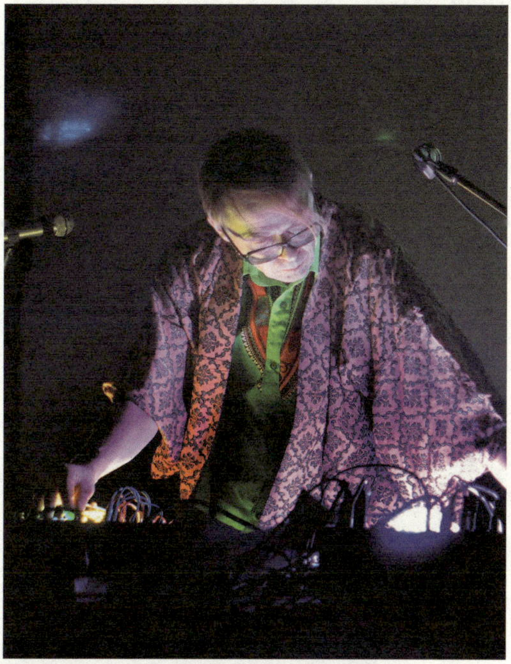

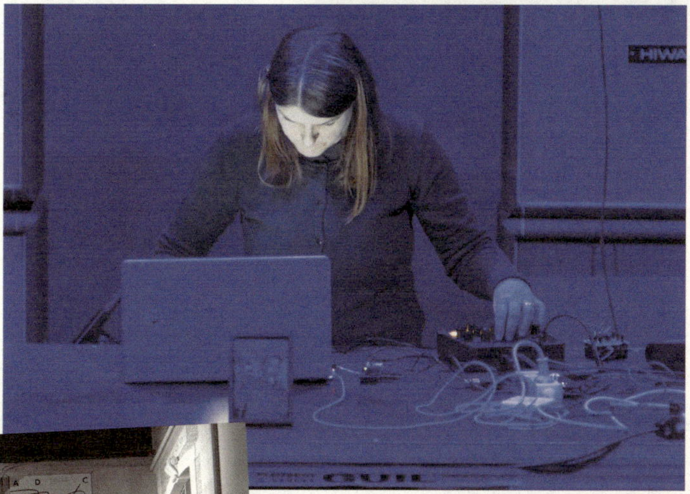

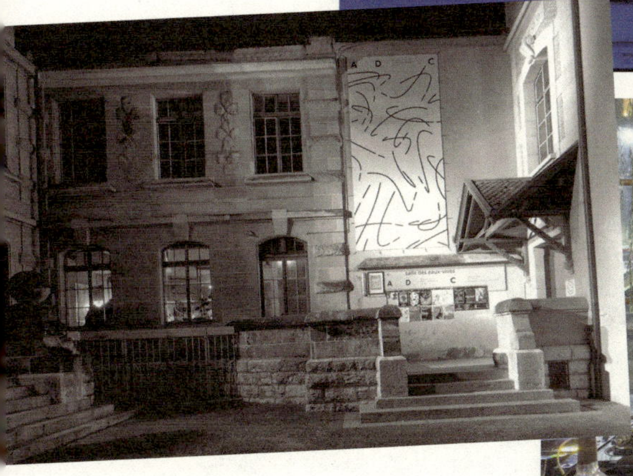

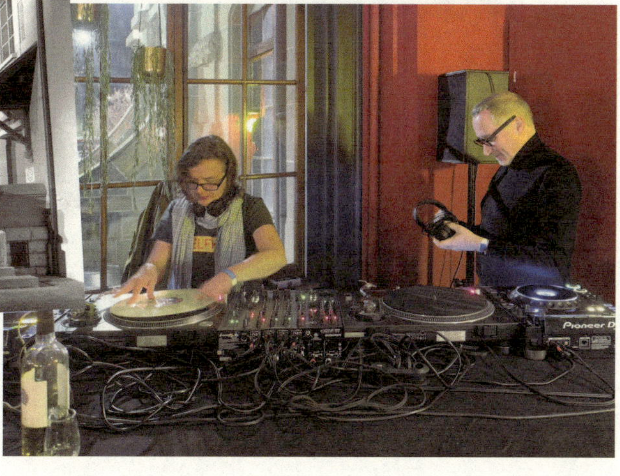

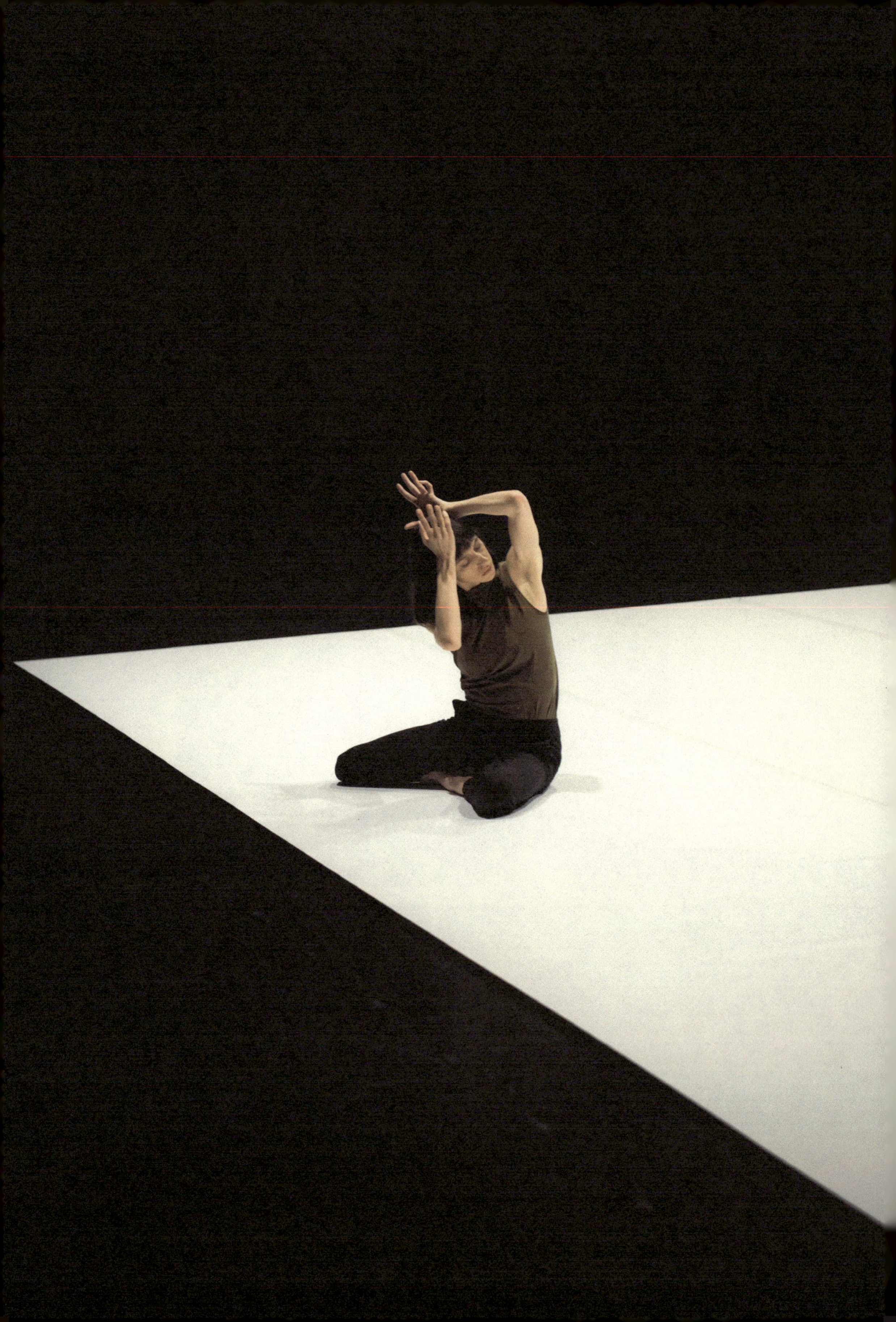

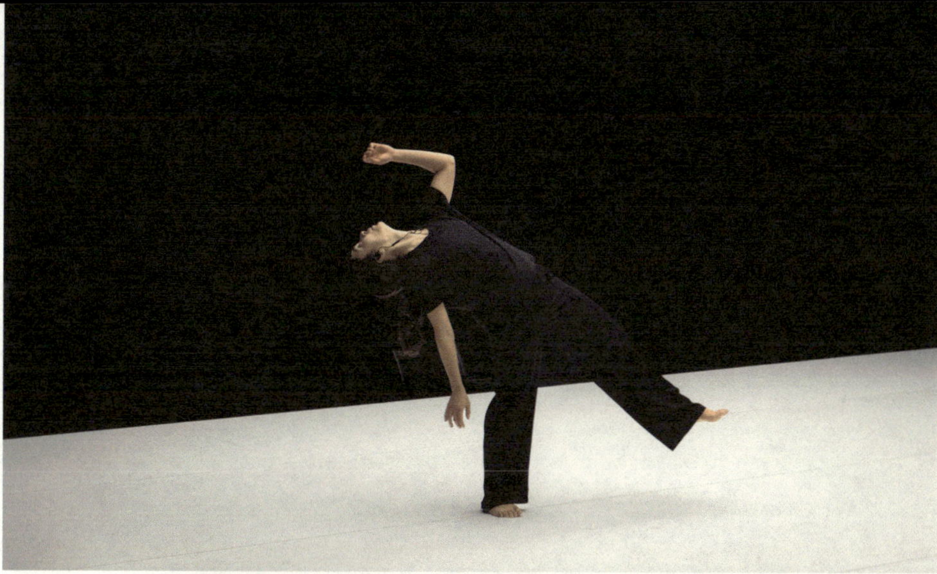

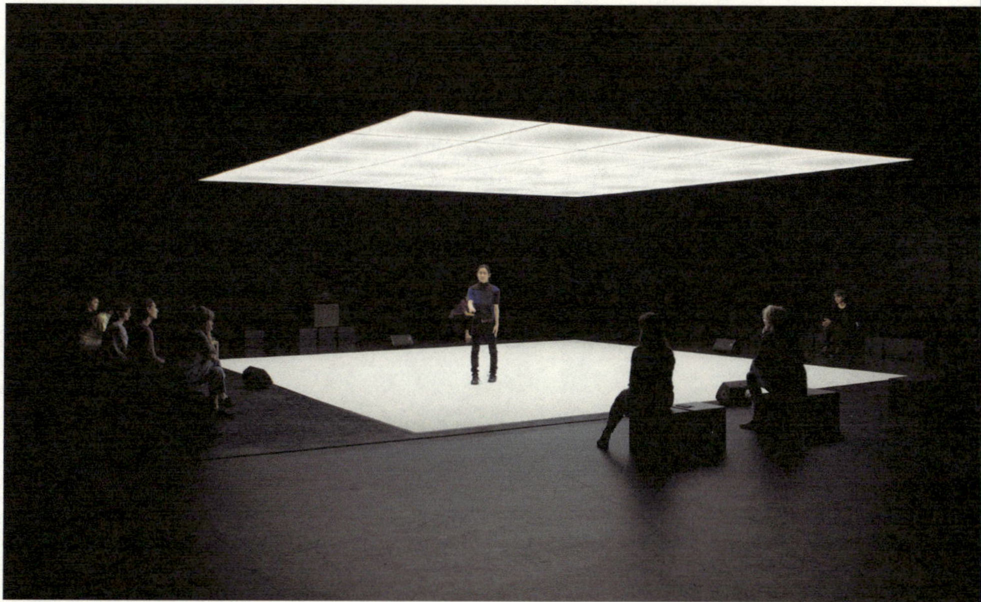

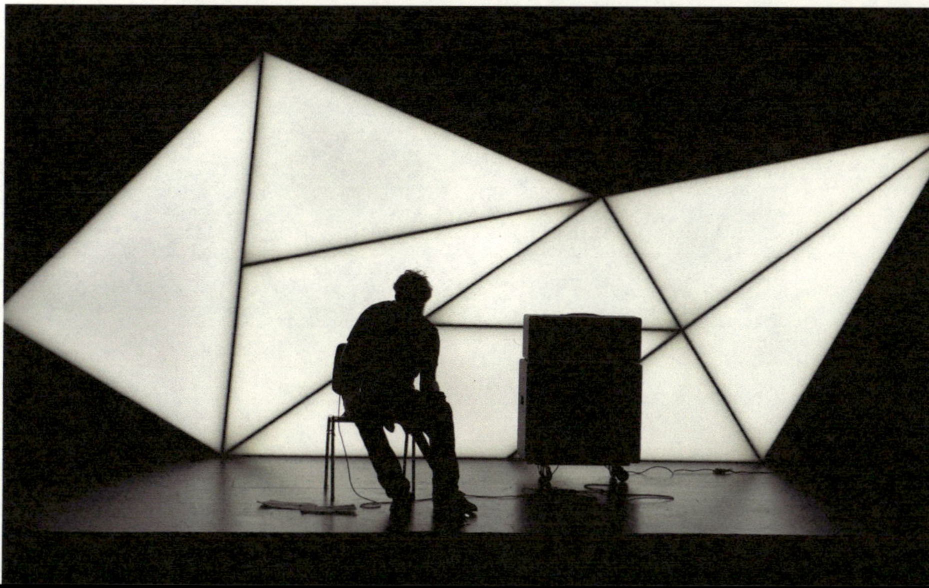

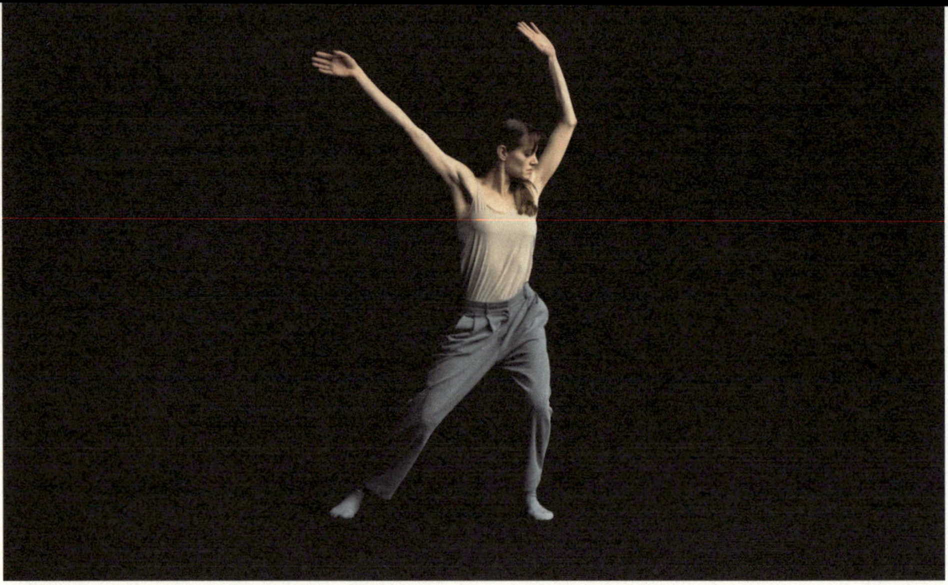

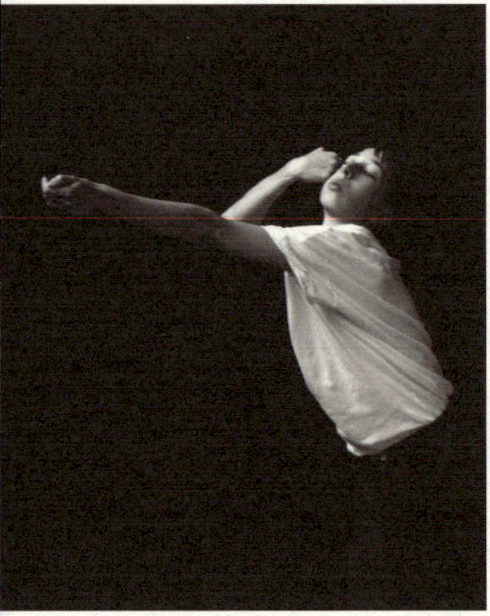

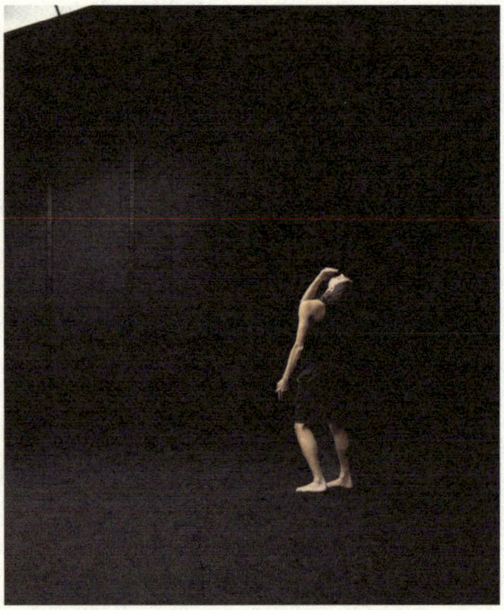

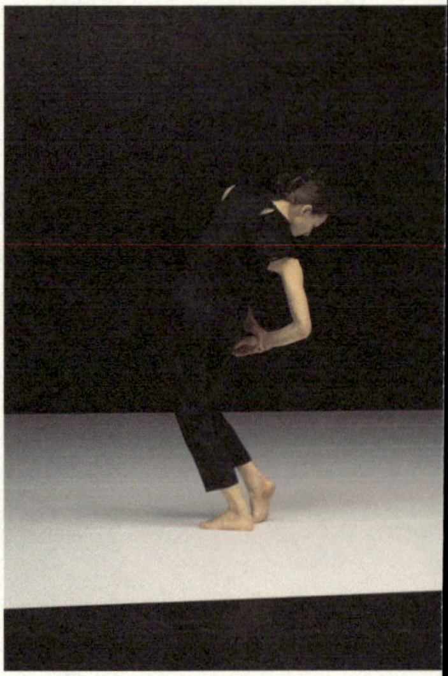

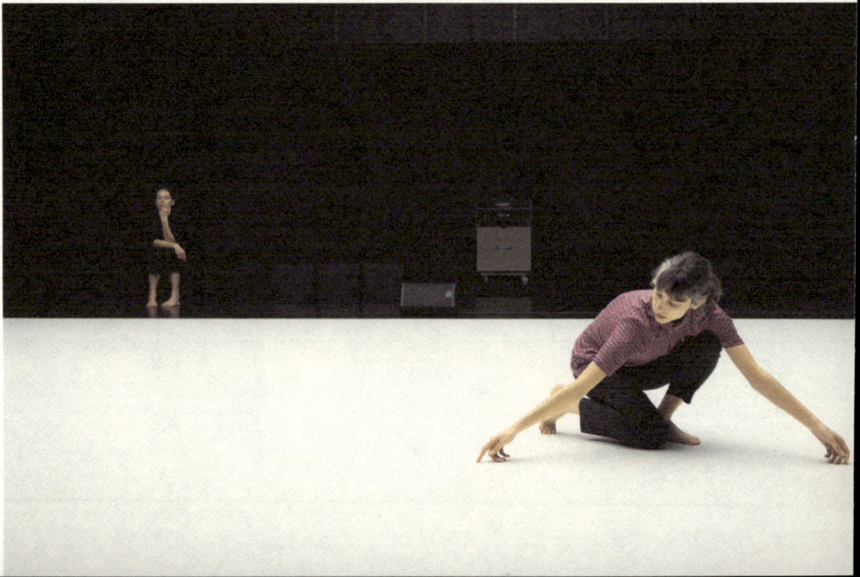

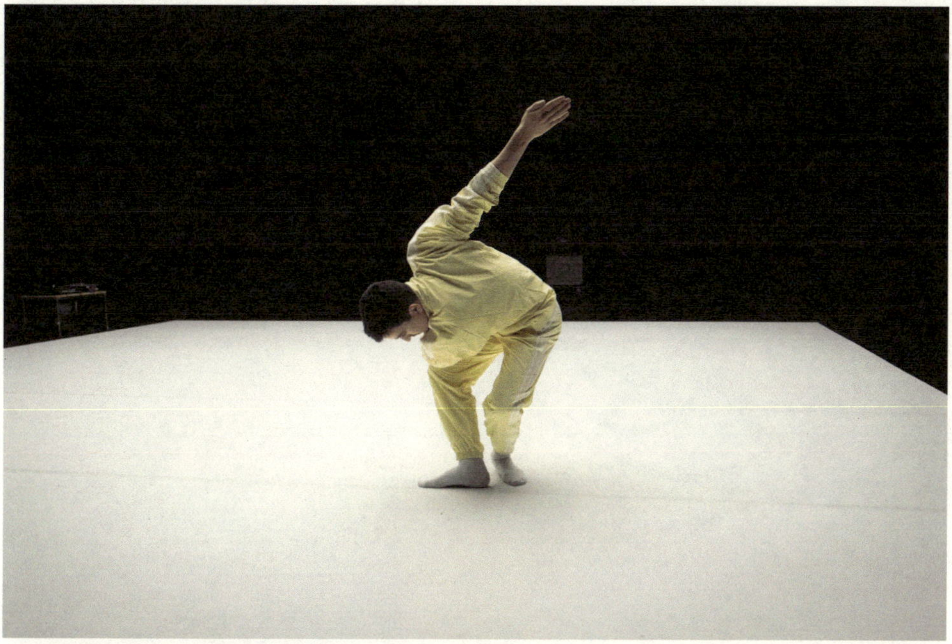

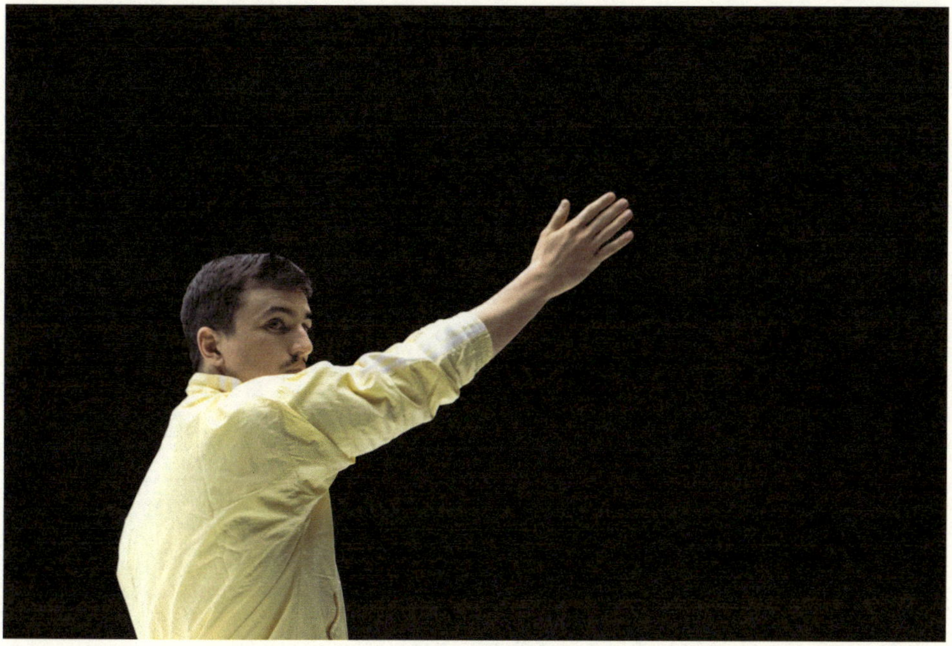

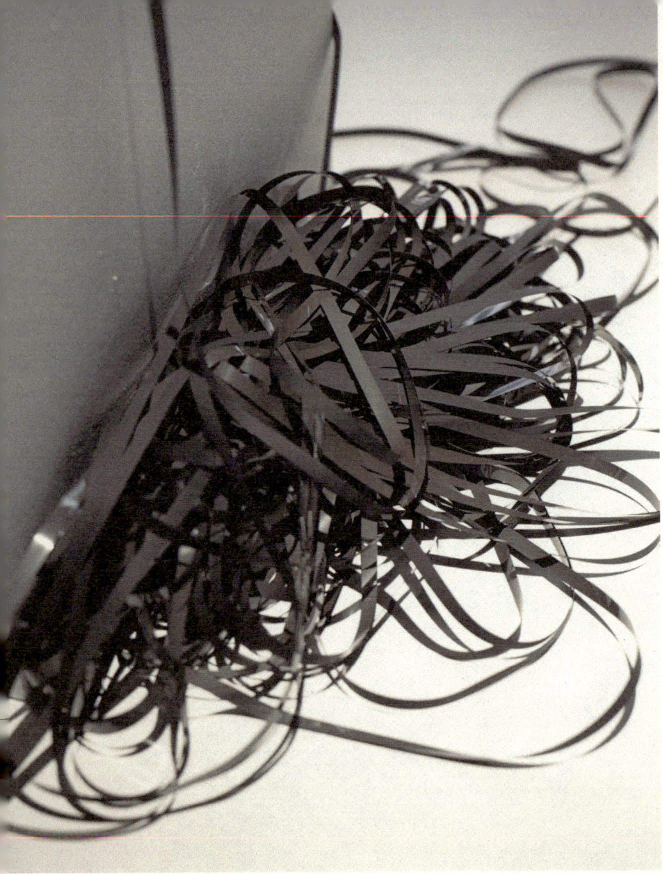

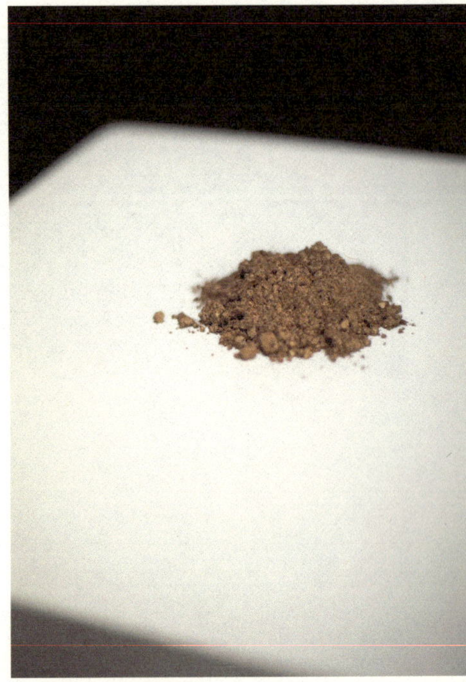

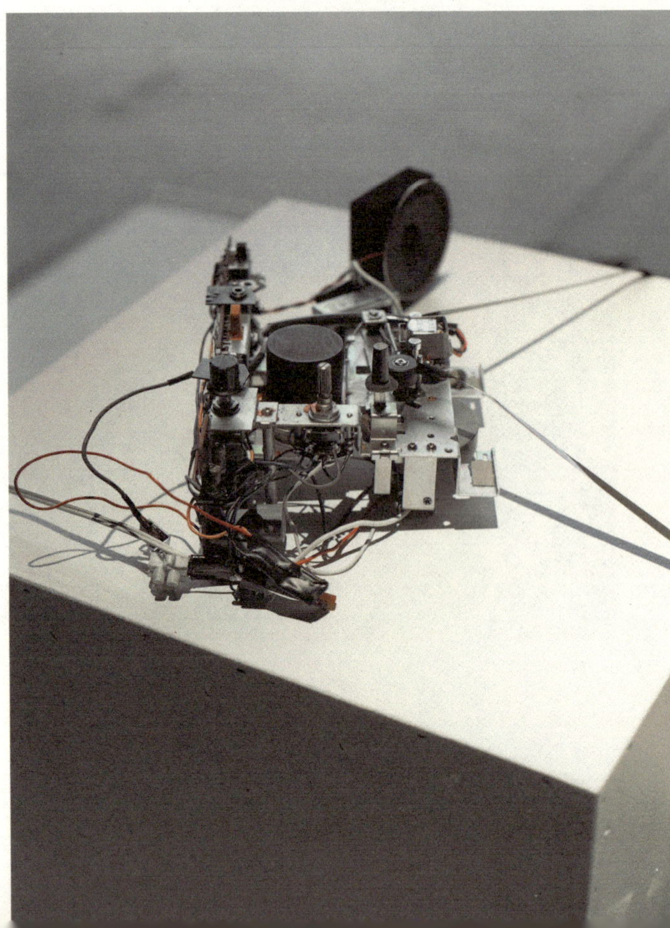

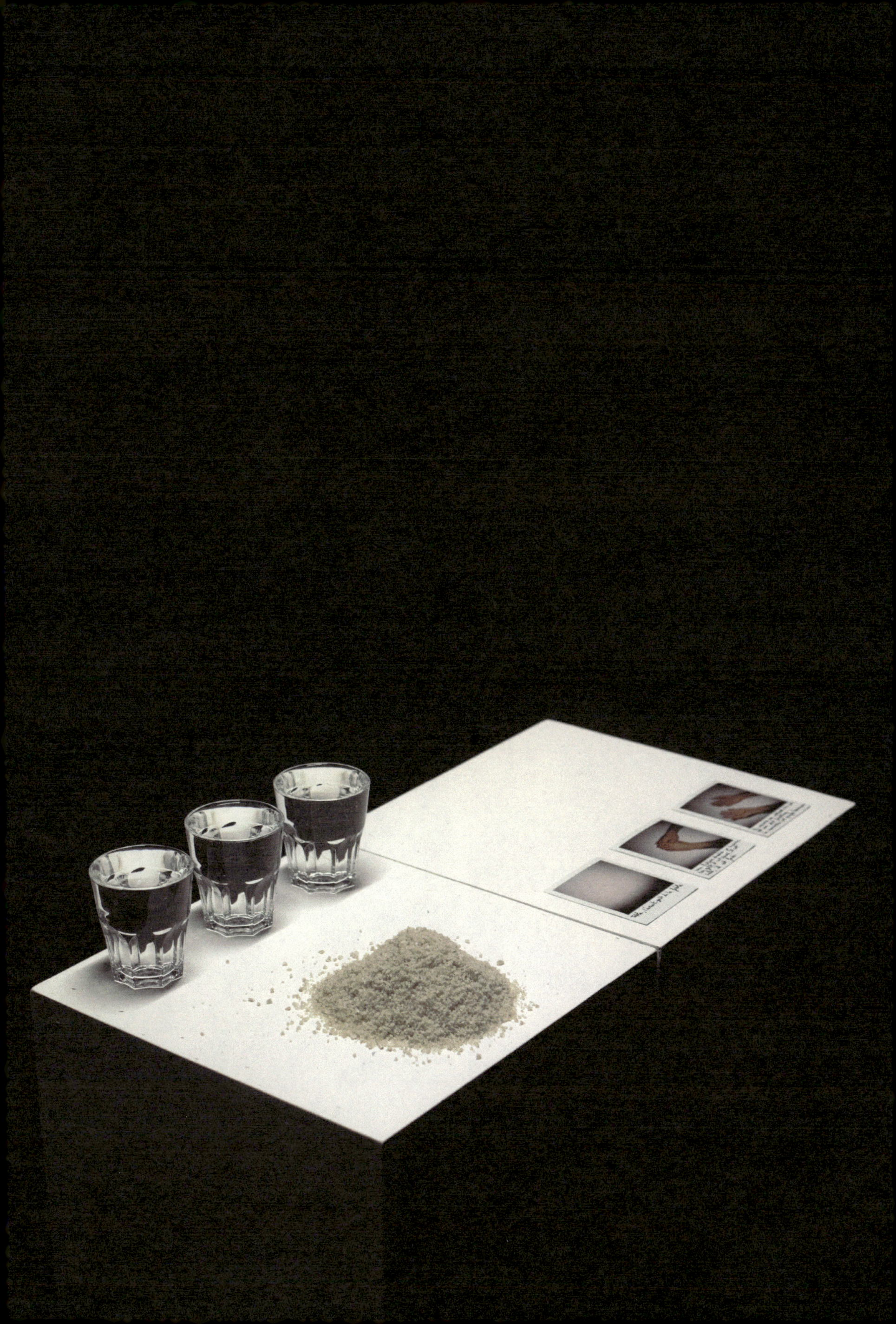

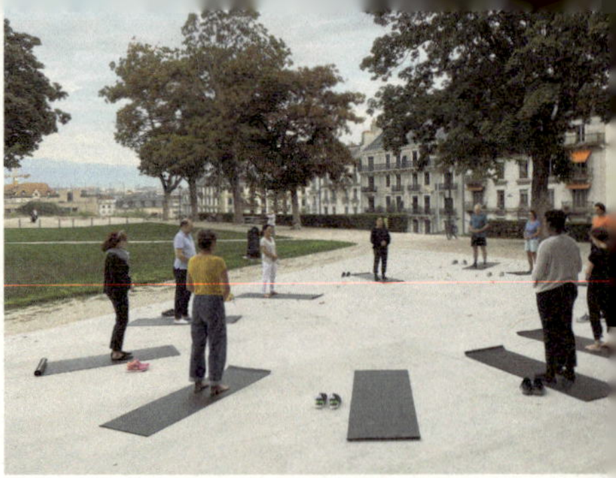

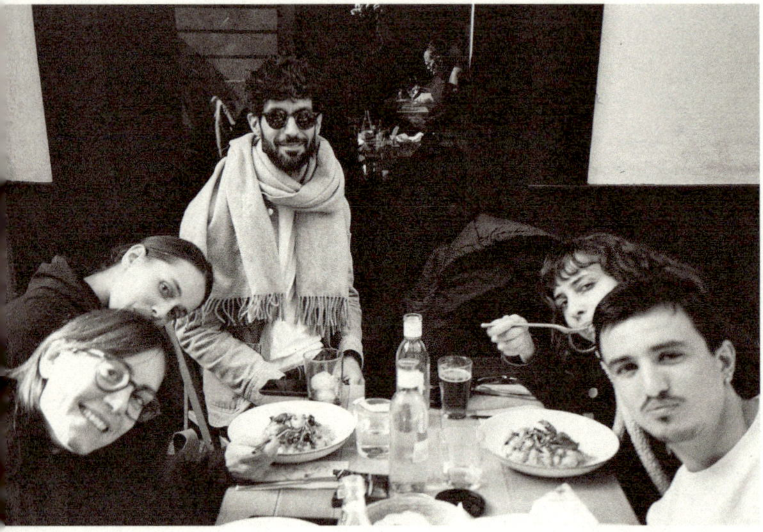

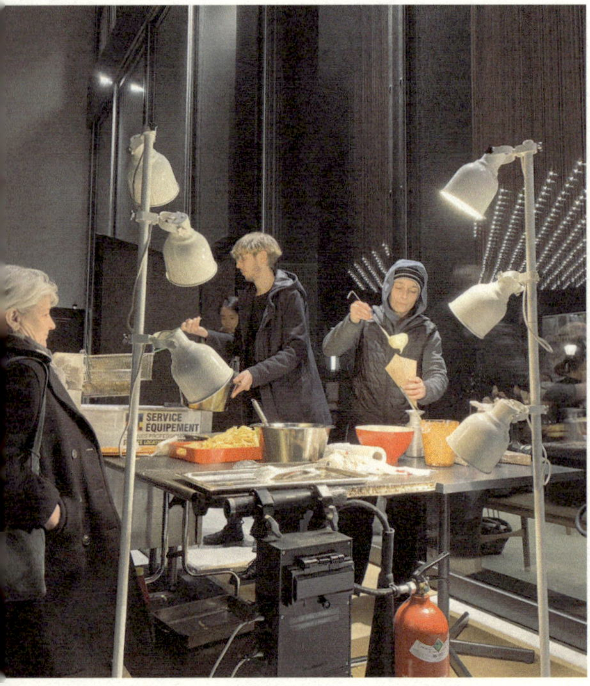
SERVICE
EQUIPEMENT

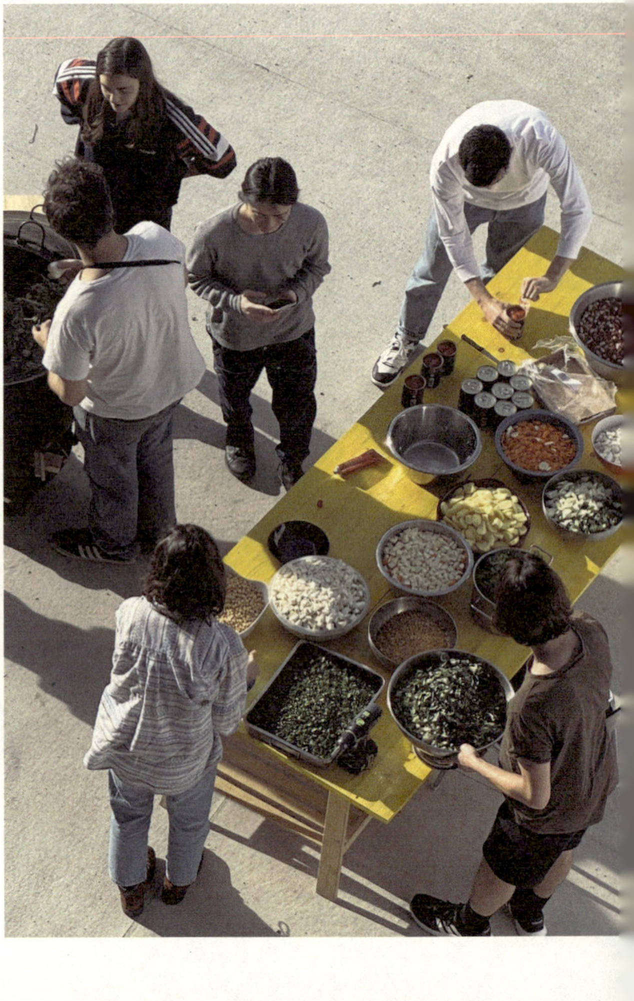

Paola Gilardi

Il gesto come fiamma inesplosa

Intervista a Romeo Castellucci

233

Presentate nei più prestigiosi teatri e festival internazionali, le creazioni di Romeo Castellucci si fondano sulla totalità delle arti e disinnescano il primato del testo letterario, privilegiando universi complessi e visionari che coinvolgano il pubblico in una percezione integrale dell'opera. La sua collaborazione con Cindy Van Acker inizia nel 2008 con *Inferno*[1], spettacolo d'apertura del festival di Avignone di cui Castellucci era artista associato. Da una quindicina d'anni Romeo Castellucci porta in scena anche interpretazioni inedite di opere liriche, per molte delle quali Cindy Van Acker si è occupata delle coreografie. Fra di esse ricordiamo il *Parsifal* di Richard Wagner (La Monnaie, Bruxelles, 2011), *Moses und Aron* di Arnold Schönberg (Opéra national de Paris, 2015), *Tannhäuser* di Wagner (Bayerische Staatsoper, München, 2017), *Il flauto magico* di Wolfgang Amadeus Mozart (La Monnaie, Bruxelles, 2018) e la pluripremiata *Salomé*[2] di Richard Strauss, presentata nel 2018 al Festival di Salisburgo. Sempre a Salisburgo, nel 2021 Cindy Van Acker ha curato la dimensione coreografica per il *Don Giovanni* di Mozart e, nel 2022, per *De Temporum Fine Comoedia* di Carl Orff. Inoltre, nell'ottobre del 2023 ha debuttato *L'oro del Reno* di Wagner a Bruxelles[3]. In contropartita, nel 2021 Romeo Castellucci ha firmato il concetto scenografico per la pièce di danza *Without References* di Cindy Van Acker.

Nell'intervista[4] Romeo Castellucci racconta come ha scoperto e cosa l'affascina delle coreografie di Cindy Van Acker, consentendo anche di gettare uno sguardo dietro le quinte dei loro processi creativi e mettendo in luce l'affinità elettiva che lega i due artisti da quasi un ventennio.

1 Prima assoluta: 5 luglio 2008, Festival di Avignone. Maggiori informazioni e immagini: https://festival-avignon.com/en/edition-2008/programme/inferno-24609 (consultato il 10 agosto 2023).

2 L'annuale sondaggio tra cinquanta critici musicali internazionali della prestigiosa rivista *Opernwelt* aveva decretato *Salomé* «Migliore spettacolo» della stagione 2018/19, conferendo inoltre a Castellucci il titolo di «Migliore regista» e «Migliore scenografo», nonché alla soprano lituana Asmik Gregorian il titolo di «Cantante dell'anno» per il ruolo di protagonista. Maggiori informazioni, immagini e video: https://www.salzburgerfestspiele.at/en/p/salome-2019 (consultato il 10 agosto 2023).

3 Debutto: 24 ottobre 2023, La Monnaie, Bruxelles. Maggiori informazioni e immagini: https://www.lamonnaiedemunt.be/fr/program/2654-das-rheingold (consultato il 10 agosto 2023).

4 La presente intervista inedita si è svolta il 27 luglio 2023 in videoconferenza.

Paola Gilardi (PG) In che contesto ha conosciuto Cindy Van Acker?

Romeo Castellucci (RC) Nel 2005 ero stato invitato a dirigere la Biennale Teatro a Venezia e avevo deciso di pubblicare un bando aperto ad artisti di tutti i paesi, senza nessuna differenza di età, estrazione culturale, preparazione o disciplina. Vi risposero artisti da tutto il mondo. Avevo la casa invasa da videocassette e ho passato molto tempo a selezionare le registrazioni, fra cui quella di Cindy. Qui non si trovavano spiegazioni, fondamenti teorici, la videocamera era fissa su un'immagine, l'inquadratura povera ed essenziale, ma ricordo che mi colpì enormemente per la precisone della forma e quella fu la mia prima scelta. Si trattava di *Corps 00:00*[5]. Il corpo della danzatrice era collegato a stimolatori elettrici che mandavano in cortocircuito i suoi movimenti in un rapporto di volontà e obbedienza passiva agli impulsi. L'apparente mancanza di «messaggi» e il lavoro di estrema sottrazione facevano di questa opera qualcosa di inaudito e di unico.

PG Quando ha preso avvio il vostro sodalizio?

RC Ricevetti la proposta di Avignone di essere artista associato per l'edizione 2008 e mi affidarono la Cour d'Honneur del Palazzo dei Papi per allestire lo spettacolo d'apertura del festival. Avevo pensato di realizzare una trilogia ispirata alla *Divina Commedia* di Dante Alighieri. Si trattava di concepire dei gesti per uno spettacolo che sarebbe stato essenzialmente muto. Dal primo momento ho pensato al lavoro di Cindy. Le ho quindi proposto di collaborare, cosa molto rara nella mia esperienza. Gli unici artisti con i quali collaboro regolarmente sono Cindy Van Acker e il musicista e compositore americano Scott Gibbons.

PG Qual era il ruolo di Cindy Van Acker in questo spettacolo?

RC *Inferno* era un lavoro sullo spazio. La Cour d'Honneur del Palazzo dei Papi non era semplicemente un palcoscenico né, d'altra parte, una scenografia, bensì un personaggio. Un luogo gravido di memorie. Il compito di Cindy era quello di riattivare lo spazio, lavorando con cento persone, prese letteralmente dalla strada. I corpi umani erano lo sfondo, ma rappresentavano al contempo l'unica cosa da vedere, l'orizzonte dello spazio. L'elemento infernale era svolto per contrappunto. Non era un luogo cupo, né vi era presente una dimensione escatologica. L'inferno era una parola che

5 Prima assoluta: 1° ottobre 2002, ADC – Association pour la danse contemporaine, Ginevra. Maggiori informazioni e immagini: https://www.ciegreffe.org/corps-0000 (consultato il 10 agosto 2023).

«visitava» questa epoca, in una giornata qualunque. L'aspetto malinconico predominava e, per paradosso, non vi era giudizio dei condannati. Venivano visti come persone, lo specchio del nostro mondo.

PG Come avete proceduto all'elaborazione concettuale di *Inferno*?

RC Ho esposto le mie idee riguardo al luogo, inteso come origine della drammaturgia. La tonalità emotiva rinunciava all'oscurità ma, per antifrasi, era piuttosto attraversata da un respiro. Le persone in scena erano viventi, non morte. I costumi – abiti civili – presentavano i colori della primavera. La gestualità era legata agli affetti, alla prossemica dell'amore. Cindy ha immaginato delle correnti, delle onde umane, delle forme che venivano trasportate dal fiume del suono. In questo lavoro si è rivelato a noi un linguaggio comune.

PG Anche nei vostri lavori individuali mi sembra di cogliere parecchi aspetti in comune.

RC Con Cindy posso condividere una visione del mondo, che coincide con una concezione della forma. Ciò che ci rende prossimi è la cura formale, che nel suo caso arriva a essere matematica. È una maestra per me. La vera forma trascende dal proprio movente, dall'alibi del «contenuto»; o meglio, lo consegna inespresso nella formula del disegno. Nel lavoro di Cindy non c'è messaggio e questa è la sua potenza. Il lavoro sulla forma, che i grandi artisti fanno, non è mai estetizzante; è una lotta mortale con l'estetica. Una lotta intestina direi, perché il nemico è interiore.

PG Quando era anche interprete, Cindy Van Acker viveva sulla propria pelle questa lotta e ricerca continue, in modo emblematico in *Corps 00:00*, in cui c'era un'estrema aderenza al suolo.

RC È vero. *Corps 00:00* riduce il corpo alla gravità zero, si fa corpo unico con il suolo, la terra. Occorre interrogare la radice. Nel lavoro di Cindy noto una ricerca inesausta della sorgente della forma. Interroga la creazione stessa e la necessità di quella ricerca. Non c'è oggetto perché la forma di cui stiamo parlando è «soglia ». Una porta stretta che invita lo spettatore a riconfigurare lo sguardo. L'astrazione non significa di per sé rinunciare al dato sensibile, si tratta piuttosto di tenere conto della dimensione aurale dell'arte, come faceva Rothko in pittura. Questo è un aspetto che noto anche nel lavoro di Cindy. Si assiste a una dilatazione del tempo che consente un cambiamento tale, per cui il verbo guardare diviene «contemplare», soglia.

I Io, spettatore, con la mia biografia, il mio corpo, le mie cicatrici, sono presente a questa «cosa», che ora è in grado di chiamarmi per nome. È un appello che può mettere a nudo.

PG In tutti gli aspetti evocati finora mi sembra di intuire un nesso anche con la concezione teorizzata da Adolphe Appia in merito all'interazione fra il corpo degli interpreti in movimento, la musica, il ritmo, il tempo, lo spazio scenico e la luce come elemento espressivo.[6]

RC Certamente, Cindy ed io ne abbiamo parlato. Appia è stato un artista fondamentale, troppo poco considerato nella sua essenziale dimensione. Quando ero studente è stato uno shock scoprire il suo pensiero. Era la parte che mancava a Wagner, il quale è stato un grandissimo riformatore ma non aveva compiuto il passo definitivo sullo spazio scenico. Le scenografie realizzate a Bayreuth erano tradizionali, ovvie. Appia ha scoperto la dimensione ritmica dello spazio e della luce – utilizzata non per illuminare quanto, piuttosto, per mettere in evidenza le ombre. Il ritmo è ciò che caratterizza le opere – mai realizzate concretamente[7] – di Appia. Il suo era un teatro che presupponeva la danza, il ritmo.

PG Sempre in riferimento ad Appia, a mio modo di vedere, nelle coreografie di Cindy Van Acker la luce ha un ruolo centrale.

RC Cindy è sempre stata attentissima a questo elemento essenziale, spesso trascurato. Devo dire che si avvale di ottimi collaboratori, come Victor Roy[8] che è uno straordinario artista dello spazio e della luce. Nei lavori di Cindy il più delle volte mi ha colpito l'esattezza della luce come parte integrante della coreografia, una luce dotata di corpo, di ritmo, di movimento, una luce che genera lo spazio. Spesso le luci alludono alla temporalità, o rivelano il buio di un corpo, alla stregua di Rembrandt. Non è una luce che

6 Fra i principali scritti del teorico e scenografo Adolphe Appia (1892, Ginevra – 1928, Nyon) ricordiamo *La mise en scène du drame wagnérien. 1892–94*, Parigi: Léon Challey, 1895; *La musique et la mise en scène. 1892–1897, Berna*: Éditions-Theaterkultur Verlag 1963 (Schweizer Theater-Jahrbuch XXVIII / XXIX) e *L'œuvre d'art vivant*, Ginevra / Parigi: Atar 1921. Una parte dei carteggi e dei bozzetti disegnati da Appia sono tuttora conservati presso L'Archivio svizzero delle arti sceniche SAPA a Berna: https://sapa.swiss/.

7 Sono rarissime le concezioni scenografiche concretizzate da Appia. Degna di nota è in particolare quella per l'*Orfeo ed Euridice* di Christoph Willibald Gluck, portato in scena da Émile Jaques-Dalcroze nel 1912 e 1913 nella Festspielhaus di Hellerau, presso Dresda. Questa struttura architettonica d'avanguardia, concepita dallo stesso Appia insieme a Jaques-Dalcroze e all'architetto Heinrich Tessenow, esiste tuttora come HELLERAU – Centro Europeo delle Arti (https://www.hellerau.org/en/). Per maggiori informazioni e riferimenti bibliografici si veda: https://saebi.isgv.de/biografie/Adolphe_Francois_Appia_(1862–1928) (consultato il 26 novembre 2023).

8 Victor Roy collabora da molti anni con Cindy Van Acker in qualità di scenografo e designer della luce. Su questa collaborazione si rimanda anche all'intervista di Thierry Sartoretti nel presente volume, pp. 205–216.

illumina, che «serve a qualcosa», ma dichiara se stessa e dice: «Sono qui, e ho un corpo». I danzatori prendono posizione nello spazio all'insegna di questa alta affermazione della luce.[9]

PG Questo particolare rapporto fra luce e ombra apre anche spazi immaginifici nello spettatore.

RC In alcuni momenti le immagini sono tremule, liminali, sullo sfarfallamento percettivo dell'occhio costretto al buio. Lo spettatore è immerso nell'incertezza della visione.

PG Inscindibile è anche l'aspetto sonoro.

RC Anche in questo Cindy è estremamente precisa e ha avuto la fortuna di potersi avvalere di grandissimi collaboratori, penso soprattutto a Mika Vainio[10], al quale era molto legata, e la cui ricerca formale era spinta a un grado estremo di intensità. Creava forme talmente essenziali da risultare pura struttura, architettura. Nelle sue coreografie Cindy si apre alla dimensione del «sonico», secondo la quale anche il suono ha un corpo, entra in scena generando spazio. In questo senso gli elementi sonori – e sonici – non sono una mera colonna sonora, ma un'onda integrata e generata dai danzatori. Nei lavori di Cindy non ci sono confini fra i linguaggi. È una capacità che pochi hanno e ciò rende una creazione potente. Non è possibile dividere ulteriormente il suo *hard core*, essendo già prossimi al nòcciolo duro del principio di movimento.

PG E questa onda penetra nel profondo.

RC Non è però una dimensione psicologica, bensì *psichica*, in senso greco, che concerne cioè l'anima. Questa freddezza infatti brucia, è «spirituale» – qualsiasi cosa questa parola significhi per ciascuno di noi. Lo spirito che viene a noi è per paradosso dotato di corpo: quello dei danzatori. La forma dei loro movimenti si fa preghiera. Ma occorre dire subito che è una preghiera rivolta al vuoto che gli dèi – Dio – hanno lasciato. Come in Friedrich Hölderlin, non ci sono più gli dèi a cui dedicare il culto. Ma solo un ampio cielo blu, vuoto, potente nella sua vastità.

9 Si veda ad esempio *Diffraction*, coreografia creata da Cindy Van Acker nel 2011, in cui sei danzatrici e danzatori incontrano la luce – prodotta da tubi al neon in movimento – che ha a tutti gli effetti il ruolo di un personaggio e interagisce con essi. Fra luce e ombra, la vista si offusca, i corpi si fondono con l'ambiente fluorescente e non è più chiaro se sia chi danza o la luce a determinare i movimenti: https://www.ciegreffe.org/diffraction (consultato il 10 agosto 2023).

10 Il musicista elettronico Mika Vainio, nato a Helsinki nel 1963 e morto in un tragico incidente nel 2017, ha collaborato regolarmente con Cindy Van Acker realizzando le composizioni per numerosi dei suoi progetti coreografici. Cf. anche il contributo di Rikke Lundgreen nel presente volume, pp. 217–220.

PG A tale proposito, non è forse casuale che la prima messinscena operistica in cui vi siete cimentati sia stato il *Parsifal*[11], l'ultima opera di Wagner, definita da lui stesso un «Bühnenweihfestspiel», cioè una sorta di «sacra rappresentazione».

RC In effetti, il *Parsifal* è pervaso da un certo afflato mistico. Quando mi è stato proposto di portare in scena questo titolo ho tremato, ma era destino. Durante i miei anni all'Accademia di Belle Arti di Bologna lo studio di Wagner è stato fondante per me. Il mondo della lirica è mortalmente insidioso, in quanto la musica, il tempo, la tonalità emotiva sono elementi inamovibili e dati. L'opera lirica è, e rimane, ancora legata alla convenzione e ai più beceri stereotipi. Si trattava – e si tratta – di un'altissima sfida. Ho dunque accettato, anche grazie alla collaborazione di Cindy.

PG La musica di Wagner travolge letteralmente chi l'ascolta. Qual è stato il vostro approccio?

RC Wagner aveva immaginato un teatro musicale senza gerarchie, come una forza emotiva che insinua e disarma lo spettatore. È, a mio parere, estremamente difficile mettere in scena Wagner oggi, e il *Parsifal* è una delle opere più complesse e insidiose. La parola qui è di altissimo valore filosofico, ma la psicologia del profondo, a mio avviso, prevale.

PG Come avete proceduto concretamente?

RC Cindy ha coreografato la scena delle Fanciulle-Fiore del secondo atto. Ha trattato il tema della seduzione per contrappunto, senza cadere negli stereotipi che affliggono il teatro wagneriano. Qui siamo nel regno di Klingsor in cui Kundry, come sappiamo, rimane soggiogata. La donna in Wagner è il «motore immobile» che determina l'orizzonte dell'umanità. Il secondo atto è interamente all'insegna del conflitto interiore di Kundry, che è un personaggio di altissima potenza generativa.

PG Cindy Van Acker ha lavorato anche sui movimenti della cantante che interpretava Kundry?

11 Debutto: 27 gennaio 2011, La Monnaie, Bruxelles. Maggiori informazioni, immagini e video: https://www.ciegreffe.org/parsifal (consultato il 10 agosto 2023).

RC Sì, per la scena madre – è il caso di dirlo – del II atto. Kundry, durante la sua grande narrazione, si muove raddoppiata da un fantasma bianco e nudo. Tra le loro braccia un enorme serpente vivente, un pitone reticolato albino, che passa da un corpo all'altro. Il serpente è il *pharmakon* che la donna provvede alla comunità dei guerrieri-monaci per lenire la ferita del loro sovrano Amfortas. Ma *pharmakon* significa, come sappiamo, anche veleno. Cindy ha coreografato la scena delle Fanciulle-Fiore, in un continuo ondeggiamento delle danzatrici. Quando Parsifal entra in scena viene travolto da questa corrente. Tutto è oscillazione, anche il lampadario che improvvisamente si muove come una campana. I corpi sono albini, lo spazio è bianco e senza confini, come l'interno di un uovo. Il gesto è «albino».

PG In questo secondo atto il pubblico è colpito da una luce abbagliante.

RC Alla metà del secondo atto cala un arco voltaico che abbaglia il pubblico nella scena in cui si vede la nudità esposta di una donna. L'immagine è fredda e astratta. Non è la nudità erotica dell'amante, ma è l'esposizione dell'atto generativo. In questo contesto la luce abbagliante significa «guarda!», ma anche «non guardare!». L'identità è il più grande mistero per Parsifal. Non solo non conosce la propria madre – un *topos* in Wagner – ma non conosce neppure il proprio nome.

PG E rimanda a Kundry e al suo ruolo.

RC ... che a sua volta rimane toccata da questo ragazzo di cui intuisce la purezza e la follia. È questo il significato della scena del bacio: un bacio tra fantasmi. Kundry è effettivamente uno spettro che attraversa il tempo senza mai invecchiare.

PG Cindy Van Acker ha contribuito anche alla concezione del terzo atto?

RC Nel terzo atto non c'era un vero e proprio lavoro coreografico. Tutto era basato sull'idea di un cammino. Camminare era l'unico verbo consentito. Parsifal, dopo avere contribuito a guarire la ferita di Amfortas, è in grado di rompere i confini di questa comunità chiusa in se stessa. Trecento persone si muovevano su un enorme *tapis roulant*. Si muovevano verso il pubblico in sala. Il loro cammino era costante, ma non andavano da nessuna parte.

PG Potremmo discutere per ore solo del *Parsifal*. Mi sembra però importante menzionare anche un'altra messinscena operistica

I di grande complessità e impatto, in cui, a mio modo di vedere, la dimensione coreografica ha un ruolo preponderante: *Il flauto magico*[12] di Mozart.

RC Cindy ha composto tutto il primo atto. L'idea era quella di entrare in dialogo con la scenografia concepita dall'architetto tedesco Michael Hansmeyer, il quale aveva creato algoritmi in grado di simulare i processi organici di accrescimento. Lo spazio scenico rappresentava la «grotta» rococò di un palazzo settecentesco in cui l'ornamento, come le escrescenze di una malattia della pelle, aveva fagocitato tutto il resto. I movimenti coreografici erano ispirati all'iconografia più spinta del rococò e alle forme astratte di Hansmeyer. Spingendo fino in fondo il concetto scenografico, è emersa la necessità di raddoppiare tutte le forme, come se uno specchio percorresse longitudinalmente lo spazio. Tutto era sdoppiato, compresi i personaggi e i danzatori. Era il mondo dell'illusione, della doppia morale di Sarastro, il cui linguaggio normativo non è altro che un riflesso.

PG E in questo primo atto c'è di nuovo una luce bianca accecante.

RC La luce bianca indicava una assenza di vita, una anemia dello spirito; la finzione, la posa, avevano preso il posto della vita. In questo primo atto

Cindy ha fatto un vertiginoso lavoro geometrico. Vi erano delle pedane rotanti all'interno di altre pedane ugualmente rotanti, che giravano in senso opposto. Cerchi che ruotavano dentro altri cerchi e in senso opposto. I movimenti, presi in rotazioni contrarie e simmetriche, erano a loro volta specchiati in schemi spiraliformi. La coreografia era doppiamente complessa perché, oltre a portare un significato estetico, era al contempo costretta a marciare all'unisono con il ritmo dei motori.

PG E tutto doveva essere esattamente speculare e simmetrico.

RC ... come nel libretto di Emanuel Schikaneder, animato da questo principio di opposizione/coppia. Cindy ha fatto un vero miracolo, anche con i cantanti che, oltre a danzare in continuazione, dovevano accettare il fatto di avere al fianco una danzatrice o un danzatore che riproduceva in perfetta sincronizzazione labiale la loro stessa parte. Il pubblico non sapeva quindi chi stesse cantando.

12 Debutto: 18 settembre 2018, La Monnaie, Bruxelles. Maggiori informazioni, immagini e video: https://www.lamonnaiedemunt.be/fr/program/831-die-zauberflote (consultato il 10 agosto 2023).

PG In questo primo atto la Regina della Notte appare vestita di bianco e in modo sfarzoso come tutti gli altri personaggi, ma con un grappolo di piccole uova attaccate al seno. E ai suoi piedi due danzatrici sgusciano lentamente dal bozzolo come larve. L'avete quindi interpretata come una falena?

RC In un certo senso, ma non doveva essere immediatamente riconoscibile. Nel secondo atto, invece, la si trovava vestita poveramente in una scenografia spoglia, sciatta, monocromatica. Mi sono ispirato al carcere femminile di massima sicurezza di Lexington, negli Stati Uniti, in cui tutto, per opprimere, è fatto dello stesso colore beige: gli abiti, i muri, gli oggetti, i mobili.

PG Ci sarebbero ancora molti aspetti e progetti da evocare, ma dobbiamo limitarci a un ultimo esempio. Nel 2021, ribaltando in un certo senso i ruoli, Cindy Van Acker le aveva affidato la concezione scenografica di *Without References*[13]. Potrebbe dire qualcosa in merito?

RC Per assolvere a questo compito, inusuale per me, ho collaborato con Victor Roy che, oltre ad essere un ottimo artista, è anche uno straordinario tecnico. Ho condiviso con Cindy e Victor alcune immagini di architetture esistenti, la cui scelta era rigorosamente guidata dalle intenzioni registiche di Cindy. Io ho avanzato alcune proposte, il concetto è stato poi concretizzato da Victor. Lo spazio allude a una grande sala d'attesa di un qualche generico ufficio. Ci sono delle poltroncine in fila, un televisore acceso posto su un mobiletto di profilo, delle pareti foderate di legno. Tutto restituisce l'idea di un tempo sospeso, «inutile», il cui vuoto pneumatico è presupposto dalla qualità levigata anni Cinquanta dello spazio. Lo spazio di *Without References* è un luogo di attraversamento dentro al quale i gesti risultano di «scarto», come periferie di movimento, come cose abbandonate dal significato, «senza riferimenti», appunto. Tutto qui è inutilizzabile, giace su un fianco, non è in uso. Non siamo testimoni di atti che fanno riferimento alla storia perché il tempo ancora non c'è. L'*hard core* dello spettacolo – per come l'ho vissuto io – consiste nella sua assenza di tempo. Anche in questo lavoro Cindy spezza il piano della comunicazione. Nei gesti e nei movimenti la forza è trattenuta, non espressa. Il gesto è promesso, rimandato. Questo modo di procedere,

13 Maggiori informazioni, immagini e video al sito: https://www.ciegreffe.org/without-references (consultato il 10 agosto 2023).

rimanendo immobili, fa forse riferimento al *katéchon*, la forza frenante di cui parla San Paolo; una forza che impedisce a un'altra di manifestarsi. Il gesto è come una fiamma inesplosa, trattenuta in una tensione che si risolve in qualcosa di invisibile e di endocrino.

PG Anche questa collaborazione, a mio avviso, conferma la vostra visione comune.

RC Sono passati quasi vent'anni e io ritengo Cindy van Acker la più importante coreografa vivente. Sono attratto dalla sua arte che interroga incessantemente il verbo «guardare», prima ancora che «fare».

Paola Gilardi

Le geste est une flamme jugulée

Entretien avec Romeo Castellucci

Les créations de Romeo Castellucci, présentées dans les plus importants théâtres et festivals internationaux, reposent sur une synergie entre les arts, dépassant la primauté du texte littéraire. Elles bâtissent des univers complexes et visionnaires, qui touchent le public grâce à une conception de l'art total. Sa collaboration avec Cindy Van Acker débute en 2008 avec *Inferno*[1], spectacle d'ouverture du Festival d'Avignon, dont Castellucci est, cette année-là, artiste associé. Depuis une quinzaine d'années, Romeo Castellucci réalise aussi des mises en scène d'opéra tout à fait inédites, dont la chorégraphie est souvent confiée à Cindy Van Acker. Parmi les productions d'opéra, auxquelles la chorégraphe suisse d'origine flamande a contribué, nous citons : *Parsifal* de Richard Wagner (La Monnaie, Bruxelles, 2011), *Moses und Aron* d'Arnold Schönberg (Opéra national de Paris, 2015), *Tannhäuser* de Wagner (Bayerische Staatsoper, Munich, 2018), *La Flûte enchantée* de Mozart (La Monnaie, Bruxelles, 2018) et *Salomé* de Richard Strauss, spectacle présenté au Festival de Salzbourg en 2018 et salué par la critique[2]. En 2021, toujours à Salzbourg, Cindy Van Acker a été chargée de la dimension chorégraphique pour le *Don Giovanni* de Mozart et, l'année suivante, pour *De Temporum Fine Comoedia* de Carl Orff. C'est en octobre 2023, enfin, que voit le jour le premier volet de la *Tétralogie* wagnérienne, *L'Or du Rhin*[3], à la Monnaie de Bruxelles. De son côté, Romeo Castellucci a signé le concept scénographique pour la pièce de danse *Without References* de Cindy Van Acker en 2021.

Dans cet entretien[4], Romeo Castellucci raconte sa découverte fascinée du monde chorégraphique de Cindy Van Acker et nous permet de jeter un regard dans les coulisses du processus de création. Il nous montre, par ailleurs, les affinités électives liant ces deux artistes depuis presque vingt ans.

1 Création le 5 juillet 2008, Festival d'Avignon. Informations et images : https://festival-avignon.com/en/edition-2008/programme/inferno-24609 (consulté le 10 août 2023).

2 Le sondage annuel, réalisé auprès d'une cinquantaine de critiques internationaux d'opéra par le prestigieux magazine *Opernwelt*, avait couronné *Salomé* « Meilleur spectacle » de la saison 2018/19, décernant également à Romeo Castellucci les titres de « Meilleur metteur en scène » et de « Meilleur scénographe », et attribuant à la soprano lituanienne Asmik Gregorian le titre de « Cantatrice de l'année » pour le rôle-titre. Informations, images et extraits vidéo : https://www.salzburgerfestspiele.at/en/p/salome-2019 (consulté le 10 août 2023).

3 Première le 24 octobre 2023, La Monnaie, Bruxelles. Informations et images : https://www.lamonnaiedemunt.be/fr/program/2654-das-rheingold (consulté le 10 août 2023).

4 Cet entretien, inédit, a été réalisé le 27 juillet 2023 en vidéoconférence.

Paola Gilardi (PG) Dans quel contexte avez-vous rencontré Cindy Van Acker ?

Romeo Castellucci (RC) C'était en 2005. Invité à diriger la Biennale Théâtre de Venise, j'ai décidé de lancer un appel à projets, ouvert aux artistes internationaux, sans limites d'âge ni de culture, dans toute discipline et à n'importe quel niveau d'expertise. Les réponses ont afflué de tous les continents. J'avais la maison envahie par des cassettes vidéo VHS et j'ai passé beaucoup de temps à visionner ces captations, parmi lesquelles il y avait celle de Cindy. J'avais été immédiatement saisi, même sans explications ou considérations théoriques. Il s'agissait d'un plan fixe, le cadrage était presque pauvre, essentiel, mais j'ai le souvenir d'avoir été frappé par la grande précision de la forme. Il s'agissait de *Corps 00:00*[5] et ce fut la première proposition retenue. La danseuse était reliée à des électrodes qui court-circuitaient ses mouvements, en créant dans son corps une tension entre volonté et obéissance aux impulsions électriques. Il ne semblait pas y avoir un « message » et ce travail d'un extrême dépouillement rendait l'œuvre unique et inouïe.

PG Comment a démarré votre collaboration ?

RC J'avais reçu la proposition d'ouvrir l'édition 2008 du Festival d'Avignon, avec un spectacle dans la Cour d'Honneur du Palais des Papes. J'ai pensé à une trilogie inspirée de la *Divine Comédie* de Dante Alighieri. Il s'agissait de construire un spectacle de gestes, un spectacle essentiellement muet. J'ai tout de suite songé au travail de Cindy et je lui ai proposé de collaborer. C'est assez rare, dans mon parcours. Les seuls artistes avec lesquels j'ai collaboré sur une longue durée sont justement Cindy Van Acker et le musicien et compositeur américain Scott Gibbons.

PG Quel a été le rôle de Cindy Van Acker dans ce spectacle en particulier ?

RC *Inferno* était un travail sur l'espace. La Cour d'Honneur du Palais des Papes n'était pas juste un plateau, ni une scénographie, mais un personnage. Un lieu chargé de mémoire. La tâche de Cindy était de réactiver cet espace, en travaillant avec cent figurants amateurs. Les corps humains étaient un décor, sur le fond de la scène, mais ils représentaient aussi la seule chose à voir, l'horizon de l'espace. L'élément infernal surgissait par contraste, par contrepoint. L'enfer, dans notre lecture, n'était pas un lieu sombre et nous

5 Création le 1er octobre 2002, ADC – Association pour la danse contemporaine, Genève. Informations et images : https://www.ciegreffe.org/corps-0000 (consulté le 10 août 2023).

ne voulions pas lui attribuer une signification eschatologique. L'enfer était un mot, qui « visitait » notre époque, saisie dans une journée comme les autres. La dimension mélancolique était centrale. Ainsi, paradoxalement, les damnés de la *Comédie* de Dante n'étaient chargés d'aucune faute. Ils étaient vus en tant que personnes. Un miroir de notre monde.

PG Comment avez-vous développé la dimension conceptuelle d'*Inferno* ?

RC J'ai partagé avec Cindy mes idées par rapport à ce lieu particulier, sur lequel reposait la dramaturgie du projet. La tonalité générale du spectacle renonçait à l'idée d'obscurité, il devait plutôt être traversé par un souffle, comme une antiphrase. Les personnes sur scène étaient des vivants, pas des morts. Les costumes – des habits de tous les jours – affichaient des couleurs printanières. La gestuelle était liée aux affects, à la proxémie de l'amour. Cindy a imaginé des courants, des vagues humaines, des formes qui étaient charriées par la houle du son. C'est au cours de ce travail que nous avons compris que nous avions un langage commun.

PG Même quand chacun de vous travaille de son côté, à ses propres projets, les points communs sont nombreux, à mon avis.

RC Je partage avec Cindy une vision du monde. Elle coïncide avec une certaine idée de la forme. Ce qui nous rapproche, c'est un souci formel majeur et, dans son cas, je pense que cette préoccupation est même d'ordre mathématique. Je la considère comme un maître. La vraie forme, à mon avis, dépasse son but, l'alibi d'un « contenu ». Mieux encore : elle transmet le contenu sous forme d'un dessin, qui le contient sans le dire. Dans le travail de Cindy, il n'y a pas de message, d'où sa puissance. Le travail sur la forme des grands artistes, toutefois, n'a rien à voir avec l'art pour l'art, l'esthétisation ; il s'agit d'une lutte à mort avec l'esthétique. J'oserais dire : une lutte intestine, car l'ennemi est à l'intérieur.

PG Lorsqu'elle était également danseuse, Cindy Van Acker a vécu dans son corps cette lutte et cette recherche permanentes. Cela apparaît, de manière emblématique, dans le projet *Corps 00:00*, où le rapport étroit entre le corps et le sol est déterminant.

RC Exactement. Dans *Corps 00:00*, le corps est réduit au degré zéro de la gravité. Il se fond avec le plancher, la terre. Là où il faut interroger la racine. Dans le travail de Cindy, je remarque une recherche, jamais assouvie, d'une source de la forme. Elle interroge la création en tant que telle et la nécessité de cette recherche. Il n'y a pas d'objet, car la forme dont on parle ici est un « seuil », une porte étroite qui invite le spectateur à reconfigurer son regard. En soi, l'abstraction n'implique pas de renoncer aux données sensibles ; il s'agit plutôt de tenir compte de la dimension aurorale de l'art, un peu comme Rothko en peinture. C'est un défi que je retrouve dans le travail de Cindy. Nous sommes en présence d'une dilatation du temps, qui engendre un basculement total de la perception. C'est alors que le verbe « contempler » prend la place du verbe « regarder », justement comme un seuil. Moi, spectateur, avec ma biographie, mon corps, mes cicatrices, je suis en présence de cette « chose », qui sait m'appeler par mon nom. C'est un appel. Et cet appel risque de nous mettre à nu.

PG Dans ce que vous évoquez, il me semble percevoir aussi un lien avec les théories d'Adolphe Appia : l'interaction entre le corps des interprètes en mouvement, la musique, le rythme, le temps, l'espace scénique, ainsi que la lumière en tant qu'élément expressif[6].

RC Oui, nous en avons discuté avec Cindy. Appia est un artiste indispensable, trop peu considéré, en particulier dans sa dimension théorique fondamentale. Quand j'étais étudiant, la découverte de sa pensée a été un choc. C'est ce qui manquait à Wagner, qui a été un très grand novateur, mais n'avait pas franchi totalement le pas vers l'espace scénique. Les scénographies réalisées à Bayreuth étaient traditionnelles, attendues. Appia, lui, avait découvert la dimension rythmique de l'espace et de la lumière, qui n'était pas utilisée pour éclairer la scène, mais pour créer des ombres. L'espace rythmique caractérise ses œuvres, qu'il n'a pas pu réaliser concrètement et complètement selon ses idées[7]. Son théâtre se fondait sur la danse, sur le rythme.

PG Un peu comme chez Appia, si je peux me permettre, dans son travail, Cindy Van Acker donne un rôle central à la lumière.

6 Parmi les principaux essais théoriques d'Adolphe Appia (1892, Genève – 1928, Nyon) figurent *La Mise en scène du drame wagnérien. 1892–94*, Paris : Léon Challey, 1895 ; *La Musique et la mise en scène. 1892–1897*, Berne : Éditions-Theaterkultur Verlag 1963 (Schweizer Theater-Jahrbuch n° XXVIII / XXIX) et *L'Œuvre d'art vivant*, Genève / Paris : Atar 1921. Une partie de la correspondance et des maquettes dessinées par Appia sont aujourd'hui conservés auprès des Archives suisses des arts de la scène SAPA à Berne : https://sapa.swiss.

7 Les scénographies réellement concrétisées par Appia sont très rares. On notera en particulier celle pour l'*Orphée et Eurydice* de Christoph Willibald Gluck, spectacle mis en scène par Émile Jaques-Dalcroze en 1912 et 1913 dans les espaces du Festspielhaus de Hellerau, près de Dresde. Cette structure architecturale d'avant-garde, conçue par Appia, par Jaques-Dalcroze et par l'architecte Heinrich Tessenow, existe toujours sous le nom d'HELLERAU – Centre International des Arts (https://www.hellerau.org/en/). Pour plus d'informations et références bibliographiques voir : https://saebi.isgv.de/biografie/Adolphe_Francois_Appia_(1862–1928) (consulté le 26 novembre 2023).

RC Cindy a toujours été très attentive à cet élément essentiel, souvent négligé. Je dois dire qu'elle s'appuie également sur des collaborateurs de grande dextérité, comme Victor Roy[8], un grand artiste de l'espace et de la lumière. Les travaux de Cindy m'ont toujours frappé pour l'exactitude de la lumière, qui fait partie intégrante de ses chorégraphies. Une lumière qui est corps, rythme, mouvement. C'est elle qui produit l'espace. La lumière fait souvent allusion à la temporalité. Ou alors elle révèle l'obscurité d'un corps, comme chez Rembrandt. Ce n'est pas une lumière qui éclaire, qui sert à quelque chose. C'est une lumière qui s'affiche, qui se « déclare ». Qui dit : « Je suis là, et j'ai un corps ». Les danseurs prennent une position dans l'espace par rapport à cette lumière qui s'affirme, qui parle[9].

PG Ce rapport particulier entre lumière et ombre ouvre aussi un espace imaginaire chez le spectateur.

RC Par moments, les images tremblent, sur le seuil du visible, et les spectateurs doivent composer avec le frémissement de la perception, là où l'œil est poussé vers la limite du noir. C'est une plongée dans l'incertitude du regard.

PG Chez Cindy Van Acker, la dimension sonore est aussi indissociable des autres éléments scéniques.

RC Dans ce cas aussi, Cindy est très précise et a eu la chance de travailler avec des collaborateurs de très haut niveau. Je pense en particulier à Mika Vainio[10], avec lequel elle était étroitement liée et qui poussait sa recherche formelle jusqu'au degré le plus extrême d'intensité. Il créait des formes si dénuées qu'elles en devenaient des pures structures, de l'architecture. Dans ses chorégraphies, Cindy ouvre sur une dimension « sonique ». Et le son aussi possède un corps, il entre en scène et génère de l'espace. Dans cette perspective, les éléments sonores – et soniques – sont loin d'une simple « bande-son ». Il s'agit plutôt d'une vague, qui est à la fois intégrée et générée par les danseurs. Dans les œuvres de Cindy, la frontière entre les langages est abolie.

8 Victor Roy collabore depuis plusieurs années avec Cindy Van Acker, en tant que scénographe et light designer. À cet égard, nous renvoyons à l'entretien de Thierry Sartoretti dans le présent ouvrage, pp. 205–216.

9 Par exemple dans *Diffraction*, créé par Cindy Van Acker en 2011, six danseuses et danseurs interagissent avec la lumière produite par une machine de tubes néon en mouvement, qui joue aussi, en quelque sorte, le rôle d'un personnage. Entre ombres et lumière, la vision se brouille, les corps se confondent avec l'environnement fluorescent et le spectateur a de la peine à saisir, si les mouvements sont déterminés par le danseur ou par la lumière. Nous renvoyons au site web de la chorégraphe pour plus d'informations : https://www.ciegreffe.org/diffraction (consulté le 10 août 2023).

10 Pionnier de la musique électronique, Mika Vainio (Helsinki, 1963) est décédé suite à un tragique accident en 2017 ; il a collaboré régulièrement avec Cindy Van Acker et réalisé les compositions de nombreux projets qu'elle a signés. Cf. le témoignage de Rikke Lundgreen dans le présent ouvrage, pp. 217–220.

F C'est un talent très rare, qui rend ses créations si puissantes. Il devient impossible d'aller plus loin dans le dépouillement de son *hard-core*, elle est déjà très proche du noyau dur du mouvement, de son fondement.

PG Cela génère une vague, qui nous touche au plus profond.

RC Oui, mais attention : il ne s'agit pas d'une profondeur psychologique, mais *psychique* au sens grec du mot. Cette froideur extrême brûle, elle est de nature spirituelle (à chacun de nous de donner son sens à ce mot). L'esprit qui vient vers nous est un paradoxe qui possède un corps, celui des danseurs. La forme du mouvement devient prière. Mais il faut ajouter qu'il s'agit d'une prière adressée au vide, que les dieux – Dieu – ont déserté. Comme chez Friedrich Hölderlin, le culte n'a plus de divinités auxquelles s'adresser. C'est un vaste ciel bleu, vide, puissant par son étendue.

PG À ce propos, ce n'est pas un hasard si votre première mise en scène d'opéra, pour laquelle Cindy a réalisé les chorégraphies, a été *Parsifal*[11], le dernier opéra de Wagner, qui en parlait comme d'un « Bühnenweihfestspiel », d'un « drame sacré ».

RC En effet, *Parsifal* est traversé par une sorte de souffle mystique.

Quand on m'a proposé cette mise en scène, j'ai tremblé, mais c'était peut-être mon destin. Pendant mes études à l'Académie de Beaux-Arts de Bologne, découvrir Wagner avait été pour moi un moment fondateur. Le domaine de l'opéra est terriblement insidieux. La musique, le tempo, la tonalité émotionnelle y sont des éléments donnés, immuables. L'opéra reste lié aux conventions et aux stéréotypes les plus éculés. Il s'agissait – il s'agit – d'un défi énorme. J'ai accepté, aussi, parce que je pouvais compter sur Cindy.

PG La musique wagnérienne bouleverse littéralement toute personne qui l'écoute. Quelle a été votre approche ?

RC Wagner avait imaginé un théâtre musical sans hiérarchies, telle une force émotionnelle qui s'introduit dans le spectateur pour lui faire rendre ses armes. À mon avis, il est aujourd'hui très difficile de le mettre en scène et *Parsifal* est, parmi ses opéras, sans doute la plus complexe et trompeuse. La parole a ici une très haute valeur philosophique, mais c'est la psychologie profonde qui prévaut, à mon avis.

11 Première le 27 janvier 2011, La Monnaie, Bruxelles. Informations, images et vidéo : https://www.ciegreffe.org/parsifal (consulté le 10 août 2023).

PG Concrètement, comment avez-vous travaillé ?

RC Cindy a d'abord chorégraphié la scène des Filles-Fleurs, au deuxième acte. Elle s'est emparée du thème de la séduction par contraste, sans céder aux stéréotypes qui encombrent le théâtre wagnérien. Nous sommes dans le règne de Klingsor, dont Kundry, comme nous le savons, subit le charme. La femme, chez Wagner, est le « moteur immobile » qui définit l'horizon de l'humanité. Tout le deuxième acte est construit sur le conflit intérieur de Kundry, un personnage d'une très grande puissance générative.

PG Est-ce que Cindy Van Acker a travaillé sur le mouvement de la cantatrice qui interprétait Kundry ?

RC Oui, pour la scène matricielle – au double sens du mot – du deuxième acte. Kundry, pendant son long monologue, bouge accompagnée par son double, un fantôme d'elle-même, blanc et nu. Elle tient dans ses bras un gigantesque serpent, un vrai python réticulé albinos, qui passe d'un corps à l'autre. Le serpent est le *pharmakon,* que la femme offre à la communauté des moines-guerriers pour apaiser la blessure inguérissable d'Amfortas. Mais, nous le savons, *pharmakon* est un aussi le poison. Cindy a conçu la scène des Filles-Fleurs dans un mouvement ondoyant des danseuses. Et quand Parsifal entre en scène, il est saisi par ce courant. Tout devient oscillation. Soudain, même le lustre bouge comme une cloche. Les corps sont albinos, l'espace est si blanc que ses frontières s'estompent, comme à l'intérieur d'un œuf. Le geste devient « albinos ».

PG Ici, le public aussi est saisi par la lumière aveuglante.

RC Au mitan du deuxième acte, un arc électrique s'allume, il aveugle le public au moment où une nudité de femme est exposée. L'image est froide, abstraite. Il ne s'agit pas de la nudité érotique de l'aimante, mais d'une mise à nu de la gestation. Dans ce contexte, la lumière crue dit : « Regarde ! ». Et en même temps : « Ne regarde pas ! ». La question de l'identité est un mystère des plus profonds dans *Parsifal.* Non seulement le héros ne connaît pas sa mère – ce qui est typique chez Wagner – mais il ne connaît même pas son propre nom.

PG Cela renvoie donc à Kundry et à son rôle.

RC ... et elle est à son tour touchée par ce jeune homme. Elle sent sa folie et sa pureté. C'est là que réside le sens de la scène du baiser : un baiser entre fantômes. Kundry est en effet un spectre, qui traverse le temps sans jamais vieillir.

PG Cindy Van Acker a contribué aussi à la conception du troisième acte ?

RC Il n'y avait pas un travail chorégraphique au sens strict, dans le troisième acte, qui était fondé sur l'idée de chemin. Marcher était le seul verbe consenti. Parsifal, après avoir contribué à la guérison de la blessure d'Amfortas, peut rompre les frontières de cette communauté fermée sur elle-même. Trois cents personnes marchent alors sur un énorme tapis roulant. Elles marchent vers le public. Leur chemin est sans fin, ne les mène nulle part.

PG Nous pourrions discuter des heures durant de ce *Parsifal*, bien entendu. Je vous propose de parler d'une autre mise en scène marquante – à mon goût – de votre parcours. *La Flûte enchantée*[12] de Mozart, un spectacle d'une grande complexité et d'une grande force, dans lequel la dimension chorégraphique est déterminante.

RC Cindy a composé entièrement le premier acte. Notre idée était d'instaurer un dialogue avec la scénographie – conçue par l'architecte allemand Michael Hansmeyer, qui avait créé des algorithmes capables de simuler un processus organique de croissance. Le décor représentait une « grotte » style

rococo d'un palais du XVIIIe siècle. L'ornementation a tout phagocyté, comme les excroissances d'une maladie de la peau. Les mouvements chorégraphiques étaient inspirés de l'iconographie outrancière de ce style ornemental, ainsi que des formes abstraites créées par Hansmeyer. En poussant jusqu'à l'extrême cette conception scénographique, une nouvelle exigence a émergé, celle de redoubler toutes les formes, comme si un miroir traversait l'espace scénique du proche au lointain. Même les danseurs et les personnages étaient dédoublés. C'était le monde de l'illusion, de la double morale de Sarastro, dont le langage des normes n'est qu'un reflet.

PG Dans ce premier acte, nous retrouvons une lumière blanche, aveuglante.

RC Dans ce cas, la lumière blanche indique l'absence de vie, une anémie spirituelle ; la fiction, la posture, en lieu et place de la vie. Ici, Cindy a réussi un travail géométrique vertigineux. Il y avait des plateformes tournantes, dans lesquelles étaient enchâssées d'autres plateformes, qui tournaient en sens inverse. Des cercles tournaient à l'intérieur d'autres cercles dans une

12 Première le 18 septembre 2018, La Monnaie, Bruxelles. Informations, images et vidéo : https://www.lamonnaiedemunt.be/fr/program/831-die-zauberflote (consulté le 10 août 2023).

direction opposée. Les mouvements des danseurs et des chanteurs, pris dans des rotations contraires et symétriques, se reflétaient à leur tour dans des schémas spiraliformes. La chorégraphie était doublement complexe car, en plus de transmettre une signification esthétique, elle devait en même temps suivre le rythme impulsé par les moteurs.

PG Le tout donnant une image parfaitement spéculaire et symétrique…

RC … comme dans le livret d'Emanuel Schikaneder, qui est traversé par le principe de l'opposition et du double. Cindy a réalisé un vrai miracle, y compris avec les chanteurs, qui devaient non seulement danser tout le temps, mais également accepter d'avoir toujours à leurs côtés une danseuse ou un danseur qui reproduisait, dans une synchronisation parfaite, le mouvement de leurs lèvres. Ainsi, le public ne savait pas qui était en train de chanter.

PG Toujours dans le premier acte, la Reine de la Nuit apparaît habillée en blanc – dans des habits somptueux, comme les autres personnages – et avec une grappe de petits œufs accrochée à la poitrine. À ses pieds, deux danseuses sortent lentement d'un cocon, comme des larves. Elle est présentée tel un papillon de nuit ?

RC Oui, en quelque sorte. Mais elle ne devait pas être immédiatement reconnaissable. Au deuxième acte, au contraire, on la retrouve à l'intérieur d'un décor fruste, vide et monochrome. Ma source d'inspiration était la High Security Unit (HSU) de Lexington, une prison de haute sécurité pour femmes, aux États-Unis. Dans ce lieu, la couleur est unique : les habits, les murs, les objets sont beiges, c'est une forme d'oppression.

PG Nous pourrions évoquer beaucoup d'autres aspects de vos mises en scène, mais nous devons nous limiter à un dernier exemple. En renversant les rôles, en 2021, Cindy Van Acker vous a confié la conception scénographique de *Without References*[13]. Pourriez-vous nous en parler ?

RC C'était une tâche inhabituelle pour moi et j'ai pu collaborer avec Victor Roy. Il est non seulement un excellent artiste, mais aussi un technicien extraordinaire. Avec lui et avec Cindy, j'ai partagé certaines images d'architectures existantes, que j'avais choisies en suivant avec rigueur les intentions

13 Informations, images et vidéo : https://www.ciegreffe.org/without-references (consulté le 10 août 2023).

F de mise en scène de Cindy. J'ai fait des propositions, puis le concept a été concrétisé par Victor. L'espace rappelle la vaste salle d'attente d'un bureau assez quelconque. Il y a des rangées de fauteuils, une télé allumée posée sur un petit meuble de biais, des parois en lambris. Le tout rend l'idée d'un temps suspendu, « inutile », d'un vide pneumatique suggéré par la texture lisse de cet espace années 1950. C'est un lieu de passage, dans lequel les gestes sont toujours des « écarts », comme à la périphérie du mouvement. Il s'agit de choses désertées par la signification, qui n'ont pas de « références », justement. Tout, ici, est inutilisable, affaissé, inutilisé. Nous ne sommes pas en présence d'actes qui seraient ancrés dans l'histoire, car le temps n'existe pas encore. Le *hard-core* du spectacle – du moins c'est ainsi que je l'ai vécu – est marqué par l'absence du temps. Dans ce travail aussi, Cindy rompt avec la dimension communicative. Dans les gestes, dans les mouvements, la force est retenue, inexprimée. Le geste est une promesse, un sursis. Cette manière de procéder, cette immobilité, me semble renvoyer au *katéchon*, la force de rétention évoquée par Saint-Paul ; une puissance qui empêche une autre puissance de se manifester. Le geste est une flamme jugulée, maintenue sous tension. Il dégage quelque chose d'invisible, sécrète de l'intérieur, comme une glande endocrine.

PG Cette dernière collaboration, me semble-t-il, confirme votre vision commune de l'art.

RC Je travaille avec Cindy Van Acker depuis vingt ans et je la considère comme la chorégraphe la plus importante d'aujourd'hui. Je suis attiré par son art, qui interroge sans cesse le verbe « regarder », avant même de « faire ».

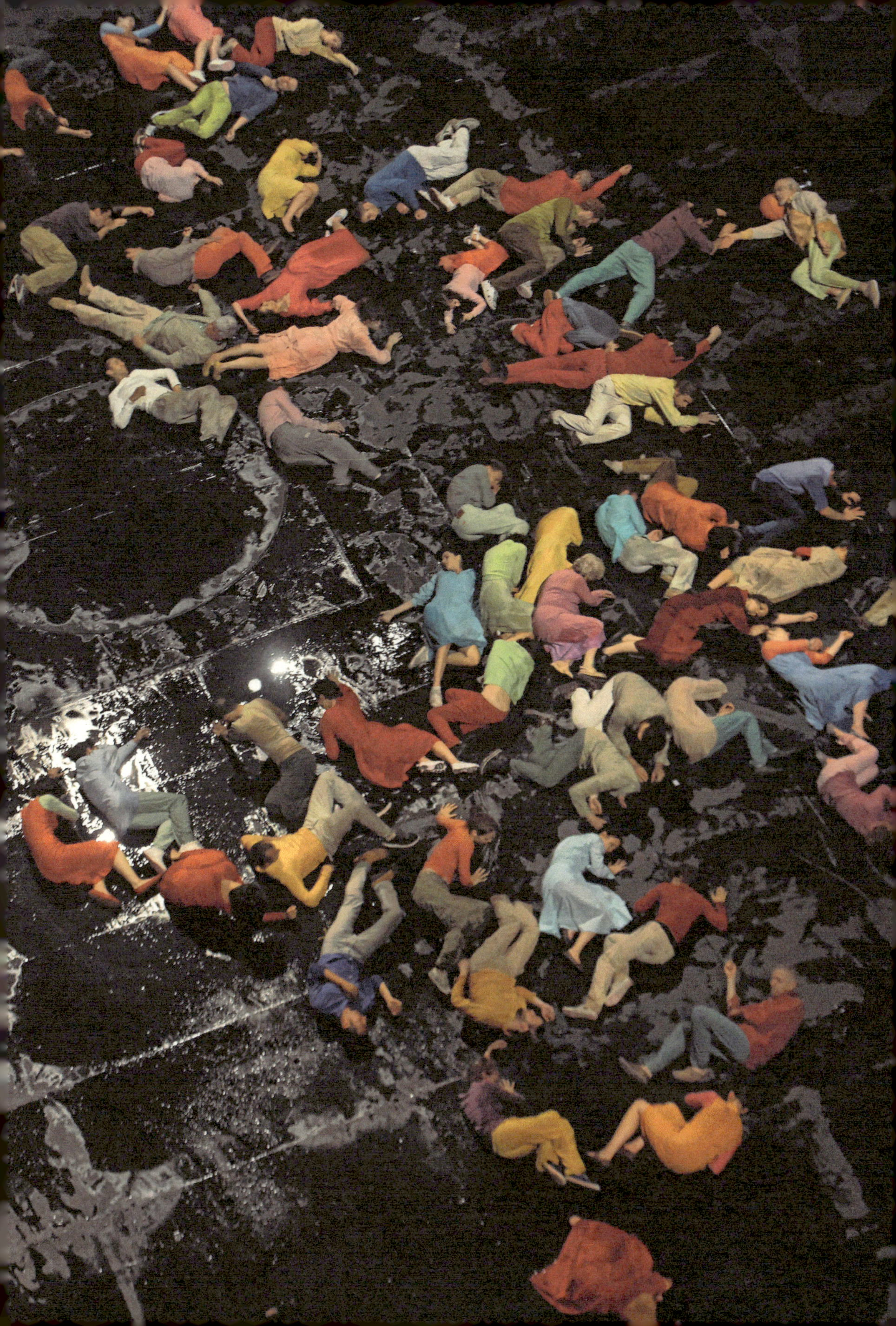

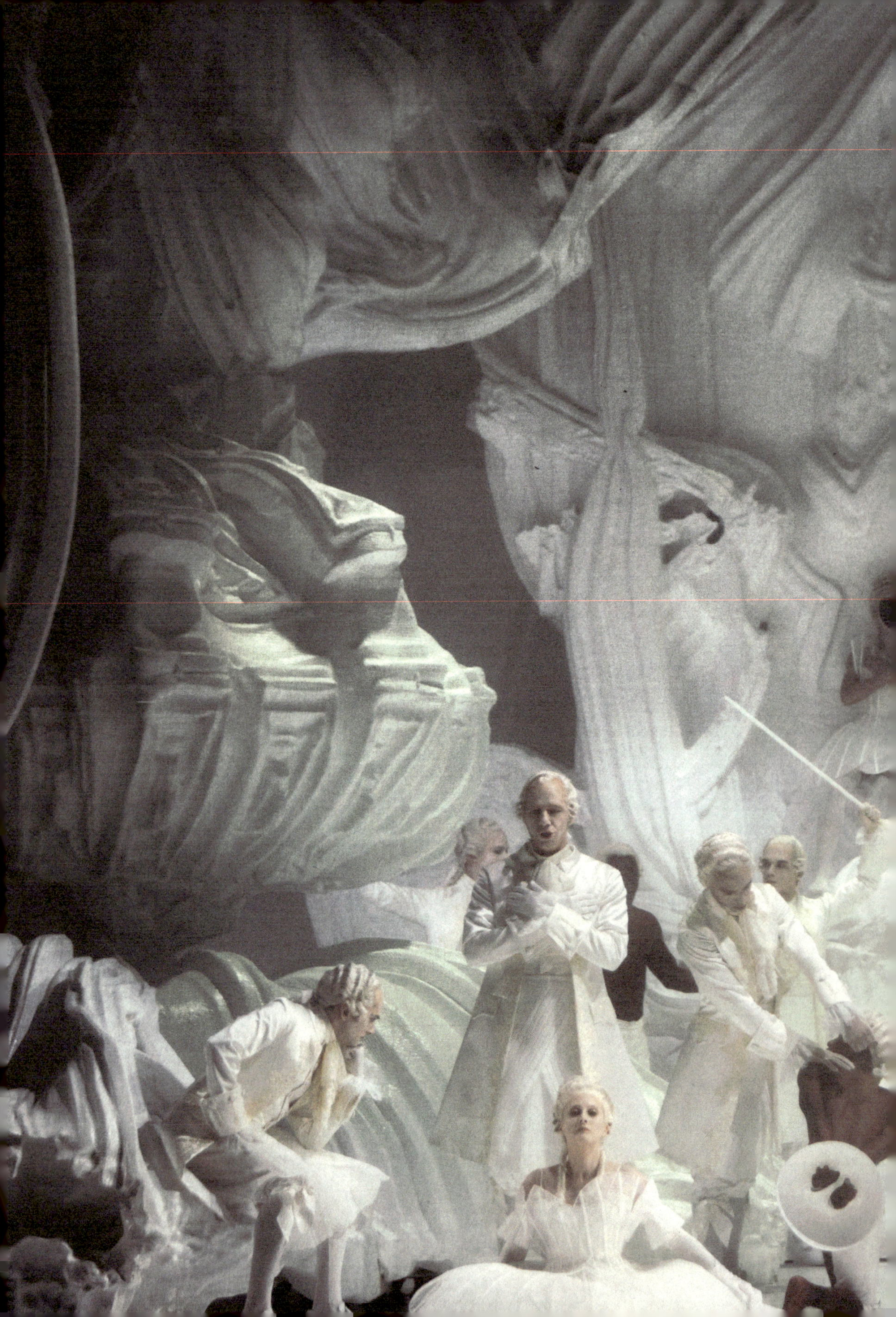

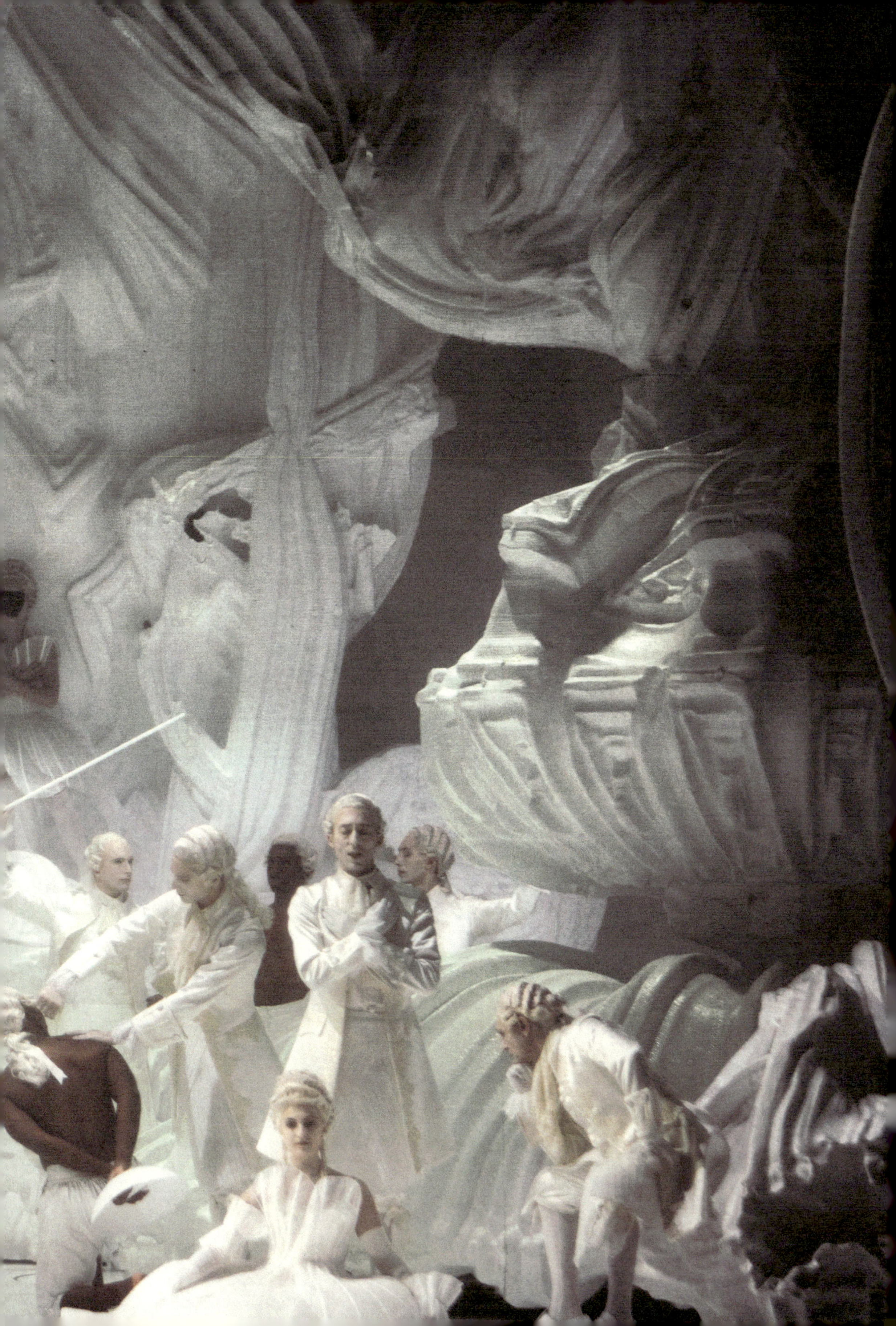

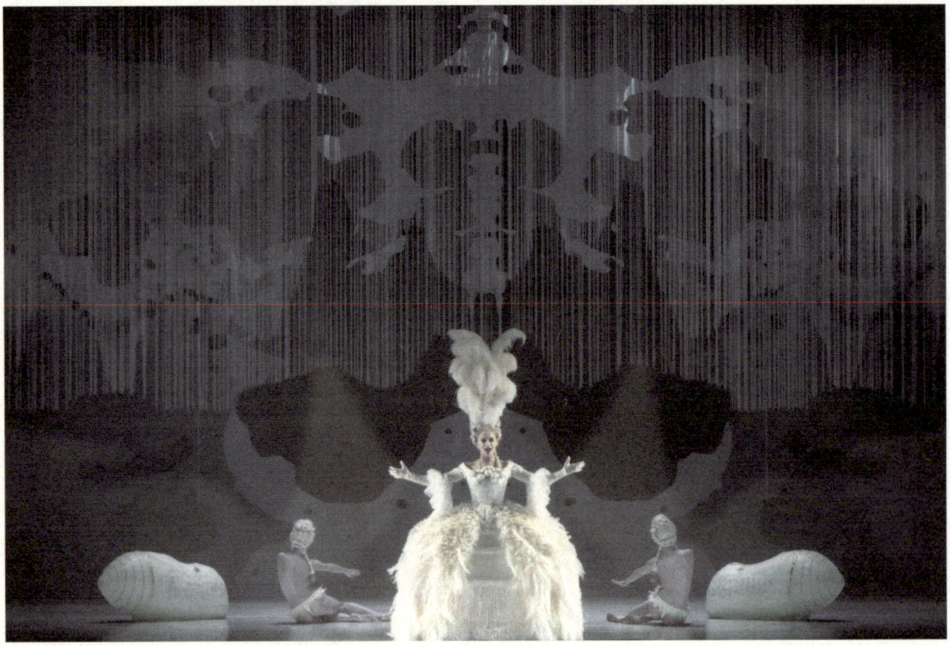

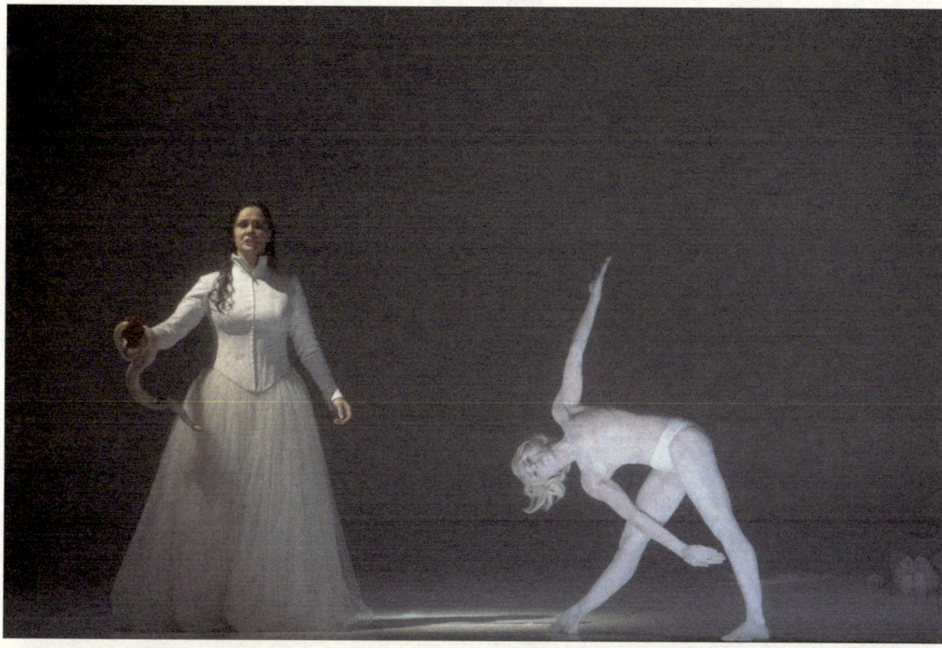

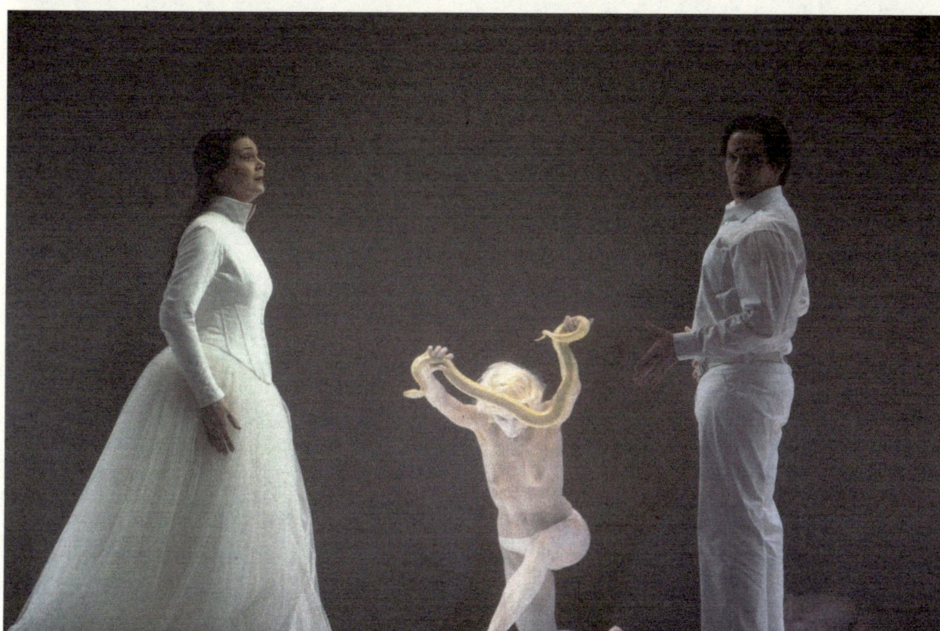

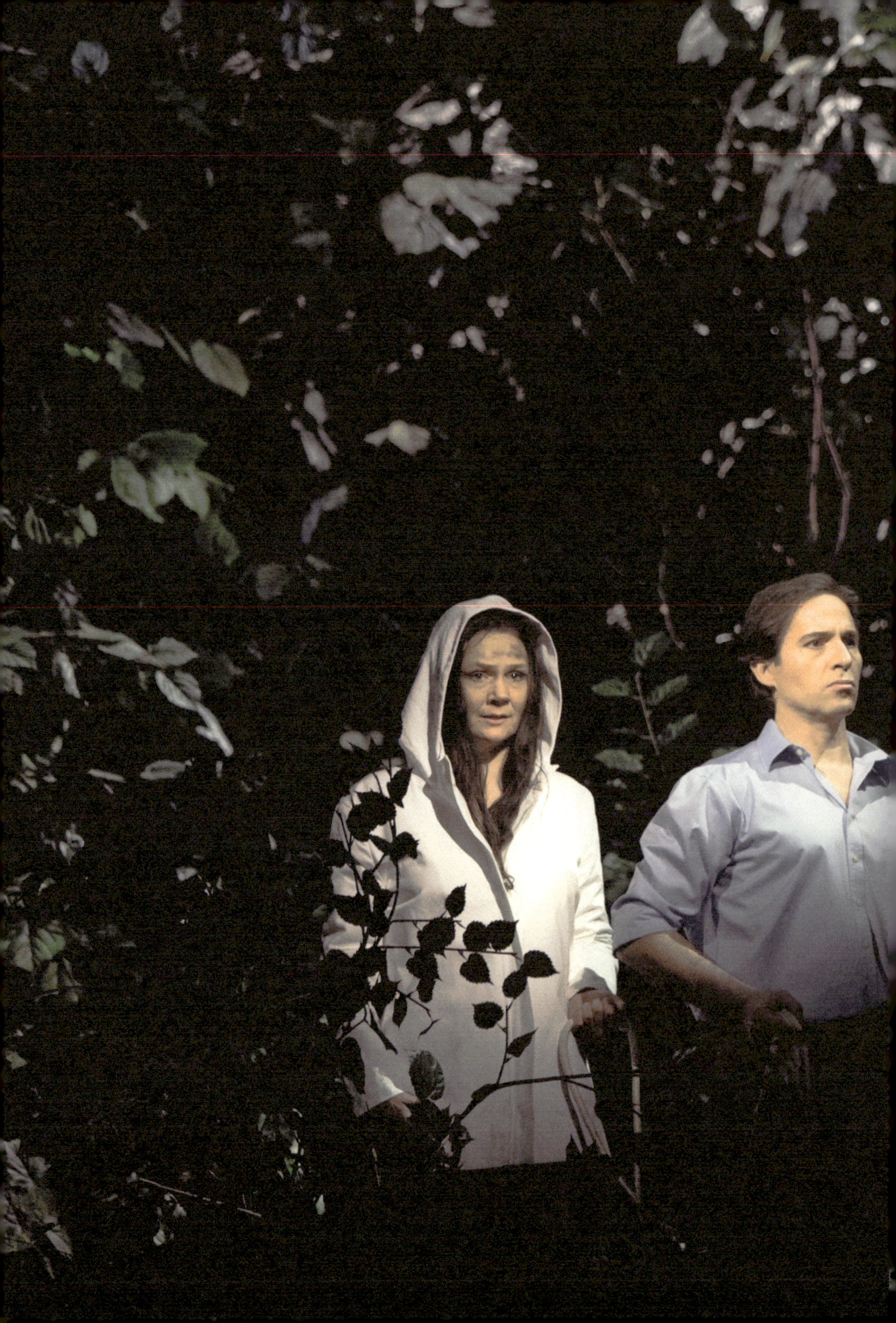

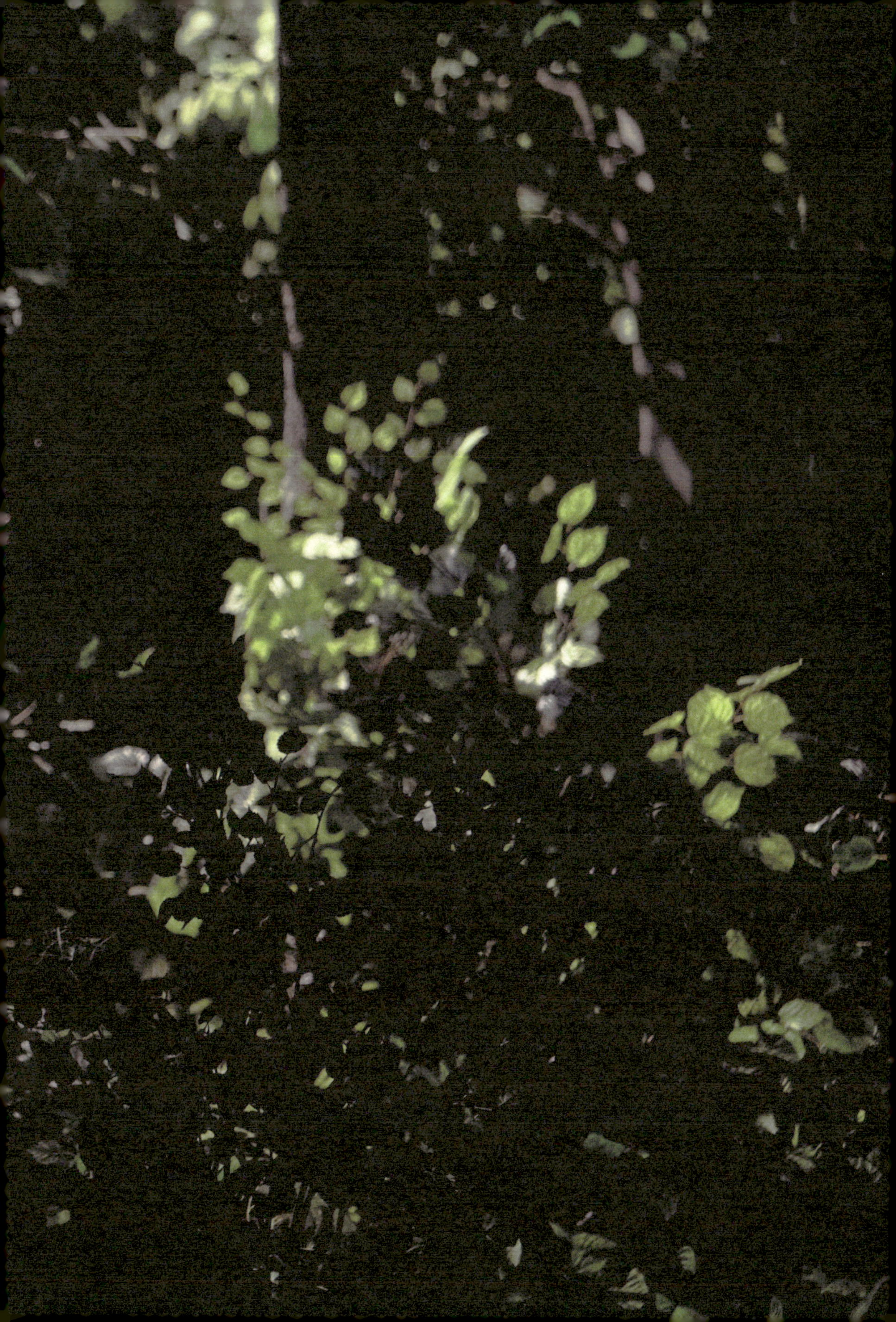

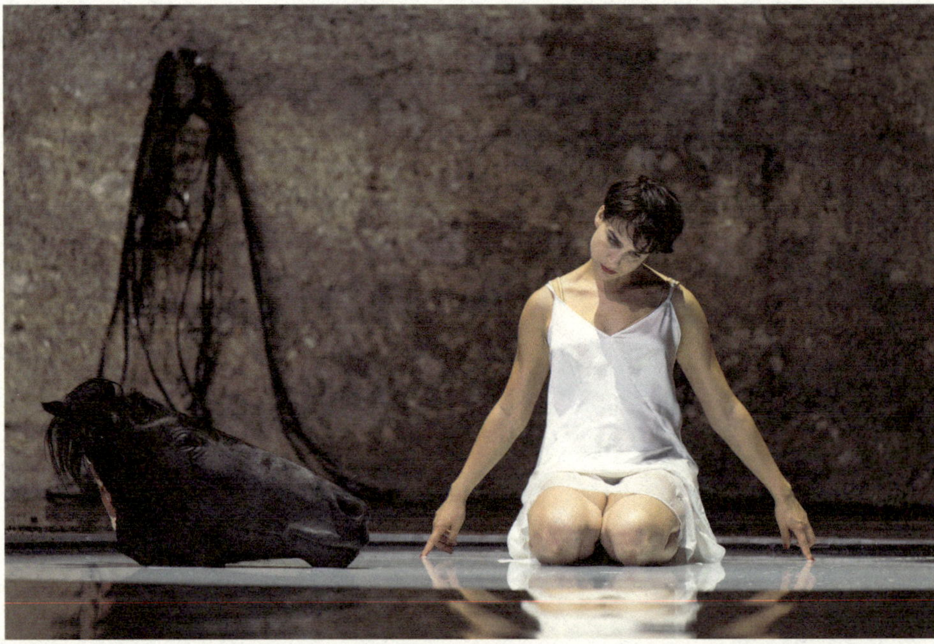

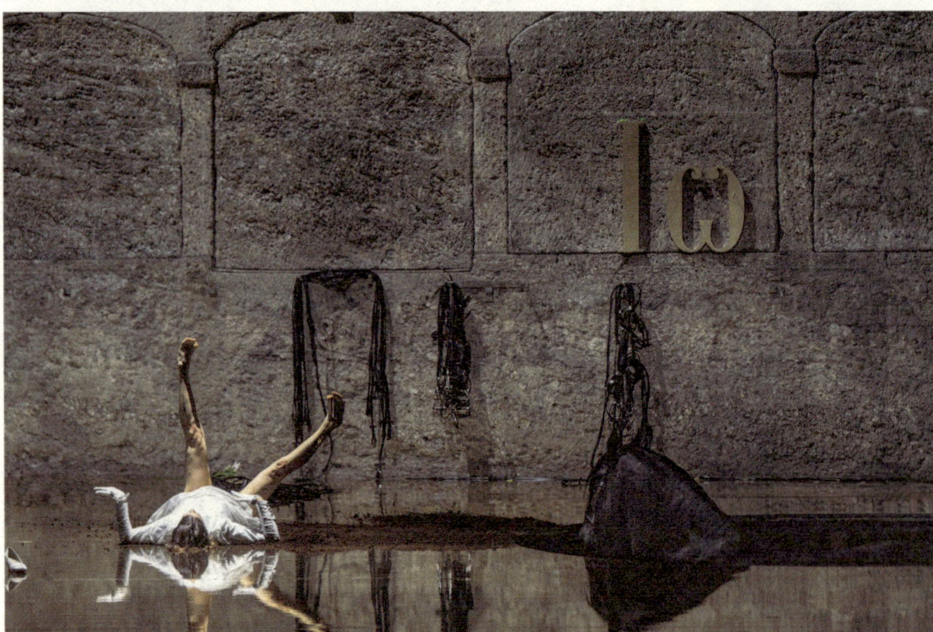
Ιω

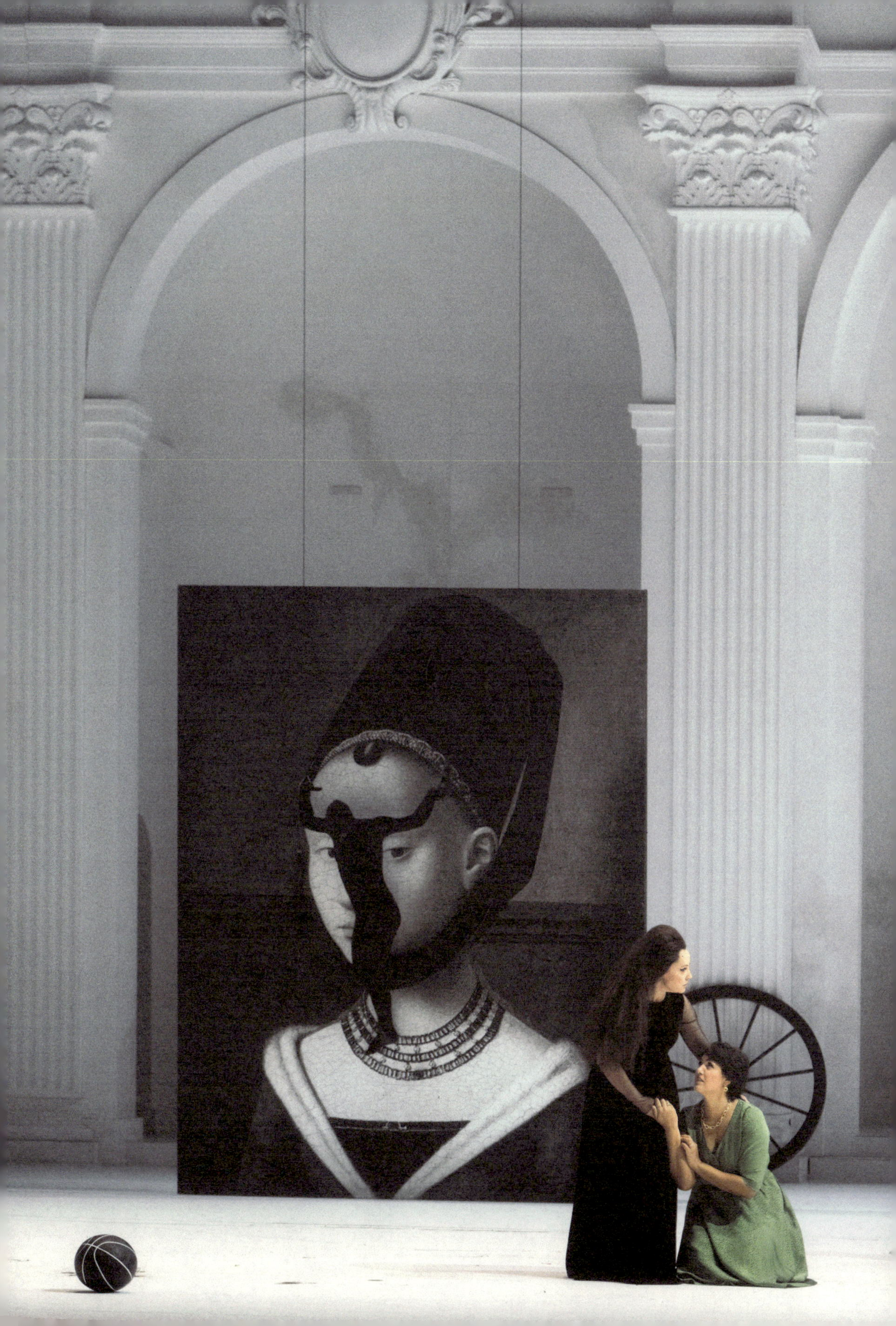

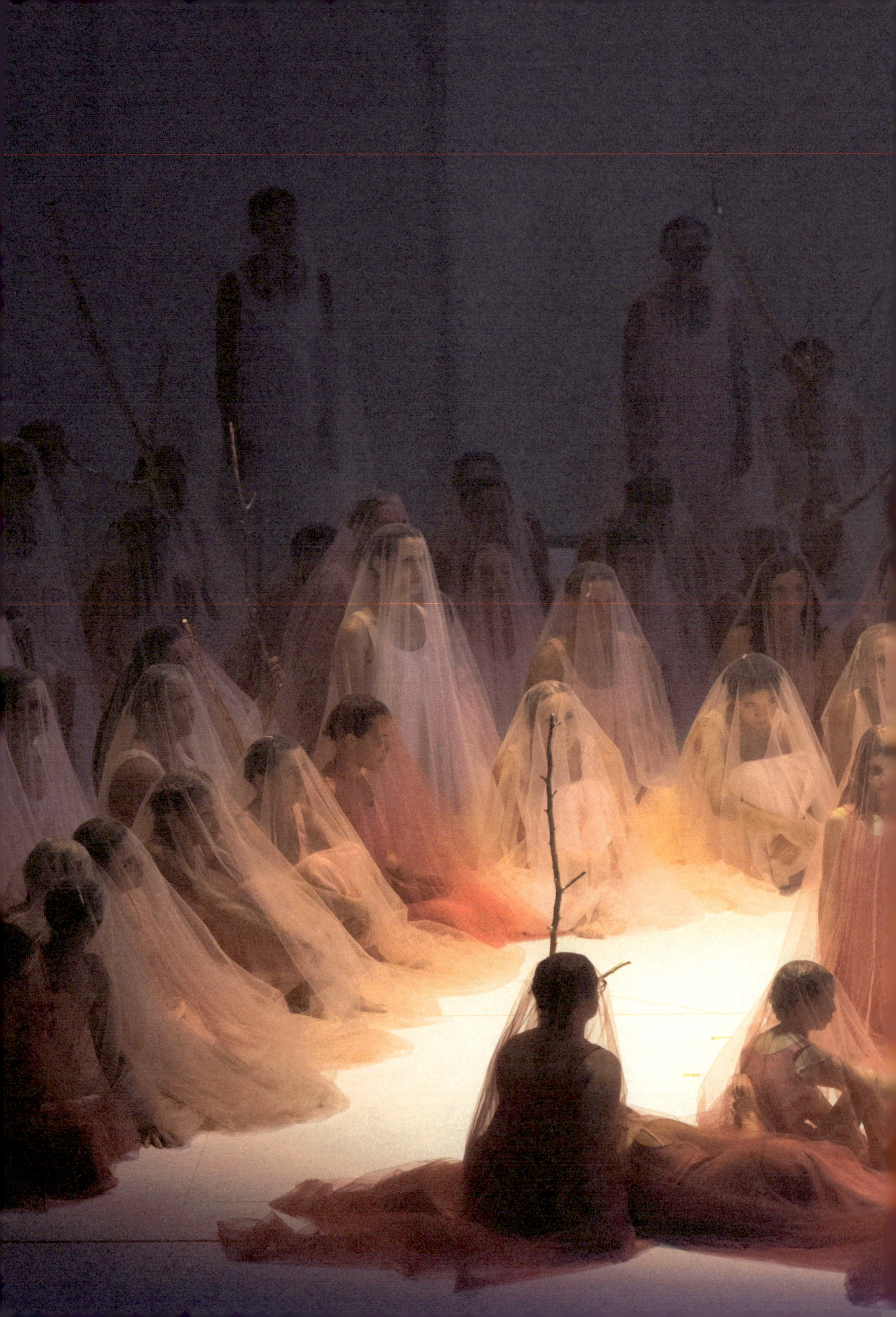

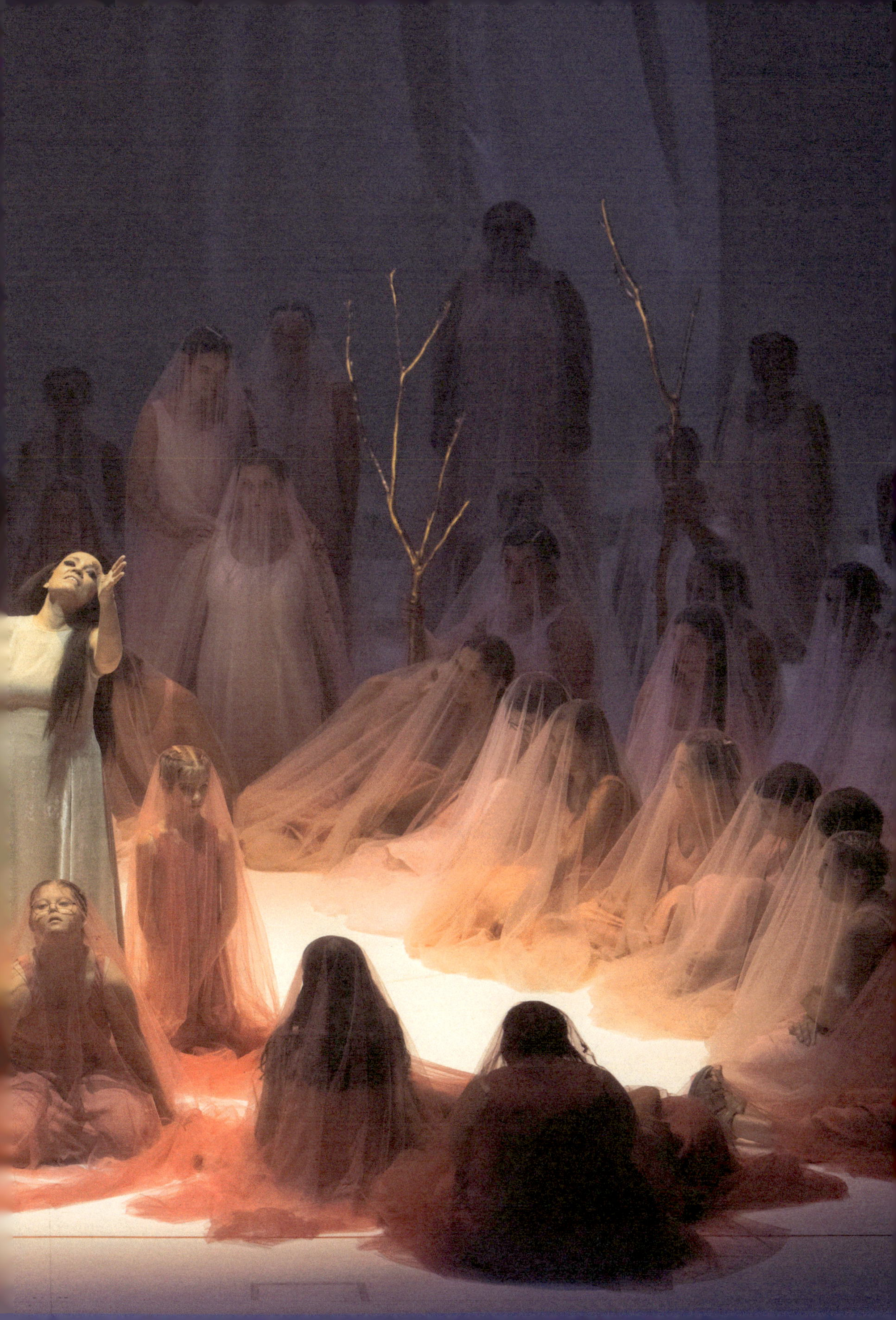

268

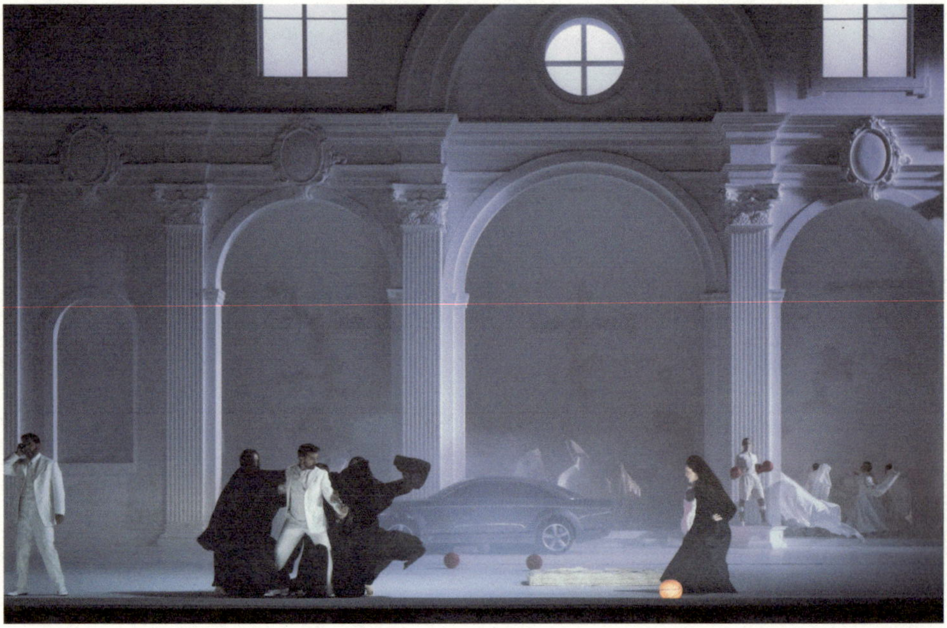

Paola Gilardi

Die Geste als gehemmte Flamme

Interview mit Romeo Castellucci

Romeo Castelluccis Theaterarbeiten, die in den renommiertesten Theatern und auf internationalen Festivals aufgeführt werden, sind Gesamtkunstwerke. Sie heben den Primat des literarischen Texts auf, indem sie komplexe und visionäre Universen schaffen und das Publikum zu einer ganzheitlichen Wahrnehmung des Werks bringen. Castelluccis Zusammenarbeit mit Cindy Van Acker begann 2008 mit *Inferno*[1] auf dem Theaterfestival von Avignon, als Castellucci dort assoziierter Künstler war. Seit rund fünfzehn Jahren widmet er sich auch dem Musiktheater, und dies oft mit Choreografien von Cindy Van Acker. Zu den Operninszenierungen, bei denen die Choreografin mitgewirkt hat, zählen Richard Wagners *Parsifal* (La Monnaie, Bruxelles, 2011), *Moses und Aron* von Arnold Schönberg (Opéra National de Paris, 2015), Wagners *Tannhäuser* (Bayerische Staatsoper, München, 2017), *Die Zauberflöte* von Wolfgang Amadeus Mozart (La Monnaie, Bruxelles, 2018) und eine vielfach preisgekrönte *Salome*[2] von Richard Strauss nach dem gleichnamigen Drama von Oscar Wilde 2018 bei den Salzburger Festspielen. Ebenfalls in Salzburg hat Cindy Van Acker 2021 choreografische Elemente für Castelluccis Inszenierung von Mozarts *Don Giovanni* gestaltet sowie 2022 für Carl Orffs *De Temporum Fine Comoedia*. Im Oktober 2023 kam zudem in Bruxelles Wagners *Rheingold* zur Premiere.[3] Im Gegenzug verantwortete Castellucci 2021 das Bühnenbild-Konzept für Cindy Van Ackers Tanzstück *Without References*.

Im Gespräch[4] erzählt Romeo Castellucci, wie er die choreografische Arbeit von Cindy Van Acker entdeckte und was ihn daran fasziniert, lässt uns aber auch einen Blick in die gemeinsamen Schaffensprozesse werfen und bringt die Wahlverwandtschaft ans Licht, die die beiden seit fast zwanzig Jahren verbindet.

1 Uraufführung am 5. Juli 2008, Festival d'Avignon. Weitere Informationen und Bilder finden sich auf: https://festival-avignon.com/en/edition-2008/programme/inferno-24609 (letzter Zugriff am 10. August 2023).

2 Die internationale Kritikerumfrage der renommierten Fachzeitschrift Opernwelt hatte Salome zur «Aufführung des Jahres» erkoren; Romeo Castellucci wurde zugleich als «Regisseur des Jahres» und «Bühnenbildner des Jahres» sowie Asmik Grigorian als «Sängerin des Jahres» in der Titelrolle ausgezeichnet. Für weitere Informationen, Bilder und Video siehe: https://www.salzburgerfestspiele.at/en/p/salome-2019 (letzter Zugriff am 10. August 2023).

3 Premiere am 24. Oktober 2023, La Monnaie, Brüssel. Für weitere Informationen und Bilder siehe: https://www.lamonnaiedemunt.be/fr/program/2654-das-rheingold (letzter Zugriff am 10. August 2023).

4 Das vorliegende Interview fand am 27. Juli 2023 per Videokonferenz statt.

Paola Gilardi Wie haben Sie Cindy Van Acker kennengelernt?

Romeo Castellucci Als ich 2005 eingeladen wurde, die Theaterbiennale von Venedig zu leiten, publizierte ich eine Ausschreibung, die Kunstschaffenden aus allen Ländern offen stand, ohne Unterschiede in Hinsicht auf Alter, kulturellen Hintergrund, Werdegang oder Sparte. Künstler:innen aus aller Welt antworteten. Ich hatte das Haus voller Videobänder und verbrachte viel Zeit damit, diese Aufnahmen zu sichten. Darunter war auch eine von Cindy: ohne irgendeine Erklärung oder theoretische Beschreibung, die Kamera war fix auf ein Standbild gerichtet, der Bildausschnitt karg, auf das Notwendigste beschränkt, aber ich erinnere mich, dass mich die formale Präzision ungemein beeindruckt hat. Dies war meine erste Wahl. Es handelte sich um *Corps 00:00*[5]. Der Körper der Tänzerin war mit Elektrostimulatoren verbunden, die ihre Bewegungen kurzschlossen und eine Spannung zwischen Willenskraft und passivem Gehorsam gegenüber den elektrischen Impulsen erzeugten. Das offensichtliche Fehlen einer «Botschaft» und die extreme ästhetische Reduktion machten diese Arbeit zu etwas Beispiellosem und Einzigartigen.

PG Wann begann Ihre Komplizenschaft?

RC 2008 wurde ich assoziierter Künstler beim Festival von Avignon und durfte die Eröffnungsproduktion in der Cour d'honneur, dem Ehrenhof des Papstpalastes, inszenieren. Meine Idee war, eine Trilogie nach Dante Alighieris *Göttlicher Komödie* zu entwickeln. Als es darum ging, die Gestik für eine Aufführung zu konzipieren, die wesentlich stumm sein würde, dachte ich sofort an Cindys Arbeiten. Also habe ich ihr eine Kooperation vorgeschlagen – was ich selten tue. Die einzigen Künstler:innen, mit denen ich regelmässig zusammenarbeite, sind Cindy Van Acker und der US-amerikanische Musiker und Komponist Scott Gibbons.

PG Was war Cindy Van Ackers Rolle in dieser Inszenierung?

RC *Inferno* war eine Arbeit über den Raum. Der Ehrenhof des Papstpalastes diente nicht einfach als Kulisse oder als Bühne, sondern wurde zum «Mitspieler». Cindys Aufgabe bestand darin, diesen Ort voller Erinnerungen zu aktivieren, in der Arbeit mit hundert Personen, die wir buchstäblich von der Strasse geholt hatten. Die menschlichen Körper bildeten den Hintergrund, gleichzeitig stellten sie das Einzige dar, was man sehen konnte, den

5 Uraufführung am 1. Oktober 2002, ADC – Association pour la danse contemporaine, Genf. Für weitere Informationen und Bilder siehe: https://www.ciegreffe.org/corps-0000 (letzter Zugriff am 10. August 2023).

Raum-Horizont. Das höllische Element erschien wie ein Kontrapunkt dazu. Es war kein finsterer Ort, es gab auch keine eschatologische Dimension. Die Hölle war bloss ein Wort, das unsere Epoche an einem gewöhnlichen Tag «heimsuchte». Der melancholische Aspekt überwog, und paradoxerweise gab es kein Gericht über die Verdammten. Wir betrachteten sie als Menschen. Ein Spiegel unserer Welt.

PG Wie sind Sie bei der konzeptionellen Entwicklung von *Inferno* vorgegangen?

RC Ich habe meine Vorstellungen in Bezug auf den Ort dargelegt, als dramaturgischen Ausgangspunkt. Die emotionale Grundstimmung sollte nicht dunkel sein, sondern im Gegenteil bildlich von einem Atemhauch durchzogen. Die Personen auf der Bühne waren lebendig, nicht tot. Die Kostüme – Alltagskleidung – waren in Frühlingsfarben gehalten. Das Gestenrepertoire bestand aus zärtlichen Berührungen, zeugte von Liebesnähe. Cindy stellte sich Strömungen, menschliche Wellen und Formen vor, die vom Klangfluss getragen waren. Bei dieser Arbeit stellten wir fest, dass wir eine gemeinsame Sprache hatten.

PG Mir scheint, es gibt auch in Ihren individuellen Arbeiten mehrere Gemeinsamkeiten.

RC Mit Cindy teile ich eine Weltsicht, die mit einer bestimmten Auffassung der Form korreliert. Was uns verbindet, ist die formale Sorgfalt, die in ihrem Fall bis ins Mathematische geht. Sie ist eine Lehrerin für mich. Die wahre Form reicht weiter als ihr Beweggrund, das Alibi des «Inhalts». Oder besser gesagt: Sie vermittelt den Inhalt implizit, als Entwurf. In Cindys Werk gibt es keine eigentliche Botschaft, das macht ihre Kraft aus. Die Arbeit an der Form ist bei grossen Künstler:innen niemals ästhetisierend; sie ist ein Kampf auf Leben und Tod mit der Ästhetik. Ein innerer Kampf, würde ich sagen, denn der Feind ist innen.

PG Als Tänzerin ihrer eigenen Stücke durchlebte Cindy Van Acker diesen ständigen Kampf und diese Suche mit Haut und Haaren, am sinnfälligsten in *Corps 00:00*, wo es eine extreme Bodenhaftung gab.

RC Das ist wahr. *Corps 00:00* reduziert den Körper auf null Schwerelosigkeit, er wird eins mit dem Boden, der Erde. Man muss die Wurzeln hinterfragen. In Cindys Arbeit bemerke ich eine unerschöpfliche Suche nach dem Ursprung der Form. Sie befragt das Erschaffen selbst und die

D Notwendigkeit der Suche. Es gibt keinen Gegenstand, denn die Form, über die wir sprechen, ist eine «Schwelle». Eine schmale Pforte, die den Betrachter einlädt, seinen Blick neu auszurichten. Die Abstraktion an sich bedeutet nicht den Verzicht auf Sinnlichkeit, es geht vielmehr darum, der auratischen Dimension der Kunst Rechnung zu tragen, wie es Mark Rothko in der Malerei tat. Das ist ein Aspekt, der mir auch in Cindys Werk auffällt. Es gibt eine Dehnung der Zeit, die eine Veränderung der Wahrnehmung ermöglicht. Das blosse Schauen wird zur Betrachtung, zur Schwelle. Ich als Zuschauer, mit meiner Biografie, meinem Körper, meinen Narben, stehe vor dieser «Sache», die nun in der Lage ist, mich beim Namen zu nennen. Ein Aufruf, der entblössen kann.

PG Bei den bisher genannten Aspekten habe ich den Eindruck, auch eine Verbindung mit den Theorien von Adolphe Appia zu erkennen, der das Zusammenspiel des Körpers in Bewegung, der Musik, des Rhythmus, der Zeit, des Bühnenraums und des Lichts als Ausdruckselement hervorhebt.[6]

RC Gewiss, Cindy und ich haben darüber gesprochen. Appia ist fundamental, leider fand er aber in seiner grundlegenden Dimension zu wenig Beachtung. Es war für mich als Student ein Schock, als ich seine Schriften entdeckte. Appia hatte das, was Wagner fehlte. Wagner war ein grosser Opernerneuerer, aber er ging in Bezug auf den Bühnenraum nicht weit genug. Die Bühnenräume in Bayreuth waren herkömmlich, vorhersehbar. Appia entdeckte die rhythmische Dimension des Raums und des Lichts – das er weniger zur Beleuchtung einsetzte als zum Hervorheben von Schatten. Der Rhythmus ist es, der die wenigen durch Appia realisierten Werke[7] kennzeichnet. Seine Theateridee setzte Tanz und Rhythmus voraus.

PG Mir scheint, auch das Licht nimmt, immer mit Bezug auf Appia, in den Choreografien von Cindy Van Acker eine zentrale Rolle ein.

6 Zu den wichtigsten Schriften des Theoretikers und Bühnenbildners Adolphe Appia (1892, Genf – 1928, Nyon) gehören *La mise en scène du drame wagnérien. 1892–94*. Paris: Léon Challey 1895; *Die Musik und die Inscenierung*. München: Bruckmann 1899; *L'œuvre d'art vivant*. Genève / Paris: Atar 1921. Ein Teil der Korrespondenz und einige der von Appia entworfenen Bühnenbildskizzen befinden sich im Schweizer Archiv der darstellenden Künste SAPA in Bern: https://sapa.swiss/.

7 Nur sehr wenige von Appias Bühnenbild-Konzepten wurden konkretisiert. Besonders erwähnenswert ist jenes für Christoph Willibald Glucks Oper *Orpheus und Eurydike*, die Émile Jaques-Dalcroze jeweils im Sommer 1912 und 1913 im Festspielhaus Hellerau bei Dresden inszenierte. Dieses avantgardistische Bauwerk, das von Appia selbst zusammen mit Jaques-Dalcroze und dem Architekten Heinrich Tessenow entworfen wurde, existiert noch heute als HELLERAU – Europäisches Zentrum der Künste (https://www.hellerau.org/de/). Informationen und bibliografische Hinweise finden sich unter: https://saebi.isgv.de/biografie/Adolphe_Francois_Appia_(1862–1928). Für beide angegebenen Webseiten: letzter Zugriff am 26. November 2023.

RC Cindy schenkt diesem oft übersehenen, jedoch wesentlichen Element in ihren Arbeiten stets die grösste Beachtung. Ich muss hinzufügen, dass sie dabei auf hervorragende Mitarbeiter zählen kann wie Victor Roy[8], einen ausserordentlichen Bühnenbildner und Licht-Künstler. Oft frappiert mich die Genauigkeit der Lichtführung als fester Bestandteil in Cindys Choreografien. Es ist ein Licht mit Körper, mit Rhythmus, Bewegung, ein Licht, das den Raum erschafft. Das Licht spielt oft auf die Zeitlichkeit an oder enthüllt das Dunkel eines Körpers, wie bei Rembrandt. Es ist kein Licht, das erhellt, das «einer Sache dient», es erklärt sich selbst und behauptet: «Hier bin ich, und ich bin Körper.» Die Tänzer:innen nehmen ihre Position im Raum mit Bezug auf diese starke Selbstaffirmation des Lichts ein.[9]

PG Diese besondere Beziehung zwischen Licht und Schatten eröffnet den Betrachtenden auch Vorstellungsräume.

RC In bestimmten Momenten flackern die Bilder an der Schwelle zum Unsichtbaren. Die Wahrnehmung flimmert, wo das Auge gezwungen ist, die Dunkelheit zu ertragen. Die Betrachtenden tauchen in die Ungewissheit des Sehens ein.

PG Davon nicht zu trennen ist die Klangdimension.

RC Auch darin ist Cindy äusserst präzise und hatte das Glück, sich auf grossartige Mitstreiter stützen zu können. Ich denke in erster Linie an den Techno-Komponisten Mika Vainio[10], mit dem sie sehr verbunden war und der intensive formale Recherchen betrieb. Er schuf Formen, die so essenziell und auf das Wesentliche reduziert waren, dass sie zu reinen Strukturen wurden, zu Architektur. In ihren Choreografien eröffnet Cindy eine «sonische» Dimension, in der auch der Klang einen Körper hat, auf der Bühne auftritt und Raum erzeugt. In diesem Sinne sind die klanglichen – und sonischen – Elemente keine blosse Tonspur, sondern eine Welle, die von den Tänzer:innen gleichermassen integriert und generiert wird. In Cindys Arbeiten gibt es keine Grenzen zwischen den künstlerischen Ausdrucksweisen. Dies ist

8 Victor Roy arbeitet seit mehreren Jahren mit Cindy Van Acker als Bühnenbildner und Lichtdesigner zusammen. Zu ihrer Komplizenschaft verweisen wir auf das Interview von Thierry Sartoretti im vorliegenden *MIMOS*-Band, S. 205–216.

9 Siehe z.B. *Diffraction* (2011), bei der eine Begegnung zwischen sechs Tänzer:innen und dem Licht – erzeugt durch mobile Neonröhren – stattfindet. In diesem Tanzstück von Cindy Van Acker nimmt das Licht gewissermassen die Rolle einer Figur ein und interagiert mit den Darsteller:innen. Zwischen Licht und Schatten trübt sich die Sicht, die Körper verschmelzen mit der fluoreszierenden Umgebung, und es ist nicht klar, ob die Bewegungen durch die Tänzer:innen oder durch das Licht bestimmt werden: https://www.ciegreffe.org/diffraction (letzter Zugriff am 10. August 2023).

10 Der Komponist Mika Vainio (geboren 1963 in Helsinki und 2017 nach einem tragischen Unfall verstorben) gehörte zu den Pionieren der elektronischen Musik in Finnland. Er kreierte die Kompositionen für zahlreiche Tanzstücke von Cindy Van Acker. Zur engen Komplizenschaft der beiden verweisen wir auf Rikke Lundgreens Beitrag in diesem *MIMOS*-Band, S. 217–220.

D eine Fähigkeit, die nur wenige besitzen, sie vermag einem Werk Kraft zu verleihen. In Cindys Werken ist es nicht möglich, den harten Kern weiter zu teilen, sie sind schon am harten Kern, am Ursprung der Bewegung.

PG Und diese Welle dringt in die Tiefe.

RC Es handelt sich allerdings nicht um eine psychologische Dimension, sondern um eine *psychische,* im griechischen Wortsinn, die die Seele betrifft. Es ist eine Kälte, die brennt, sie ist tatsächlich «spirituell» – was immer dieser Ausdruck für jede:n von uns bedeuten mag. Der Geist, dem wir begegnen, ist paradoxerweise mit einem Körper ausgestattet: dem der Tänzer:innen. Die Form ihrer Bewegungen wird zum Gebet. Aber ich muss gleich hinzufügen, dass dies ein Gebet ist, das an die Leere gerichtet ist, welche die Götter – Gott – zurückgelassen haben. Wie bei Hölderlin gibt es keine Götter mehr, die wir verehren können. Nur einen weiten blauen Himmel, leer und mächtig in seiner Endlosigkeit.

PG In dieser Hinsicht ist es vielleicht kein Zufall, dass Ihre erste gemeinsame Operninszenierung *Parsifal*[11] war, Wagners letztes Musikdrama, das er selbst als «Bühnenweihfestspiel» bezeichnete, also eine Art geistliches Spiel.

RC *Parsifal* ist in der Tat von einer gewissen Mystik durchdrungen. Als man die Inszenierung an mich herantrug, habe ich gezittert, aber es sollte so sein. Während meiner Jahre an der Akademie der Schönen Künste in Bologna war das Studium von Wagners Werk für mich grundlegend. Die Welt der Oper ist allerdings verfänglich: Musik, Tempo, Gefühlsstimmungen sind vorgegeben und unverrückbar. In der Oper gibt es zudem noch viele Konventionen und ordinäre Klischees. Das war – und ist – eine grosse Herausforderung. Ich habe mich darauf eingelassen, auch weil ich auf Cindys Unterstützung zählen konnte.

PG Wagners Musik überwältigt die Hörer: innen förmlich. Was war Ihr Ansatz?

RC Wagners Idee war ein Musiktheater ohne Hierarchien, das die Zuschauenden mit der Macht des Gefühls einnimmt und überwältigt. Meiner Meinung nach ist es äusserst schwierig, heute Wagner zu inszenieren, und *Parsifal* ist eins seiner komplexesten Werke. Der Text ist hochphilosophisch, aber ich denke, noch wichtiger ist die tiefenpsychologische Dimension.

11 Premiere am 27. Januar 2011, La Monnaie, Brüssel. Für weitere Informationen, Bilder und Videos siehe: https://www.ciegreffe.org/parsifal (letzter Zugriff am 10. August 2023).

PG Wie sind Sie konkret vorgegangen?

RC Cindy choreografierte die Blumenmädchen-Szene im zweiten Akt. Sie behandelte das Thema der Verführung kontrapunktisch, ohne in die quälenden Wagner-Stereotype zu verfallen. Wir befinden uns im Reich Klingsors, der bekanntlich Kundry unterjocht hat. Die Frau ist bei Wagner der «unbewegliche Motor», der den Horizont der Menschheit festlegt. Der zweite Akt steht ganz im Zeichen von Kundrys innerem Konflikt. Sie ist eine Figur von höchster Zeugungskraft.

PG Hat Cindy Van Acker auch die Bewegungen der Kundry-Darstellerin erarbeitet?

RC Ja, für die Hauptszene[12] im zweiten Akt. Während ihrer grossen Erzählung steht Kundry eine Doppelgängerin zur Seite, ein nackter weisser Geist. Eine riesige lebende Schlange, eine Albino-Netzpython, wandert in ihren Armen von einem Körper zum andern. Die Schlange ist das *Pharmakon,* das die Frau für die Gemeinschaft der Krieger-Mönche bereitstellt, um die Wunde ihres Herrschers Amfortas zu lindern. *Pharmakon* bedeutet aber bekanntlich auch Gift. Cindy hat die Blumenmädchen-Szene als ständige Wellenbewegung der Tänzerinnen choreografiert. Wenn Parsifal die Bühne betritt, wird er von dieser Strömung mitgerissen. Alles schwankt. Der Kronleuchter schwingt unversehens wie eine Glocke. Die Körper sind Albinos, der Raum ist weiss und grenzenlos, wie das Innere eines Eis. Es sind Albino-Gesten.

PG In diesem zweiten Akt wird das Publikum von gleissendem Licht getroffen.

RC Nach der Hälfte des zweiten Aktes blendet ein Lichtbogen das Publikum in der Szene, in der die ausgestellte Nacktheit einer Frau zu sehen ist. Das Bild ist kalt und abstrakt. Es ist nicht die erotische Nacktheit einer Liebenden, sondern die Entblössung des Zeugungsakts. In diesem Zusammenhang bedeutet das gleissende Licht «Schau hin!», aber auch «Nicht hinschauen!». Die Frage nach der Identität ist das grösste Rätsel für Parsifal. Er kennt nicht nur seine eigene Mutter nicht – ein Topos bei Wagner –, sondern nicht einmal seinen eigenen Namen.

PG Und dies führt zu Kundry und ihrer Rolle.

12 Im Italienischen treffenderweise «scena madre», wörtlich «Mutterszene», Anm. d. Übers.

D RC … die ihrerseits von diesem jungen Mann berührt ist, dessen Reinheit und Wahnsinn sie spürt. Das ist die Bedeutung der Kussszene: ein Kuss zwischen Gespenstern. Kundry ist tatsächlich ein Gespenst, das die Zeiten durchquert, ohne zu altern.

PG Hat Cindy Van Acker auch am Konzept des dritten Aktes mitgewirkt?

RC Im dritten Akt gab es keine wirkliche choreografische Arbeit. Alles gründete auf der Idee eines Laufs. Ausser Gehen war nichts erlaubt. Nachdem Parsifal geholfen hatte, Amfortas' Wunde zu schliessen, war er in der Lage, die Grenzen dieser in sich abgeschlossenen Gemeinschaft zu durchbrechen. Dreihundert Menschen bewegten sich auf einem riesigen Laufband auf das Publikum im Saal zu. Ihr Gang war gleichmässig, aber er führte nirgendwo hin.

PG Wir könnten allein über *Parsifal* stundenlang weiterdiskutieren. Es scheint mir jedoch wichtig, noch eine andere Operninszenierung von grosser Komplexität und Wirkung zu erwähnen, für die meiner Meinung nach die Choreografie eine entscheidende Rolle spielt: nämlich Mozarts *Zauberflöte*[13].

RC Cindy hat den gesamten ersten Akt choreografiert. Die Idee war, in einen Dialog mit dem Bühnenbild des deutschen Architekten Michael Hansmeyer zu treten, der Algorithmen entwickelt hatte, um organische Wachstumsprozesse zu simulieren. Der Bühnenraum stellte die Rokoko-«Grotte» eines Palastes aus dem 18. Jahrhundert dar, in der die Ornamentik wie eine Hautkrankheit alles überwuchert. Die Bewegungschoreografie war inspiriert von Rokoko-Bildern und den abstrakten Formen Hansmeyers. Als wir das szenische Konzept vertieften, tauchte das Bedürfnis auf, alle Formen zu verdoppeln, als ob ein Spiegel in Längsrichtung durch den Raum verlaufen würde. Alles war doppelt, auch die Figuren und die Tänzer:innen. Es sollte eine Welt der Illusion darstellen, von Sarastros Doppelmoral, die sich auch in dessen normativer Sprache spiegelt.

PG Und in diesem ersten Akt gab es wieder ein blendendes weisses Licht.

13 Premiere am 18. September 2018, La Monnaie, Brüssel. Für weitere Informationen, Bilder und Videos siehe: https://www.lamonnaiedemunt.be/fr/program/831-die-zauberflote (letzter Zugriff am 10. August 2023).

RC Das weisse Licht deutete hier auf eine Abwesenheit von Leben hin, eine geistige Blutarmut; die Fiktion, die Pose, war an die Stelle des Lebens getreten. In diesem ersten Akt hat Cindy eine schwindelerregende geometrische Choreografie entworfen. Es gab Drehscheiben, die in andere Drehscheiben eingelassen waren, welche in entgegengesetzter Richtung rotierten. Die Tänzer:innen und Sänger:innen waren also in diesen symmetrischen und gegenläufigen Drehungen gefangen, was sich wiederum in den spiralförmigen Mustern ihrer Bewegungen spiegelte. Die Choreografie war doppelt komplex, weil sie nicht nur eine ästhetische Bedeutung vermitteln, sondern auch im Takt der Drehscheiben-Motoren laufen musste.

PG Alles musste exakt spiegelverkehrt und symmetrisch sein.

RC … wie in Emanuel Schikaneders Libretto, das von diesem Prinzip von Gegensatz und Paar beseelt ist. Cindy hat ein wahres Wunder vollbracht, auch bei den Sänger:innen, die nicht nur dauernd tanzen, sondern auch akzeptieren mussten, dass ihnen ein:e Tänzer:in zur Seite gestellt wurde, der oder die ihren Part perfekt lippensynchron reproduzierte. Das Publikum wusste nicht, wer sang.

PG In diesem ersten Akt tritt auch schon die Königin der Nacht auf, weiss und prächtig gekleidet wie alle anderen Figuren, aber mit einem Bündel kleiner Eier im Dekolletee. Zu ihren Füssen schlüpfen zwei Tänzerinnen wie Larven langsam aus einem Kokon. Haben Sie sie als Nachtfalter gedeutet?

RC In gewisser Weise, aber es sollte nicht unmittelbar erkennbar sein. Im zweiten Akt jedoch fand sie sich schäbig gekleidet in einer schmucklosen, vernachlässigten und eintönigen Umgebung wieder. Mein Vorbild dafür war das Hochsicherheitsgefängnis für Frauen in Lexington, USA. Da ist zu Repressionszwecken alles im gleichen Beige gehalten, Kleidung, Wände, Gegenstände, Möbel.

PG Wir könnten auf viele weitere Aspekte und Projekte eingehen, müssen uns aber auf ein letztes Beispiel beschränken. 2021 hat Cindy Van Acker, gewissermassen in Umkehrung der Rollen, Sie mit dem Bühnenbild-Konzept für *Without References*[14] betraut. Wollen Sie etwas dazu sagen?

14 Für weitere Informationen, Bilder und Videos siehe: https://www.ciegreffe.org/without-references (letzter Zugriff am 10. August 2023).

RC Um diese für mich ungewöhnliche Aufgabe zu meistern, habe ich insbesondere mit Victor Roy zusammengearbeitet, der nicht nur ein grosser Künstler ist, sondern auch ein herausragender Techniker. Ausgehend von Cindys Regieintentionen suchte ich Bilder von bestehender Architektur, die ich Cindy und Victor vorlegte. Er setzte mein Konzept dann um. Der Raum erinnert an einen weiträumigen Wartesaal in irgendeinem gewöhnlichen Bürogebäude. Es gibt eine Reihe Sitze, einen eingeschalteten Fernseher auf einem Beistelltisch, der von der Seite zu sehen ist, vertäfelte Wände. Alles vermittelt die Vorstellung stillstehender, «nutzloser» Zeit, einer Luftleere, welche die glatte 50er-Jahre-Ästhetik des Raums noch unterstützt. Der Raum von *Without References* ist ein Übergangsort, in dem Gesten zu «Ausschuss» werden, an der Peripherie der Bewegung, bedeutungslos, «ohne Referenzen» eben. Alles hier ist unbrauchbar, liegt auf der Seite, wird nicht benutzt. Wir werden nicht Zeuge von Handlungen, die sich auf eine Geschichte beziehen, weil die Zeit noch nicht da ist. Der harte Kern der Performance – wie ich sie erlebt habe – besteht in der Abwesenheit der Zeit. Auch in dieser Arbeit durchbricht Cindy die Kommunikationsebene. In Gesten und Bewegungen ist die Kraft zurückgehalten, sie bleibt unausgedrückt. Die Geste wird versprochen und aufgeschoben. Diese Vorgehensweise, diese Unbeweglichkeit, verweist vielleicht auf das *Katechon,* die zurückhaltende Kraft, von der Apostel Paulus spricht: eine Kraft, die verhindert, dass sich eine andere offenbart. Die Geste ist wie eine gehemmte Flamme. Sie verbleibt in einer Spannung, die sich nach innen richtet und in etwas Unsichtbares auflöst.

PG Auch diese Zusammenarbeit bestätigt in meinen Augen Ihre gemeinsame Vision.

RC Ich kenne Cindy Van Acker seit fast zwanzig Jahren und halte sie für die wichtigste lebende Choreografin. Ich fühle mich von ihrer Kunst angezogen, die unermüdlich das «Schauen» hinterfragt, noch vor dem «Tun».

Paola Gilardi

Gesture as Unblazing Flame

Interview with Romeo Castellucci

E

Presented in the most prestigious international theatres and festivals, the creations of Romeo Castellucci are based on the totality of the arts and lessen the primacy of the literary text, giving precedence to complex and visionary universes that involve the audience in a holistic perception of the work. His collaboration with Cindy Van Acker began in 2008 with *Inferno*,[1] the production that opened the Avignon Festival, of which Castellucci was an associate artist. For fifteen or so years Romeo Castellucci has also brought new interpretations of opera productions to the stage for which Cindy Van Acker has often handled the choreography. They include Richard Wagner's *Parsifal* (La Monnaie, Brussels, 2011), *Moses und Aron* by Arnold Schoenberg (Opéra national de Paris, 2015), Wagner's *Tannhäuser* (Bayerische Staatsoper, Munich, 2017), *The Magic Flute* by Wolfgang Amadeus Mozart (La Monnaie, Brussels, 2018) and the multi-award-winning *Salomé*[2] by Richard Strauss, presented in 2018 at the Salzburg Festival. Also in Salzburg, Cindy Van Acker led the choreography for Mozart's *Don Giovanni* in 2021 and Carl Orff's *De Temporum Fine Comoedia* in 2022. She did the same in October 2023 when Wagner's *Rhinegold* premiered in Brussels.[3] In return, Castellucci developed the scenographic concept for Cindy Van Acker's dance piece *Without References* in 2021.

In the interview[4] Romeo Castellucci explains how he discovered Cindy Van Acker's choreographic works and what fascinates him about them, also allowing us to look behind the scenes of their creative processes and putting the spotlight on the elective affinity that has linked the two artists for almost twenty years now.

1 Premiere on 5 July 2008, Avignon Festival. For more information and images see: https://festival-avignon.com/en/edition-2008/programme/inferno-24609 (last accessed on 10 August 2023).

2 The annual poll of fifty international music critics by the renowned magazine Opernwelt voted Salome "the Best Performance" of the 2018/19 season, also awarding Romeo Castellucci the titles of "Director of the Year" and "Set Designer of the Year", and Asmik Grigorian the title of "Singer of the Year". More information, images and videos at: https://www.salzburgerfestspiele.at/en/p/salome-2019 (last accessed on 10 August 2023).

3 Premiere on 24 October 2023, La Monnaie, Brussels. For more information and images see: https://www.lamonnaiedemunt.be/fr/program/2654-das-rheingold (last accessed on 10 August 2023).

4 This unedited interview took place on 27 July 2023 via videoconference.

Paola Gilardi

Paola Gilardi In what context did you meet Cindy Van Acker?

Romeo Castellucci In 2005 I'd been invited to direct the Biennale Teatro in Venice and had decided to issue an invitation that was open to artists from all countries, without any differentiation as regards age, cultural extraction, training or discipline. Artists responded from all over the world. My house was swamped with videotapes and I spent a lot of time sorting through the recordings, among which was Cindy's. There were no explanations or theoretical foundations in it; the video camera was fixed on an image, a single, essential framing, but I remember that I was enormously struck by the precision of the form, and so this project was my first choice. It was *Corps 00:00.*[5] The dancer's body was connected to electrodes that short-circuited her movements in a relationship of will and passive obedience to the impulses. The apparent lack of "messages" and the employment of extreme subtraction made this work something unprecedented and unique.

PG When did you start working together?

RC I received the proposal from Avignon to be associate artist for the 2008 edition and they entrusted me with the Cour d'Honneur of the Palais des papes to stage the opening performance of the festival. I had decided to realise a trilogy inspired by Dante Alighieri's *Divine Comedy*. It was a matter of devising gestures for a performance that would essentially be silent. I thought of Cindy's work from the very outset. I therefore suggested collaborating, something that had been very rare in my experience up to that point. The only artists with whom I regularly collaborate are Cindy Van Acker and the U.S. musician and composer Scott Gibbons.

PG What was Cindy Van Acker's role in this production?

RC *Inferno* was a work on the space. The Cour d'Honneur of the Palais des papes was not simply a stage, nor, on the other hand, was it a set design, but rather it was a character. A place crammed full of memories. Cindy's task was to reactivate the space, working with a hundred people, literally taken from off the street. The human bodies were the background, but at the same time they represented the only thing to be seen, the horizon of the space. The infernal element was developed by counterpoint. It was not a bleak place, nor was there an eschatological dimension present. Hell was

5 Premiere on 1 October 2002, ADC – Association pour la danse contemporaine, Geneva. More information and images at: https://www.ciegreffe.org/corps-0000 (last accessed on 10 August 2023).

a word that "visited" this epoch, on an ordinary day. The melancholy aspect predominated and yet, paradoxically, there was no judgement of the damned. The damned were seen as people. The mirror of our world.

PG How did you develop the concept of *Inferno*?

RC I expounded my ideas on the location, understood as the origin of the project's dramaturgy. The emotional tone rejected obscurity and yet, by antiphrasis, was permeated by breath. The people on stage were living, not dead. The costumes – civilian clothes – presented the colours of spring. The gestures were associated with the affections, with the proxemics of love. Cindy imagined currents, human waves, forms that were transported by the river of sound. It was during this work that we realised we had a common language.

PG I feel I can also identify many aspects in common in your individual works.

RC I share a vision of the world with Cindy, a vision which coincides with a certain conception of form. What makes us so similar is our care for form, which in her case reaches the point of being mathematical. For me she is a teacher. True form transcends its own purpose, the alibi of the "content"; or rather, she delivers it unexpressed in the shape of a drawing. In Cindy's work there is no message, and this is her power. The work on form that great artists conduct is never aestheticizing; it's a struggle to the death with aesthetics. An inner struggle, I would say, because the enemy is internal.

PG When she was also a performer, Cindy Van Acker experienced this continuous struggle and search personally, emblematically in *Corps 00:00*, in which there was an extreme adherence of the dancer's body to the ground.

RC It's true. *Corps 00:00* reduces the body to zero gravity; it becomes a single whole with the ground, the earth. It's necessary to interrogate the root. I note an unending search for the source of form in Cindy's work. She interrogates creation itself and the necessity of that search. There's no object, because the form of which we are speaking is a "threshold". A narrow door that invites the spectator to reconfigure the gaze. Abstraction does not in itself mean abandoning sensory data; rather, it's a matter of taking account of the aural dimension of art, as Rothko did in painting. This is an aspect that I also note in Cindy's work. We witness an expansion of time that allows such a change, whereby the verb "look at" becomes "contemplate", a threshold, as I said. I – the spectator, with my biography, my body, my scars – am present at this "thing", which is now able to call me by name. It's a call that can lay one bare.

Paola Gilardi

PG In all the aspects evoked so far I seem to sense a connection with the conception theorised by Adolphe Appia regarding the interaction between the bodies of the performers in movement, the music, the rhythm, the tempo, the stage space and the light as an expressive element.[6]

RC Of course, Cindy and I have spoken about this. Appia was a fundamental artist, considered too little in his essential dimension. When I was a student, my discovery of his thought was shocking. It was the part that Wagner was lacking; he was a great reformer, but he hadn't taken the definitive step onto the stage space. The sets designed in Bayreuth were traditional, obvious. Appia discovered the rhythmic dimension of space and light – used not for illuminating as much as for highlighting the shadows. Rhythm is what characterises Appia's works – never realised concretely.[7] His was a theatre conception that presupposed dance, rhythm.

PG Again with reference to Appia, in my view, light plays a central role in Cindy Van Acker's choreographies.

RC Cindy has always been attentive to this essential, often neglected element. I must say that she avails herself of excellent collaborators, such as Victor Roy,[8] who is an extraordinary artist of space and light. I've been struck many times by the exactitude of light as an integral part of the choreography in Cindy's works, a light endowed with body, rhythm, movement, a light that generates the space. Lights often allude to temporality, or else reveal the darkness of a body, in the manner of Rembrandt. It's not a light that illuminates, that "is used for something", but that declares itself and says: "I am here, and I have a body". The dancers take up their positions in the space in relation to this self-asserting light.[9]

6 Some of the most important essays by the theorist and set designer Adolphe Appia (1892, Geneva – 1928, Nyon) are translated into English including *Staging Wagnerian Drama*, translated by Michael Peter Loeffler, University of California: Birkhäuser, 1982; *Music and the Art of the Theatre*, translated by Robert W. Corrigan and Mary Douglas Dirks, University of Miami Press, 1962 *The Work of Living Art: A Theory of the Theatre*, translated by Bernhard Hewitt, University of Miami Press, 1960. Some of the correspondence and set design drawings by Appia are still preserved at the Swiss Archive of the Performing Arts SAPA in Berne https://sapa.swiss/.

7 Appia realised very few of his stage design projects. Of particular note is the one for Christoph Willibald Gluck's *Orpheus and Eurydice*, directed by Émile Jaques-Dalcroze in 1912 and 1913 at the Festhalle in Hellerau, near Dresden. This avant-garde architectural structure, conceived by Appia himself together with Jaques-Dalcroze and architect Heinrich Tessenow, still exists today as HELLERAU – European Centre for the Arts (https://www.hellerau.org/en/). For more information and bibliographical references see: https://saebi.isgv.de/biografie/Adolphe_Francois_Appia_(1862–1928) (last accessed on 26 November 2023).

8 Victor Roy has been working with Cindy Van Acker for many years as set and lighting designer. On this collaboration, see also the interview by Thierry Sartoretti in this *MIMOS* edition, pp. 205–216.

9 See e.g. *Diffraction*, a choreography created by Cindy Van Acker in 2011: six dancers interact with the light produced by a moving machine of neon tubes, which also acts as a sort of character. Between shadows and light, vision blurs, the bodies merge with the fluorescent environment and it is no longer clear whether the movements are determined by the dancer or by the light. More information, images and videos at: https://www.ciegreffe.org/diffraction (last accessed on 10 August 2023).

PG This particular relationship between light and shadow also opens up imaginative spaces in spectators.

RC At some moments the images fluctuate, they are liminal, due to the flickering of perception, where the eye is forced to endure darkness. The spectator is immersed in the uncertainty of the gaze.

PG For Cindy Van Acker, the sound dimension is also inseparable from the other scenic elements.

RC Cindy is extremely precise in this too, and has had the good fortune to work with some very high-calibre artists. I'm thinking above all of Mika Vainio,[10] with whom she formed a very close collaboration. He pushed his formal research to an extreme degree of intensity and created forms that were so essential that they became pure structure, architecture. In her choreographies Cindy opens up to a "sonic" dimension, whereby sound also has a body, enters the stage, generating space. In this sense the sound elements – and sonic elements – are not merely a soundtrack, but a wave integrated and generated by the dancers. There are no boundaries between languages in Cindy's works. This is a capacity that few artists have, and makes a creation powerful. It's not possible to divide up the *hard core* of Cindy's creations even further, as we're already close to the very hard core of the principle of movement.

PG And this wave penetrates deeply.

RC Yet it's not a psychological dimension, but rather a *psychic* one in the Greek sense, that is pertaining to the soul. In fact, this coldness burns, it's "spiritual" – whatever this word means for each of us. The spirit that comes to us is, paradoxically, endowed with body: that of the dancers. The form of their movements becomes prayer. Yet it's necessary to say immediately that it's a prayer directed at the void that the gods – God – have left. As in Friedrich Hölderlin, there are no longer any gods to whom to devote our worship. Only a vast, empty blue sky, powerful in its vastness.

PG On this subject, it's perhaps no coincidence that the first opera that you staged together was *Parsifal*,[11] Wagner's last opera, which he described as a "Bühnenweihfestspiel", a sort of "sacred festival drama".

10 The electronic musician Mika Vainio, who was born in Helsinki in 1963 and died in a tragic accident in 2017, regularly collaborated with Cindy Van Acker, creating the compositions for several of her choreographic projects. On this subject see also the article by Rikke Lundgreen in this *MIMOS* edition, pp. 217–220.

11 Premiere on 27 January 2011, La Monnaie, Brussels. For more information, images and videos see: https://www.ciegreffe.org/parsifal (last accessed on 10 August 2023).

RC In effect, *Parsifal* is pervaded by a certain mystical inspiration. When I was invited to stage this title, I trembled, but it was destiny. Studying Wagner was fundamental for me during my years at the Academy of Fine Arts in Bologna. The world of opera is mortally insidious, inasmuch as the music, the tempo, the emotional tonality are given, immovable elements. Opera is, and still remains, tied to convention and the most boorish stereotypes. This was – and is – a major challenge. I therefore accepted it, also thanks to Cindy's collaboration.

PG Wagner's music literally overwhelms the listener. What was your approach?

RC Wagner had imagined a musical theatre without hierarchies, like an emotional force that infiltrates and disarms the spectator. In my view, it's extremely difficult to put Wagner on stage today, and *Parsifal* is one of his most complex and insidious works. The words here are of very high philosophical value, but deep psychology, in my view, prevails.

PG How did you proceed, in concrete terms?

RC Cindy choreographed the scene of the Flower Maidens in the second act. She handled the theme of seduction by counterpoint, without falling into the trap of the stereotypes that plague Wagnerian theatre. Here we are in the kingdom of Klingsor in which Kundry, as we know, remains subjugated. In Wagner, woman is the "immovable motor" that determines humanity's horizon. The second act is all about Kundry's internal conflict, who is a character with great generative power.

PG Did Cindy Van Acker also work on the movements of the singer playing the role of Kundry?

RC Yes, for the mother scene – and this must be said – in the second act. During her great narration, Kundry moves with a naked white ghost as her double. In their arms is an enormous live snake, an albino reticulated python, passing from one body to the other. The snake is the *pharmakon* that the woman provides to the community of warrior monks to soothe the pain of their sovereign Amfortas' wound. But *pharmakon*, as we know, also means poison. Cindy choreographed the scene of the Flower Maidens with a continuous swaying of the dancers. When Parsifal enters the stage, he's overwhelmed by this wave. Everything is oscillation, like the chandelier that suddenly moves like a bell, the bodies are albino, the space is white and boundless, like the inside of an egg. The gesture is "albino".

PG In this second act the audience is struck by a dazzling light.

RC Midway through the second act an electric arc-light descends and dazzles the audience in the scene in which a woman's nudity is exposed. The image is cold and abstract. It's not the erotic nudity of the lover, but exposure of the generative act. In this context the dazzling light means "look!", but also "don't look!". For Parsifal, identity is the greatest mystery. Not only does he not know his own mother – a *topos* in Wagner – but he doesn't even know his own name.

PG And this recalls Kundry and her role.

RC ... who in turn is touched by this young man, whose purity and madness she senses. This is the meaning of the scene of the kiss: a kiss between ghosts. Kundry is indeed a spectre who travels through time without ever growing old.

PG Did Cindy Van Acker also contribute to the conception of the third act?

RC In the third act there was no choreographic work as such. Everything was based on the idea of a journey. Walking was the only verb permitted. After contributing to healing Amfortas' wound, Parsifal is able to break down the boundaries of this community closed within itself. Three hundred people moved on an enormous conveyor belt. They moved towards the audience in the theatre. Their journey was constant, but they were not going anywhere.

PG We could talk for hours about *Parsifal* alone. However, it also seems important to me to mention the staging of another opera of great complexity and impact, in which, to my way of seeing, the choreographic dimension plays a predominant role: Mozart's *Magic Flute*.[12]

RC Cindy composed the entire first act. The idea was to form a dialogue with the scenography, conceived by German architect Michael Hansmeyer, who had created algorithms capable of simulating the organic processes of growth. The stage space represented the Rococo "grotto" of an eighteenth-

12 Premiere on 18 September 2018, La Monnaie, Brussels. More information, images and video at: https://www.lamonnaiedemunt.be/fr/program/831-die-zauberflote (last accessed on 10 August 2023).

century palace, in which the ornamentation, like the excrescences of a skin disease, had swallowed everything else up. The choreographic movements were inspired by the most daring iconography of Rococo and Hansmeyer's abstract forms. Pushing the scenographic concept to the extreme, the need emerged to double all the forms, as though a mirror were crossing the space longitudinally. Everything was repeated, including the characters and the dancers. It was the world of illusion, of the double morality of Sarastro, whose normative language is nothing but a reflection.

PG And once again in this first act there is a blinding white light.

RC The white light indicated an absence of life, an anaemia of the spirit; pretence, posing, had taken the place of life. Cindy conducted some tremendous geometrical work in this first act. There were rotating platforms inside other platforms, these too rotating, turning in the opposite direction. Circles rotating inside other circles and in the opposite direction. The movements, in opposing and symmetrical rotations, were in turn mirrored in spiral-shaped patterns. The choreography was doubly complex because, in addition to conveying an aesthetic meaning, it was forced to march in unison with the rhythm of the motors at the same time.

PG And everything had to be precisely specular and symmetrical.

RC ... as in Emanuel Schikaneder's libretto, which is underpinned by this principle of opposition/pairing. Cindy performed a genuine miracle; also with the singers, who, as well as dancing continually, had to accept the fact of having a dancer beside them perfectly lip-synching their part. So the audience didn't know who was singing.

PG In this first act, the Queen of the Night appears dressed lavishly in white like all the other characters, but with a cluster of small eggs attached to her breast. And at her feet, two dancers slowly wriggle out of the cocoon like larvae. So did you interpret her as a moth?

RC In a certain sense, but this was not supposed to be immediately recognisable. In the second act, on the other hand, she's to be found poorly dressed within a bare, untidy, monochrome set design. I was inspired by the maximum security women's prison in Lexington, in the United States, where, for punitive purposes, everything is the same beige colour: the clothes, the walls, the objects, the furniture.

PG There are plenty of aspects and projects that we could mention, but we must restrict ourselves to one final example. In 2021, reversing roles in a certain sense, Cindy Van Acker entrusted the scenographic conception of *Without References*[13] to you. Could you tell us something about that?

RC To fulfil this task, which was an unusual one for me, I collaborated with Victor Roy, who, as well as being an excellent artist, is also an extraordinary technician. I shared some images of existing architectures with Cindy and Victor, and the decision as to which to use was strictly guided by Cindy's intentions as director. I put forward some proposals, then the concept was given shape by Victor. The space alludes to the large waiting room of some generic office. There are some small armchairs in a row, a turned-on television placed on a cabinet in profile, walls lined with wood. Everything renders the idea of a suspended "useless" time, the pneumatic void of which is presupposed by the smooth, 1950s quality of the space. The space of *Without References* is a place of transition in which the gestures prove to be "wasted", like peripheries of movement, like things bereft of meaning, "without references" in fact. Everything here is unusable, lying on one side, not in use. We are not witnesses to acts that make reference to history, because there is no time yet. The *hard core* of the production – as I experienced it – consists in its absence of time. Even in this work Cindy breaks up the plane of communication. In the gestures and movements the force is held back, unexpressed. The gesture is promised, postponed. This way of proceeding, being immovable, perhaps makes reference to the *katechon*, the refraining force of which Saint Paul speaks; a force that prevents another force from being unleashed. The gesture is as an unblazing flame, withheld in a tension that is resolved in something invisible and endocrine.

PG This collaboration, in my view, also confirms your shared artistic vision.

RC Almost twenty years have gone by and I consider Cindy Van Acker to be our most important living choreographer. I'm attracted by her art, which incessantly questions the verb "to look", even before "to do".

13 For more information, images and videos see: https://www.ciegreffe.org/without-references (last accessed on 10 August 2023).

Roberta Alberico et Léo Chavaz

Without References, un drame en creux

291

ZUSAMMENFASSUNG

Die Dramaturg:innen Roberta Alberico und Léo Chavaz betrachten einige Aspekte des Tanzstücks *Without References,* das Cindy Van Acker 2021 uraufgeführt hat, aus Zuschauerperspektive. Sie schlagen vor, diese Produktion als choreografischen Thriller zu lesen, der Suspense und die Erwartung einer Katastrophe, die nie eintritt, in den Mittelpunkt stellt. Ihre Analyse zeigt, wie die choreografische Partitur, das Bühnenbild, die Musik und das Licht Spannung aufbauen, indem sie dem Publikum stets ein unvollständiges Bild vorführen, und wie diese Unvollständigkeit bei den Zuschauer:innen ein Gefühl der existenziellen Angst auslöst.

RIASSUNTO

Il presente contributo prende in esame alcuni aspetti della pièce di danza *Without References* di Cindy Van Acker, creata nel 2021, attraverso l'esperienza individuale di Roberta Alberico e Léo Chavaz in qualità di spettatori. I due drammaturghi propongono di leggere lo spettacolo come un thriller coreografico, incentrato sull'esperienza della suspense e sull'attesa di una catastrofe che non avverrà mai. L'analisi illustra come la partitura coreografica, la scenografia, la musica e le luci contribuiscano a creare questa tensione presentando al pubblico un quadro costantemente incompleto, e come questa incompiutezza provochi negli spettatori un sentimento di angoscia esistenziale.

ABSTRACT

In this article, Roberta Alberico and Léo Chavaz reflect upon a number of aspects in Cindy Van Acker's dance piece *Without References*, created in 2021, through their personal experiences as members of the audience. The two dramaturgs propose the work be read as a choreographic thriller built upon feelings of suspense and the rising expectation of a disaster that never happens. Their analysis shows how the choreography, set design, music and lighting create this expectation by presenting the audience with a scene that is never complete, and how this incompleteness triggers a feeling of existential fear in the viewers.

Le rideau s'ouvre sur une scénographie qu'on croirait tout droit sortie d'un catalogue de design vintage[1]. Du bois massif, du cuir, des matériaux nobles. Une large baie vitrée, trois fauteuils, quelques chaises et un tapis crème : essentiellement de l'espace vide. Le charme des tons discrets, l'épure des lignes, les choix raffinés des motifs et des matières : peut-être la réception d'un grand hôtel, ou une salle d'attente luxueuse. C'est en tous cas un non-lieu de la modernité occidentale, un lieu où l'on passe, mais où tout le monde n'a pas le droit de passage, un cocon feutré où la bourgeoisie s'attend, se rencontre et s'évite. Et c'est sur cette toile de velours froid, conçue par Romeo Castellucci, que s'écrit le drame imaginé par Cindy Van Acker.

La pièce tient du huis clos. Onze silhouettes distingué·es errent sans but précis. Elles se déplacent, lisent, amorcent des interactions ratées. Il n'y a pas d'intrigue, pas d'histoire. Pourtant, plane l'impression d'une catastrophe à venir, d'une catastrophe qui n'arrivera jamais. Ce drame restera souterrain : ici, on lave son linge en privé. En surface, tout restera lisse et immaculé. La saleté est là, quelque part, mais la performance sociale est la seconde nature de ces corps. Cette catastrophe, seule l'imagination du public l'anticipera durant toute la représentation.

1 La présente analyse de *Without References* se base sur la représentation du 23 mars 2021 à La Comédie de Genève, ainsi que sur la captation vidéo. Plus d'informations, images et vidéos sont disponibles sur le site web de Cindy Van Acker: https://www.ciegreffe.org/without-references (consulté le 20 novembre 2023).

Without References est construit comme un mystère et suit une trame secrète qui repose sur les codes narratifs du *thriller* (utilisant abondamment le suspense) et sur une syntaxe de la *trace* : les événements dramatiques (dispute amoureuse ou meurtre par exemple) sont toujours suggérés, jamais montrés. Ils ne constituent que des traces. Ils sont donnés à ressentir en creux.

Les scripts, que Cindy Van Acker a composés avec la collaboration des onze interprètes[2] et de Maud Blandel, cherchent un suspense qu'on pourrait dire chorégraphique. Les gestes figuratifs, susceptibles de former une suite logique et donc une action, sont sans cesse interrompus. Ils restent suspendus et, au fur et à mesure qu'ils s'empilent, participent du mystère latent. Marcher d'un endroit à un autre, croiser les jambes, ouvrir un livre, diriger le regard à un endroit précis : chaque mouvement, isolé, peine à produire du sens pour ce qu'il est.

L'extrême banalité de certains gestes contraste avec leur exécution millimétrée. Cette précision donne de l'importance à chaque mouvement, même le plus infime, et participe de la tension. La résolution du drame semble pouvoir advenir à chaque geste, à chaque instant. Ces mouvements banals et quotidiens fonctionnent, à notre avis, comme des *gimmicks*. Ils sont répétés, parfois interprétés par des corps différents, à des vitesses et en des endroits variables. Cette écriture chorégraphique rappelle parfois le cinéma : un ralentissement prend l'allure d'un zoom ou d'un insert, la répétition rapide d'un même geste par plusieurs personnages suggère une ellipse narrative accélérant le temps du récit.

Les fissures de la banalité sont au cœur de cette dramaturgie de la catastrophe absente : on saisit l'amorce d'une intrigue amoureuse à un regard qu'échangent deux interprètes, un bras tendu trop vite laisse émerger la possibilité d'un meurtre.

Un thriller chorégraphique

L'errance des onze interprètes est accompagnée par la présence énigmatique du film *Dead Man*[3] de Jim Jarmusch, diffusé sur un téléviseur tout au long

2 Stéphanie Bayle, Matthieu Chayrigues, Louis-Clément Da Costa, Aurélien Dougé, Sonia Garcia, Paul Girard, Yuta Ishikawa, Lisa Laurent ou Maya Masse (en alternance), Anna Massoni, Philippe Renard, Daniela Zaghini.

3 Film de Jim Jarmusch réalisé en 1995. Avec : Johnny Depp , Gary Farmer , Lance Henriksen, et al.

de la pièce. Le téléviseur n'est pas donné à voir au public, mais on entend les bruits lointains du western : des coups de fusil, des dialogues étouffés et la guitare obsédante de Neil Young (qui signe la bande originale). Cette surimpression sonore convoque au plateau l'imaginaire du genre, sa tension, sa violence, sans rien en laisser voir directement.

Dead Man n'est pas qu'une présence sonore. *Without References* tisse plusieurs correspondances entre le plateau et le film. Au début de la scène finale, par exemple, une interprète se penche vers une autre, couchée sur le flanc depuis plusieurs minutes. Elle approche la main de sa gorge, comme pour prendre son pouls, observe intensément ses doigts, comme si du sang y coulait, puis trace avec ce sang invisible une ligne sur son visage. La suite de gestes est une citation directe d'une scène de *Dead Man*, dans laquelle le protagoniste se tatoue le visage avec le sang d'une biche trouvée morte dans la forêt. En parallèle, la position de l'interprète, suggérant l'agonie de l'animal, fait écho à la scène du film qui se déroule au même moment sur le téléviseur et dans laquelle deux tueurs à gage découvrent deux cadavres sur le sol et arbitrent : « Looks like a goddamn religious icon ». La phrase résonne aussi sur le plateau.

Ainsi, le film imprime, en creux lui aussi, son intrigue à la chorégraphie. La pièce paraît comme un calque distancié de *Dead Man*, dans lequel le drame du western n'est que réminiscence. Déconnectés de leur sens dans la fiction du film, les gestes décalqués au plateau trouvent une nouvelle signification, forcément symbolique, puisqu'aucune histoire ne tient.

L'angoisse de l'attente

La musique joue sa part dans l'attente de la catastrophe. Le groupe japonais goat a composé pour *Without References* la bande-son d'un thriller halluciné : une grosse caisse étouffante, des percussions hantées, des *riffs* de guitares répétés jusqu'à perdre toute humanité. Sur cette couche rythmique, goat ajoute des *drones* suraigus qui sonnent comme un cauchemar de fantômes et de trains qui déraillent. La musique est à la fois *organique* (on reconnaît les sons comme ceux de « vrais » instruments) et *machinique* (par ses grooves millimétrés, dont les répétitions infinies déréalisent).

La lumière conçue par Victor Roy collabore à la tension : le spectacle est ponctué de noirs intenses, déconnectés de toute logique scénique, qui sont ajustés sur les noirs du film *Dead Man*. Plongés dans l'obscurité, les interprètes continuent leur partition. On ne devine leurs gestes qu'à la lueur du téléviseur, toujours allumé. Ces noirs fonctionnent comme l'équivalent scénique d'un hors-champ, laissant à l'imagination du public la charge d'inventer ce drame qu'on lui cache.

Le mystère s'étoffe encore de la texture insaisissable des interprètes. La tension narrative et le drame qui planent laissent ouverte la possibilité d'une fiction, laissent penser qu'on pourrait avoir en face de nous « des personnages ». Toutefois, puisqu'aucune intrigue n'éclot jamais, puisque toutes leurs actions sont tronquées, puisqu'aucune logique ne semble justifier leur comportement, les corps se vident de toute fictionnalité. Il ne reste que des personnes-images interchangeables, sans vies intérieures et sans expressions faciales, des humains-supports dont on ne connaîtra jamais les « motivations ». On finit par se demander s'il pourrait même y avoir, dans ce non-lieu, un « intérêt à agir » : la fiction sans cesse empêchée cristallise une angoisse tout particulièrement existentielle.

Lente chute aux enfers

Without References pourrait ne jamais se terminer. Face au spectacle, nous aurions pu regarder, indéfiniment et sans ciller, cette catastrophe aussi inéluctable qu'imminente. Ce regard constitue peut-être un premier nœud existentiel de la pièce. Par là, nous voyons dans cette pièce un hommage au suspense en tant que forme.

Dans *Without References,* le tragique n'a rien de divin, il réside là où il se cache le mieux : une salle d'attente luxueuse et bien rangée, le genre d'espace où son haut degré de civilité fait croire à l'humain qu'il pourrait s'affranchir de ses propres drames. Là réside, à notre sens, un deuxième nœud : la catastrophe qui s'apprête à s'abattre sur les personnages leur appartient.

La fin du spectacle est saisissante. Les corps, enfin réunis au centre de la scène, sous les lumières croissantes d'un plafond en bois massif, se déforment et se tendent jusqu'à l'implosion imminente. Mais un rideau noir s'abat et prive le public de sa catharsis. Cette clôture est une métonymie de tout ce qui précède : une chute aux enfers collective, ralentie au maximum, mais arrêtée juste avant son terme. Ici, on lave son linge à l'abri des regards.

Roberta Alberico et Léo Chavaz

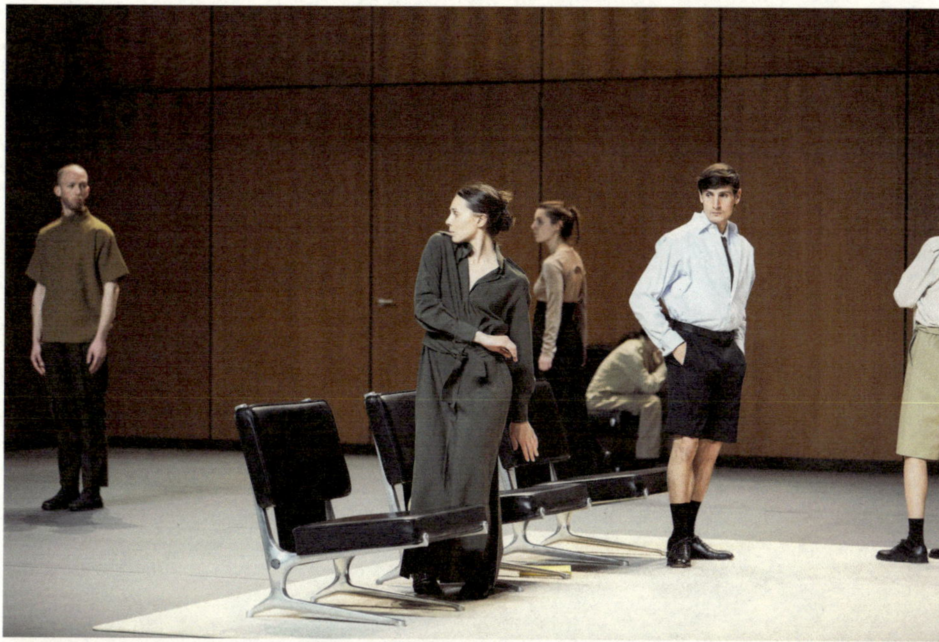

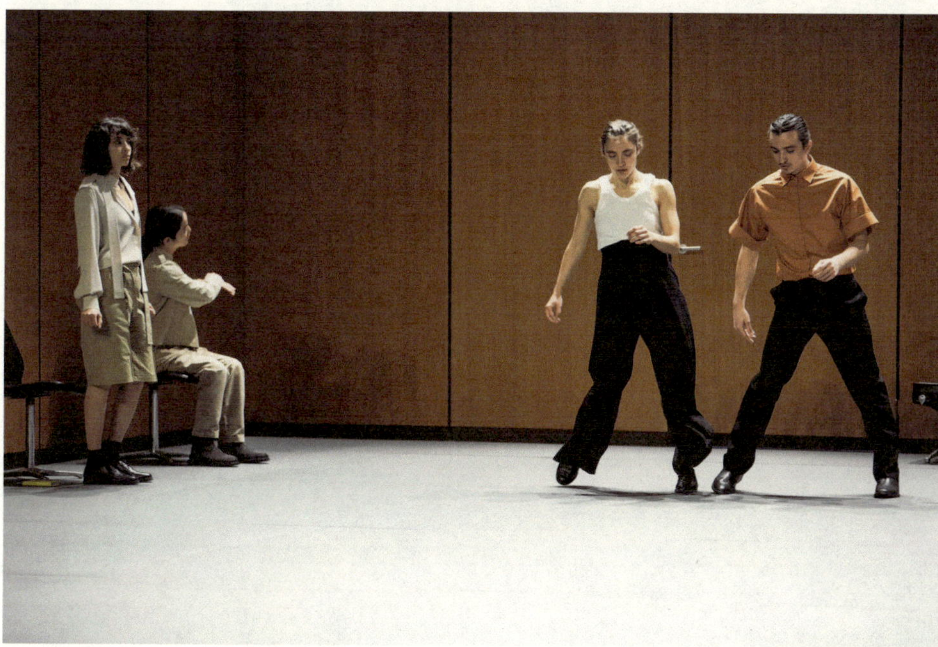

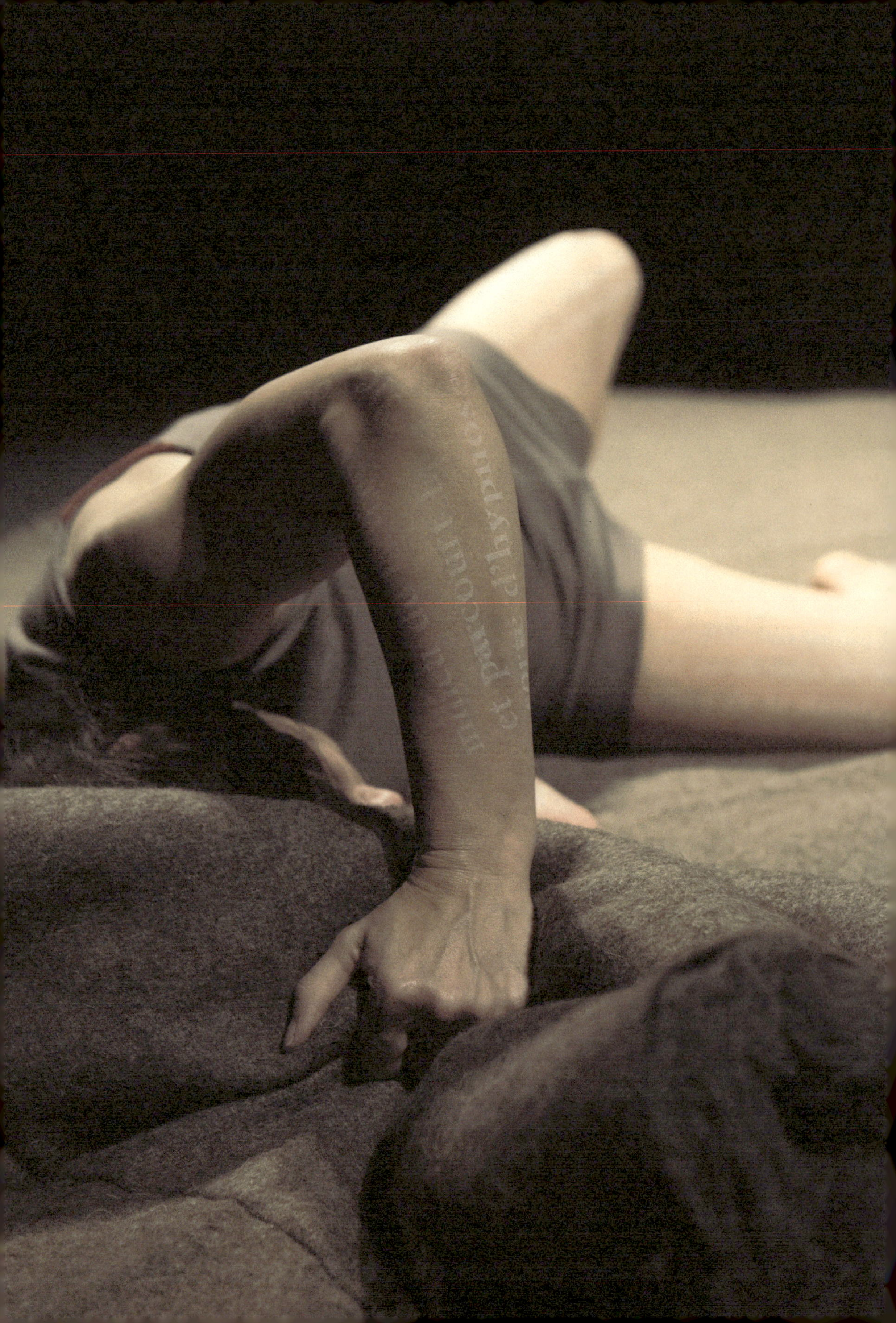
et parcourir

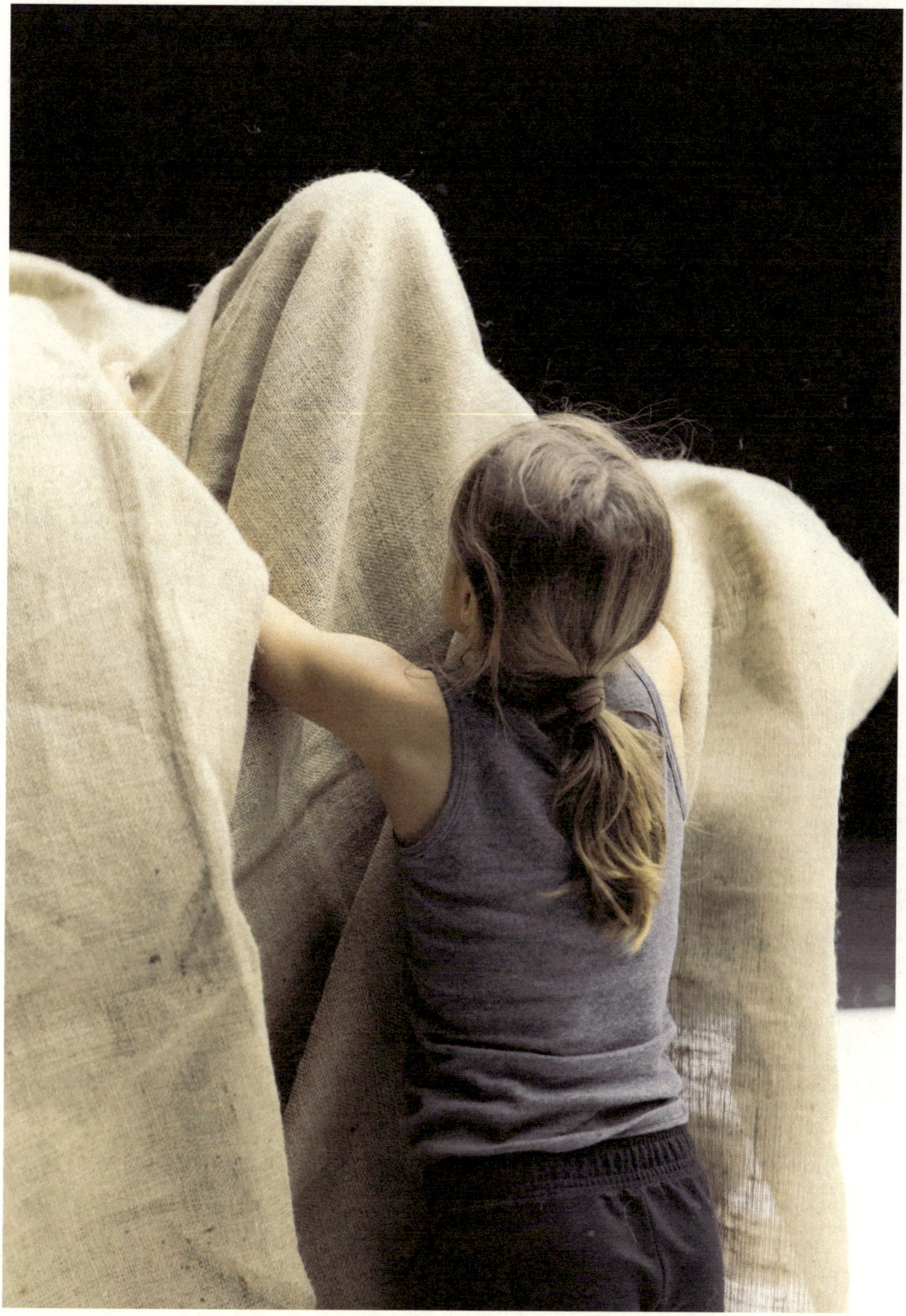

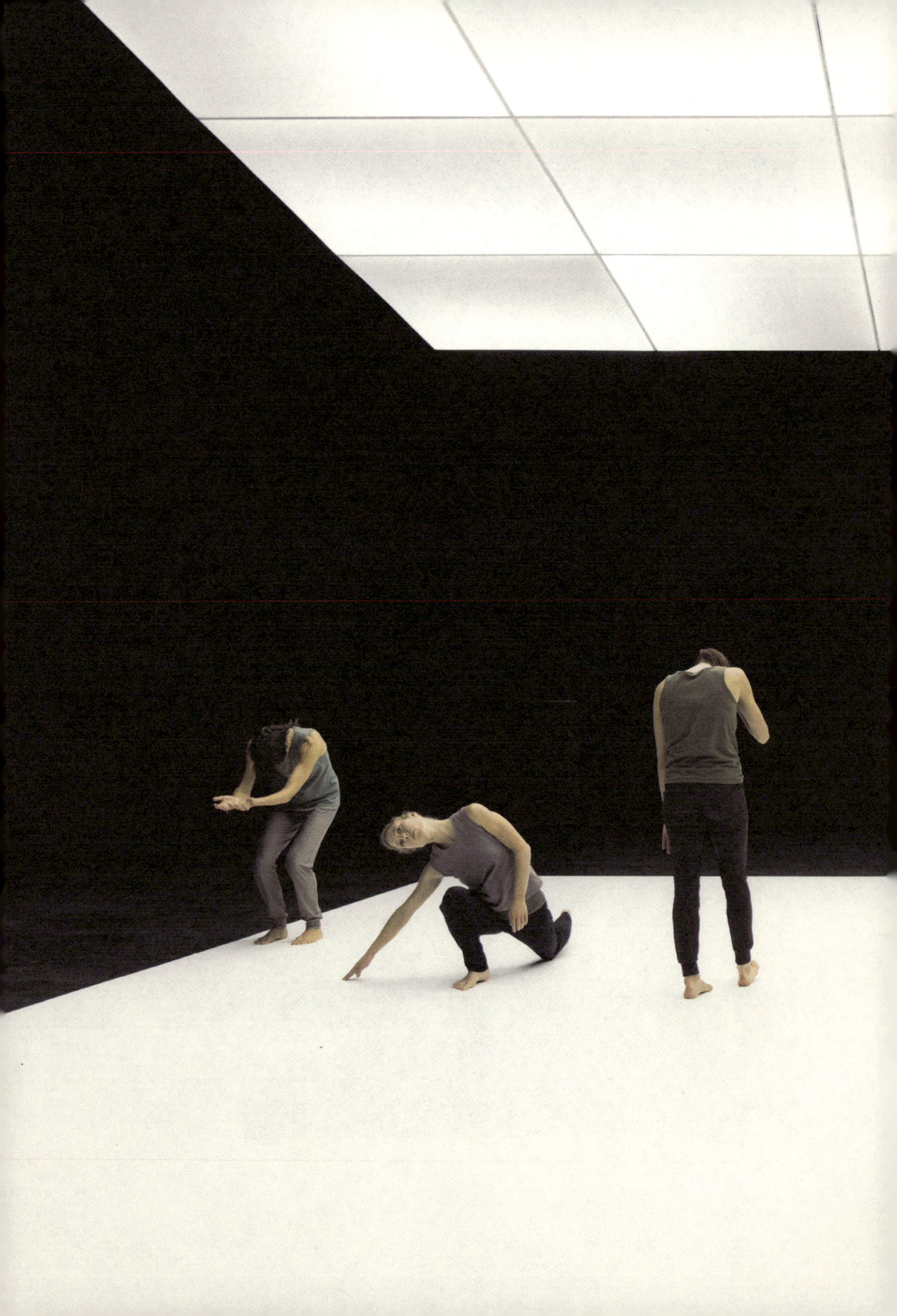

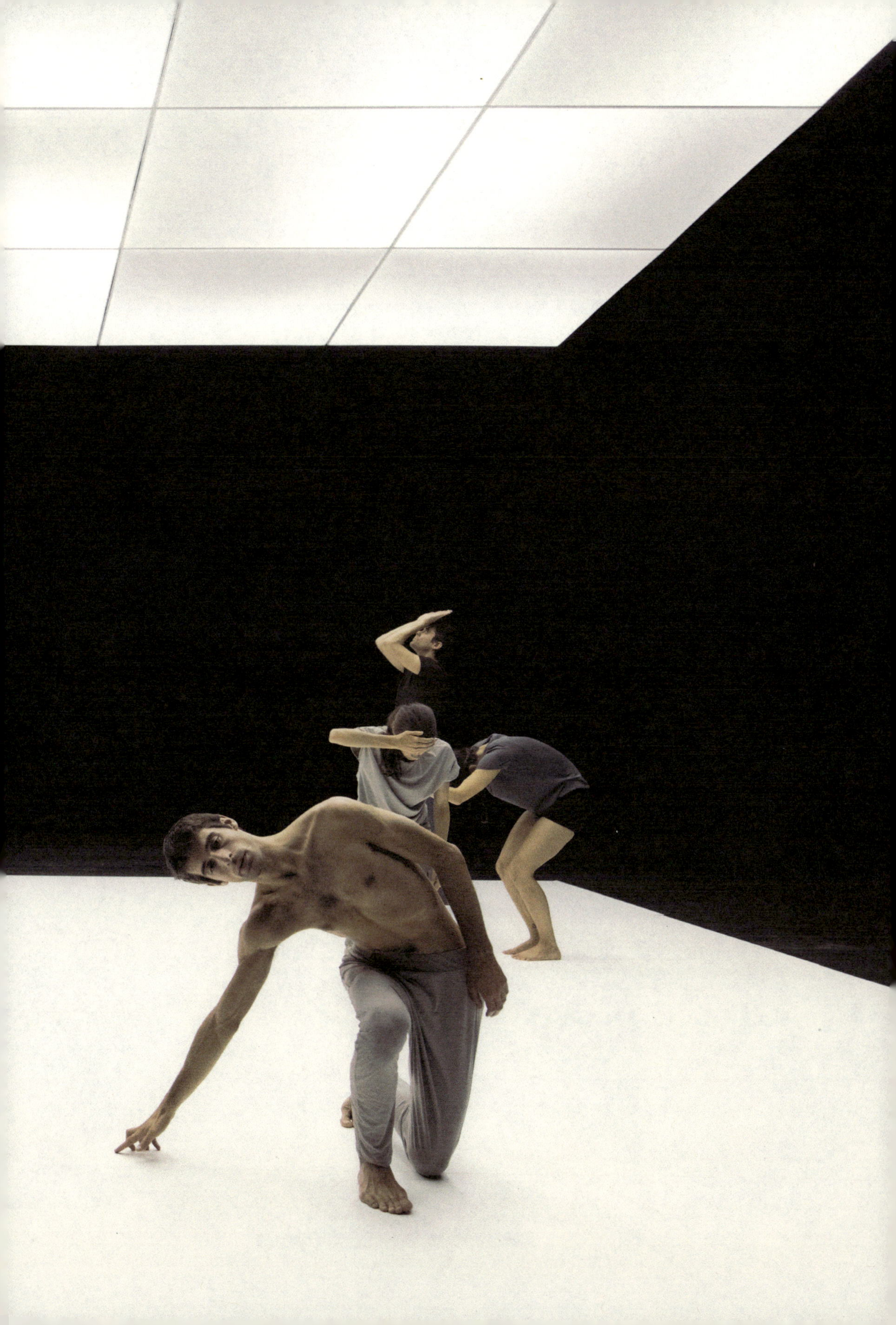

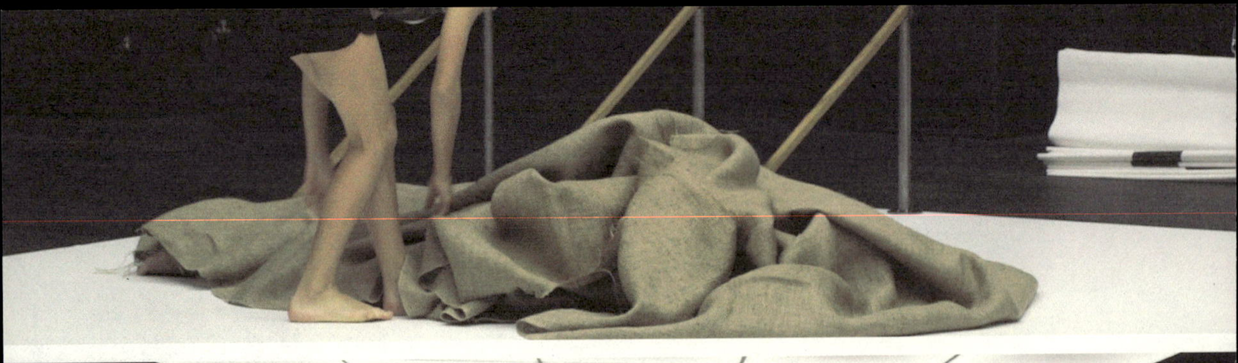

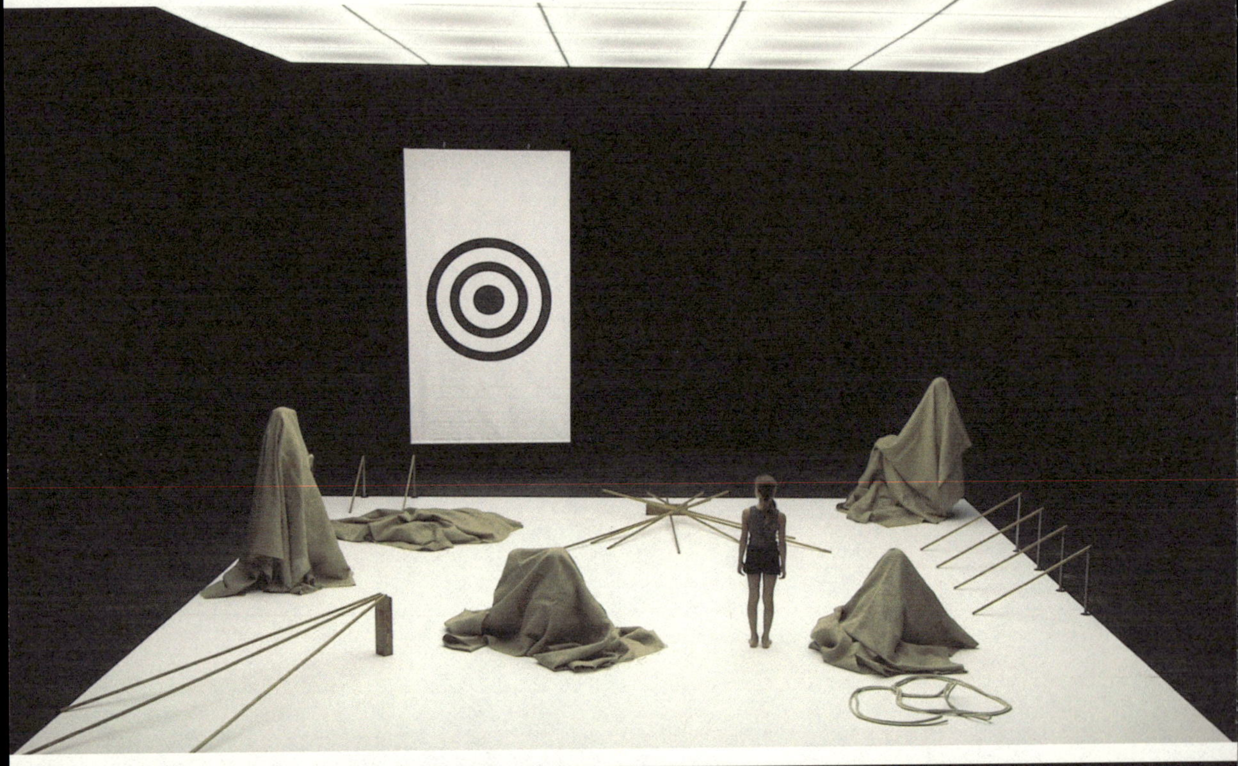

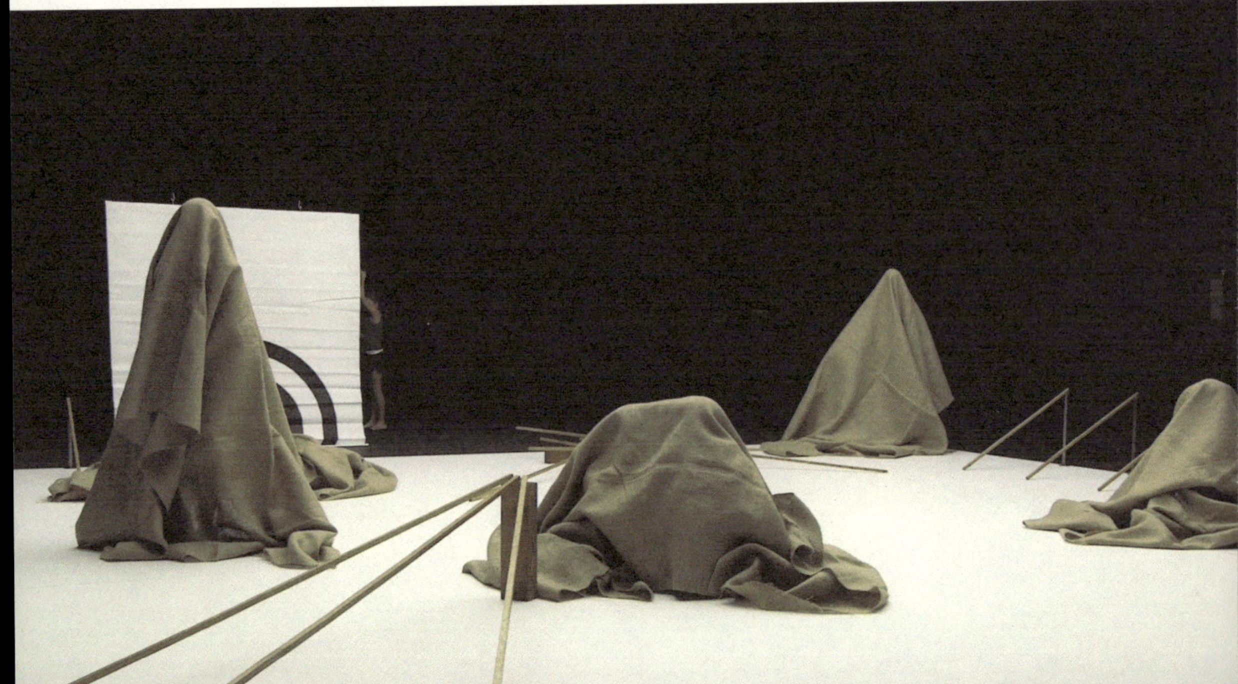

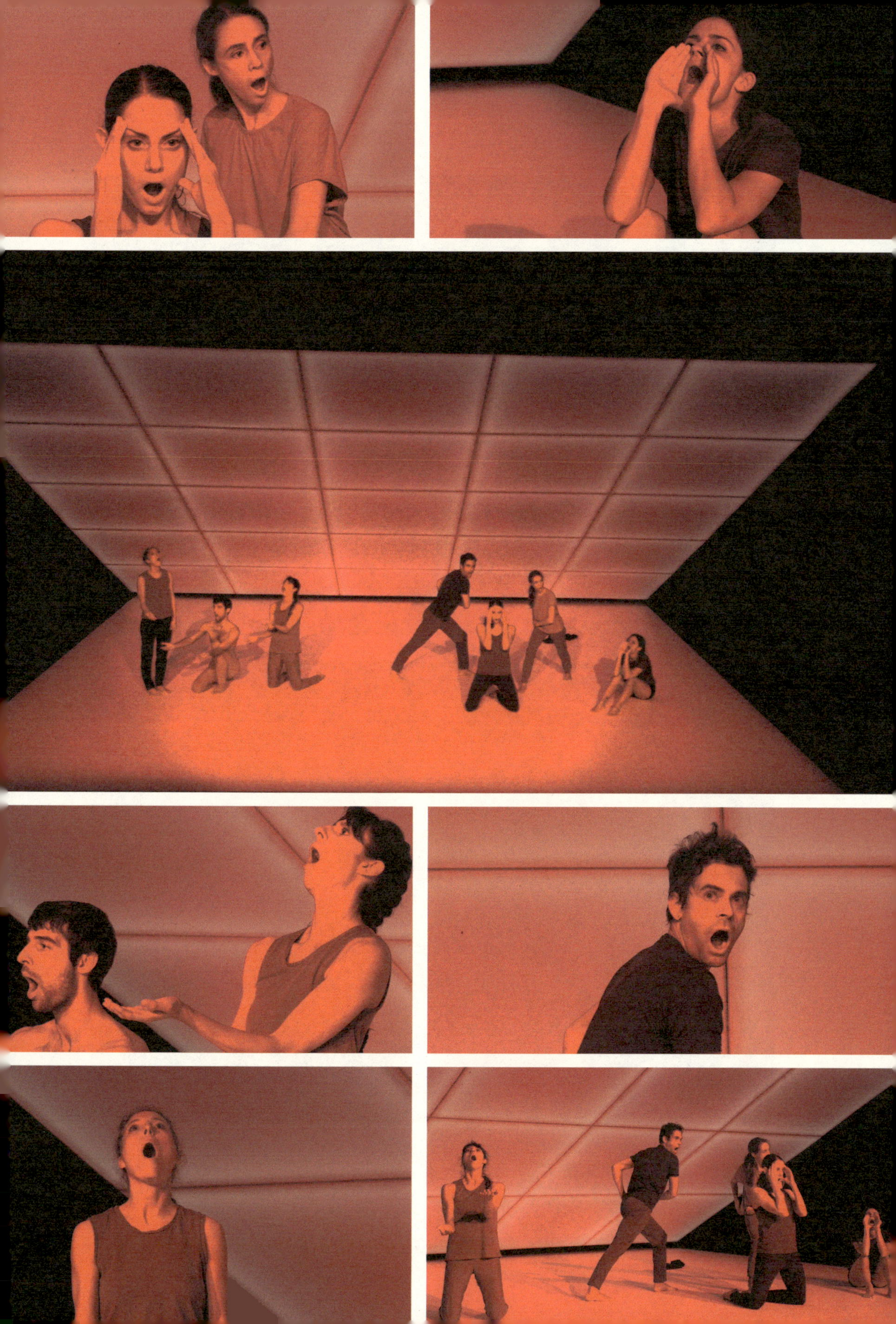

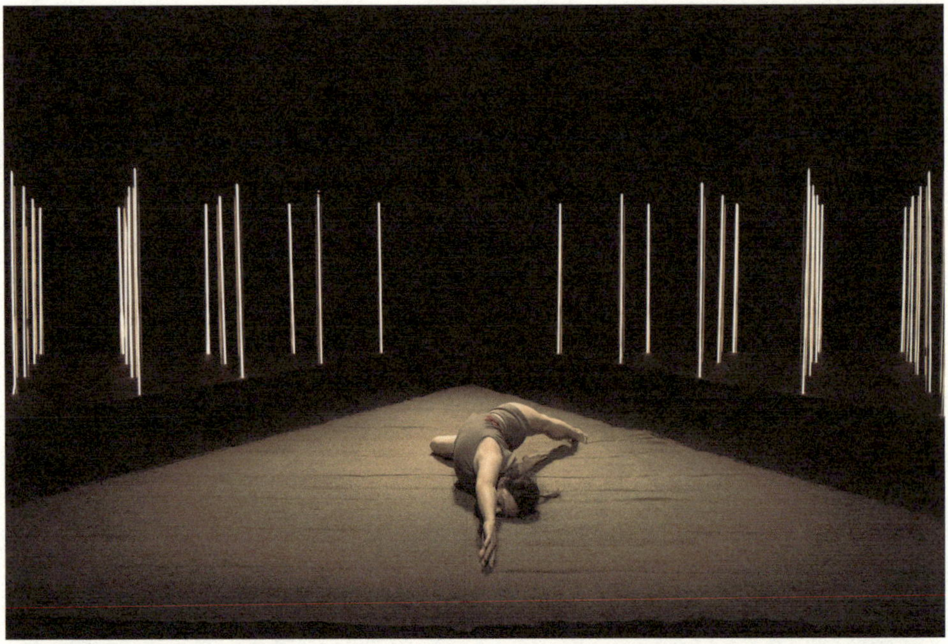

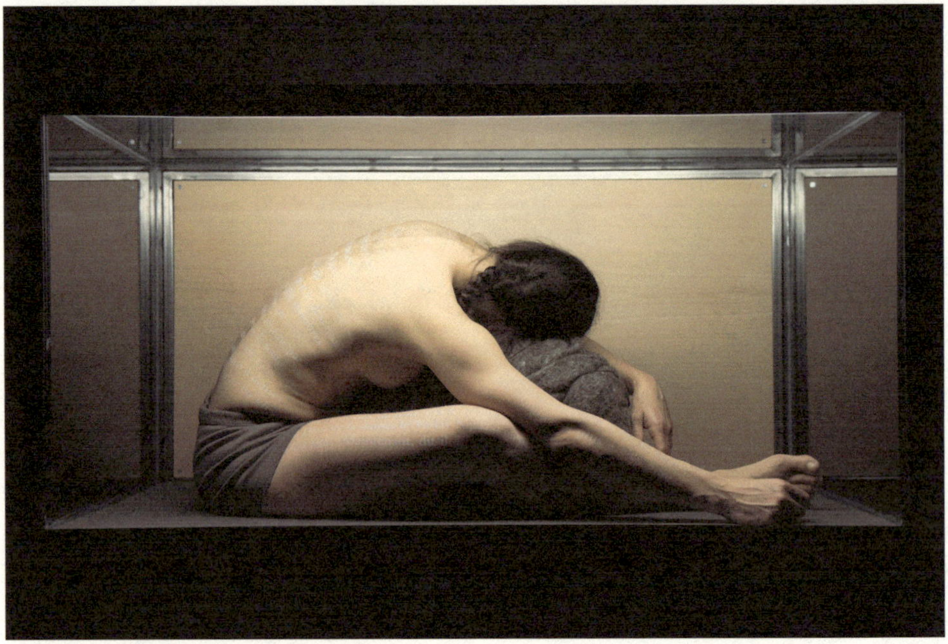

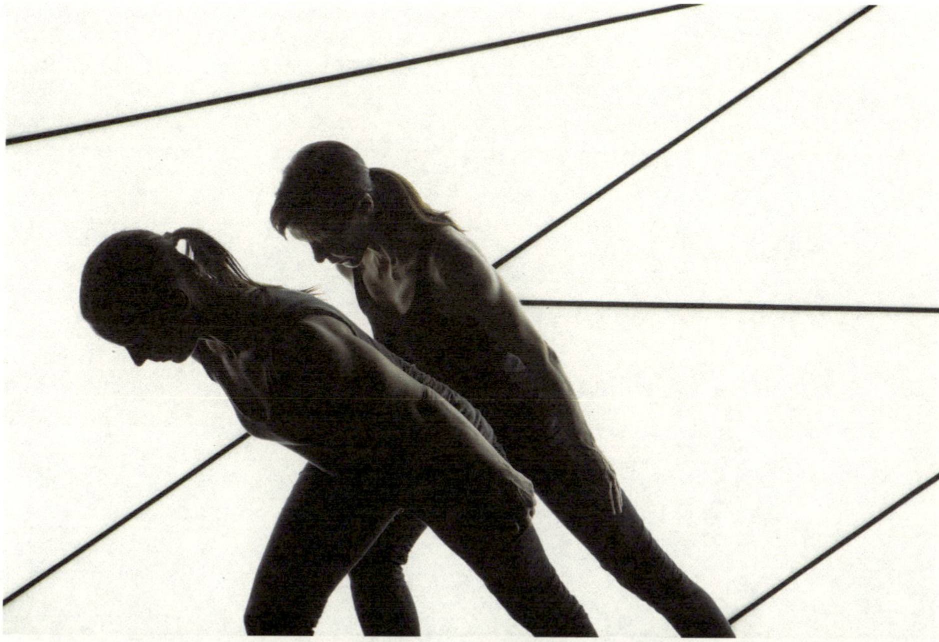

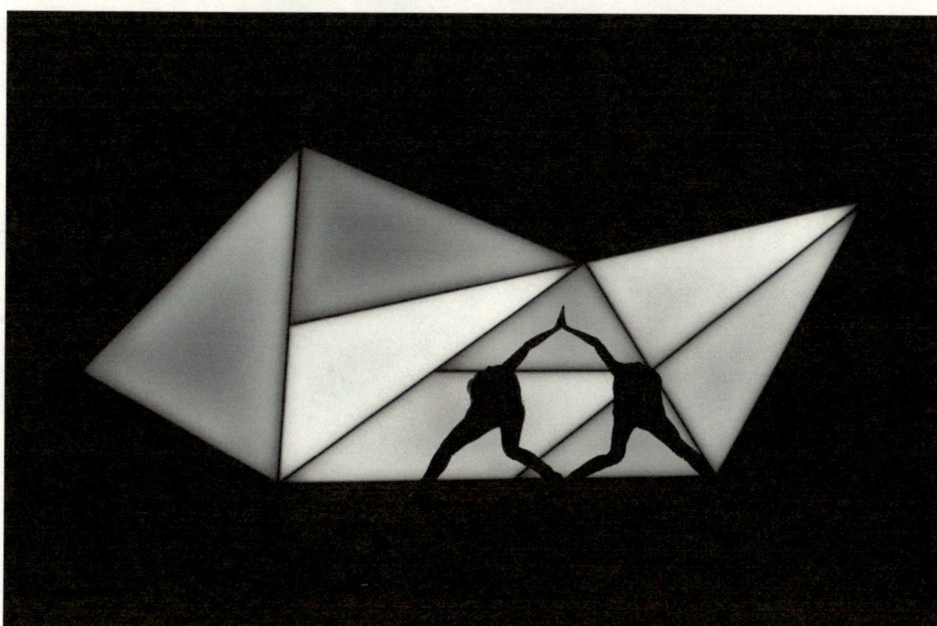

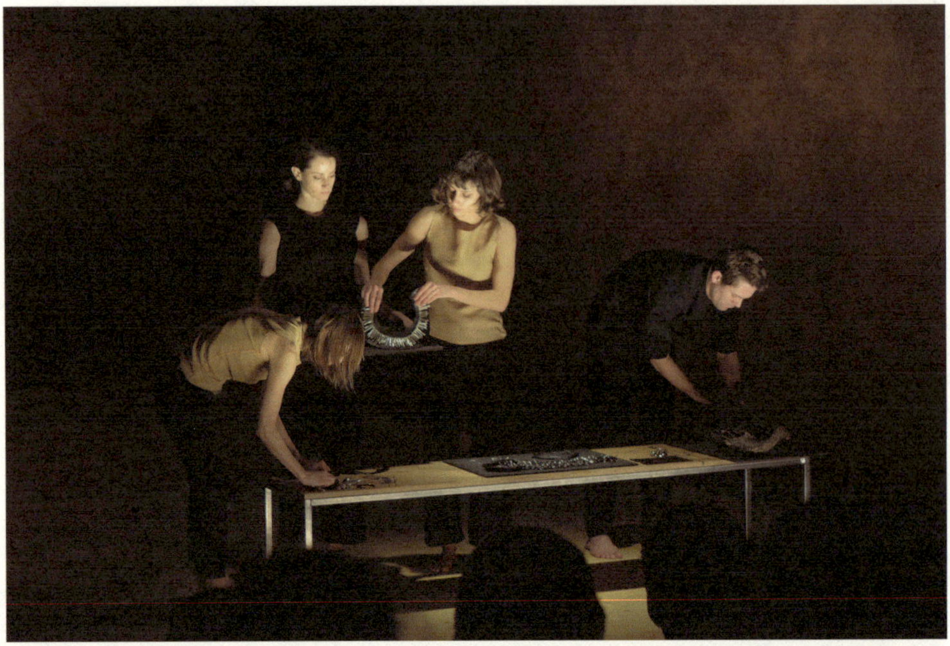

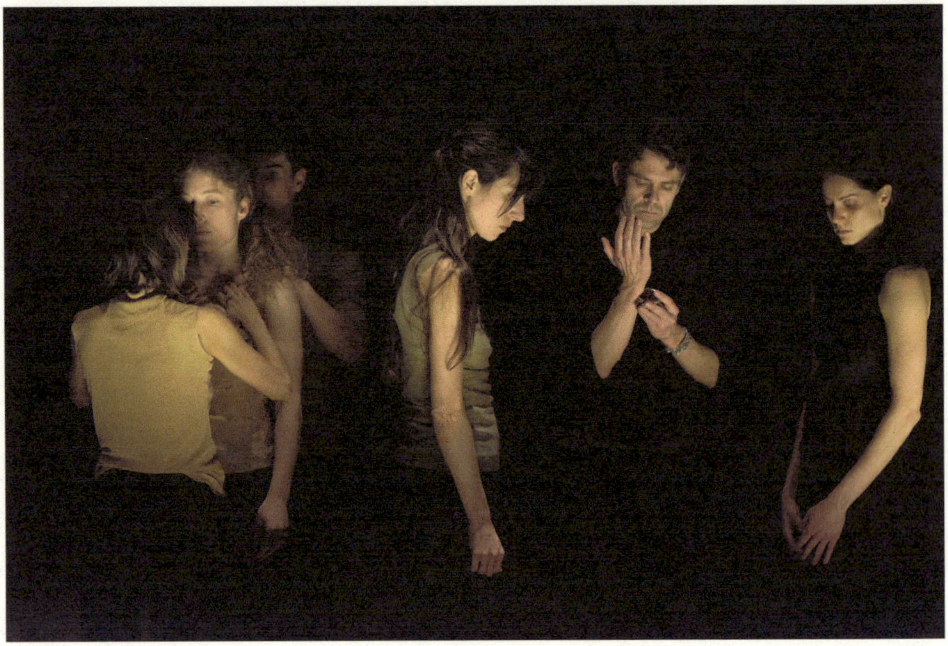

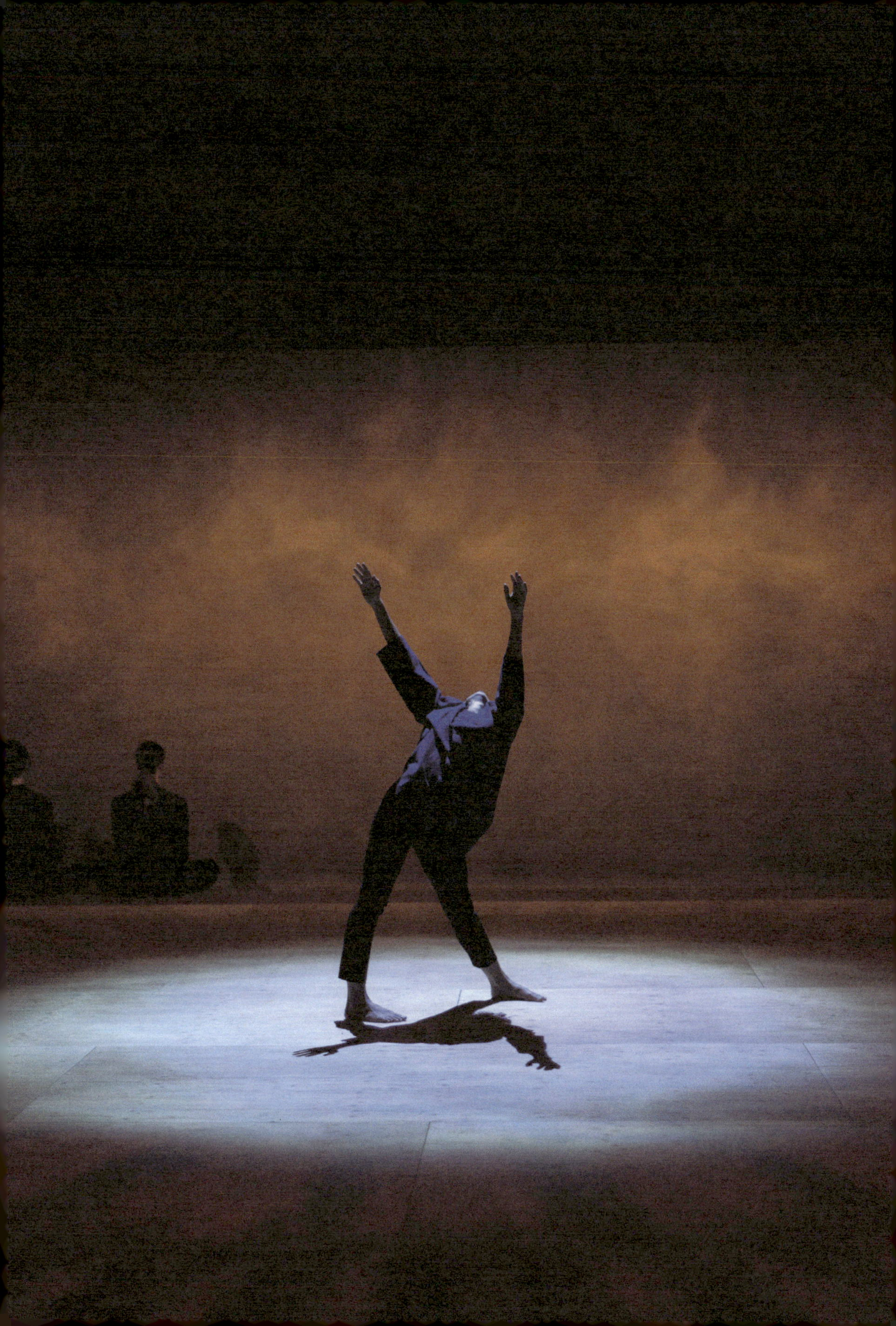

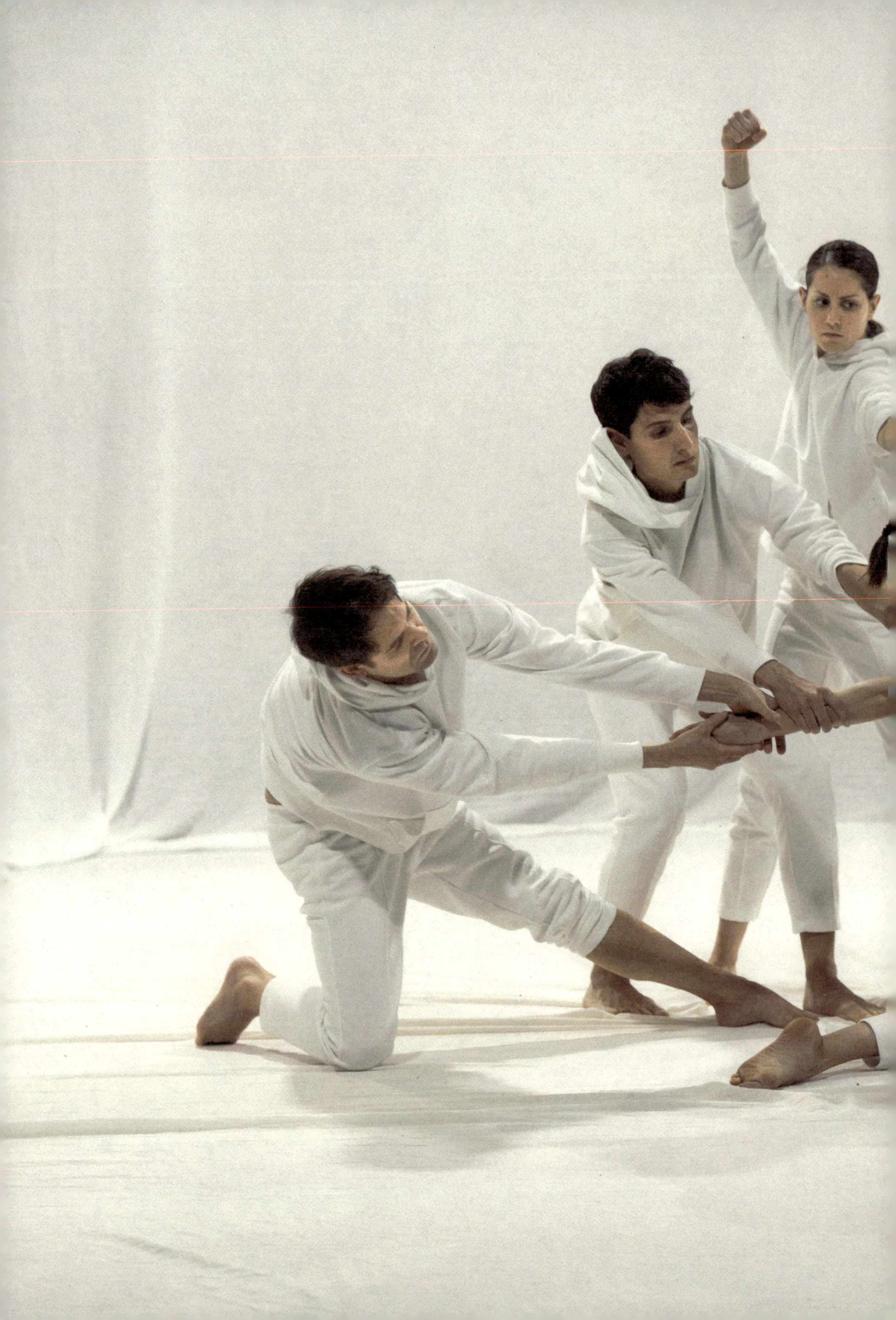

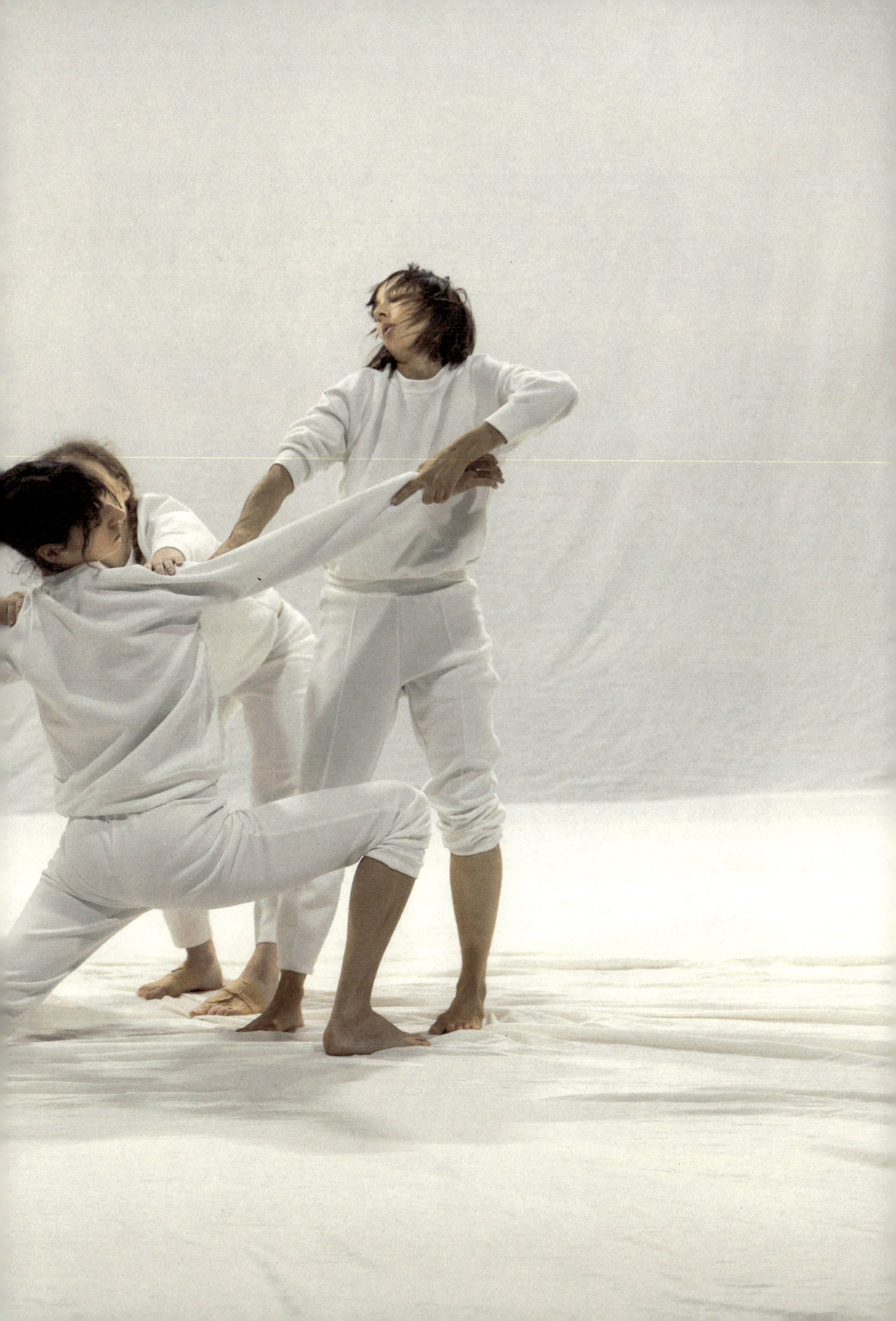

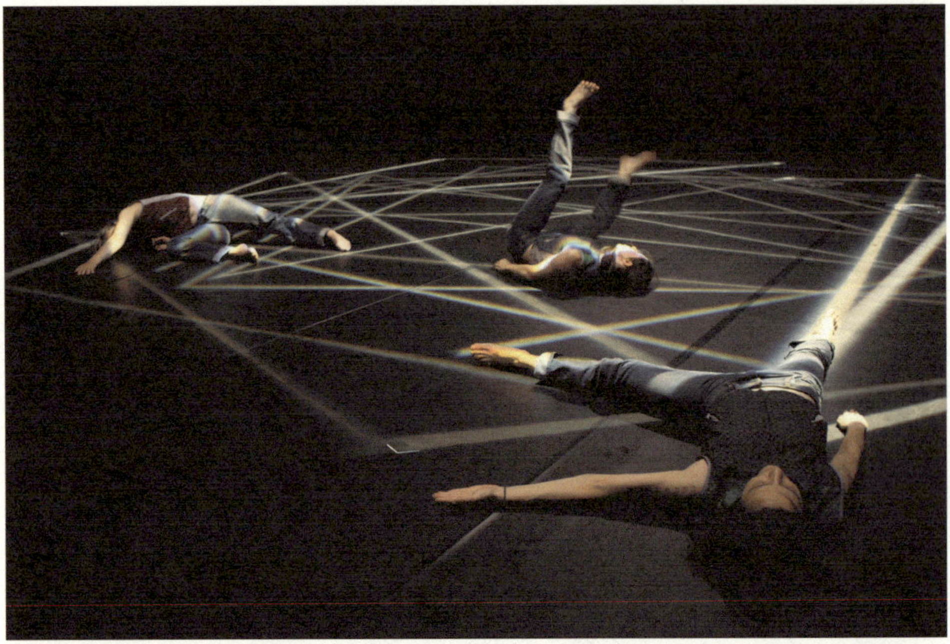

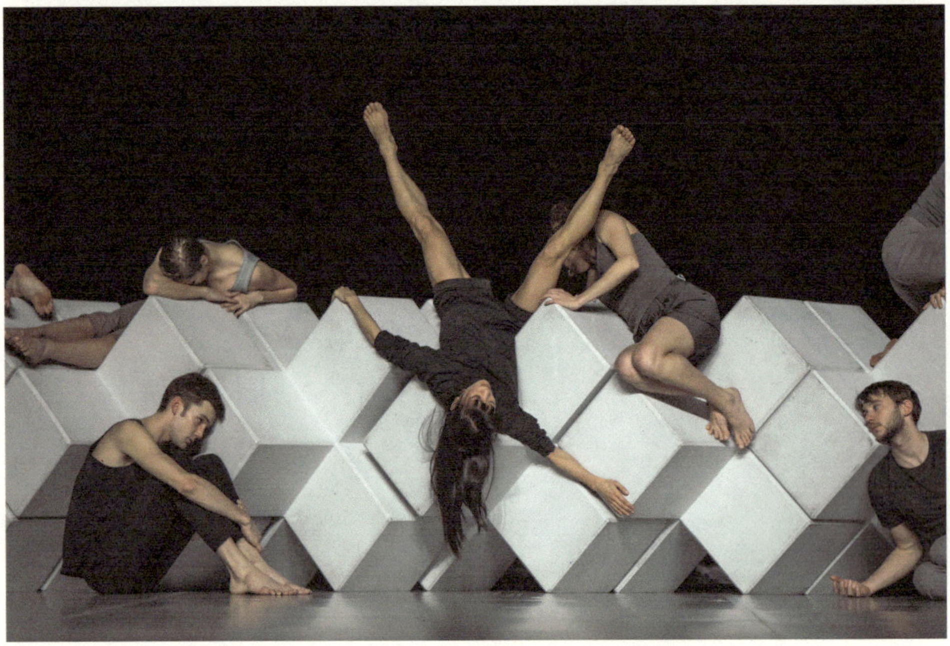

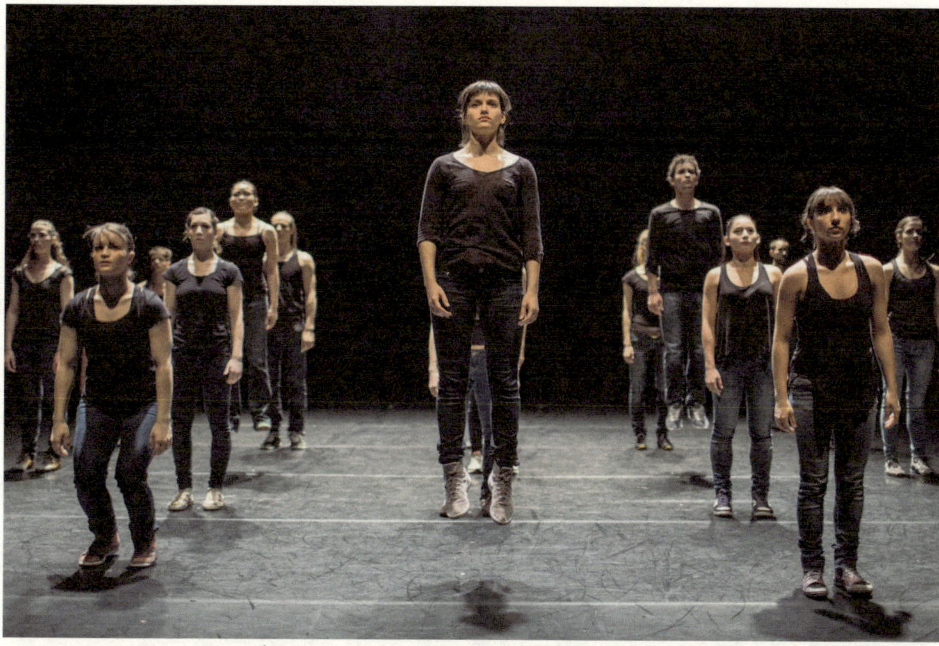

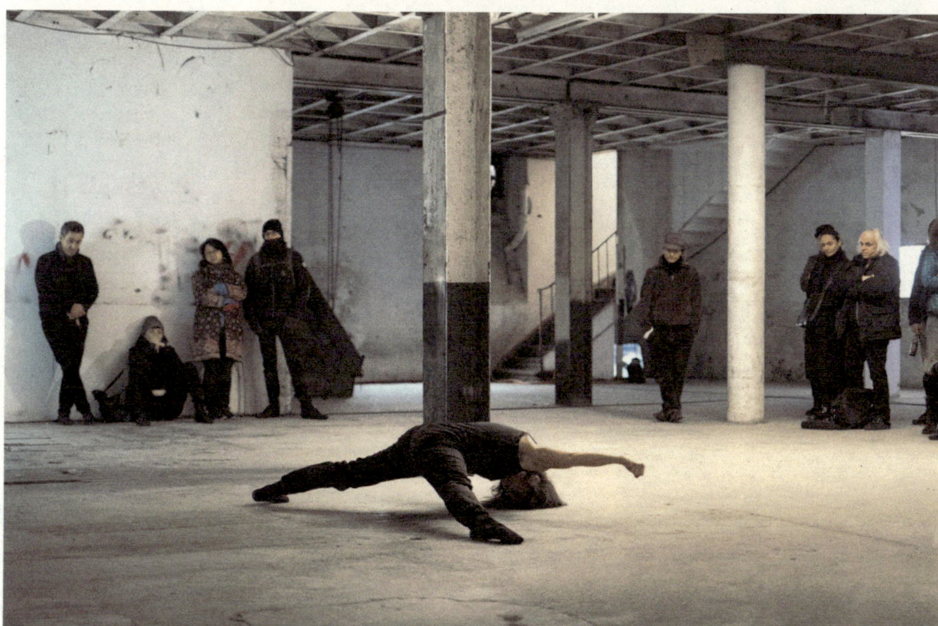

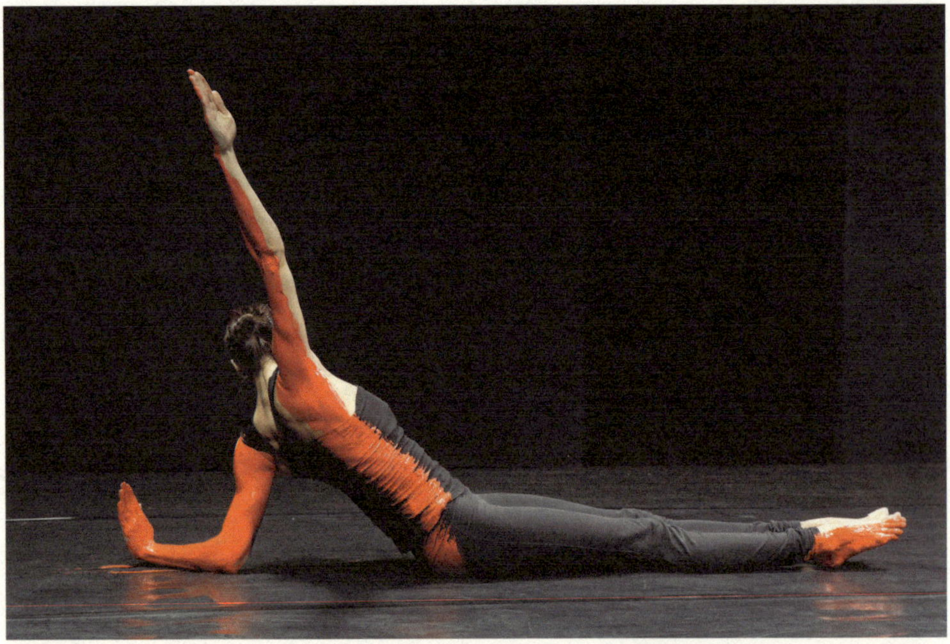

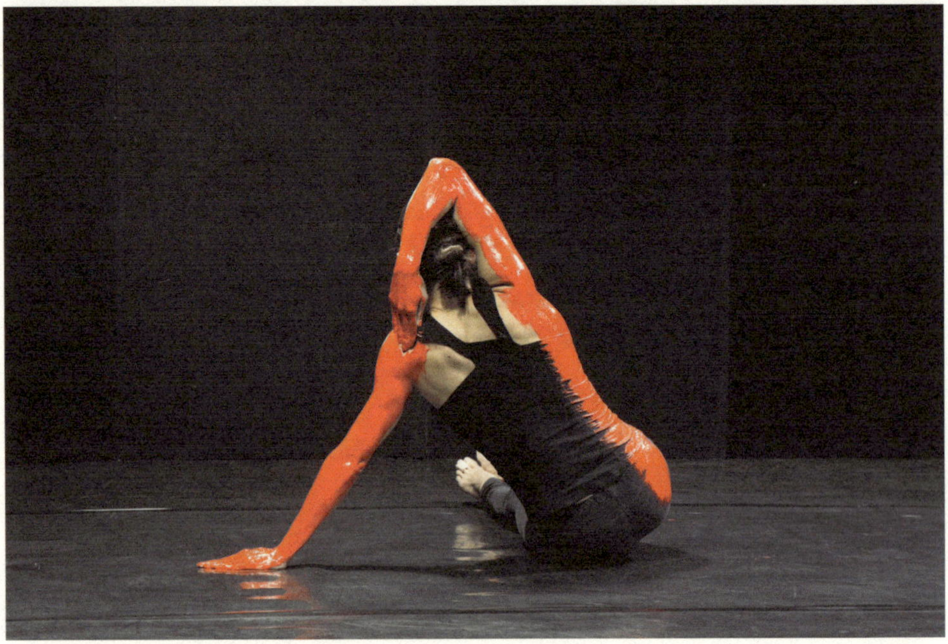

Enrico Pitozzi

Spectra: logica del movimento

313

RÉSUMÉ

Cette contribution revient sur les processus de création de Cindy Van Acker, en parcourant son œuvre de *Lanx* (2008) à *Shadowpieces* (2018-2020) et jusqu'aux productions plus récentes, comme *Speechless Voices* (2018) et *Without References* (2021). L'article se concentre sur la logique particulière du mouvement qui sous-tend ce travail chorégraphique. Elle repose sur un renversement de perspective et ne concerne pas uniquement le corps au sens anatomique, mais aussi d'autres présences « matérielles », comme le son et la lumière. Ce ne sont pas les corps qui produisent le mouvement, mais c'est bien le mouvement qui meut les corps. Le mouvement devient donc une intensité qui traverse l'espace, une force que les corps modifient, mais qui agit en même temps sur eux. Ainsi, un *rhythmós* se dégage, conçu comme la trace visible de quelque chose qui coule et se diffuse; et qui est la source de tout mouvement.

ZUSAMMENFASSUNG

Der vorliegende Beitrag fokussiert auf die besondere Logik der Bewegung, die sich in Cindy Van Ackers Kompositionsprozessen ausdrückt, vor allem mit Blick auf Werke von *Lanx* (2008) bis hin zu *Shadowpieces* (2018-2020) und den jüngsten *Speechless Voices* (2018) und *Without References* (2021). Diese Logik gründet auf einer Umkehrung der Perspektive und betrifft nicht nur den anatomischen Körper, sondern auch weitere materielle Präsenzen wie Klang und Licht: Nicht die Körper erzeugen die Bewegung, sondern die Bewegung durchdringt die Körper. Bewegung erscheint demnach als eine im Raum verteilte Kraft, die durch die Körper verändert wird und auf sie einwirkt. Damit tritt ein *rhythmós* hervor, verstanden als sichtbare Spur von etwas, das fliesst, sich ausdehnt und alles bewegt.

ABSTRACT

Taking a bird's-eye view of Cindy Van Acker's compositional processes - starting with works like *Lanx* (2008), then moving on to *Shadowpieces* (2018-2020) and culminating with the recent *Speechless Voices* (2018) and *Without References* (2021) - this article places the focus on the particular logic of movement that's expressed in them. This logic is based on a reversal of perspective and applies not only to the anatomical body, but also to other material presences such as sound and light. It's not the bodies that produce movement - rather, it's movement that propels the bodies. Movement thus appears as a energy diffused in space, a force modified by the bodies yet also exerting its influence upon them. What ultimately emerges is *rhythmós*, conceived as a visible trace of something that flows, extends and sets all in motion.

L'aria è quell'elemento, dice Platone, «che solleva (*áirei*) le cose da terra oppure che scorre sempre (*aéi réi*)»[1]. A partire dal pensiero antico, quest'aria che sempre fluisce è stata pensata come un *continuum* elastico e modulare, lo *pneûma*. Esso pervade tutte le cose; inerisce, aderisce e tiene in tensione, lasciando così intuire che le cose sono così come sono perché formate da un ineffabile soffio. In relazione allo pneuma sono i corpi celesti, i nostri corpi anatomici così come la materia in generale, la luce e il suono. Tutte le cose *respirano*: qualcosa, pur non mostrandosi, *muove* gli enti[2].

Vediamo, dunque, in che senso questo presupposto illumina la nozione di movimento come da noi intesa. Per farlo, è necessario prima sciogliere un equivoco che segna irrimediabilmente gli studi sulla coreografia contemporanea: si pensa e si discute il corpo *in* movimento, dando così per scontata la conoscenza del movimento come *dipendente* da un corpo. Questo testo – in omaggio alla composizione coreografica di Cindy Van Acker – sostiene la tesi opposta, cioè che è il movimento a *muovere* i corpi[3].

Così come avviene in fisica, per individuare la materia oscura non si deve andare in cerca della sua presenza, bensì della traccia che essa deposita[4]; lo stesso accade per il movimento. D'altronde, qualcosa che in sé non si vede non è detto che non esista: se alziamo solo di poco lo sguardo, assistiamo agli innumerevoli effetti che esso manifesta in relazione ai corpi. Il movimento li muove, ed è proprio in questo loro *esser mossi* che cogliamo l'effetto della sua presenza: non dell'ente – imperdonabile imprecisione dei sensi – ma del movimento in sé, che dal corpo *passa* per estendersi irrimediabilmente oltre.

Dunque, ciò che è in gioco nelle composizioni di Cindy Van Acker, non è tanto l'attenzione alla dinamica di un ente o di un altro, quanto al movimento in sé, svincolato da ogni qualificazione e sostanza, ma capace di stabilire con ognuno di questi corpi – che siano anatomici, sonori o lumini poco importa – dei concatenamenti, delle gradazioni d'intensità, delle radianze.

In altri termini, l'intuizione che la coreografa sembra aver posto al centro della sua logica compositiva rinvia a un movimento che preesiste ai corpi e si estende oltre i limiti del loro aspetto anatomico. Secondo tale presupposto, in scena, il «primo» movimento percettibile non è mai un «inizio»,

1 Platone, *Cratilo*, 401b.

2 Cfr. Gaston Bachelard, *L'air et les songes: Essai sur l'imagination du mouvement*, Parigi: José Corti, 1950 e Henri Bergson, *La pensée et le mouvement*, Parigi: PUF, 1939.

3 Cfr. Laurence Louppe, *Poétique de la danse contemporaine*, Bruxelles: Contredanse, 1997, pp.105–126.

4 Cfr. Lisa Randall, *Dark Matter and the Dinosaurs: The Astounding Interconnectedness of the Universe*, New York: Ecco Press, 2015.

così come il suo esaurirsi non è mai una «fine», bensì un cambio di livello, uno scarto del tempo, un ritmo che da un ente si scollega per intercettarne un altro e proseguire la sua traiettoria. Ne sono un esempio lavori come *Lanx*[5] o il corale *Diffraction*[6], in cui non vi è soluzione di continuità fra le traiettorie disegnate dalla fisicità della danzatrice nello spazio e le architetture di suono composte da Mika Vainio, che passano e si depositano a loro volta nel diagramma di luce che affiora dalla scena come in un negativo fotografico: in ognuno di questi piani transita il movimento, semplicemente cambiando materia e velocità. In una direzione analoga si compongono *Shadowpieces I – Mélancolie de l'éspace*[7] in cui il corpo dell'interprete Daniela Zaghini e il suono sembrano scolpirsi a vicenda, come fatti di un'unica materia modulare che si esprime in forme e dinamiche diverse, o *Shadowpieces VII – Haniwa*[8] in cui il gesto del danzatore Yuta Ishikawa entra in risonanza con l'elemento sonoro, in un gioco sottile di contrappunti. In questa prassi s'inscrive anche il concatenamento tra corpi all'inizio di *Speechless Voices*[9], in cui il movimento delle danzatrici e dei danzatori, dapprima lento e poi accelerato – tuttavia sempre sincronico –, genera un flusso modulare che lascia percepire l'insieme delle diverse anatomie come un'entità indivisa.

Osservando ognuno di questi casi, la forma coreografica è ciò che resta – come una traccia persistente – dopo che il movimento ha attraversato la materia. Ecco, dunque, il farsi avanti di un *rhythmós* concepito come il negativo di una forma, traccia e segno di qualcosa che fluisce[10].

Magnitudo: la composizione come «campo»

Dato il presupposto enunciato nel precedente paragrafo, possiamo provare a precisare ulteriormente l'ipotesi che orienta la nostra riflessione sul movimento. Esso può essere paragonato a qualcosa d'invisibile che tesse relazioni

5 Debutto il 20 marzo 2008, Electron Festival, Ginevra. Per maggiori informazioni e immagini si rimanda al sito web di Cindy Van Acker: https://www.ciegreffe.org/lanx (consultato il 9 novembre 2023).

6 Debutto il 26 ottobre 2011, ADC – Association pour la danse contemporaine, Ginevra. Per maggiori informazioni, immagini e video si veda il sito: https://www.ciegreffe.org/diffraction (consultato il 9 novembre 2023).

7 Creato nel 2018 per e con la danzatrice Daniela Zaghini, sulla composizione musicale *Prototypes* di Ryoji Ikeda; durata: 13 minuti. Maggiori informazioni su tutti gli *Shadowpieces* creati fra il 2018 e il 2020 e immagini sono disponibili sul sito di Cindy Van Acker: https://www.ciegreffe.org/shadowpieces (consultato il 9 novembre 2023).

8 Creato nel 2020 per e con il danzatore Yuta Ishikawa sulla composizione musicale *Olematon* di Mika Vainio & ø; durata: 07'01 minuti. Per maggiori informazioni si veda la nota 7.

9 Debutto il 13 aprile 2018, Théâtre Vidy-Lausanne. Per maggiori informazioni, immagini e video si rimanda al sito: https://www.ciegreffe.org/speechless-voices (consultato il 9 novembre 2023).

10 Cfr. Michel Serres, *La Naissance de la physique dans le texte de Lucrèce*, Parigi: Minuit, 1977. Sulla nozione di *rhythmós* si veda inoltre Pierre Sauvanet, *Le rythme grec. D'Héraclite à Aristote*, Parigi: PUF, 1999.

tra le cose visibili e opera su piani diversi, attraversandoli tutti in diagonale. Il movimento è ciò che garantisce il «continuo» all'interno di un orizzonte «discreto», permette la continuità laddove la percezione di chi osserva coglie solo elementi discontinui[11]. Per stare ad un esempio concreto: *Without References*[12], l'opera più recente di Cindy Van Acker, del 2021, ne incarna pienamente la logica. In particolare, nella prima sezione – all'interno di una nuvola di suono elettroacustico composta dal collettivo giapponese goat, che qualifica la temperatura dello spazio scenico – i corpi delle danzatrici e dei danzatori interagiscono come a distanza, connessi tra loro da un'invisibile filo: al gesto dell'uno – effimera traccia depositata nel volume dell'aria – risponde il gesto dell'altra[13]. Tuttavia, osservando bene questa sezione, non bisogna pensare il movimento come una forza che agisce direttamente fra oggetti distanti l'uno dall'altro. Bisogna invece pensare che il movimento è un'entità diffusa nello spazio, che viene modificata dai corpi e che, a sua volta, agisce su di essi. Il movimento assomiglia così a ciò che la fisica definisce «campo», cioè «fasci sottilissimi di linee che riempiono lo spazio. Una gigantesca ragnatela invisibile, che riempie tutto intorno a noi»[14]. Il movimento attraversa dunque i corpi, ma attraversandoli non appartiene a nessuno di questi. Esso certifica così la non appartenenza: il movimento non appartiene ai corpi, piuttosto sono questi ultimi ad appartenere al movimento. D'altronde, ci si inscrive sempre in una dinamica, si è sempre nel mezzo, sembra dirci Cindy Van Acker: contrazioni e distensioni, dilatazioni, cadute, andate e ritorni sono i modi d'essere della corporeità che la coreografa dispiega.

Per essere ancora più precisi – come mostrano le suites di *Shadowpieces* o l'opera *Without References* – ciò avviene sia a livello molecolare all'interno del corpo, nella logica del micromovimento[15] come pratica di esplorazione del gesto, sia a livello delle relazioni che i corpi stabiliscono tra loro nel tessuto della composizione scenica. Così facendo si sperimenta la continuità della materia, dove il movimento interno al corpo diventa un movimento esterno tra i corpi; non un movimento interno-esterno, ma un movimento

11 Si veda su questi temi Paolo Zellini, *Discreto e continuo. Storia di un errore*, Milano: Adelphi, 2022, in particolare pp.14; 22–23.

12 Debutto il 23 marzo 2021, Comédie de Genève. Maggiori informazioni, immagini e video: https://www.ciegreffe.org/without-references (consultato il 9 novembre 2023).

13 In questo senso, dunque, la logica compositiva adottata da Cindy Van Acker sembra richiamare un aspetto della fisica denominato «entanglement»: un principio secondo il quale oggetti distanti possono influenzarsi direttamente l'un l'altro e di conseguenza modificare la loro configurazione. Si veda Amir D. Aczel, *Entanglement: The Greatest Mistery in Physics*, New York: Four Walls Eight Windows, 2001, pp.62–63.

14 Carlo Rovelli, *La realtà non è come ci appare. La struttura elementare delle cose*, Milano: Raffaello Cortina Editore, 2014, p.51.

15 Intorno a questo aspetto mi permetto di rimandare al mio *Magnetica. La composizione coreografica di Cindy Van Acker/La composition chorégraphique de Cindy Van Acker/The choreographic composition of Cindy Van Acker*, Macerata: Quodlibet, 2015.

| che si piega e si dispiega, senza mai fermarsi, passando sempre da un piano all'altro senza soluzione di continuità. Scrive Erin Manning in tal senso: «[...] il movimento non ha inizio né fine. Il movimento è un tutt'uno con il mondo, non corpo/mondo ma corpo-mondo. Ci muoviamo non per abitare lo spazio, non per estenderlo o incarnarlo, ma per crearlo. La nostra pre-accelerazione colora già lo spazio, lo fa vibrare. Il movimento lo quantifica, in modo qualitativo.»[16] In concreto, non c'è un rapporto di velocità e lentezza solo tra i corpi, ma anche all'interno di essi. Occorre quindi osservare da vicino queste disposizioni tra gli elementi costitutivi che agiscono nell'ambito del micromovimento (l'interno) e – in rilievo, per così dire – nelle intersezioni dei piani, dove si chiarisce la relazione tra i corpi (l'esterno): da un piano all'altro, senza interruzione.

Flusso: le forme del tempo

L'intuizione da dispiegare è quindi la seguente: se il movimento – come mostrano le composizioni di Cindy Van Acker – è un filamento continuo e invisibile che mobilita anatomie, suoni e cromie, la relazione tra questi elementi è possibile solo in una condizione di flusso, in cui si fa esperienza di una immanente presenza delle cose in una dinamica condivisa, come se

si abitasse – e dunque si esprimesse – un'altra qualità del tempo[17]. Le danzatrici e i danzatori sono trasportati da qualcosa che genera la particolare forma del tempo di cui sono partecipi: essi non sono più *nel* tempo, ma sono *il* tempo divenuto visibile.

Da questa condizione specifica emergono le strategie compositive – diverse ma complementari – attraverso le quali Cindy Van Acker dà forma al tempo. Da un lato, possiamo distinguere la strategia che definiamo il «tempo delle forme», come in *Shadowpieces II – Tangible*[18] e *Shadowpieces V – Les éphèmeres*[19], in cui il movimento organizza l'apparizione e la scomparsa di figure coreografiche che, come un calco, dispongono tracce nella materia dell'aria, imprimendole sulla retina della spettatrice e dello spettatore; dall'altro, ci sono invece le «forme del tempo», in cui il movimento, attraversando e superando

16 Erin Manning, *Relationscapes: Movement, Art, Philosophy*, Cambridge MA: The MIT Press, 2009, pp. 13–14. [traduzione di Enrico Pitozzi].

17 Si rimanda qui all'importante riflessione che Stefano Tomassini ha dedicato al tempo in coreografia, in particolare nei volumi *Tempo perso. Danza e coreografia dello stare fermi*, Milano: Scalpendi, 2021 e *Fuori tempo. Coreografia e nostalgia, anacronismo, inattualità*, Milano: Scalpendi, 2023.

18 Creato nel 2018 da Cindy Van Acker per e con Laure Lescoffy sulla composizione musicale *Eternal Love # 3* di Carl Michael Von Hausswolff e Erik Pauser / Phauss; durata: 13'04 minuti. Per maggiori informazioni si veda la nota 7.

19 Creato nel 2019 per e con Stéphanie Bayle sulla composizione musicale *No Birds* di Fred Frith; durata: 16 minuti. Per maggiori informazioni si rimanda alla nota 7.

il corpo, produce forme transitorie, mutevoli e intermittenti come in *Helder*[20], in cui il corpo della danzatrice disegna traiettorie geometriche nello spazio attraverso un'articolazione ritmica delle parti del corpo, esplorando così le forme angolari e le rotazioni, gli allineamenti e le diagonali di cui è capace l'anatomia. Qualcosa di analogo si verifica anche nel duetto nella sezione centrale di *Speechless Voices*, in cui la meccanica del gesto delle interpreti, in contrappunto con gli impulsi sonori, aggrega e disaggrega la forma sincronica della coreografia. In *Shadowpieces VIII – Hello Sound*[21], invece, il corpo del danzatore è sostenuto dalla materia del suono, in una coreografia che si presenta come la manifestazione visibile di una vibrazione che attraversa il corpo, espandendosi dall'impercettibile piano del micromovimento fino alla superficie visibile di un gesto architettonico che ha nel bacino il suo perno d'irradiazione nello spazio. Una sensibilità analoga permea la sezione centrale di *Without References*, precisamente a partire dall'unisono dei due danzatori che perimetrano la scena misurandola.

Entrare in un flusso come quello che le due forme del tempo descritte più sopra evocano significa quindi condurre le danzatrici e i danzatori ad un'esplorazione radicale del proprio apparato percettivo, spingendole/i verso la soglia in cui sperimentare un'intensità senza intenzione: al culmine dello sforzo, al limite dell'esecuzione di una sequenza coreografica, si avverte cioè uno stato di quiete per cui *si è movimento*, senza altri attributi, e ci si osserva come dall'esterno, *mossi* da un'invisibile intensità, fino a fare del proprio corpo un sistema ricettivo capace di stabilire relazioni con ogni elemento della scena. È qui che si sperimenta quello stato di «beatitudine», dove si prova la gioia di diventare tutt'uno con gli altri corpi e con il mondo, per poi – sotto l'improvvisa pressione di una controcorrente sonora o cromatica o ancora di un gesto di un altro danzatore o di un'altra danzatrice – diversificarsi e moltiplicarsi di nuovo, per ritornare a sperimentare un altro stato di intensità in una nuova configurazione e così via all'infinito, come nel movimento elementare dell'esistenza[22].

20 Debutto l'8 luglio 2013, La Belle Scène Saint-Denis, Festival d'Avignone. Per maggiori informazioni, immagini e video si veda il sito: https://www.ciegreffe.org/helder (consultato il 9 novembre 2023).

21 Creato nel 2020 per e con Philippe Renard sulla composizione musicale *Konstellaatio / Elämän Puu* di Mika Vainio & ø; durata: 09'57 minuti. Per maggiori informazioni si veda la nota 7.

22 A tale proposito si veda Mihaly Csikszentmihaly, *Optimal Experience: Psychological Studies of Flow in Consciousness*, Cambridge NY: Cambridge University Press, 1990 e anche Id., *Flow: The Psychology of Optimal Experience*, New York: Harper & Row, 1990. Questa condizione di «flow» («flusso») – che qui non possiamo sviluppare in modo approfondito – suggerisce un accostamento alla particolare condizione definita «entrainment», vale a dire un fenomeno per cui due entità, poste l'una accanto all'altra, in determinate circostanze tendono a condividere lo stesso ritmo di oscillazione. In termini neuroscientifici, l'«entrainment» si verifica quando le onde cerebrali mostrano un'oscillazione che può essere sovrapposta a uno stimolo esterno pulsante di tipo visivo, uditivo o tattile. Su questi argomenti si veda Martin Clayton, «What Is Entrainment? Definition and Applications in Musical Research», in: *Empirical Musicology Review*, vol. 7 (1–2, 2012), p. 49–56 e anche Elizabeth Waterhouse, Riley Watts, Bettina Bläsing, «Doing *Duo*. A Case Study of Entrainment in William Forsythe's Choreography *Duo*», in: *Frontier in Human Neuroscience*, vol. 8, 2014: https://doi.org/10.3389/fnhum.2014.00812 (consultato il 9 novembre 2023).

Questa esperienza percettiva conduce dritti al cuore di ciò che definiamo *rhythmós*, nella declinazione offerta da Émile Benveniste che per primo ha messo in luce questo doppio aspetto del ritmo, che da un lato indica una frammentazione nell'ordine delle forme, mentre dall'altro – all'opposto – qualifica invece un modo di partecipare al mondo, di fluire tra le cose[23]. È proprio in questa propensione che il corpo si presenta in forma «discreta»: è una modulazione visibile sulla banda continua e invisibile del movimento. Il ritmo è un modo di dare forma al movimento allorquando attraversa i corpi. Il movimento non appartiene però ai corpi, bensì essi gli appartengono intimamente. È il corpo che si inscrive come un'onda nel movimento per esistere come tale, per venire in presenza. I corpi si modulano, si scostano e scivolano tra le cose, entrano nel mezzo, assorbono e stabiliscono variazioni ritmiche: non s'inizia mai, non si finisce mai, si riposa nel flusso.

Sismografia della presenza

Per Cindy Van Acker, coreografare significa dunque creare spazi, traiettorie e volumi nell'ordine del movimento, secondo le sue propensioni, in una fitta trama di connessioni tra i corpi. La differenza è sottile, ma non priva di conseguenze, perché l'assunzione e l'applicazione di questo principio permettono di ampliare il raggio d'azione del pensiero coreografico, svincolandolo dal solo corpo fisico delle danzatrici e dei danzatori per proiettarlo invece in una relazione allargata, che comprende anche altri corpi, come il suono, la luce o gli oggetti scenografici.

In altre parole, coreografare non significa soltanto organizzare il rapporto tra un corpo e lo spazio, ma soprattutto operare sull'estensione di questo corpo, su ciò che precede e segue la sua manifestazione tangibile, vale a dire sui rapporti spaziali che istituisce con altri corpi. In questi termini, la coreografia riguarda dunque le condizioni – e i momenti – in cui le cose appaiono in scena, per poi ritrarsi al nostro sguardo. Ciò che conta in questa architettura è la figura che emerge dal rapporto tra le entità convocate sul palco: non un corpo o l'altro, ma, per così dire, la terza entità, la «figurazione del movimento», quella che sta in mezzo e che possiamo solo intravedere: pura sismografia della presenza.

23 Cfr. Émile Benveniste, *Problèmes de linguistique générale*, vol. 1, Parigi: Gallimard, 1966, p. 327–335.

Seguendo questa logica, la composizione coreografica di Cindy Van Acker è un sistema complesso[24], concepito come un insieme strutturato di saperi, abilità e pratiche del corpo integrate tra loro, secondo cui l'atto di creazione è una qualità «emergente» che non può essere né spiegata né prevista sulla base delle leggi che regolano il funzionamento delle parti che costituiscono il processo stesso. È dunque «emergente» quel processo creativo che affiora come inatteso perché espressione di interazioni inedite e imprevedibili tra le sue componenti. Come ben sappiamo, se ignoriamo le cause di qualcosa, quel qualcosa può apparire casuale o caotico. Tuttavia, una volta compreso il passaggio da un livello all'altro – una volta chiarite le relazioni che tengono insieme gli elementi di una composizione e le logiche ad essi collegate – emergono configurazioni e comportamenti più o meno stabili e nuove pratiche di creazione coreografica. Da una relazione inaspettata nasce il comportamento creativo «emergente» e ciò che sembrava caotico diventa comprensibile. Ciò significa che tutte le composizioni coreografiche create da Cindy Van Acker hanno proprietà tangibili e logiche latenti che non possono essere spiegate sulla base dell'analisi di ciascun elemento che le organizza, perché l'opera coreografica è sempre più della somma delle sue parti. Solo così il movimento, divenuto temporaneamente visibile, potrà affiorare alla percezione delle spettatrici e degli spettatori, abitarli come si abita una sensazione passeggera, una traccia evanescente come memoria tangibile di una presenza.

24 Cfr. Edgar Morin, *La méthode: Tome 6, Ethique*, Parigi: Seuil, 2004 e anche Mauro Cerruti, Francesco Bellusci, *Abitare la complessità*, Milano-Udine: Mimesis, 2020.

Claudia Castellucci

Un tempo nel tempo

Qualche osservazione sulla coreografia di Cindy Van Acker

RÉSUMÉ

Depuis toujours, les données spatio-temporelles qui établissent les conditions d'existence du vivant sont remises en question par l'art, qui oppose à leur abyssale disproportion un autre temps et un autre espace imaginaires. Or, pour Cindy Van Acker, ces propos inhérents à l'art sont encore bornés par les limites étroites de l'imagination. Ce qu'elle cherche dans la danse envahit entièrement le plan de la réalité. Ainsi, le temps et l'espace ne constituent plus simplement les circonstances données, au sein desquelles le danseur se trouve et se meut. Ce sont des dimensions réellement remises en cause, bien au-delà du domaine circonscrit de l'art. C'est alors que surgit une coïncidence entre réalité et fiction, là où la fiction sert à manifester une réalité forcée par l'art.

ZUSAMMENFASSUNG

Raum und Zeit, die die Existenzbedingungen von allem, was lebt, festlegen, werden seit jeher von der Kunst in Frage gestellt, die auf deren Unermesslichkeit reagiert, indem sie eine andere Zeit und einen anderen Raum imaginiert. Doch für Cindy Van Acker sind diese Bestrebungen der Kunst noch zu sehr innerhalb der engen Grenzen der Fiktion verhaftet. Was sie im Tanz sucht, durchdringt die Ebene der Realität vollständig, so dass Zeit und Raum nicht einfach gegebene Umstände sind, in denen sich ein Tänzer befindet und bewegt, sondern Dimensionen, die wirklich hinterfragt werden, weit über die Grenzen der künstlerischen Kreation hinaus. Realität und Fiktion fallen zusammen, wobei die Fiktion dazu dient, eine durch die Kunst erzwungene Realität zu offenbaren.

ABSTRACT

The spatio-temporal parameters that establish the conditions of existence for all living things have always been questioned by art, which responds to this deep-rooted imbalance by imagining other forms of time and space. Yet for Cindy Van Acker, these aspirations inherent to art are still limited by the narrow confines of the imagination. What she seeks in dance invades the whole realm of reality. Time and space are no longer merely the set of circumstances in which dancers find themselves and move. Rather, they become dimensions that are genuinely called into question, not only within the boundaries of art. There now arises a coincidence between reality and fiction, where fiction serves to manifest a reality driven by art.

Le coordinate spazio-temporali che stabiliscono il piano dell'esistenza di tutto ciò che vive sono messe da sempre in discussione dall'arte, la quale risponde alla loro abissale sproporzione immaginando un altro tempo e un altro spazio. Ma per Cindy Van Acker questi insiti propositi dell'arte sono ancora troppo confinati nell'inganno della fantasia. Ciò che lei cerca nella danza invade per intero il piano della realtà, così il tempo e lo spazio non sono semplicemente le circostanze date in cui un danzante si trova e si muove, ma sono dimensioni messe in discussione realmente, non soltanto nei confini dell'arte. Qui avviene una coincidenza tra realtà e finzione, là dove la finzione serve a manifestare una realtà forzata dall'arte. Ora, cosa può un corpo di fronte all'immane sproporzione di tutto il tempo e di tutto lo spazio che lo precedono, che lo seguono, che lo prescindono? Può guadagnare spazio e tempo, ma pur sempre essere in debito, un debito di senso e di fondamento, cui hanno da sempre risposto il mito, la religione e l'arte, opponendosi, contro ogni evidenza, alla normalità. Eppure, la danza è un'arte della normalità, se per normalità intendiamo un volersi mantenere sul piano della realtà, seppure trasformandola, e non una parentesi confinata nell'immaginazione. Il percorso di un'arte *normale* è dunque, in questo senso, un programma di cambiamento *reale* delle condizioni esistenziali.

Un tempo nel tempo e uno spazio nello spazio: non un tempo soltanto immaginato e uno spazio soltanto supposto. La parola «corpo» allora – e qui pensiamo in particolare all'opera *Corps 00:00*[1] di Cindy Van Acker – diventa il centro di un dramma *reale*, per la sopportazione del tempo e dello spazio quali arcigne catene da esorcizzare. Qui la danzatrice si pone sull'orlo di un baratro che affronta a mani nude: mette all'opera il corpo e i movimenti determinati da articolazioni date e specifiche. La danza ha qui un aspetto rigoroso, quasi dolente, perché patisce il tempo e lo spazio nella loro realtà, la quale, in un solo istante, potrebbe riconquistare il suo dominio, fare valere la sua caotica potenza e così disintegrare l'opera dell'arte. Il tempo, infatti, potrebbe confondere il rapporto mentale tra memoria e anticipazione del danzatore – e così portare la danza fuori-tempo; e lo spazio potrebbe inceppare il rapporto tra peso e movimento – e così far crollare l'equilibrio... con il risultato di una danza in preda alla *possibilità dell'errore*. L'errore è qui inteso come il sopravvento di una realtà che non tollera alcuna opera tesa a metterne in discussione i fondamenti, e non come una banale sfasatura. Ora, la coreografia di Cindy Van Acker è un'arte che affronta intensamente la possibilità di un errore di questa specie, ma proprio ciò rivela la sua qualità di arte *normale*, un'arte che partecipa cioè di questa normale condizione.

1 Debutto: 10 ottobre 2002, ADC – Association pour la danse contemporaine, Ginevra. Maggiori informazioni e immagini: https://www.ciegreffe.org/corps-0000 (consultato il 15 novembre 2023).

I Mentre tutte le altre arti cercano di dissimulare o di correggere l'errore, qui abbiamo una danza che lo prende sul serio, ammettendo la sua possibile capacità di distruzione. La danza – arte normale – non può correggere l'errore, perché non può tornare indietro; patisce la condizione più severa del tempo; sente che l'errore rivela qualcosa che sta al fondo, per cui è necessaria un'attenzione sempre tesa verso ciò che c'è e ciò che sta avvenendo; ma è proprio l'essere pronti alla sua eventualità che qualifica l'atteggiamento dell'interprete-danzatore. La «minaccia» dell'errore non si risolve in un semplice timore di sbagliare, ma dispone l'interprete a un'attenzione continua e orientata in tutte le direzioni. Chi sopporta tanto impegno senza riposo, lo fa perché, al pari dell'errore, in qualsiasi istante può insinuarsi la *grazia*, che è il compimento perfetto della relazione tra dimensioni, forme e persone, condotte in una realtà trasformata dalla comprensione di tutto quello che c'è in quel momento: bello e brutto; giusto e ingiusto, e pur mantenendo vitree le distinzioni... Solo chi è pronto a sopportare la venuta dell'errore, può esserlo altrettanto per sopportare la venuta della grazia, così da essere degno di queste determinazioni estreme e del loro rango cosmico. In quasi tutte le altre arti si può tornare tranquillamente indietro, cancellare l'errore e rifare un pezzo fino alla perfezione, ma questa – di per sé – potrà certo essere ammirata esteriormente, senza che niente risuoni come una chiamata personale, sentita nella stessa trepidazione che sta vivendo l'interprete in

quel momento. Allora si capisce che il titolo *Corps 00:00* è il più onesto possibile per annunciare una danza che affronta con franchezza ogni nuovo inizio: qui la danzatrice attraversa un segmento di spazio facendo affidamento alle articolazioni del proprio corpo come le sole misure della distanza e del tempo. Qui si può contemplare la statura morale dell'arte di Cindy Van Acker, perché la *misura* attuata dal corpo è un concetto che, come ci ha insegnato Émile Benveniste nel suo *Vocabolario delle istituzioni indoeuropee*[2], indica, fin dalle origini, una decisione di ordine morale, per cui ne va dell'integrità della vita individuale e sociale; non corrisponde a una semplice misurazione o a un esercizio di proporzioni. Ora, nella danza di Cindy Van Acker, il prendere delle decisioni morali significa essere consapevoli di ogni attimo nel mare aperto delle possibilità. Non c'è mai nulla di «fatto»: la danza è un fare che va condotto in ogni istante per tenere il *proprio tempo* nel tempo abissale. Un tempo nel tempo. Questa è anche la ragione per cui la sua danza è commuovente al di là di ogni tratto psicologico. La scena non comunica concetti e sistemi verbali da afferrare, ma provoca un sentimento che, nelle decisioni attuali di un danzatore, percepisce il proprio stesso

2 L'autrice fa qui riferimento a Émile Benveniste, *Il vocabolario delle istituzioni indoeuropee*, edizione italiana a cura di Mariantonia Liborio, volume secondo, capitolo quarto, Torino: Einaudi, 1976, pp. 376–381. (Versione originale: Id., *Le Vocabulaire des institutions indo-européennes*, 2 tomes, Paris: Minuit, 1969).

esistere. La rinuncia alla parola, tipica della danza, non è il rifiuto di pensare, ma è quel modo di pensare che è già un fare. Veramente la danza che scaturì in ambito greco sorse assieme alla parola, ma era una parola declamata e battuta con il piede, una parola già in atto. La poesia e la danza trovarono le loro parole nel *ritmo*, non nel significato che si pensava di voler esprimere. La poesia e la danza non cercano il significato, perché spetta soltanto al ritmo rivelarlo con parole *trovate* grazie alle corrispondenze metriche che il ritmo esige più di ogni altro scopo. Il ritmo è la condizione per aprirsi a un senso trovato, a una sorgente sconosciuta. Il ritmo è quella parte che, nella danza, si oppone alla realtà cronometrica e, nella contesa, forza quest'ultima in una forma. La metrica sta alla danza come la parola sta alla poesia, ma entrambe sono arti che solo nella misura e nel ritmo trovano il loro significato.

In questa pièce tragica di Cindy Van Acker – perché tragico è il destino di un'umanità che patisce l'inconcepibile vastità del tempo e dello spazio entro i quali si sente perduta – è trattata anche un'altra realtà oscura: il *caso* che, così come l'errore, viene ad annullare ogni volontà sulla forma. In un momento della pièce, il caso è determinato da impulsi elettrici che agiscono sui nervi della danzatrice in una maniera imprevedibile. Ora, Paul Valéry in *Degas, Danse, Dessin* descrive la danza come «un'arte dei movimenti umani, di quelli che possono definirsi *volontari*»[3], dunque decisi a imporsi sul caso o sulla necessità. È vero! Ma in *Corps 00:00*, attraverso gli impulsi elettrici sui nervi, Cindy Van Acker affronta proprio il *caso* che, come un'ombra, assedia ogni volontà e ogni abitudine: tutto ciò che ci si aspetta. È la rivelazione icastica e coraggiosa di come la danza possa sopportare quell'ombra profonda che segue sempre la luce della volontà. Questa è una metafora dell'arte capace di grandi e misteriose sopportazioni.... ed è ciò che ci comunica la coreografia di Cindy Van Acker, il cui rigore corrisponde a un'algebra del *pathos*, non a un'esecuzione che «torna», come un calcolo. La forma netta della sua coreografia è il frutto di un tormento nascosto che non viene esposto in una trama da conoscere o da riferire, ma che trapassa nella mente di chi vi riconosce il proprio sé.

3 L'autrice fa qui riferimento a Paul Valéry, *Degas, danza, disegno*, edizione italiana a cura di Beniamino Dal Fabbro, Milano: SE SRL, 1999, p. 21. (Edizione originale francese: Id., *Degas, Danse, Dessin*, Parigi: Gallimard, 1938).

Genève, Août 2023

Chère maman,

329

Je viens d'achever deux semaines de vacances sous le soleil de Grèce. Je me revois dans le bateau qui traverse l'archipel des Cyclades, le trajet qui achemine les gens des îles, où rien n'est accessible, jusqu'à la grande capitale d'où tout commence : Athènes. Au fil de ce voyage, je vais essayer de rassembler tout ce que j'ai pour t'écrire une lettre remplie de pensées, d'émotions ressenties, de visions et d'opinions construites au fil du temps, un message de moi à toi pour te montrer qui tu es à travers mes yeux, comment je te vois, je t'admire et je t'aime.

Naxos

Naxos est la plus grande et la plus haute île de l'archipel, une cité puissante durant l'Antiquité.

J'essaie de résumer, de concrétiser ce que je ressens, pour nous créer une place, pour laisser une trace de mon interprétation de tout ce que tu as entrepris et aussi pour te féliciter à l'occasion de cet important prix. Je voudrais réussir à te montrer à quel point je t'admire, toi, maman, Cindy Van Acker, la mère et l'artiste : une grande femme qui s'est créée une place dans le monde de la culture à sa manière, qui n'a pas eu peur de s'exprimer, de déplaire, d'être jugée et qui a su, par sa puissance, son talent et sa persévérance, entreprendre une carrière, construire une famille, et encore plein de belles choses. Une femme qui est aujourd'hui reconnue pour tous ses efforts acharnés, son ambition et son amour. Cette grande femme, c'est toi.

Kea

Anciennement appelée Hydroussa, à cause de sa quantité d'eau, Kea est une île pleine de ressources dont les êtres humains ont besoin.

Maman, ce petit nom auquel je suis particulièrement attachée et qui me rassure dans ma représentation de toi, ma maman. Toi qui me faisais mes tartines et m'accompagnais à l'école tous les matins, toi qui penses toujours à avoir ce qu'il faut pour répondre à mes nombreux « Maman, j'ai faim », toi qui m'as concocté une petite huile essentielle pour que j'arrête de faire pipi au lit, toi avec qui je faisais des plateaux télé devant *Elementary* et avec qui je passais mes dimanches à ranger en musique, toi qui m'as fait découvrir les films de Godard et Truffaut. Toi qui m'aides à trouver des solutions à mes problèmes les plus absurdes, toi qui venais voir mes portes ouvertes de danse, qui nous as élevées au mieux, ma sœur et moi, et qui nous as soutenues dans tout ce que nous avons entrepris. Toi qui es toujours à l'écoute, qui as la boule au ventre quand je vais mal, et qui te mobilises de toutes les façons pour m'aider, toi qui es toujours heureuse de me voir, qui me prépares les meilleurs plats, et qui sais exactement ce dont j'ai besoin à certains moments. Toi avec qui j'ai refait des dizaines de fois la composition de notre chez nous, qui m'as emmenée découvrir le monde, toi qui m'aimes plus que tout, qui as toujours les ressources dont j'ai besoin.

Kythnos

Cette île doit son nom à Kythnos, roi du lieu mais aussi fils du dieu Apollon.

Maman, je t'ai toujours appelée maman, mais j'ai vite compris que tu n'étais pas seulement ma maman, tu es aussi la danseuse et chorégraphe Cindy Van Acker. Un métier différent de celui des autres parents, un monde à part dans lequel tu m'as fait grandir et qui était pour moi ton monde, un endroit où je pouvais te retrouver sans enjeu mère-fille. C'est une vision de l'espace propre à toi, un espace de corps, de son, de lumière et de mouvement. Te rappelles-tu que, quand j'étais petite, on me demandait souvent mon avis sur ton travail et je répondais toujours : « Ma maman, quand elle danse, on dirait un robot. » Je te voyais sur scène, pendant ce qui me semblait une éternité, en train de faire ce que tout le monde qualifiait de « danse ». Un concept que j'avais du mal à comprendre quand, en l'espace de cinq minutes, ton bras s'était simplement déplacé d'un angle de nonante degrés à zéro sur une multitude de sons sans parole. Je ne comprenais pas ce que tu faisais, mais j'étais fière de toi et fière que tu sois ma maman.

Ion signifie « allant, qui va » en grec et est aussi le titre d'une pièce que tu avais créée en 2015[1].

Je t'ai observée pendant vingt minutes dans une boîte aux parois transparentes, vêtue d'une culotte couleur chair, pliée en deux sur une couverture, avec des électrodes qui contractaient tes muscles, et les gens lisaient des phrases écrites sur ton corps : une image parfaitement claire pour moi, mais pour laquelle je ne trouvais pas de sens. Je me rappelle avoir été tellement confuse de voir ma maman éteinte dans une boîte : « Il faut la sortir, elle doit s'ennuyer, elle me voit, elle sait que je suis là, pourquoi elle ne me fait pas signe ? » Parce que ce n'était pas maman dans la boîte, c'était Cindy Van Acker. Et voilà comment j'ai commencé à comprendre que tu n'es pas juste ma maman.

Peu après, j'ai commencé à insister : « Maman, j'aimerais faire une pièce avec toi ! » – le même genre de requête que : « Maman, je veux un chat ! ». Ce combat fut plus long, mais a aussi fini par être gagné… Enfin, un soir tu es venue dans ma chambre pour me demander si je voulais participer à l'une de tes créations. L'aventure de *Zaoum*[2] a démarré, avec les jours d'écoles manqués pour les répétions et les week-ends prolongés pour partir en tournée en dehors de Genève. J'étais entrée dans ce monde que je connaissais seulement de loin, qui m'était déjà familier, mais qui ne m'appartenait pas encore. Je me souviens toujours des mouvements que je devais faire durant mon moment seule sur scène : j'étais en tailleur, mes revers de mains étaient collés l'un contre l'autre et

1 La création de *Ion* avait eu lieu le 22 avril 2015 au Kaaitheaterstudio's de Bruxelles. De plus amples informations, ainsi que plusieurs images et une vidéo sont disponibles sur le site web: https://www.ciegreffe.org/ion (consulté le 20 septembre 2023).

2 Création le 29 septembre 2016 à l'Arsenic – Centre d'art scénique contemporain de Lausanne. Pour plus d'informations et images voir le site web: https://www.ciegreffe.org/zaoum (consulté le 20 septembre 2023).

montaient ensemble lentement jusqu'à mon visage, avant de s'ouvrir pour former une couronne au sommet de mon front. Des mouvements travaillés et retravaillés, ayant pour modèle la chorégraphe, ma maman, que j'avais vue toute ma vie danser en bougeant lentement ses bras. En parallèle, j'ai commencé à découvrir une femme différente, moins douce, plus exigeante et agacée. Et j'ai commencé à me découvrir moi-même, une jeune fille qui doit faire abstraction de son privilège et montrer un certain professionnalisme, acceptant que « maman » n'est pas disponible pendant les heures de travail, même lorsque je participe à l'une de ses créations. Cet endroit de rencontre, sans enjeu mère-fille, où j'ai pu te découvrir d'une autre manière, est pour moi très précieux.

Athènes

La capitale de Grèce doit son nom à Athéna : déesse de la sagesse, de la stratégie guerrière, des arts, de la science et des activités artisanales, de la justice et du combat, mais surtout protectrice des artisans et de la cité d'Athènes.

Les pensées que j'arrive aujourd'hui à formuler sur ton travail sont le fruit de dix-sept ans d'observation, d'ennui, de mise en place de ma propre réflexion par rapport au monde et à la danse, et ces mots sont surtout le fruit d'un travail de dissociation entre la maman et la danseuse et chorégraphe, qui me permet maintenant de retrouver la personne que tu es dans ton travail, vision sans laquelle je serais incapable de m'exprimer aujourd'hui. L'enjeu pour moi, pour nous, était aussi que je réussisse à avoir accès à la personne que tu es sans la danse. Une découverte que je suis en train de faire et que j'approfondirai sûrement dans les années à venir. Je suis reconnaissante de pouvoir t'écrire, de pouvoir m'exprimer sur la grande artiste que tu es dans le cadre de cette importante remise de prix, qui honore une vie de

travail, de sacrifices, d'implication mais surtout qui te représente toi. Je suis extrêmement fière et admirative de toi sur le plan professionnel et du parcours qui t'a menée jusqu'ici, mais cela n'est rien par rapport à la reconnaissance que j'ai d'être protégée chaque jour par une maman comme toi.
Ma déesse à moi.

Elia

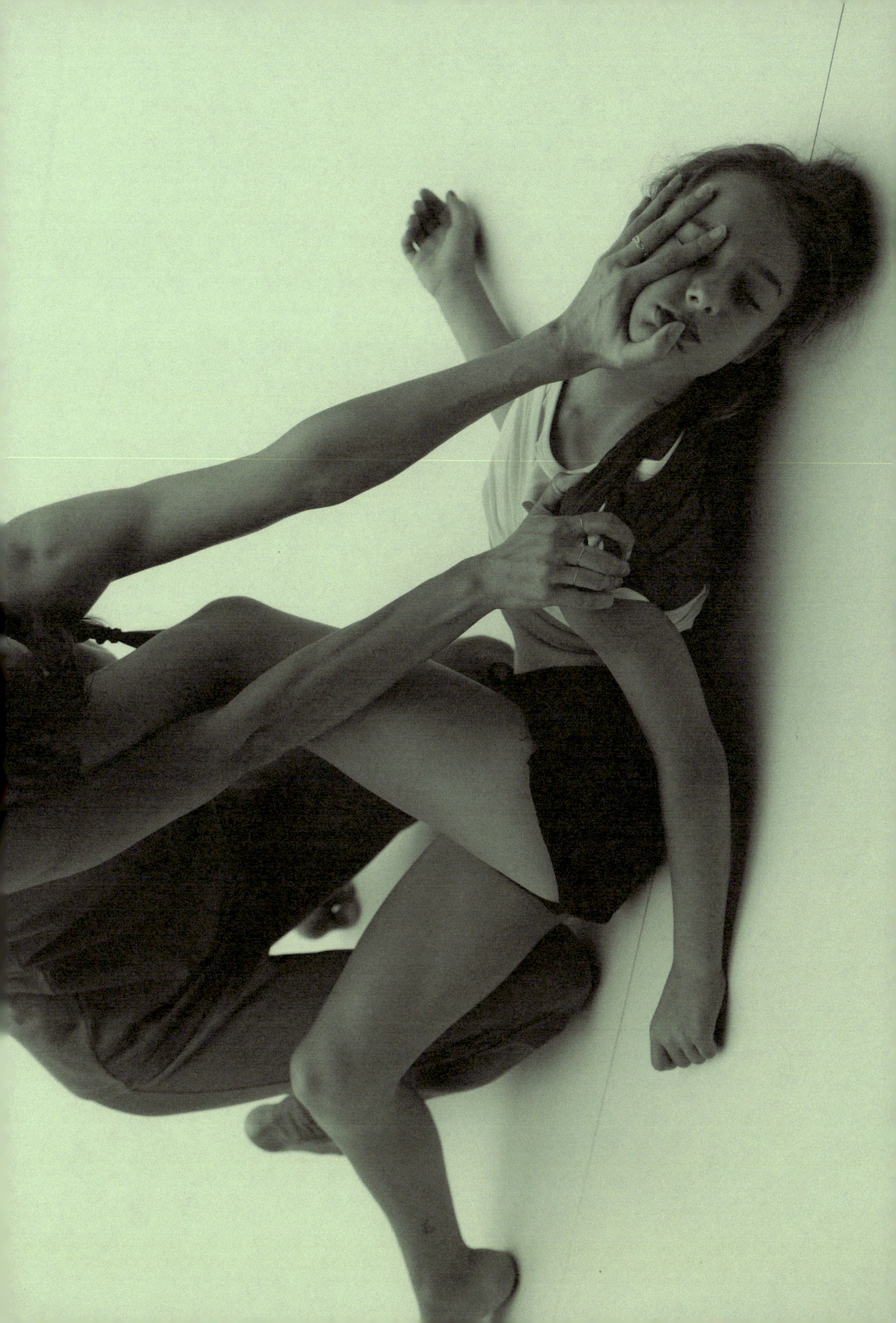

ZUSAMMENFASSUNG

Elia Van Acker bringt Bewunderung und Liebe für ihre Mutter - die Tänzerin und Choreografin Cindy Van Acker - in Briefform zum Ausdruck. Angeregt von einer Reise durch die Kykladen, von Naxos nach Athen, spricht die junge Frau zu ihrer «Maman», die neben ihrem künstlerischen Engagement stets ein offenes Ohr für ihre zwei Töchter hat. Elia erzählt, wie es für sie war, in einer besonderen Welt aufzuwachsen, mit einer Mutter, deren Beruf sich von dem der anderen Eltern unterscheidet. Für sie ist es auch eine Gelegenheit, über die eigenen Anfänge in der Welt des Tanzes - 2016 an der Seite ihrer Mutter bei *Zaoum* - zu reden. Zwischen den beiden entwickelt sich eine neue, professionelle Beziehung. Als Tänzerin wie als Tochter möchte die 17-jährige mit ihrem *Brief an Cindy* vor allem Dankbarkeit für die Frau zeigen, die sie als ihre «Göttin» bezeichnet.

RIASSUNTO

Elia Van Acker, figlia della danzatrice e coreografa Cindy Van Acker, esprime in forma epistolare il proprio amore per la madre. Traendo spunto da un viaggio nell'arcipelago delle Cicladi, da Naxos ad Atene, la giovane donna parla alla sua «Maman», sempre disposta all'ascolto malgrado gli impegni in campo artistico.

Un lavoro molto diverso da quello degli altri genitori, che ha portato Elia Van Acker a crescere in un universo a parte. Nella lettera rievoca anche il suo esordio nel mondo della danza, al fianco della madre in *Zaoum* nel 2016. Tra Elia e Cindy Van Acker s'instaura un nuovo rapporto, questa volta professionale. Nella sua *Lettre à Cindy*, la diciassettenne intende però innanzitutto dimostrare, come danzatrice e figlia, la sua profonda gratitudine nei confronti di colei che definisce la sua «dea».

ABSTRACT

Elia Van Acker, daughter of Cindy Van Acker, has chosen to express her love and admiration for her dancer-choreographer mother in the form of a letter. Taking inspiration from her journey across the Cyclades archipelago from Naxos to Athens, she speaks to her "*maman*", who's always been ready to listen, even while pursuing an artistic career. Evidently, this professional path - so different to that of other parents - means that Elia has grown up in a world apart. The letter is also an opportunity for Elia to recount her own debut in the world of dance in 2016 when, participating in the adventure of her mother's *Zaoum* production, a new - and, this time, professional - relationship was formed between the two. And now, in her role as both dancer and daughter, this young woman, 17 years old, wishes to convey in her *Lettre à Cindy* the gratitude that bonds her to the one she calls her "goddess".

Annexes

Anhang

Appendice

Appendix

Remerciements des coéditeur·trices
Danksagung des Herausgeberteams

En premier lieu, nous tenons à remercier de tout cœur Cindy Van Acker, Stéphanie Bayle, Anne Davier et Michèle Pralong pour leurs très stimulantes et précieuses impulsions, ainsi que pour leurs contributions à cet ouvrage. Nos remerciements chaleureux vont à toutes et tous les auteur·es, aux artistes interviewé·es, aux danseur·euses de la Cie Greffe, aux traducteur·trices et aux correcteur·trices, ainsi qu'aux photographes pour les droits de publication de leurs images. Nous sommes très réconnaissant·es envers l'Office fédéral de la culture, et en particulier envers Claudia Rosiny, responsable Arts de la scène, pour le généreux soutien et la très belle préface. Merci beaucoup aussi à Ulrike Döring des Éditions Peter Lang pour l'agréable collaboration, à Adeline Mollard pour sa magnifique conception graphique et à l'imprimerie Gremper pour le travail minutieux.

An dieser Stelle möchten wir uns in erster Linie bei Cindy Van Acker, Stéphanie Bayle, Anne Davier und Michèle Pralong für die stete Hilfsbereitschaft, die anregenden Denkanstösse und ihre wertvollen Beiträge für den vorliegenden Band von Herzen bedanken. Sehr verbunden sind wir allen Autor:innen, den interviewten Künstler:innen, den Tänzer:innen der Cie Greffe, den Übersetzer:innen und Korrektor:innen sowie den Fotograf:innen für die Bildrechte. Grosser Dank gilt Claudia Rosiny, Verantwortliche Darstellende Künste im Bundesamt für Kultur, für die grosszügige Unterstützung und das schöne Vorwort. Vielen herzlichen Dank auch an Ulrike Döring vom Verlag Peter Lang für die angenehme Kooperation, Adeline Mollard für die überzeugende grafische Gestaltung und an die Druckerei Gremper für die sorgfältige Arbeit.

Documentation
Dokumentation
Documentazione
Documentation

Une vue d'ensemble des créations et du parcours artistique de Cindy Van Acker, ainsi qu'une documentation détaillée (incluant des textes, des images et des vidéos) sont disponibles sur le site web de sa Cie Greffe, constamment actualisé :

Una panoramica delle creazioni e del percorso artistico di Cindy Van Acker, come pure un'ampia documentazione (in testi, immagini e video) sono disponibili sul sito internet della sua Cie Greffe, costantemente attualizzato:

Eine Übersicht der Kreationen und des künstlerischen Werdegangs von Cindy Van Acker sowie eine ausführliche Dokumentation (in Text, Bild und Video) sind auf der laufend aktualisierten Website ihrer Cie Greffe abrufbar:

An overview of Cindy Van Acker's artistic production and career as well as a detailed documentation (featuring texts, images and videos) can be accessed on her Cie Greffe website, which is regularly updated.

https://www.ciegreffe.org/

L'écriture minutieuse de Cindy Van Acker, qui allie lenteur, mentalisation, contrainte, géométrie, minimalisme et spatialisation sonore, se déploie sur un territoire extrêmement singulier. Alternant soli puissants et pièces de groupe saisissantes, travaillant également le mouvement au cœur de l'opéra avec Romeo Castellucci, Cindy Van Acker produit une danse essentiellement abstraite et pourtant toujours directement connectée à l'idée de lutte, de résistance : *de strijd* en flamand.

Le parcours de Cindy Van Acker est marqué notamment par ses rencontres avec la chorégraphe Myriam Gourfink, le musicien électronique Mika Vainio, le plasticien Victor Roy et l'artiste et metteur en scène Romeo Castellucci. Depuis novembre 2017, Cindy Van Acker est Artiste Associée au Pavillon ADC – Association pour la danse contemporaine à Genève.

Formée au Stedelijk Instituut voor Ballet de Anvers, Cindy Van Acker a d'abord été danseuse classique au Ballet Royal de Flandre (1989–1991) puis interprète au Grand Théâtre de Genève (1991–1993). Elle fait ses débuts dans la scène indépendante genevoise en 1994, fonde ensuite sa Compagnie Greffe à Genève et créée *Corps 00:00* en 2002, ainsi que *Fractie et Balk 00:49* en 2003 : des pièces qui obtiennent immédiatement une reconnaissance internationale. Après ces soli, elle présente sa première pièce de groupe, *Pneuma*, en 2005. Ce trajet allant du solo vers les compositions de groupe est une constante dans le parcours de Cindy Van Acker. Ainsi, les six soli *Obvie, Lanx, Obtus, Nixe, Nodal* et *Antre* (2008–2009) conduisent-ils à une pièce pour six interprètes, *Diffraction* (2011), et la série des *Shadowpieces* (2019–2021) annonce-t-elle *Without References* (2021), pour onze interprètes.

Dès *Kernel* (2007), qui distribue la réalisation d'un mouvement sur un chœur de trois interprètes, Cindy Van Acker commence à explorer la manière dont un ensemble de danseur·euses peut être considéré comme un seul organisme. Il s'agit de compositions qui travaillent, selon les pièces, sur l'itération mécanique, sur le mouvement animal ou sur la propagation d'ondes immatérielles, tout en cherchant la manifestation de l'humanité. On peut suivre ce tropisme au travers de *Magnitude* (2013), créé pour 22 danseur·euses du Ballet Junior de Genève, *Anechoic* (2014), pièce de plein air pour 53 interprètes, ou encore dans certaines parties des *Elementen* (2016–2017), composés pour le Ballet du Grand Théâtre de Genève et pour le Ballet de Lorraine.

Qu'elle s'intéresse aux significations du mot « obvie », selon Barthes, pour un solo qui porte le même titre, au transport des charges électriques dans *Ion* (2015), au futurisme russe pour *Zaoum* (2016), ou à la peinture de Michaël Borremans pour *Speechless Voices* (2018), la chorégraphe produit des pièces qui abolissent les frontières entre danse, performance et arts visuels. L'exposition *Score Conductor*, conçue avec l'artiste et scénographe Victor Roy en 2012, montre de manière plastique les partitions chorégraphiques de Cindy Van Acker ; la publication *Partituurstructuur* (Héros-Limite, 2012), sous la direction de Michèle Pralong, croise langage chiffré, danse et poésie ;

le coffret *6/6* (2014) regroupant les films d'Orsola Valenti inspirés des six soli *Obvie, Lanx, Obtus, Nixe, Nodal* et *Antre* transpose la danse en extérieur. Des projets qui confirment les transversalités du geste de création de la chorégraphe.

En 2005, Romeo Castellucci sélectionne Cindy Van Acker pour représenter la Suisse à la Biennale de Venise avec *Corps 00:00.* S'ensuivent de nombreuses collaborations artistiques : *Inferno* et *Purgatoire*, librement inspirés de la *Divine Comédie* de Dante Alighieri au Festival d'Avignon en 2008 ; *Parsifal* de Richard Wagner à La Monnaie de Bruxelles en 2011 ; *Moses und Aaron* de Arnold Schönberg à l'Opéra Bastille de Paris en 2015 ; *Tannhäuser* de Wagner à la Bayerisches Staatsoper à Munich en 2017 ; *La Flûte Enchantée* de Mozart à La Monnaie en 2018, *Salomé* de Richard Strauss en 2018, *Don Giovanni* de Wolfgang Amadeus Mozart en 2021 et *De Temporum Fine Comoedia* de Carl Orff en 2022 au Festival de Salzbourg ; *Das Rheingold* de Wagner à La Monnaie en 2023. Toute à la complicité de ces productions, en 2021, Cindy Van Acker a invité Romeo Castellucci à concevoir la scénographie de sa pièce de groupe *Without References.*

Son œuvre a valu à Cindy Van Acker de nombreuses distinctions, notamment deux Prix suisses de la danse, décernés par l'Office fédéral de la culture (en 2013 pour *Diffraction* et en 2019 pour *Speechless Voices*), la médaille de Chevalière de l'ordre des Arts de des Lettres en 2018, ainsi que le Prix Culturel Leenaards et le Grand Prix Suisse des arts de la scène / Anneau Hans Reinhart en 2023.

Auteur·es et coéditeur·trices
Buchbeitragende
Autori/trici e curatori/trici
Authors and Editors

Roberta Alberico

Roberta Alberico a étudié la Littérature et la Philosophie à Lausanne, Berlin et Paris. Ensuite, elle a travaillé au TU–Théâtre de l'Usine et à l'Abri de Genève en tant que responsable de la communication et de la presse et en tant que membre du collectif de programmation. En 2022, elle a cocréé, avec Camille Poudret, Schlag Production, qui suit des artistes en administration et production. Elle collabore également à différentes productions scéniques comme regard extérieur ou dramaturge notamment avec Claire Dessimoz, Yan Duyvendak et le collectif anthropie.

Stéphanie Bayle

Stéphanie Bayle a dansé pour la Cie 7273, Gilles Jobin, Rafaële Giovanola, Tabea Martin, Lucinda Childs, La Ribot. En 2012, elle rejoint la Cie Greffe et accompagne depuis Cindy Van Acker en tant que collaboratrice artistique. Depuis 2015, Stéphanie Bayle est assistante à la chorégraphie sur les mises en scène d'opéras de Romeo Castellucci. Elle est aussi interprète et collaboratrice de Yasmine Hugonnet depuis 2019. Elle suit actuellement le master Études en Danse à l'Université de Paris 8 et mène aussi une activité d'audiodescriptrice pour la danse au sein de l'association Accès Culture à Paris.

Claudia Castellucci

Drammaturga, coreografa e didatta, Claudia Castellucci è cofondatrice, nel 1981, della Societas Raffaello Sanzio, oggi Societas. Dagli anni Novanta crea Scuole attraverso le quali conduce una peculiare ricerca tra movimento ritmico e filosofia; fino a fondare nel 2015 Mòra, che si costituisce in Compagnia di Danza nel 2019. Il Leone d'Argento alla Biennale Danza di Venezia, nel 2020, segna il più alto riconoscimento del suo lavoro coreografico. È inoltre autrice di diversi testi di drammaturgia, arte scolastica e coreografia pubblicati da Bollati Boringhieri, Quodlibet, Edizioni Sete.

Romeo Castellucci

Regista, creatore di scene, luci e costumi, Romeo Castellucci è conosciuto in tutto il mondo per aver dato vita a un teatro fondato sulla totalità delle arti e rivolto a una percezione integrale dell'opera. Propone una drammaturgia che ribalta il primato della letteratura, facendo del suo teatro una complessa forma d'arte; un teatro fatto di immagini, espresso in un linguaggio comprensibile come la musica, la scultura, la pittura o l'architettura. Le sue messe in scena sono tuttora regolarmente invitate e prodotte dai più prestigiosi teatri internazionali, festival e teatri d'Opera in oltre sessanta paesi che coprono tutti i continenti. Ha diretto l'edizione 2005 della Biennale Teatro di Venezia, è stato artiste associé del Festival di Avignone nel 2008, regista ospite alla Schaubühne di Berlino (2013–2015) e Grand invité della Triennale di Milano (2021–2024). Ha ricevuto importanti premi e riconoscimenti, fra cui il Leone d'oro alla carriera nel 2013.

Léo Chavaz

Léo Chavaz travaille au Pavillon ADC – Association pour la danse contemporaine à Genève comme chargé de programmation et s'occupe notamment de l'accompagnement des projets artistiques. Il a aussi travaillé au TU–Théâtre de l'Usine à Genève, ainsi qu'au NOF – Nouvel Opéra Fribourg et a suivi le CAS en Dramaturgie de l'Université de Lausanne et de La Manufacture – Haute École des arts de la scène Lausanne. Il collabore également à différentes productions scéniques comme regard extérieur ou dramaturge.

Cécile Dalla Torre

Née d'un père metteur en scène et d'une mère harpiste, Cécile Dalla Torre choisit la musique avant de se tourner vers les langues et le journalisme culturel. Diplômée de l'École supérieure d'interprètes et de traducteurs à Paris, et titulaire d'un CAS (Certificate of Advanced Studies) en Dramaturgie et Performance du texte de l'Université de Lausanne, elle est responsable de la rubrique «Scène» du quotidien romand *Le Courrier* depuis 2011. Elle y lance les pages «Inédits Théâtre», parrainées par la Société suisse du théâtre, dont elle rejoint le comité directeur en 2021. Journaliste et critique de danse et de théâtre, elle est aussi rédactrice web et éditrice.

Anne Davier

Anne Davier obtient à l'Université de Genève un master en littérature puis en sciences de l'éducation, formations complétées par un diplôme d'université à Besançon en Art, danse et performance. Elle enseigne au service médico-pédagogique de Genève avant de rejoindre l'ADC (pavillon-adc.ch) en 2000. Ses responsabilités évoluent parallèlement au développement de l'ADC, dont elle prend la direction en 2018. Elle est la co-auteure avec Annie Suquet de *La danse contemporaine en Suisse, 1960–2010. Les débuts d'une histoire* (Zoé, 2016), puis traduit en allemand et en russe.

Anne Fournier

Anne Fournier a suivi des études de Lettres à l'Université de Lausanne avant de rejoindre l'Université de Paris 8 pour y effectuer un diplôme d'études approfondies en Arts de la scène. Elle travaille ensuite comme correspondante à Zurich et critique de théâtre pour le quotidien *Le Temps* (2004–2014), puis pour la Radio Télévision Suisse RTS (2014–2017) et, entre 2017 et 2022, elle a été correspondante à Paris pour la RTS. Depuis 2023, elle est rédactrice pour la RTS à Lausanne. Elle est membre du comité directeur de la Société suisse de théâtre, qu'elle a coprésidé de 2010 à 2018, et a fait partie du jury fédéral de théâtre (2014–2019).

Luc Gendroz

Éclairagiste et régisseur lumière, Luc Gendroz collabore avec Cindy Van Acker depuis la création de la Cie Greffe en 2002. Il travaille depuis 1988 avec de nombreuses compagnies de théâtre et de danse suisses dont Fabienne Berger, Philippe Saire, l'Alakran d'Oscar Gómez Mata, Marie-Caroline Hominal (*Hominal/Hominal*, 2023) et Guillaume Béguin (*Le Baiser et la morsure*, 2013; *Je suis le vent*, 2014; *Les Nuits enceintes*, 2022).

Paola Gilardi

Copresidente della Società Svizzera di Studi Teatrali dal 2018 e redattrice responsabile della collana *MIMOS*. Paola Gilardi è giornalista, pubblicista, traduttrice e docente. Dopo la laurea in Germanistica, Scandinavistica e Italianistica a Basilea ha insegnato per diversi anni presso le Università di San Gallo e Friburgo. In seguito, è stata responsabile di progetto nel settore Comunicazione della Fondazione svizzera per la cultura Pro Helvetia (2009–2013). Collabora regolarmente a progetti teatrali ed editoriali, fra cui il plurilingue *Dizionario teatrale svizzero* (Chronos 2005) e *L'encyclopédie mondiale des arts de la marionnette* (L'Entretemps 2009). Dal 2004 al 2008 ha fatto parte della giuria dell'Anello Hans Reinhart e dal 2020 è vicepresidente del Consiglio di fondazione di SAPA – Archivio svizzero delle arti della scena.

Myriam Gourfink

Autrice de nombreuses pièces, Myriam Gourfink propose depuis 1996, via la pratique des yogas, de mesurer le temps du geste dansé par le souffle et la sensorialité. Sa collaboration et les intenses échanges avec Cindy Van Acker commencent en 2001 par la création du solo *Marine*. Myriam Gourfink cherche à créer des espaces résonnants qui absorbent l'attention et troublent la perception, notamment temporelle, des spectateur·trices; des expériences où les corps se transforment lentement. L'exploration de l'élasticité et de l'amplitude pulmonaire l'a conduite à étudier la cinétographie Laban afin d'écrire des partitions et de développer, accompagnée par l'IRCAM (Institut de Recherche et de Coordination Acoustique/Musique) à Paris, des dispositifs chorégraphiques souples et ouverts qui, tout en amenant les interprètes à effectuer des choix, les informent de la visée sensible de l'ensemble du projet.

Rikke Lundgreen

Rikke Lundgreen is an artist who curates sound-based exhibitions and events. She also administers Mika Vainio's studio, archive and collections of records and books in Oslo where she and the composer-musician lived. Together with Tommi Grönlund, she founded the sound-based project Museum of Sound in 2020. As an artist, Lundgreen works with a range of techniques such as sound, film and drawing, often using a performative event as the starting point for the installations she creates. Lundgreen is currently conducting a research project about drawing in the expanded field with Anna Carin Hedberg at the National Museum in Oslo.

Samuel Pajand

Multi-instrumentiste, créateur sonore et performeur, Samuel Pajand a travaillé avec Cindy Van Acker pour les créations *Ion* (2015) et *Zaoum* (2016). Il crée aussi des installations sonores avec Victor Roy (*Phare*, 2017; *Champ*, 2020) et collabore notamment avec les metteurs en scène Vincent Macaigne, Joris Lacoste (*9 lyriques pour actrice et caisse claire*, 2005–2010) et Julia Perrazzini (*Le Souper*, 2019), ainsi qu'avec les chorégraphes Marco Berrettini (*I feel 3*, 2016, *I feel 4*, 2017) et Marie-Caroline Hominal (*Sugar Dance*, *Le Cirque Astéroïde*, 2020). Samuel Pajand travaille également comme plasticien (*L'Horloge de l'amour, 2020; 57 points de rencontre*, 2022).

Enrico Pitozzi

Docente presso l'Università di Bologna, Enrico Pitozzi è stato professore invitato presso le Università di Parigi (ENS), Montréal (UQAM), Valencia e Francoforte. Coordina il corso di laurea magistrale in Discipline della musica e del teatro dell'Università di Bologna e dirige il master «Ikona. Produzione, curatela digitale e valorizzazione del patrimonio audiovisivo dello spettacolo dal vivo». Dirige, con Ermanna Montanari, il Centro internazionale di vocalità Malagola, fondato a Ravenna nel 2021. Tra le pubblicazioni figurano *Magnetica. La composizione coreografica di Cindy Van Acker* (Quodlibet, 2015) e, con Isabelle Choinière e Andrea Davidson, *Through the Prism of the Senses* (Intellect Books, 2019).

Michèle Pralong

Praticienne de théâtre basée à Genève. De 2006 à 2012, Michèle Pralong co-dirige le GRÜ/transthéâtre Genève avec la metteure en scène et performeuse Maya Bösch. De 2012 à 2018, elle travaille en tant que dramaturge et réalise des mises en scène.
De 2018 à 2022, elle conçoit, produit et porte en scène avec Julie Gilbert et Dominique Perruchoud *Vous êtes ici*: projet utopique de feuilleton théâtral, réunissant tous les théâtres de Genève. Mise à mal par la pandémie, cette série est racontée dans un livre, *Vous êtes (encore) ici* (Art&Fiction, 2022). Michèle Pralong est actuellement corédactrice en chef, avec Anne Davier, du *Journal de l'ADC* (Association pour la danse contemporaine, Genève).

Denis Rollet

Musicien, cinéaste (*Autostrade*, 2007), scénariste et compositeur, Denis Rollet a travaillé avec Cindy Van Acker depuis ses premières performances dans les années 1990 jusqu'à *Drift* (2013). Il a aussi collaboré avec l'artiste et performeur Yann Marussich. Par ailleurs, en 1988, Denis Rollet a fondé la Cave 12, lieu de concerts alternatif dédié aux musiques expérimentales. Il poursuit également un travail de performances et d'installations sonores en solo ou avec notamment l'Ensemble Contrechamps et le Festival Archipel à Genève.

Claudia Rosiny

Seit 2021 ist Claudia Rosiny Verantwortliche für die Darstellenden Künste im Bundesamt für Kultur, zuvor ab 2012 zuständig für Tanz und Theater. Daneben unterrichtet sie an Hochschulen und publiziert (u.a. *Tanz Film, Intermediale Beziehungen zwischen Mediengeschichte und moderner Tanzästhetik*, Transcript 2013). Sie studierte Theater-, Film- und Fernsehwissenschaft in Köln und Amsterdam und promovierte an der Universität Bern mit einer Arbeit über Videotanz. Von 1991 bis 2007 leitete sie die Berner Tanztage und baute von 1998 bis 2007 ein Forum für Medien und Gestaltung im Kornhaus Bern auf. Nach einem Stipendienaufenthalt 2008–2009 in New York City war sie von 2009 bis 2012 Beraterin und Projektleiterin im Schweizer Tanzarchiv, heute SAPA – Schweizer Archiv der Darstellenden Künste. Sie wirkte zudem in der Jury des Hans-Reinhart-Rings mit (2001–2006).

Victor Roy

Le scénographe Victor Roy collabore avec la Cie Greffe de Cindy Van Acker depuis 2008. Il crée par ailleurs des installations sonores avec Samuel Pajand (*Phare*, 2017; *Champ*, 2020) et œuvre comme scénographe pour le collectif Gremaud/Gurtner/Bovay (*Pièce*, 2019), Marco Berrettini (*I feel 3*, 2016), La Ribot (*Eeexeeecuuuutiooooons !!!*, 2015) et Yuval Rozman (*The Jewish Hour*, 2020). Il a aussi été responsable de la scénographie et des lumières pour la saison 2021–2022 du Théâtre de Poche (POCHE/GVE) à Genève.

Thierry Sartoretti

Journaliste culturel à la Radio Télévision Suisse RTS, Thierry Sartoretti est spécialiste des arts de la scène (danse, théâtre, cirque, performance) et passionné de musique. Il participe notamment à l'émission de radio Vertigo sur La Première. Il a écrit auparavant pour *Le Nouveau Quotidien*, *Les Inrockuptibles*, *Vibrations* et *L'Hebdo*.

Elia Van Acker

Née le 23 mars 2006 à Genève, Elia Van Acker est étudiante au Collège de Madame De Staël en troisième année. Durant dix ans, de l'âge de cinq ans jusqu'à quinze ans, elle a suivi des cours de danse classique et contemporaine à l'École de Danse de Genève sous la direction de Patrice Delay et Sean Wood. En 2016, Elia a interprété le rôle de l'enfant dans la création de Cindy Van Acker intitulée *Zaoum*.

Traductions et relecture
Übersetzungen und Lektorat
Traduzioni e revisione
Translations and Proofreading

Traductions en français et relecture

Anne Fournier
(Introduction)

Lou Lepori
(Entretien avec Romeo Castellucci, résumé du texte d'Enrico Pitozzi)

Jean-Louis Provoyeur
(Résumé du texte de Claudia Castellucci)

Relecture
Cécile Dalla Torre
Anne Fournier
Paola Gilardi

English translations and proofreading

Sarah Jane Moloney
(Conversation Cindy Van Acker & Michèle Pralong)

Karen Oettli-Geddes
(Introduction, Abstracts)

Leslie Ray
(Interview with Romeo Castellucci)

Eric Rosencrantz
(Stéphanie Bayle's contribution)

Elaine Sheerin
(Anne Davier's contribution)

Proofreading
Karen Oettli-Geddes
Mary Carozza

Übersetzungen ins Deutsche

Peter Glatthard
(Beitrag von Anne Davier)

Andreas Härter
(Beitrag von Stéphanie Bayle)

Andreas Klaeui
(Gespräch von Cindy Van Acker & Michèle Pralong,
Interview mit Romeo Castellucci,
Zusammenfassungen)

Lektorat
Andreas Härter
Andreas Klaeui
Paola Gilardi

Traduzioni in italiano e revisione

Paola Gilardi

Traductions de la préface de Claudia Rosiny et du laudatio du jury

Service linguistique de l'Office fédéral de la culture

Histoire du Grand Prix suisse des Arts de la scène / Anneau Hans Reinhart

La Société suisse du théâtre (SST) a décerné chaque année, entre 1957 et 2013, l'Anneau Hans Reinhart qui s'est vite imposé comme la plus importante distinction de la vie théâtrale suisse. Des personnalités de renom international de différents domaines des arts de la scène et de toutes les régions linguistiques de la Suisse ont été récompénsées. En 2014, la SST a conclu un accord avec l'Office fédéral de la culture (OFC) et l'Anneau Hans Reinhart a été associé au nouveau Grand Prix suisse du théâtre. Depuis 2021, avec la fusion des Prix suisses de la danse et du théâtre, c'est le Grand Prix suisse des arts de la scène / Anneau Hans Reinhart qui poursuit cette tradition. La prestigieuse bague peut désormais à nouveau être attribuée (comme c'était le cas jusqu'en 2013) dans tous les domaines des arts de la scène.

Geschichte des Schweizer Grand Prix Darstellende Künste / Hans-Reinhart-Ring

Die Schweizerische Gesellschaft für Theaterkultur (SGTK) verlieh von 1957 bis 2013 den Hans-Reinhart-Ring, der sich rasch zur bedeutendsten Auszeichnung im Theaterleben der Schweiz entwickelte. Von Anfang an gehörten zu den Preisträger:innen international renommierte Persönlichkeiten aus den verschiedenen Bereichen der darstellenden Künste und aus allen vier Sprachregionen der Schweiz. In einer Vereinbarung mit dem Bundesamt für Kultur (BAK) hat die SGTK 2014 den Hans-Reinhart-Ring in den damals neugeschaffenen Schweizer Grand Prix Theater / Hans-Reinhart-Ring überführt. Im Jahr 2021 hat das BAK die Schweizer Tanz- und Theaterpreise zusammengelegt. Seitdem führt der Schweizer Grand Prix Darstellende Künste / Hans-Reinhart-Ring diese Tradition weiter. Der symbolträchtige Ring kann nun wieder (wie es bis 2013 der Fall war) spartenübergreifend vergeben werden.

Storia del Gran Premio svizzero delle arti sceniche / Anello Hans Reinhart

La Società Svizzera di Studi Teatrali (SSST) ha conferito fra il 1957 e il 2013 l'Anello Hans Reinhart che in breve tempo si è imposto come il riconoscimento più prestigioso nel panorama teatrale elvetico. Fra i premiati figurano personalità di spicco a livello internazionale dei diversi ambiti delle arti sceniche e di tutte le quattro regioni linguistiche della Svizzera. Nel 2014 la SSST ha stipulato un accordo con l'Ufficio federale della cultura, associando l'Anello Hans Reinhart al Gran Premio svizzero di teatro. Con la fusione dei Premi svizzeri di danza e di teatro, dal 2021 è il Gran Premio svizzero delle arti sceniche / Anello Hans Reinhart a dare continuità a questa lunga tradizione. Da allora, il prezioso Anello può di nuovo essere attribuito (come era il caso fino al 2013) in tutte le discipline delle arti della scena.

History of the Swiss Grand Award for the Performing Arts / Hans Reinhart Ring

Between 1957 and 2013, the Swiss Association for Theatre Studies (SATS) was the body awarding the Hans Reinhart Ring, which quickly established itself as the most prestigious accolade in the Swiss theatre scene. Laureates include internationally renowned personalities from various fields of the performing arts and from all four language regions of Switzerland. In 2014, SATS concluded an agreement with the Federal Office of Culture to merge the Hans Reinhart Ring with the Swiss Grand Award for Theatre. And now, with the fusion of the Swiss Dance and Theatre awards in 2021, it is the Swiss Grand Award for the Performing Arts / Hans Reinhart Ring that will continue this long tradition. The precious ring can once again be awarded (as was the case until 2013) across all disciplines of the performing arts.

Grand Prix suisse des arts de la scène / Anneau Hans Reinhart
Schweizer Grand Prix Darstellende Künste / Hans-Reinhart-Ring
Gran Premio svizzero delle arti sceniche / Anello Hans Reinhart
Swiss Grand Award for the Performing Arts / Hans Reinhart Ring

2023 Cindy Van Acker
Danseuse et chorégraphe

2022 Barbara Frey
Regisseurin
und Intendantin

2021 Martin Zimmermann
Choreograf, Regisseur,
Bühnenbildner, Clown

Grand Prix suisse du théâtre / Anneau Hans Reinhart
Schweizer Grand Prix Theater / Hans-Reinhart-Ring
Gran Premio svizzero di teatro / Anello Hans Reinhart
Swiss Grand Award for Theatre / Hans Reinhart Ring

2020 Jossi Wieler
Opern- und
Theaterregisseur

2019 Yan Duyvendak
artiste d'art visuel
et performeur

2018 Theater Sgaramusch
freie Gruppe im Bereich
Kinder- und Jugendtheater

2017 Ursina Lardi
Schauspielerin

2016 Theater HORA.
Ensemble von Schauspieler:innen mit einer kognitiven
Beeinträchtigung

2015 Stefan Kaegi
(Rimini Protokoll), Regisseur

2014 Omar Porras
directeur de théâtre,
metteur en scène, acteur

Les lauréat·e·s de l'Anneau Hans Reinhart
Die Träger:innen des Hans-Reinhart-Rings
Le personalità insignite dell'Anello Hans Reinhart
Recipients of the Hans Reinhart Ring

1957 Margrit Winter
Schauspielerin

1958 Leopold Biberti
Schauspieler, Regisseur

1959 Traute Carlsen
Schauspielerin

1960 Käthe Gold
Schauspielerin

1961 Marguerite Cavadaski
comédienne

1962 Heinrich Gretler
Schauspieler

1963 Ernst Ginsberg
Schauspieler, Regisseur

1964 Michel Simon
comédien

1965 Maria Becker
Schauspielerin

1966 Max Knapp
Schauspieler

1967 Lisa Della Casa
Sängerin

1968 Charles Apothéloz
animateur, metteur en scène, directeur de théâtre

1969 Leopold Lindtberg
Regisseur

1970 Ellen Widmann
Schauspielerin

1971 Rolf Liebermann
Komponist, Theaterleiter

1972 Carlo Castelli
regista

1973 Inge Borkh
Sängerin

1974 Annemarie Düringer
Schauspielerin

1975 Charles Joris
Animateur, metteur en scène, directeur de théâtre

1976 Dimitri Clown

1977 Max Röthlisberger
Bühnenbildner

1978 Edith Mathis
Sängerin

1979 Peter Brogle
Schauspieler

1980 Philippe Mentha
metteur en scène, directeur de théâtre

1981 Ruodi Barth
Bühnenbildner

1982 Heinz Spoerli
Choreograf

1983 Reinhart Spörri
Regisseur, Theaterleiter

1984 Ruedi Walter
Schauspieler

1985 Benno Besson
Regisseur

1986 Annemarie Blanc
Schauspielerin

1987 Werner Düggelin
Regisseur, Theaterleiter

1988 Emil Steinberger
Kabarettist

1989 François Rochaix
metteur en scène

1990 Gardi Hutter
Clownin

1991 Bruno Ganz
Schauspieler

1992 nicht vergeben/
pas décerné

1993 Paul Roland
Schauspieler, Direktor
Schauspielschule Bern

1994 Ketty Fusco
Attrice, regista

1995 Rolf Derrer
Licht-Designer

1996 Mathias Gnädinger
Schauspieler

1997 Luc Bondy
Regisseur

1998 Werner Hutterli
Bühnenbildner

1999 Ruth Oswalt
Schauspielerin,
Theaterleiterin

1999 Gerd Imbsweiler
Schauspieler, Theaterleiter

2000 Werner Strub
créateur de masques

2001 Peter Schweiger
Schauspieler, Regisseur,
Theaterleiter

2002 Anna Huber
Tänzerin, Choreografin

2003 Veronique Mermoud
comédienne

2003 Gisèle Sallin
metteuse en scène

2004 Brigitta Luisa Merki
Flamenco-Tänzerin,
Choreografin

2005 Dominique Catton
comédien, metteur
en scène, directeur

2006 Roger Jendly
comédien

2007 Giovanni Netzer
reschissur ed intendant

2008 Nadja Sieger
Bühnenkünstlerin

2008 Urs Wehrli
Bühnenkünstler

2008 Tom Ryser
Regisseur und Schauspieler

2009 Jean-Marc Stehlé
scénographe et comédien

2010 Volker Hesse
Regisseur und Theaterleiter

2011 Christoph Marthaler
Regisseur

2012 Daniele Finzi Pasca
attore, regista e clown

2013 Yvette Théraulaz
comédienne, chanteuse

Crédits photographiques
Bildnachweise
Crediti fotografici
Photo credits

p. 41
Contraindre
Centre Pompidou, Paris, 2004
Chorégraphie: Myriam Gourfink
En photo: Cindy Van Acker
©Frédérique Fichet / Loldanse

pp. 42–43
Corps 00:00
ADC – Théâtre du Grütli, Genève, 2002
Chorégraphe et interprète: Cindy Van Acker
©Isabelle Meister

p. 44
Fractie
Festival Le far°, Nyon, 2003
Chorégraphe et interprète: Cindy Van Acker
©Isabelle Meister

p. 45
Balk 00:49
Théâtre Arsenic, Lausanne, 2003
Chorégraphe et interprète: Cindy Van Acker
©Isabelle Meister

pp. 46–47
Pneuma 02:05
Festival Lignes de Corps, Valenciennes, 2005
Chorégraphie: Cindy Van Acker
Interprètes: Tamara Bacci, Marc Berthon, Ismaël Oïartzabal, Corina Pia, Anja Schmidt, Diane Senger, Nathalie Tacchella, Jòzsef Trefeli
©Isabelle Meister

p. 48, en haut
Contraindre
Centre Pompidou, Paris, 2004
Chorégraphie: Myriam Gourfink
En photo: Cindy Van Acker
©Françoise Rognerud / Loldanse

p. 48, en bas
Répétition de *Les Temps Tiraillés*
CND, Pantin, 2008
Chorégraphie: Myriam Gourfink
En photo: Cindy Van Acker, Clémence Coconnier
©Anne-Sophie Voisin / Loldanse

p. 49
Les Temps Tiraillés
Centre Pompidou, Paris, 2009
Chorégraphie: Myriam Gourfink
En photo: Cindy Van Acker
©Laurent Paillier

pp. 50–52
Choisir le moment de la Morsure
Les Rencontres Chorégraphiques Internationales de Seine-Saint-Denis, MC93, Bobigny, 2010
Chorégraphie: Myriam Gourfink
©Laurent Paillier

p. 50–51
Choisir le moment de la Morsure
En photo: Deborah Lary, Cindy Van Acker, Myriam Gourfink

p. 52
Choisir le moment de la Morsure
En photo: Cindy Van Acker, Myriam Gourfink

pp. 133–144
Exposition *Score Conductor*
Le Commun, Fonds Municipal d'Art Contemporain, Genève, 2012
Concept: Cindy Van Acker, Victor Roy
Graphisme partitions: Akatre
©Louise Roy

pp. 133–135
Score Conductor
Partition de *Fractie* (2003) et sa matérialisation en tricot, réalisée par Cindy Van Acker

pp. 136–137
Score Conductor
Partition de *Balk 00:49* (2003) et sa matérialisation en peinture murale, réalisée par Christian Schmid

p. 138
Score Conductor
Partition de *Fractie* (2003) et sa traduction en mouvements pour quatre fers plats sur cube blanc, réalisée par Victor Roy et Khalil Klouche

pp. 139, 144
Score Conductor
Partition de *Kernel* (2007) et sa matérialisation en paysage de plots blancs, réalisé par Victor Roy

pp. 140–141
Score Conductor
Partition d'*Obvie* (2008) et la transcription numérique des déplacements de la danseuse, réalisée par Victor Roy et Khalil Klouche

p. 142
Score Conductor
9 Tubes, élément cinétique programmable, conçu et réalisé par Victor Roy pour *Diffraction* (2011)

p. 143
Score Conductor
Page 6 de la partition de *Diffraction* (2011)

p. 221
Portrait de Mika Vainio, compositeur et musicien
Berlin, 2008
©Kai von Rabenau

pp. 222–225
Hommage à Mika Vainio
ADC – Salle des Eaux-Vives / Spoutnik / Cave 12
Genève, 16–17.02.2019
©Udo Siegfriedt

p. 222
Hommage à Mika Vainio
En photo, du haut en bas:
Concert de CM Hausswolff
Flyer de l'Hommage à M.V.
Portrait de M. Vainio
Concert de CM Hausswolff

p. 223
Hommage à Mika Vainio
Concert de Stephen O' Malley

p. 224, en haut
Hommage à Mika Vainio
Concert de Peter Rehberg

p. 224, en bas
Hommage à Mika Vainio
Représentation de *Speechless Voices*
Interprètes en photo: Stéphanie Bayle, Matthieu Chayrigues, Laure Lescoffy, Raphaëlle Teicher, Rudi van der Merwe, Daniela Zaghini

p. 225
Hommage à Mika Vainio
En photo, du haut en bas:
Concerts des DJs et musicien·nes Dirk Dresselhaus et Tommi Grönlund, Jimi Tenor, Christina Nemec
ADC – Salle des Eaux-Vives
Mo Loschelder et Esko Routamaa

p. 226–229
L'intégrale des *Shadowpieces*
Frayage topologique / Occupation du Pavillon ADC par la Cie Greffe
Genève, 19.02.2022
Chorégraphie: Cindy Van Acker avec les interprètes
©Olivier Miche

p. 226
Shadowpieces V – Les éphémères
Interprète: Stéphanie Bayle

p. 227, en haut
Shadowpieces IV – Kanoun
Interprète: Maya Masse

p. 227, au milieu
Shadowpieces VII – Haniwa
Interprète : Yuka Ishikawa

p. 227, en bas
Shadowpieces 0
Interprète : Louis Schild

p. 228, en haut
Shadowpieces I –
Mélancolie de l'espace
Interprète : Daniela Zaghini

p. 228, au milieu, à gauche
Shadowpieces II – Tangibles
Interprète : Laure Lescoffy
© Xavier Perez

p. 228, au milieu, au centre
Shadowpieces III –
Le garçon enchanté
Interprète : Matthieu Chayrigues

p. 228, au milieu, à droite
Shadowpieces IX – Verso
Interprète : Anna Massoni

pp. 228, en bas
Shadowpieces VI – Fête en blanc
Interprète : Sonia Garcia

p. 229
Shadowpieces VIII – Hello Sound
Interprète : Philippe Renard

pp. 230–231
D'après les Shadowpieces
Frayage topologique / Occupation
du Pavillon ADC par la Cie Greffe
Genève, 24.02.2022
© Nathan Bugniet

p. 232
Frayage topologique / Occupation
du Pavillon ADC par la Cie Greffe
Préparation des repas pour le public
Genève, 19.2.–5.3.2022
©ADC

p. 232, en haut à droite
Pratique matinale proposée
par Cindy Van Acker
sur le parvis du Pavillon ADC
Genève, mai 2022
© ADC

p. 257
Inferno
Festival d'Avignon, 2008
Mise en scène, décor, lumières
et costumes : Romeo Castellucci
Chorégraphie : Cindy Van Acker
© Christophe Raynaud de Lage

pp. 258–260
Die Zauberlöte
La Monnaie, Bruxelles, 2018
Mise en scène, décor, lumières
et costumes : Romeo Castellucci
Architecture algorythmique :
Michael Hansmeyer
Chorégraphie : Cindy Van Acker
© Bernd Uhlig

pp. 258–259
Die Zauberflöte, acte I
En photo : Tijl Faveyts
(Sarastro, début à gauche),
Ensemble

p. 260
Die Zauberflöte, acte I
En photo : Sabine Devielhe
(Reine de la Nuit), Laure Lescoffy,
Stefania Tansini

pp. 261–263
Parsifal
La Monnaie, Bruxelles, 2011
Mise en scène, décor, lumières
et costumes : Romeo Castellucci
Chorégraphie : Cindy Van Acker
© Bernd Uhlig

p. 261, en haut
Parsifal, acte II
En photo : Anna Larsson (Kundry),
Tamara Bacci

p. 261, en bas
Parsifal, acte II
En photo : Anna Larsson (Kundry),
Tamara Bacci, Andrew Richards
(Parsifal)

pp. 262–263
Parsifal, acte I
En photo : Anna Larsson (Kundry),
Andrew Richards (Parsifal)

p. 264
Salome
Salzburger Festspiele, 2018
Mise en scène, décor, lumières et costumes : Romeo Castellucci
Chorégraphie : Cindy Van Acker
En photo : Asmik Grigorian (Salome)

pp. 265–268
Don Giovanni
Salzburger Festspiele, 2021
Mise en scène, décor, lumières et costumes : Romeo Castellucci
Chorégraphie : Cindy Van Acker

p. 265
Don Giovanni
En photo :
Nadezhda Pavlova (Donna Anna)
Federica Lombardi (Donna Elvira)

pp. 266–267
Don Giovanni
En photo : Nadezhda Pavlova (Donna Anna), Ensemble

p. 268
Don Giovanni
En photo : Vito Priante (Leporello)
Davide Luciano (Don Giovanni)
Nadezhda Pavlova (Donna Anna)
Ensemble

p. 297
Without References
Comédie de Genève, 2021
Chorégraphie : Cindy Van Acker
Scénographie : Romeo Castellucci

p. 297, en haut
Without References
En photo : Aurélien Dougé, Anna Massoni, Lisa Laurent, Yuta Ishikawa, Matthieu Chayrigues, Sonia Garcia

p. 297, en bas
Without References
En photo : Sonia Garcia, Yuta Ishikawa, Maya Masse, Philippe Renard

pp. 298, 304
Ion
Théâtre Vidy-Lausanne, 2015
Chorégraphe et interprète : Cindy Van Acker

pp. 299–303
Zaoum
Arsenic, Lausanne, 2016
Chorégraphie : Cindy Van Acker

p. 299
Zaoum
En photo : Elia Van Acker

pp. 300–301
Zaoum
En photo : Stéphanie Bayle, Raphaëlle Teicher, Daniela Zaghini, Gennaro Lauro, Marthe Krummenacher, Rudi van der Merwe, Francesca Ruggerini

p. 302
Zaoum
Scénographie de Victor Roy
En photo : Elia Van Acker

p. 303
Zaoum
Interprètes en photo (ordre photo milieu) :
Raphaëlle Teicher, Gennaro Lauro, Stéphanie Bayle, Rudi van der Merwe, Daniela Zaghini, Marthe Krummenacher, Francesca Ruggerini

p. 305
Drift
Théâtre des Halles, Sierre, 2013
Chorégraphie : Cindy Van Acker
En photo : Cindy Van Acker, Tamara Bacci

pp. 306–309
Speechless Voices
Théâtre Vidy-Lausanne, 2018
Interprètes (ordre alphabétique): Stéphanie Bayle, Matthieu Chayrigues, Laure Lescoffy, Raphaëlle Teicher, Rudi van der Merwe, Daniela Zaghini
© Udo Siegfriedt (p. 306 en haut)
© Mathilda Olmi (pp. 306 en bas, 307)
© Louise Roy (pp. 308–309)

p. 310, en haut
Kernel
Le GRÜ/Transthéâtre, Genève, 2007
Chorégraphie: Cindy Van Acker
En photo: Cindy Van Acker, Perrine Valli, Tamara Bacci
© Isabelle Meister

p. 310, en bas
Elementen III – Blazing Wreck
Swiss Dance Days 2017, BFM, Genève
Chorégraphie: Cindy Van Acker
Interprètes: 22 danseur·euses du Ballet du Grand Théâtre de Genève
© GTG / Gregory Batardon

p. 311, en haut
Magnitude
ADC – Salle des Eaux-Vives, Genève, 2013
Chorégraphie: Cindy Van Acker
Interprètes: 22 danseur·euses du Ballet Junior de Genève
© Gregory Batardon

p. 311, en bas
Knusa / Insert Coins
La Ferblanterie, Vevey, 2016
Chorégraphe et interprète: Cindy Van Acker
© Olivier Oberson

p. 312
Helder
Electron Festival, Genève, 2014
Chorégraphie: Cindy Van Acker
En photo: Stéphanie Bayle
© Isabelle Meister

p. 335
Zaoum
Arsenic, Lausanne, 2016
Chorégraphie: Cindy Van Acker
En photo: Stéphanie Bayle et Elia Van Acker
© Louise Roy

pp. 361, 363, 364–365, 367, 368, 371, 372
Film *6/6* (2009–2013)
Réalisation et montage: Orsola Valenti
Chorégraphie: Cindy Van Acker
© Orsola Valenti

p. 361, 372
Film *1/6,* d'après *Obvie*
Interprète: Tamara Bacci

p. 362
Nixe
La Bâtie – Festival de Genève, 2009
Interprète: Perrine Valli
© Isabelle Meister

p. 363
Film *5/6,* d'après *Nixe*
Interprète: Perrine Valli

pp. 364–365
Film *2/6,* d'après *Lanx*
Interprète: Cindy Van Acker

p. 366
Nodal
ADC – Salle des Eaux-Vives, Genève, 2009
Interprète: Pascal Gravat
© Isabelle Meister

p. 367
Film *4/6,* d'après *Nodal*
Interprète: Luca Nava

p. 368
Film *3/6,* d'après *Antre*
Interprète: Rudi van der Merwe

p. 369
Antre
ADC, Salle des Eaux-Vives, Genève, 2009
Interprète: Rudi van der Merwe
© Isabelle Meister

p. 370
Obtus
La Bâtie – Festival de Genève, 2009
Interprète: Marthe Krummenacher

p. 371
Film *6/6,* d'après *Obtus*
Interprète: Marthe Krummenacher

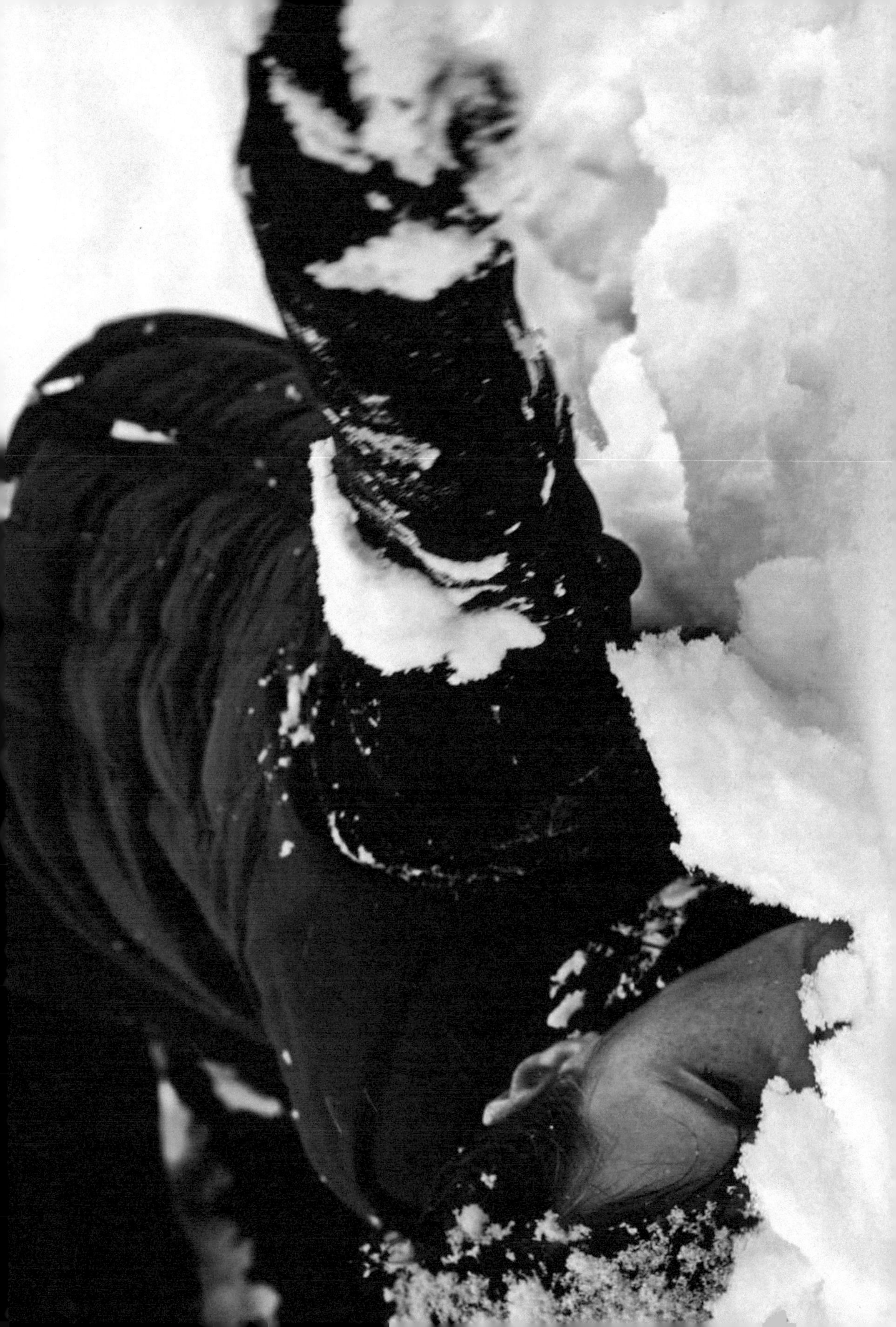

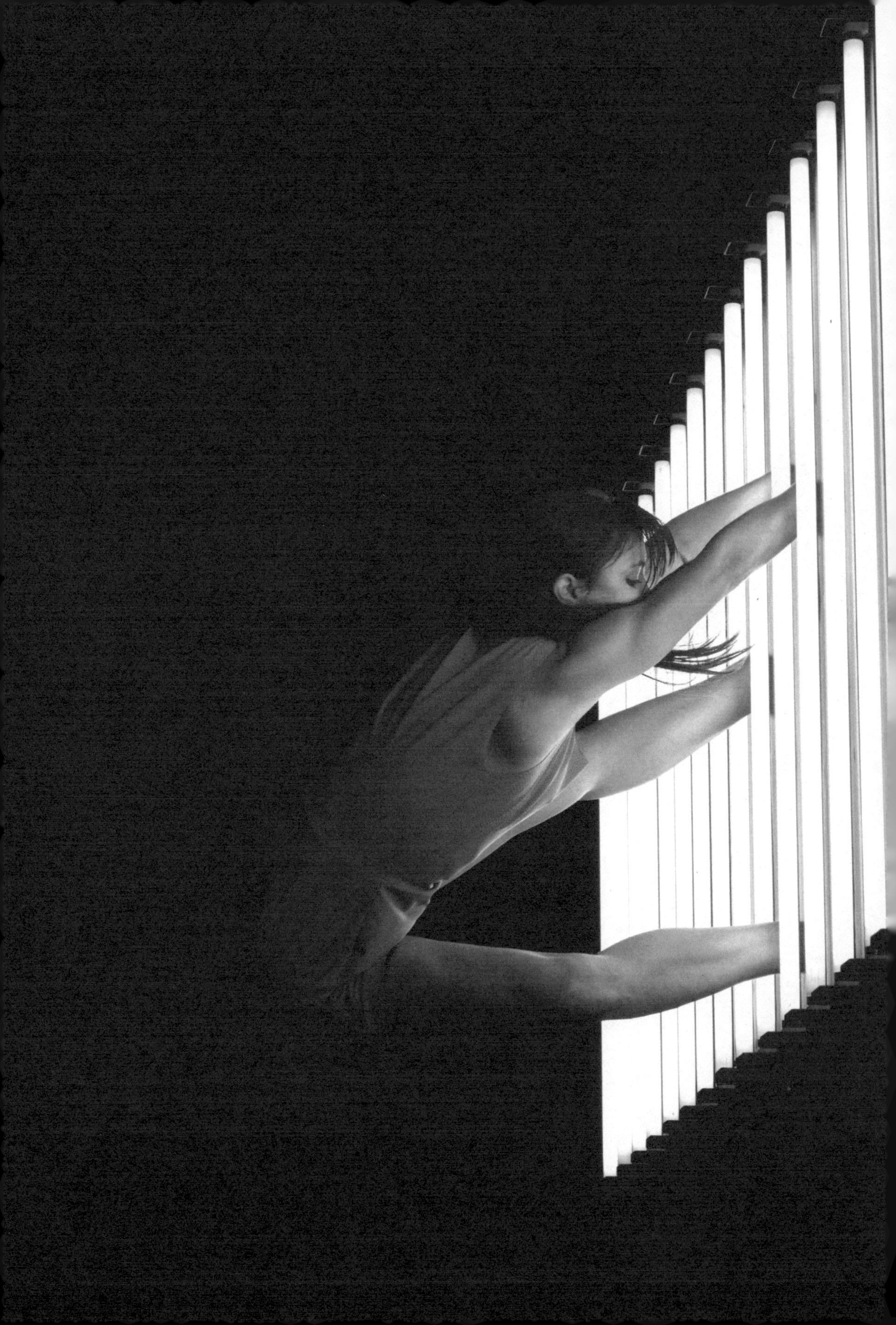

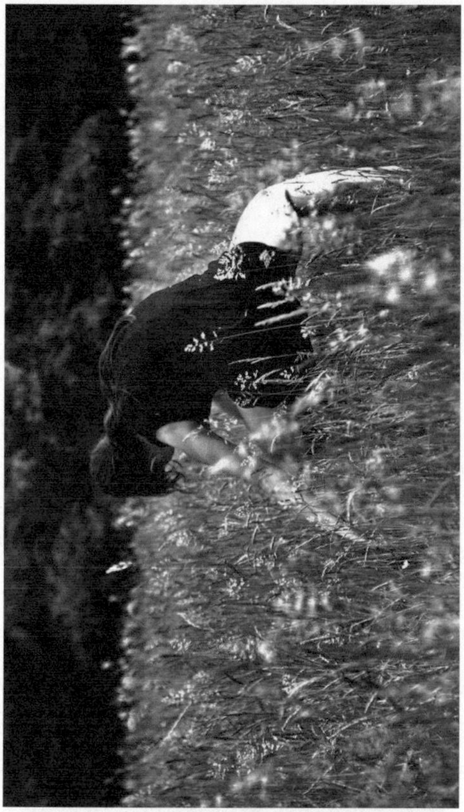

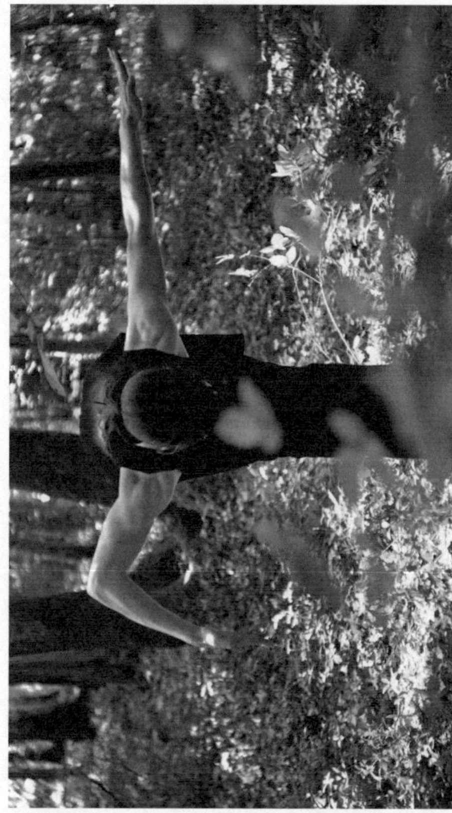

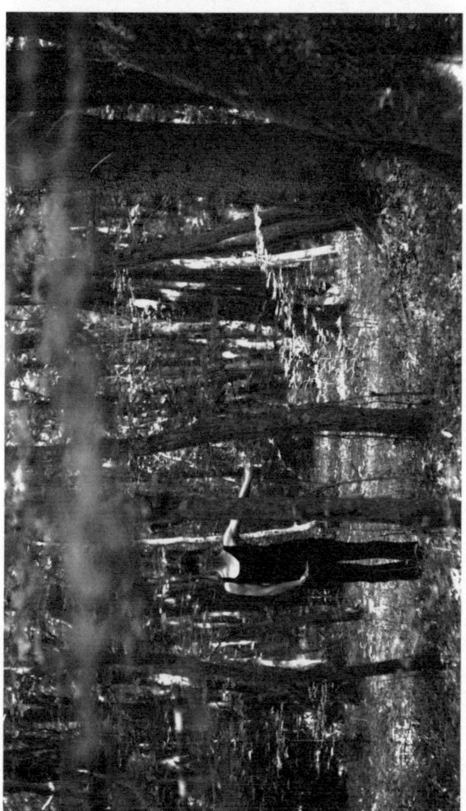

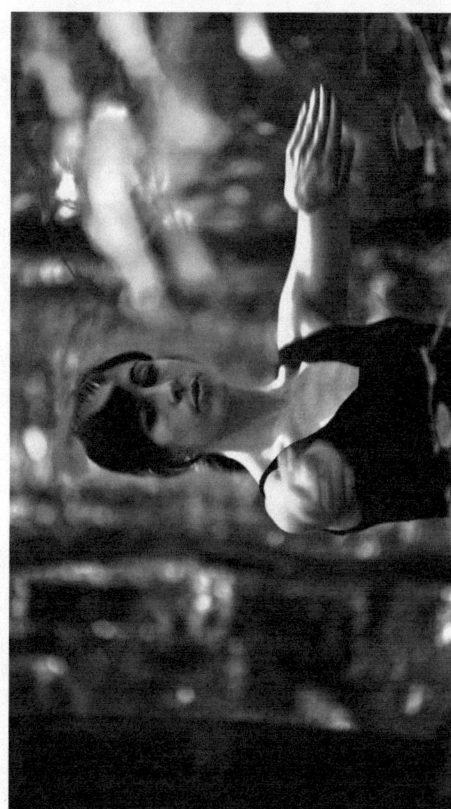

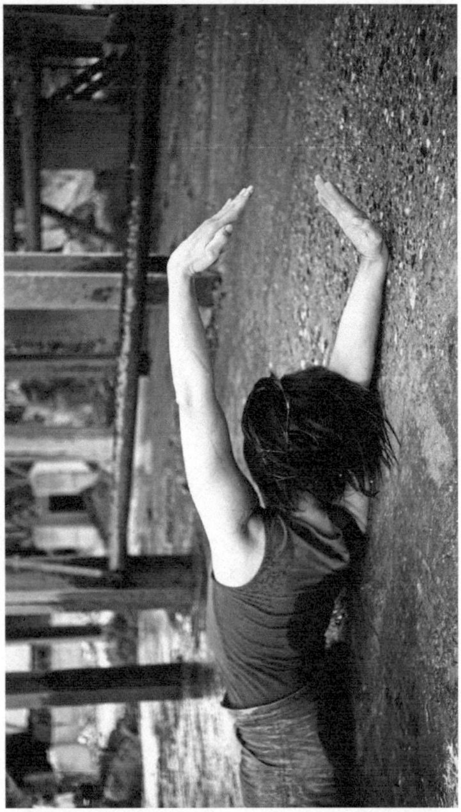

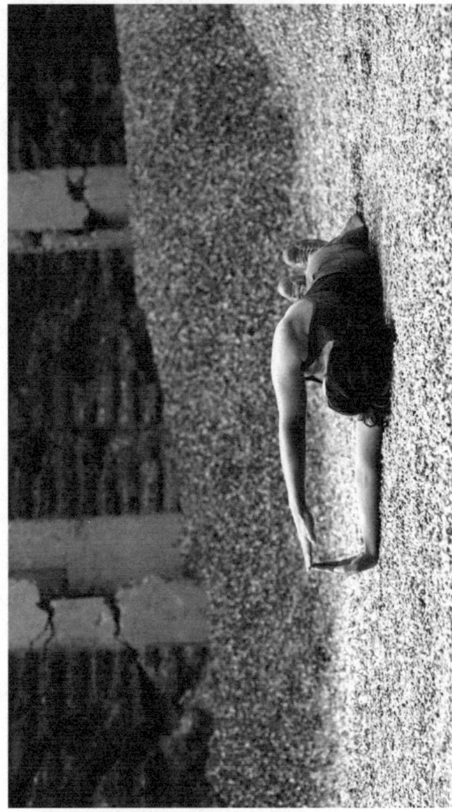

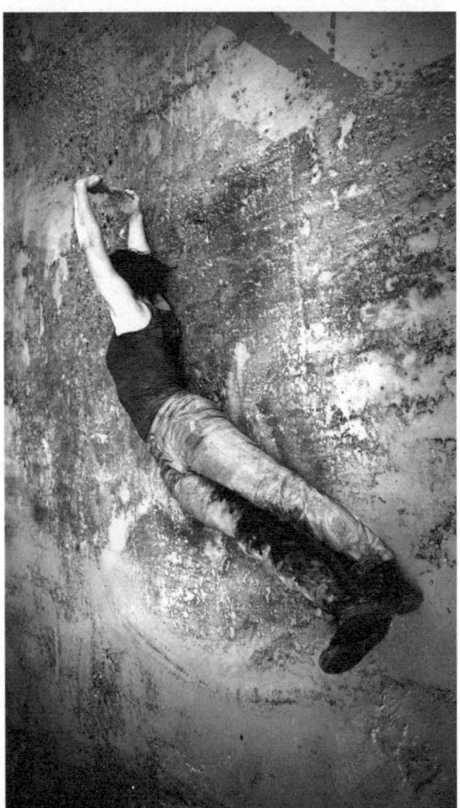

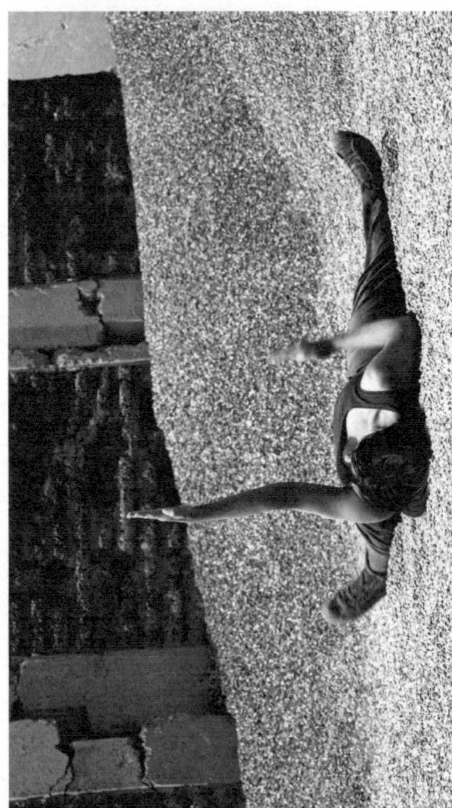

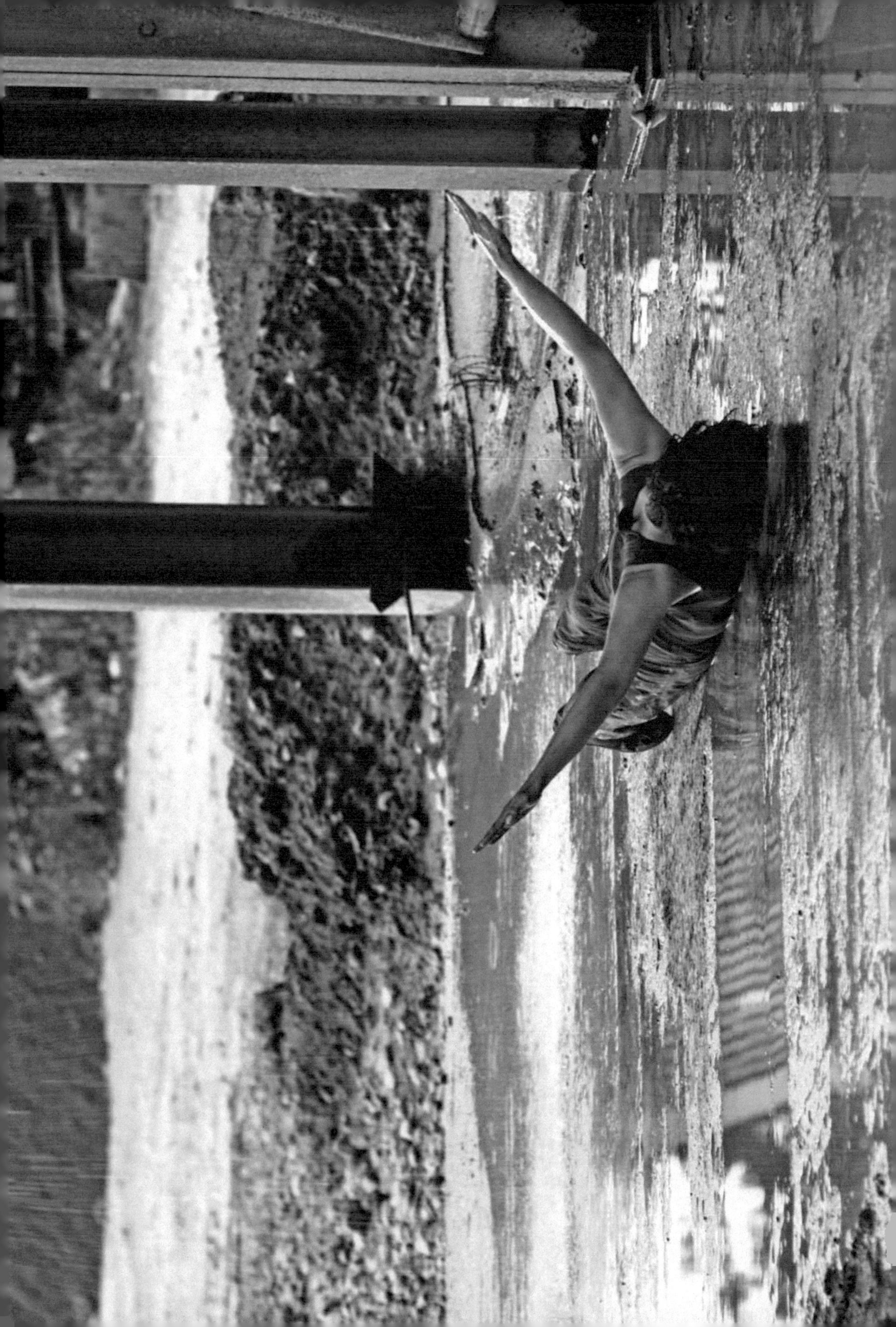

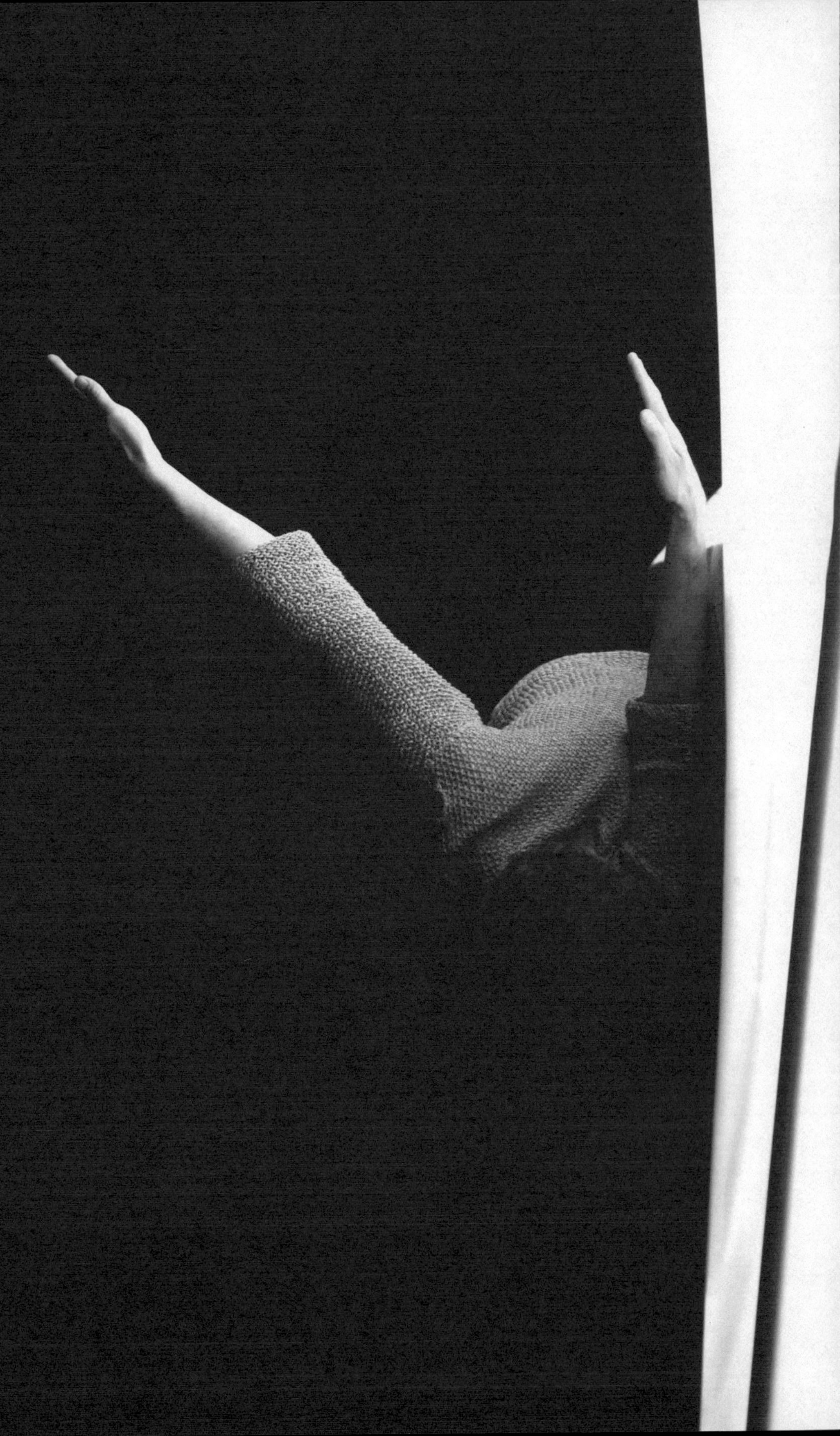

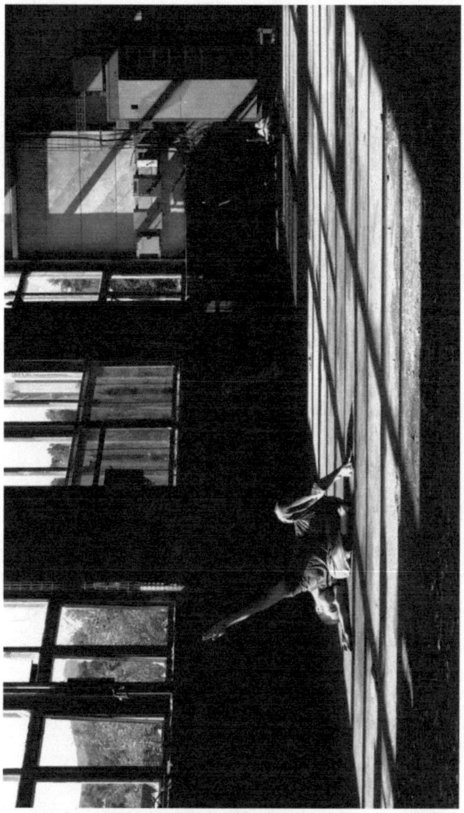

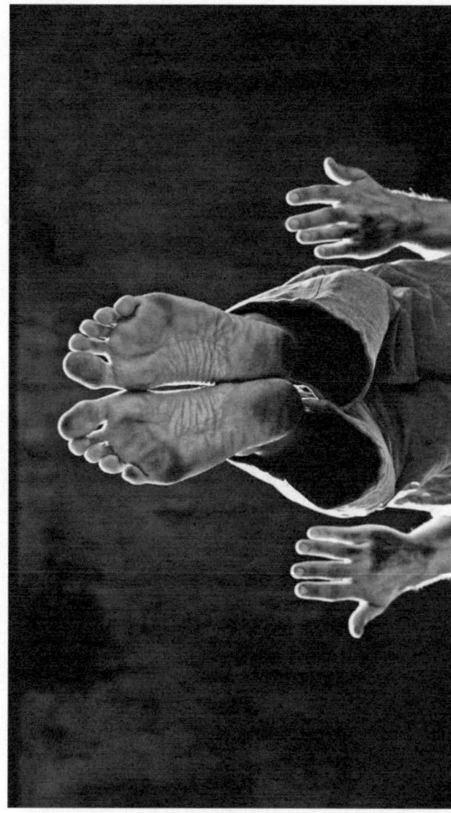

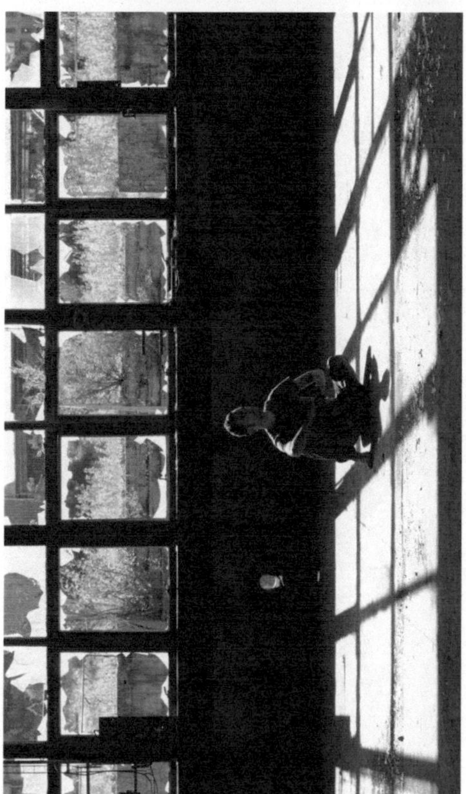

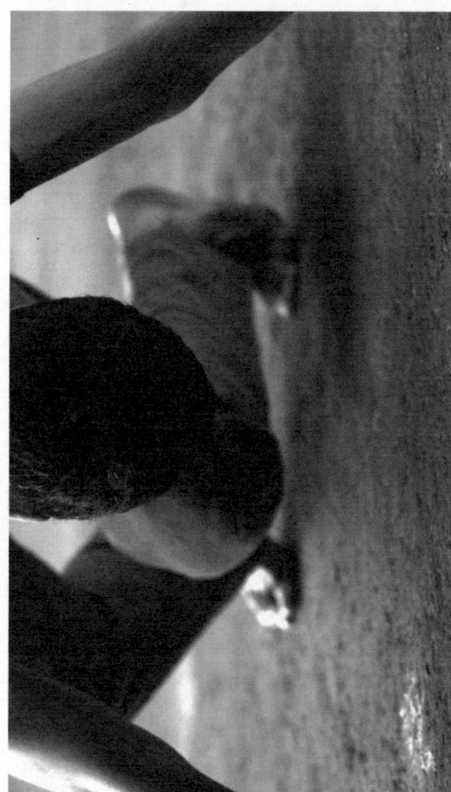

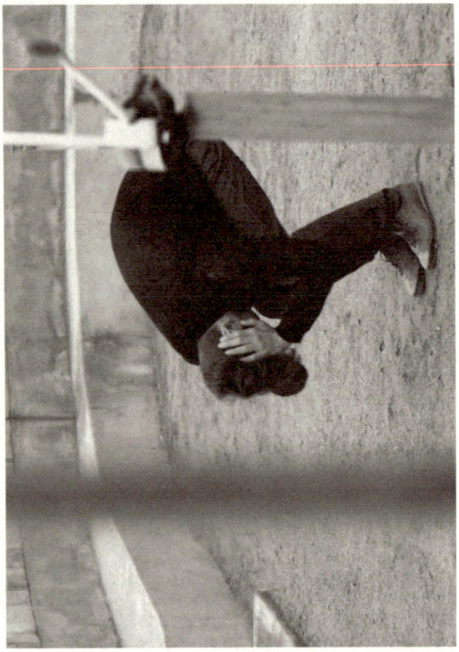

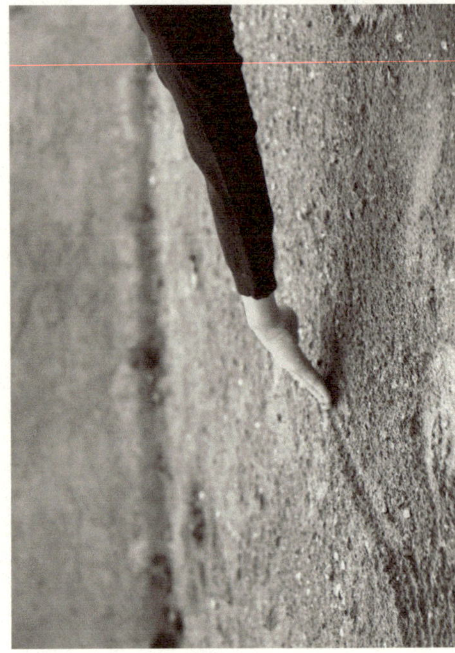

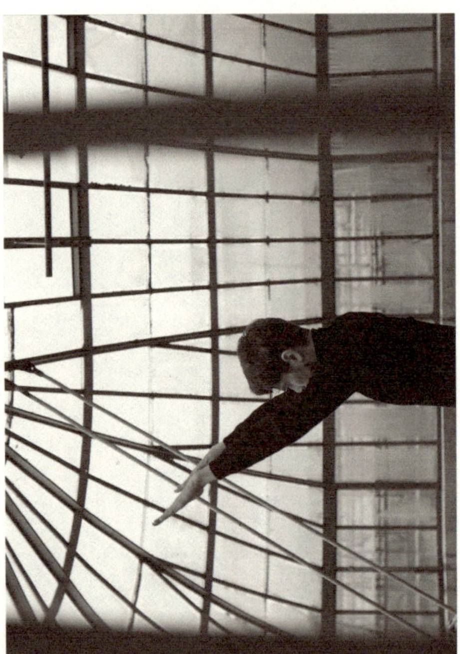

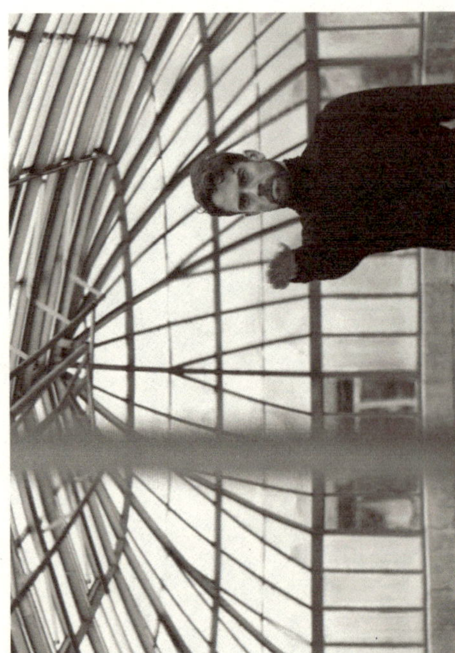

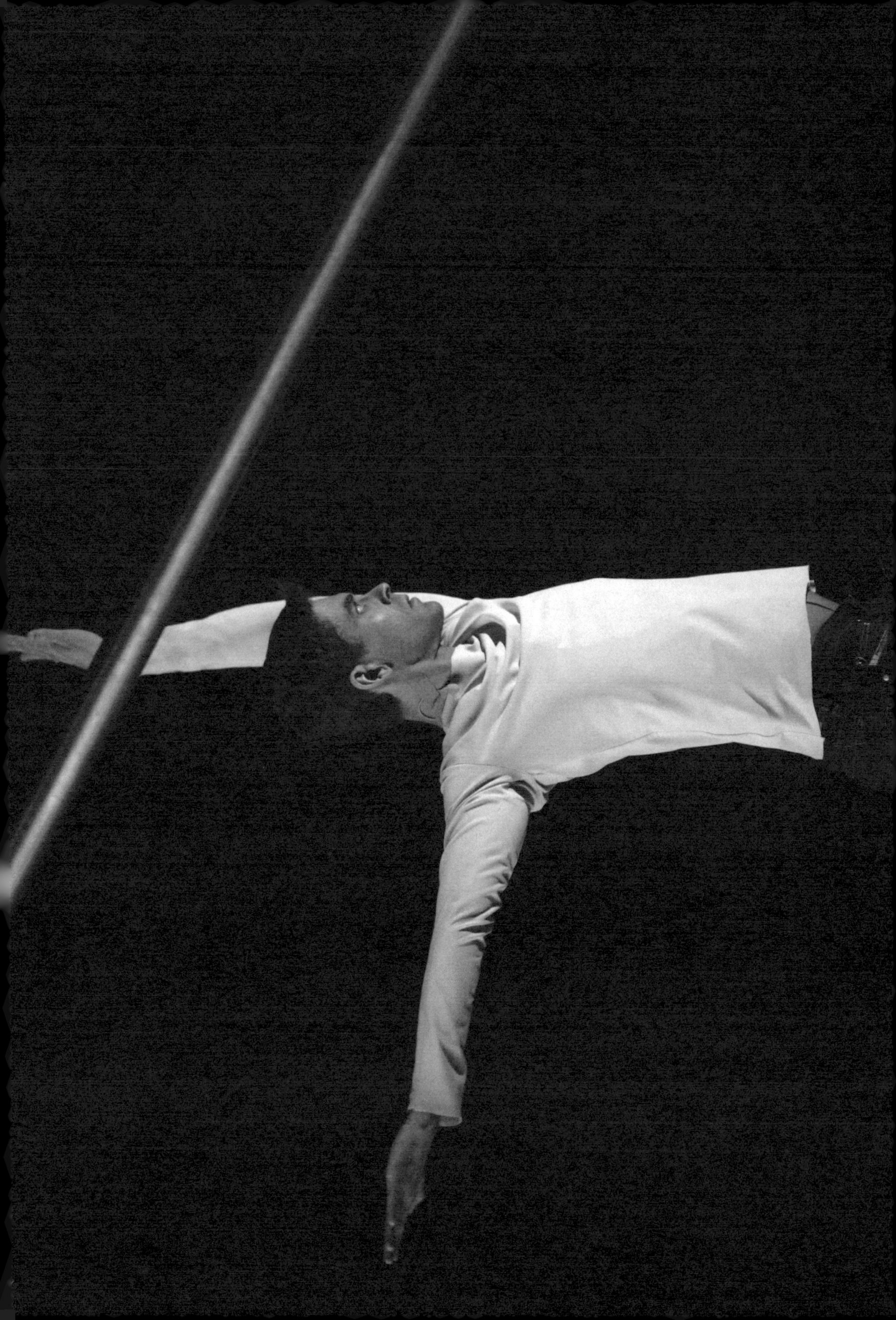

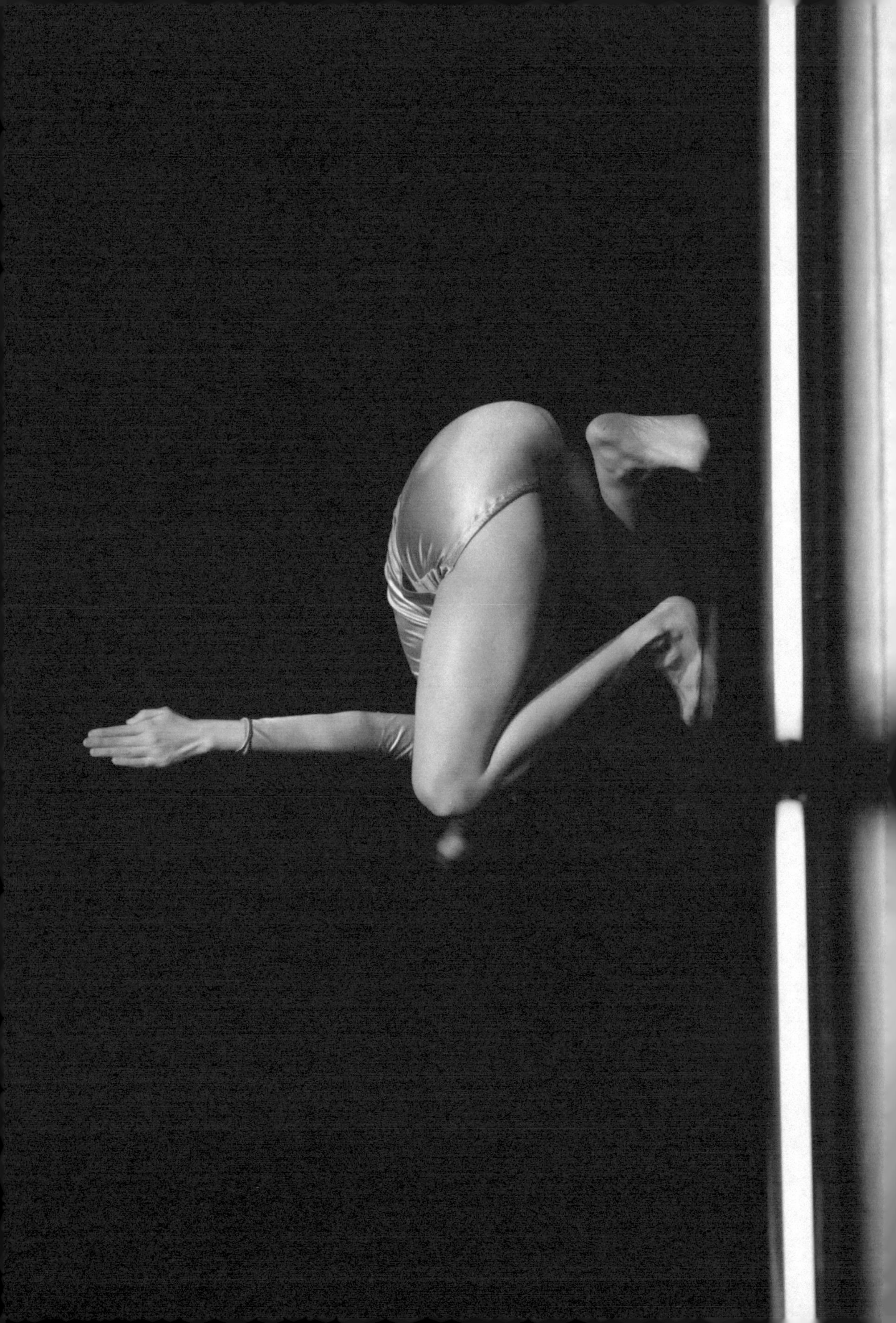

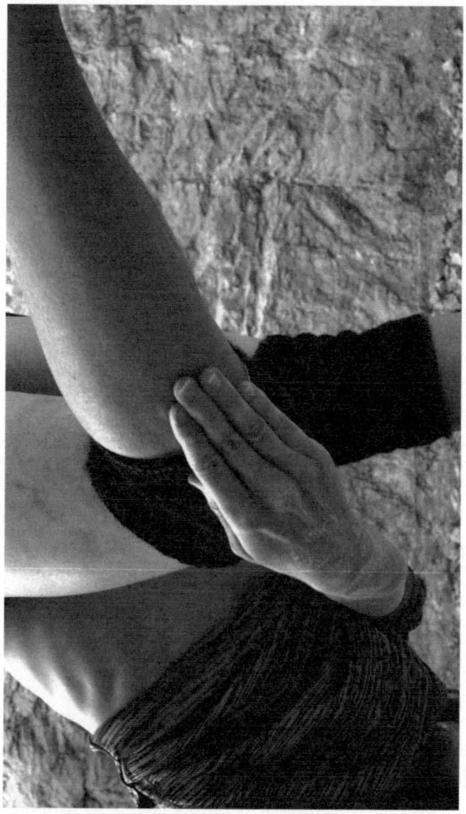

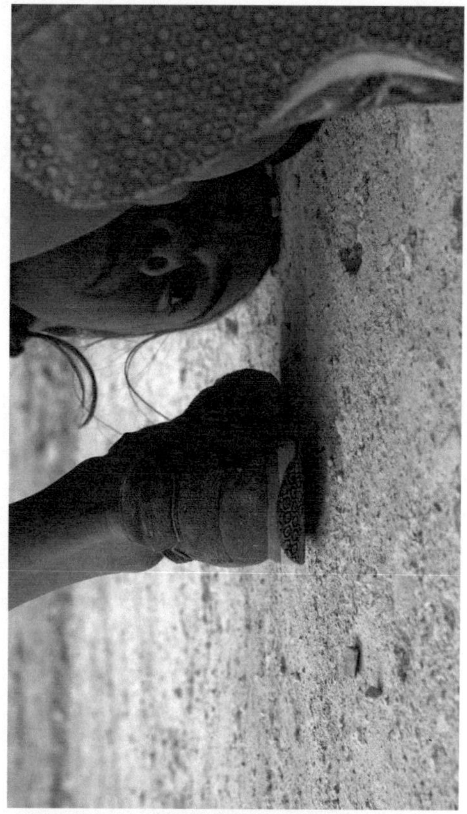

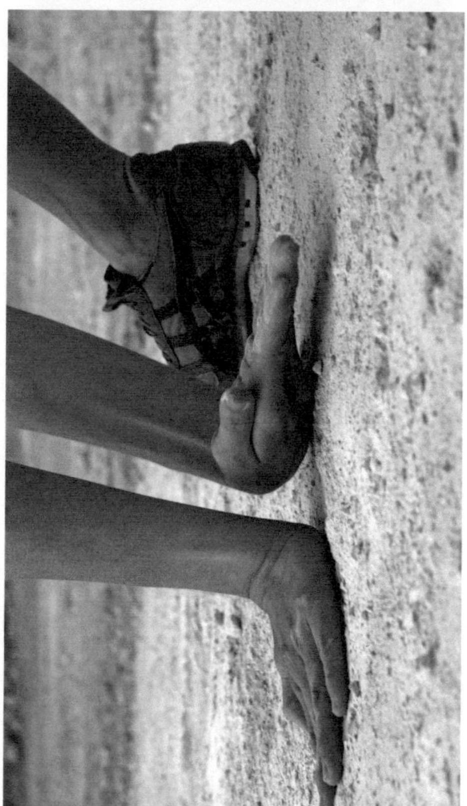

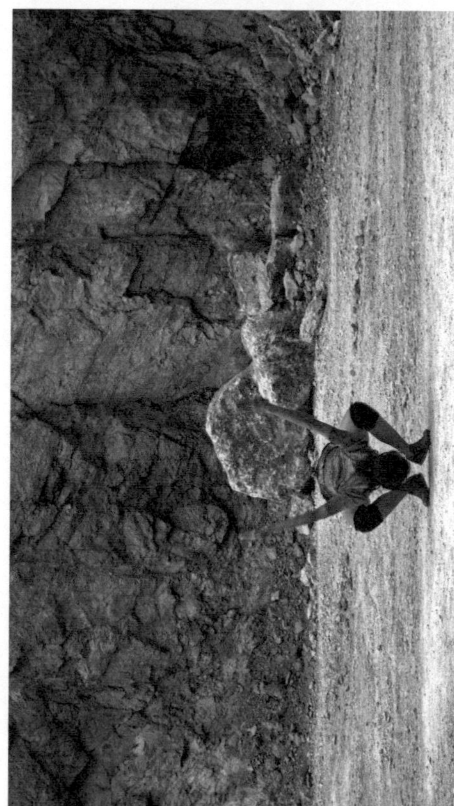

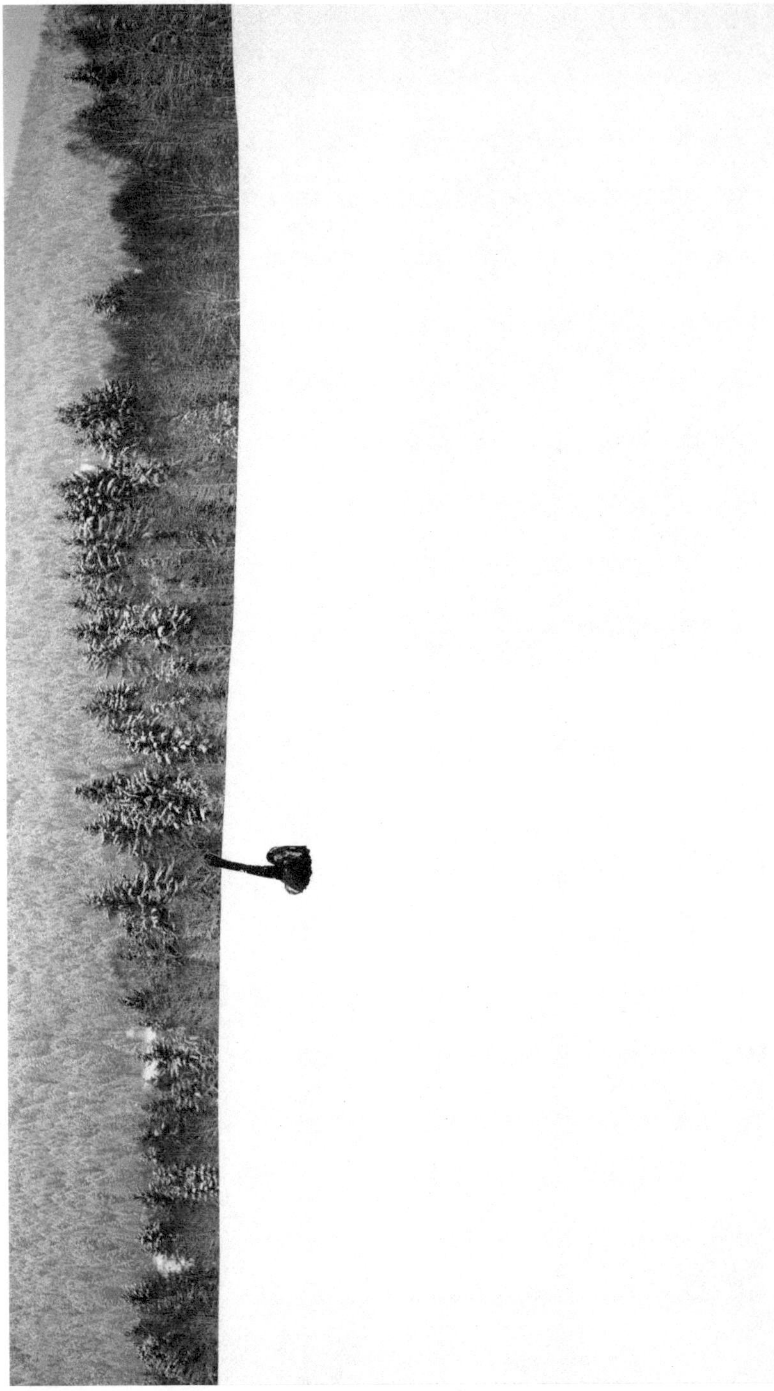